Hans-Werner Dannowski,
Irmgard Pickerodt und Jürgen Wolf (Hg.)

Sachwissen Ethik

Ein Begleit- und Arbeitsbuch für den Unterricht in
Ethik, Werte und Normen, Philosophie,
Lebensgestaltung und Religion

– Sekundarstufe II –

Mit 25 Abbildungen

Mit Beiträgen von Peter Antes, Hans-Werner Dannowski,
Hartmut Kreß, Wolfgang Raupach-Rudnick und Jürgen Wolf
unter Mitarbeit von Irmgard Pickerodt

Vandenhoeck & Ruprecht · Göttingen

Bildquellennachweis

Umschlagabbildung: Hundertwasser, 533 Thousand Windows. © 1992 Joram Harel, Wien.
S. 12: Rockefeller Center, New York, 1932. Quelle unbekannt.
S. 24: Caspar David Friedrich, Der Wanderer über dem Nebelmeer. Hamburger Kunsthalle; Jürgen Waller, Der Wanderer über dem Nebelmeer. Berlinische Galerie, Museum für Moderne Kunst, Photographie und Architektur.
S. 50: Mahatma Gandhi am Spinnrad. Keystone, Hamburg.
S. 64: New Yorker Kino-Publikum mit 3-D-Brillen, 1952. Quelle unbekannt.
S. 76: Mount Rushmore, USA. Interfoto, München.
S. 104: Rüdiger Bubbel, Hannover.
S. 118: Bundesministerium für wirtschaftliche Zusammenarbeit und Entwicklung, Bonn.
S. 132: Museum Industrielle Arbeitswelt, Steyr.
S. 150: Albrecht Dürer, Drahtziehmühle. Bildarchiv Preußischer Kulturbesitz, Berlin.
S. 162: Besatzung des US-Bombers nach dem ersten Atombombenabwurf (Hiroshima). Süddeutscher Verlag, München.
S. 196: Liebespaar (Wandteppich, 15. Jh.)

Die Deutsche Bibliothek – CIP-Einheitsaufnahme

Sachwissen Ethik: ein Begleit- und Arbeitsbuch für den Unterricht in Ethik, Werte und Normen, Philosophie, Lebensgestaltung und Religion; Sekundarstufe II / Hans-Werner Dannowski ... (Hg.). Mit Beitr. von Peter Antes ... – Göttingen, Vandenhoeck und Ruprecht, 1993
ISBN 3-525-61333-4
NE: Dannowski, Hans Werner [Hrsg.]; Antes, Peter

Umschlag: R. Stöbener, Göttingen
Satz: Text & Form, Hannover
Schrift: Times
Druck und Bindung: Hubert & Co., Göttingen

Inhalt

Vorwort der Herausgeber

Was ist eigentlich „Sachwissen“ im Bereich von „Ethik“? Was ist „Ethik“?

Angesichts der ungesicherten Grundlagen ist die Herausgabe eines Buches mit dem Titel „Sachwissen Ethik“ ein Wagnis. Wir, die Herausgeber, wollen daher kurz erklären, was *wir* unter Ethik verstehen wollen: Es geht uns um das Schulfach Ethik und nicht um die Teildisziplin der Philosophie. Dieses Schulfach soll eine Lücke füllen. Über den Fachwissenschaften droht in der Schule und besonders auf der gymnasialen Oberstufe eine grundlegende Frage zu kurz zu kommen: Wie sieht unter den heutigen Umständen eine sinnvolle Lebensführung aus?[1] Das Fach Ethik soll Antworten auf diese grundlegende Frage geben. Es ist kein Zufall, daß „Ethik“[2] in den neuen Bundesländern ein wichtiges und allgemein verbreitetes Fach geworden ist, mehr als in den alten Bundesländern. Von dem Fach wird ein Beitrag erwartet für die Bewältigung des schwierigen und vor allem langwierigen Prozesses der Neuorientierung. Es war den Herausgebern wichtig, gerade in dieser Situation eine Hilfestellung anzubieten, und zwar nicht, indem dieser Band als Weisheit hinstellt, was umstritten und unsicher ist. Es sollen vielmehr verschiedene Lösungsmöglichkeiten zur Diskussion gestellt oder auch überhaupt erst auf die Bedeutsamkeit bestimmter grundlegender Fragen aufmerksam gemacht werden. Fertige Antworten wird der Leser also nicht bekommen, sondern eher eine bedrückende Vielfalt sichten müssen.

Was ist „Sachwissen“ im Bereich des Faches Ethik? Je länger wir daran gearbeitet haben, desto weniger wußten wir es. – Wir schlagen auf der Grundlage des Bandes folgende Herangehensweise vor: In einer grundlegenden Besinnung fragen wir, was Ethik – diesmal durchaus im philosophischen Sinne gemeint – heute sein könnte. Daran schließt sich ein Überblick über die abendländische Tradition an, in dem die beherrschenden Fragestellungen dieser Entwicklung deutlich werden sollen und der zugleich Einblick gewährt in die Grundpositionen, die diese abendländische Tradition bestimmt haben. Im Anschluß können dann die heutigen Brennpunkte der moralischen Diskussion und der ethischen Reflexion aufgegriffen werden. Allerdings erschreckt hier der Vollständigkeitsanspruch: Wir haben nicht alle sogenannten Brennpunkte erfassen können.

Der Blick in das Inhaltsverzeichnis zeigt, daß viele Probleme fehlen. Er zeigt aber auch, daß grundlegende Probleme, mit denen wir uns nun schon seit Jahren oder Jahrzehnten herumschlagen, Eingang gefunden haben. Es ging aber nicht um vordergründige Aktualität. Vielmehr sollte es darum gehen, solche Probleme zu bearbeiten, die grundlegende Einsicht in die moralischen Grundlagen unserer Gesellschaft und die sie bestimmenden Werte gewähren. Der Schwerpunkt der Themen liegt auf dem politischen und gesellschaftlichen Handeln. Das ist normal: Der Schwerpunkt von Schule und Unterricht ist nun einmal die Stärkung der Dialogfähigkeit, damit Menschen zu gemeinsamer Abrede ihrer Zukunft kommen. Daher muß die ethische und moralische Reflexion kollektiven Handelns in den Vordergrund treten. Die Anforderung, im Ethikunterricht etwas für die Lebensführung des einzelnen zu leisten, führt zu einem gegensätzlichen Gesichtspunkt: Die wichtigsten Entscheidungen, die wir fällen, betreffen nun einmal unseren allerprivatesten Lebensbereich: Daher wurde in einem Kapitel über Sexualität für diesen Bereich ein deutlicher Schwerpunkt gesetzt.

Der Blick in das Inhaltsverzeichnis lehrt weiterhin, daß die einzelnen Kapitel - wie man modernerweise sagt - miteinander vernetzt sind. Für die Benutzer dieses Buches heißt dies: Zu

---

1 Der Begriff der Lebensführung ist von dem Soziologen Max Weber entlehnt. Er versteht darunter die Frage, inwieweit das Alltagshandeln der Menschen von Prinzipien oder überindividuellen Ansprüchen bestimmt wird. Weber zufolge ist die Kernfrage einer jeden Religion oder Weltanschauung, wie sie das alltägliche Handeln der Menschen bestimmen kann.

2 Das Land Brandenburg spricht von Lebensgestaltung – Ethik – Religion (LER). Es verbindet damit den Anspruch, daß dieses neue Fach die Schüler lehren solle, besser zu leben.

einem Kapitel sollten immer ergänzend andere herangezogen werden. Diese Arbeit der Zusammensicht wird sicherlich durch das Register und das Inhaltsverzeichnis erleichtert.

Trotz der Weite des Feldes und der unterschiedlichen Aufgaben des Faches hat sich in den letzten Jahren so etwas wie ein Kern des Wissens herausgestellt. Die Stichworte dafür sind:

- Normen und Werte, Wertewandel
- Recht und Gerechtigkeit
- Freiheit und Determinismus
- Religion und Weltanschauung (Weltbild)
- Vernunft und Gewissen
- Verantwortung[3]

Es hätte nahegelegen, das Buch nach diesen Stichworten aufzubauen und über die historische Sicht zur heutigen Problematik vorzudringen. Ein solches Vorgehen wäre aber zu Lasten der Problemorientierung gegangen. Höherwertiger als dieses Grundwissen erschien den Herausgebern die Orientierung am pädagogischen Auftrag des Faches; der zielt aber darauf ab, die Grundlagen des Lebens zu reflektieren. Der Schwerpunkt liegt daher auf der Dialog- und Urteilsfähigkeit.

Das Fach Ethik ist für die Herausgeber auch immer der Auftrag zum Kulturvergleich. Er findet in anderen Fächern auch statt, aber eher zufällig und gelegentlich. Daher haben wir versucht, mit zwei grundlegenden Fragestellungen diesen interkulturellen Dialog in der Schule voranzubringen. Es war schwierig, diese beiden Kapitel einzuordnen. Eigentlich müssen sie immer vergleichend zu anderen gelesen werden. Vielleicht kann hier das Register helfen, einen solchen Kulturvergleich als Vorform der interkulturellen Erziehung voranzubringen.

Oftmals werden die kulturellen Vergleiche mit kulturellem Hochmut abgehandelt: Es geht dann um den Vergleich der Dritten Welt mit der modernen Ersten Welt.[4] Wir haben aber auch die Dritte Welt vor der Tür, um ein Wort von Simone de Beauvoir aufzunehmen. Daher war es den Herausgebern wichtig, ein Kapitel über die Probleme des Alterns einzufügen. Hier sehen wir in einer Art Brennpunkt, wie moralische Orientierungen nicht mehr greifen und ethische Prinzipien sich nur noch bedingt in die Lebensführung umsetzen lassen. Dennoch werden wir dieses Grunddaseinsproblem lösen müssen: Wie können alte Menschen ihre Würde bewahren? Daß wir ein solches Kapitel gerade jungen Leserinnen und Lesern anbieten, ist überlegt: Es geht um den Kulturvergleich. Denn längst leben wir auch in der eigenen Gesellschaft in sehr verschiedenen Welten.

Nicht zuletzt deswegen ist in unserer Gesellschaft immer unklarer geworden, welches eigentlich die Grundlagen der Moral und die Prinzipien ethischer Reflexion sind. Im Augenblick herrscht wohl der Eindruck vor, daß sich alles auflöse und daß deswegen herausgestellt werden solle, was überhaupt noch Gültigkeit beanspruchen kann. Diese Problemsicht teilen wir freilich nicht. Wir gehen aus von der Überzeugung, daß bestimmte Fragen in unserem Kulturkreis immer wieder neu für Unruhe sorgen, Fragen, auf die man mehrere richtige Antworten geben kann. Die Lektüre wird für den Benutzer anstrengend sein, weil sie nicht zur Gewißheit führt, sondern nur einführen soll in die grundlegenden Problemstellungen. Ein Sachwissen im Sinne von ,Schwarz-auf-Weiß-nach-Hause-Tragen' ist hier nicht zu gewinnen; hoffentlich hingegen ein Wissen darum, was in unserer Gesellschaft warum diskutiert wird!

Zunächst kommen diejenigen Fragen, die in der Neuzeit und Aufklärung unerledigt geblieben sind, sozusagen die Altlasten. Dabei handelt es sich um ganz grundlegende Dinge, die in letzter Zeit wieder an Aktualität gewinnen: Was darf der Staat? Was bedeuten heute die Grundrechte – entwickeln wir uns möglicherweise zurück? Es handelt sich um Leitwerte wie Toleranz oder um das Verhältnis von Recht und Gerechtigkeit. Für sie ist immer wieder neu festzulegen, wie sie in der jeweiligen historischen Situation eingelöst werden können. Sach-

3 Dieser Katalog ist zusammengestellt nach den Einheitlichen Prüfungsanforderungen für das Fach Ethik in der Fassung der KMK. – Vgl. Beschlüsse der Kultusministerkonferenz. Einheitliche Prüfungsanforderungen in der Abiturprüfung. Ethik, Neuwied (Luchterhand) 1992.

4 Den Herausgebern ist bewußt, daß diese Terminologie völlig veraltet ist. Zum einen wären Erste bis Fünfte Welt zu unterscheiden. Zum zweiten ist völlig offen, ob man in Zukunft die Zweite Welt noch als solche wahrnehmen kann. Die ehemaligen sozialistischen Länder scheinen eher auf das Stadium der bisherigen Dritten Welt, etwa auf dem Niveau Brasiliens, zurückzufallen. Manche steigen möglicherweise in die Erste Welt auf.

wissen heißt hier also Kenntnis des Problemfeldes im verantwortungsethischen Sinne.[5]

Die anderen problemorientierten Kapitel umfassen offene Fragen, bei denen heftig um eine moralische oder ethische Orientierung gerungen wird. Diese Fragen können auch nur als Problemaufriß dargestellt werden. Obendrein haben wir versucht, in den entsprechenden Kapiteln Lösungen vorzuschlagen und Akzente zu setzen. Wir wollen nicht, daß sie übernommen oder gar geglaubt werden. Wir wollen mit dieser Vorgehensweise erreichen, daß die Diskussion nicht hinter einen bestimmten Stand zurückfällt. Sachwissen heißt hier also Wissen um den gesellschaftlichen Diskussionsstand.

Die verschiedenen Teile des Buches verfolgen also recht verschiedene Zwecke. Ein informierendes Kapitel, das einem systematischen Kulturvergleich dienen soll, muß naturgemäß anders aussehen als ein Kapitel, das zur Parteinahme in einer Kontroverse führen soll. Das schlägt sich auch in einer unterschiedlichen äußeren Form nieder. Das Kontroverse und Anstößige im Wortsinne soll man auch am Text sehen können; der Charakter des Leitfadens soll sich hingegen niederschlagen in einer zusammenhängenden und möglichst übersichtlichen Darstellung. Je mehr daher der Benutzer gegen das Ende des Buches vordringen wird, desto mehr wird er ein Arbeitsbuch vor sich finden, das Anregungen geben soll. Je mehr er sich am Anfang des Buches befindet, wird er einen übersichtlichen Leitfaden vorfinden. Viel Mühe haben wir uns mit dem Register gegeben. Infolge der Orientierung an Problemen konnte das Buch freilich nicht eine Art Lexikon werden. Diesen Nachteil mußten wir in Kauf nehmen. Wir hoffen aber, daß durch das Register der Überblick in systematisierender Hinsicht gewahrt bleibt. Die Literaturangaben in den Fußnoten sollen Hilfen sein zur selbständigen Weiterarbeit.

Der Unterricht im Fach Ethik wird wohl im allgemeinen auf der Erarbeitung und kritischen Umsetzung von Primärtexten beruhen. Für die Schülerinnen und Schüler bleibt diese Vorgehensweise oftmals unbefriedigend, weil sie kaum ermessen können, in welchem größeren Zusammenhang der jeweilige Einzeltext steht. Hier möchte unser „Sachwissen“ gern ansetzen. Es möchte eine komfortable Möglichkeit bieten, den übergreifenden Problemzusammenhang zu erfassen und die jeweiligen Einzeltexte im Unterricht verorten zu können. Allerdings kommt uns gleich der Gedanke, daß dieser Anspruch zu vollmundig sein könnte: Alle denkbaren Problemzusammenhänge haben wir sicherlich nicht erfaßt. Wenn die Lernenden diesen Übersichtscharakter des Buches nutzen möchten, dann werden sie die Auswahl ihrer Einzeltexte gut mit den Schwerpunkten des Buches abstimmen müssen. – Kurzum: Wir verbinden mit diesem Buch auch die Hoffnung, daß sich die Arbeitsmöglichkeiten im Ethikunterricht erweitern und auf eine breitere Grundlage stellen lassen.

Allerdings mochten wir uns nicht mit der Rolle bescheiden, den Hintergrund für die „eigentlichen“ Texte zu liefern. Unser Buch hat daher über weite Strecken den Charakter eines Arbeitsbuches und kann so unmittelbar zur Grundlage des Unterrichts werden.

Vom Anspruch her zielen die Darstellungen auf die gymnasiale Oberstufe und anverwandte Teile unseres Bildungswesens. Neben Schülerinnen und Schülern kommen als Benutzer des Buches in Betracht: Studenten, Referendare und Lehramtsanwärter. Schließlich auch Lehrerinnen und Lehrer, die sich schnell einen Überblick über die Problemlage verschaffen wollen.

Das Herausgeberteam ist verantwortlich für die Zusammenstellung der einzelnen Kapitel und die Gesamtanlage des Buches.

Wir verhehlen nicht, daß wir mehr leisten wollten als die lexikonartige Zusammenstellung dessen, was „man“ wissen muß. Wir wollten auch aufzeigen, auf welche Weise der Ethikunterricht eine wichtige Orientierung bieten kann vor den vielen ungelösten Problemen, vor denen wir stehen. Aus unserem Selbstverständnis heraus wollten wir die drängenden Probleme angehen, auch wenn wir oftmals keine Antworten auf sie wissen. Wir wollten aber auch Standards setzen gegenüber den allzu großen Vereinfachungen. Das sind widersprüchliche Anforderungen. Ob wir ihnen halbwegs gerecht geworden sind, das entscheiden die Leserinnen und Leser dieses Buches.

Hannover, Herbst 1993 Der Herausgeberkreis

---

5 Ethische Grundsatzpositionen werden vermittelt, aber der Schwerpunkt liegt auf der jeweiligen konkreten Folgendiskussion. Vgl. Reimer Gronemeyer: Die Entfremdung vom Wolfsrudel. Über den drohenden Krieg der Jungen gegen die Alten, Frankfurt am Main 1989.

Über den Dingen

Kapitel 1

Ethik – was ist das?

I. Moral und Ethik

1. Moral als Lebenswissen

Das Wort Ethos und die daraus abgeleitete Wissenschaft, die Ethik, haben eine lange Geschichte. Die Vokabel ethos, aus dem Griechischen kommend, ist schon bei Homer (8. Jh. v. Chr.) bekannt. Aus der Ursprungsbedeutung als dem Ort, an dem man zu Hause ist, wird Ethos zum zusammenfassenden Begriff der Sitten und Gebräuche. Das können einmal die persönlichen Gewohnheiten sein, sofern sich daraus ein besonderer und umschreibbarer Habitus ableiten läßt. Wenn im Neuen Testament von Jesus berichtet wird, er sei – wenn er in Jerusalem war – auf den Ölberg gegangen, um dort zu beten, dann benutzt das Lukasevangelium das Wort ‚ethos'. Dieser Brauch war nicht die allgemeine Regel, aber für die Verhaltensweise des Mannes von Nazareth war er vorhersehbar.

Stärker und später nahezu ausschließlich bezeichnet Ethos die Standards des Verhaltens von Gruppen, Religionsgemeinschaften oder Völkern. Ethos als Verhalten des einzelnen ist damit nicht ausgeschlossen; aber im Ansatz ist immer die Beziehung des persönlichen Lebensbereichs zu den Gruppennormen mitgedacht. Gute wie schlechte Sitten und Gewohnheiten fallen unter den Geltungsbereich des Wortes Ethos. Die schöne und wichtige Sitte der Gastfreundschaft ist ein Ethos wie auch die schlechte Gewohnheit, die Versammlungen der Gemeinde zu versäumen (1. Klemensbrief, Hebräerbrief). Und daß „böse Reden die guten Sitten verderben", das kommt schon bei dem Komödiendichter Menander vor (um 300 v. Chr.). Im religiösen Kontext bürgert sich das Wort Ethos für die jüdischen Gesetze und für die kultische Ordnung der Feste ein.

Ethos ist also in diesem Zusammenhang zu beschreiben als ein Verhaltenskodex, der durch Sitte und Brauchtum geprägt ist und der die Schritte und Denkweisen des einzelnen (vielfach unbewußt) ähnlich determinieren mag wie die biologisch festgelegten Verhaltensweisen in der Tierwelt.[1] Diese Seite des Ethos wird hier als Gesamtkomplex der Moral bezeichnet. Moral ist der geschichtlich überlieferte, sozial orientierte und konventionell geprägte Verhaltenskodex von gesellschaftlichen oder religiösen Gruppen. Die Moral umschreibt das, was an Verhaltensnormen da ist und für diese Gruppe (bis auf weiteres) gilt.

Diese klare Trennung der Moral von der (später zu beschreibenden) Ethik ist nicht allgemein üblich und wird auch in diesem Buch nicht konsequent durchgehalten werden. Zwar ist es weithin Allgemeingut, daß der Seins- und der Sollensaspekt in der Ethik zwei unterschiedliche (wenngleich auch zusammenhängende) Blickrichtungen beschreibt[2]. Aber eine terminologisch stringente Trennung zwischen Moral und Ethik hat man daraus nur gelegentlich gefolgert. Es erscheint sinnvoll zu sein, hier deutlichere Unterschiede zu machen, um die sachlich notwendige Ambivalenz und Unsicherheit im moralischen Bereich nicht auf ein allgemeines Mißvergnügen an der Ethik und eine Diffa-

---

1 Vgl. Konrad Lorenz: Das sogenannte Böse. Zur Naturgeschichte der Aggression, Wien 1963.
2 Arthur Rich: Wirtschaftsethik, Bd. I., Gütersloh (Gütersloher Verlagshaus) ^{4}1991, S. 15ff.

mierung der ethischen Fragestellungen überhaupt durchschlagen zu lassen. Die Geschichte des Begriffs der „Moralpredigt", den man heute kaum noch in den Mund zu nehmen wagt, ist hier ein warnendes Beispiel.

Die moralischen Fragestellungen und Verhaltensweisen sind, da geschichtlich bedingt und gruppenbezogen, im Ansatz kontrovers. Ein Steinwurf in die Fenster einer Bank mag für die einen ein kapitales Verbrechen, für die anderen in einem Protestmarsch gegen die Apartheid – wiewohl ein Strafrechtstatbestand erfüllt ist – ein moralisches Minimum sein, um darauf aufmerksam zu machen, was in Südafrika oder anderswo geschieht. Diebstähle im anonymen Bereich (wie in Kaufhäusern, an Fahrradständern etc.) sind für gewisse Kreise zu einem sportlichen Unternehmen geworden, bei dem der Verbotscharakter nicht einmal mehr eine stimulierende Wirkung hat. Ganz zu schweigen von der nahezu völligen Unsicherheit, was denn moralisch oder unmoralisch sei, im Bereich der Ehe- und Sexualmoral, der Wirtschaftsmoral und in den Fragen, vor die uns Rüstung, Krieg und Frieden und die Bewahrung der Umwelt heute stellen.

Diese moralische Unsicherheit auf so vielen Gebieten, die im Zuge der Segmentierung unserer Gesellschaft noch weiter zunehmen wird, darf nicht zur Infragestellung der Notwendigkeit von Moral überhaupt führen. Es gibt kein Leben ohne Moral. Moral ist Lebenswissen. Im „Konstruktionsvorgang" von Moral[3] ist der weltoffene instinktarme Mensch auf der Suche nach bewährten und sinnvollen Handlungsmustern, ohne die er sich nicht behaupten könnte. Dabei spielt der „signifikant andere" eine wesentliche Rolle: das neue Lebenswissen läuft sehr stark über personale Kommunikation, die sich an wichtigen Persönlichkeiten ausrichtet[4]. Die Vermittlung solchen Lebenswissens bedient sich vor allem der Sprache, ist aber damit auch an komplexe Beziehungsvorgänge gebunden. Im Zeichen zunehmender Privatisierung findet die Identitätsbildung, die mit dem Aufbau von Moral als Lebenswissen verbunden ist, vorrangig im Raum von Familie, Ehe und Freundschaft statt. Die großen Institutionen wie Staat und Kirche liefern für die Lebensformung eher „anonyme Typisierungen" (Berger/Luckmann): gemeinsam anerkannte Handlungsmuster, die über Generationen weitergegeben werden, die aber an Verbindlichkeit eingebüßt haben.

Der damit gegebenen Pluralität von moralischen Werten begegnen Menschen in unserer Gesellschaft offensichtlich in unterschiedlicher Weise[5]. Eine Möglichkeit des Dissonanzabbaus bei einer Konkurrenz verschiedener moralischer Maßstäbe ist die Reduzierung der „Valenz der Werte" (der Reichweite, der Geltungskraft der Werte). Im Beispiel: Die Tendenz der Ehe auf Unauflösbarkeit wird nicht aufgegeben, aber im Konfliktfall werden Scheidung und Wiedertrauung akzeptiert. Ein zweiter Weg wäre der Abbau der Werte selbst: die Unauflösbarkeit der Ehe wäre dann kein Thema mehr. Eine dritte Weise des Umgangs mit dissonanten moralischen Maßstäben ist die häufigste: die Kommunikation über Moral wird von vornherein reduziert. Es findet kaum noch eine intensive Kommunikation zwischen den verschiedenen Gruppen und gesellschaftlichen Institutionen darüber statt, was denn dort nun wirklich gilt. Den Verdächtigungen ist damit Tür und Tor geöffnet, und der Eindruck eines starken Moralverfalls in unserer Gesellschaft mag in vielen Fällen eher ein kommunikatives als ein reales Problem sein.

2. Ethik als Forderung des Unbedingten

Neben die Moral als dem geschichtlich überkommenen und gemeinschaftsspezifisch gestalteten Verhaltenskodex tritt die Ethik als Forderung des Unbedingten. Das Ethos in diesem engeren Sinn hat die Struktur des „kategorischen Imperativs" (Kant), stellt die unbedingte Forderung des „Du sollst" neben die bedingte Forderung des „Man tut". Ethos steht gegen Ethos, Gewissen gegen Konvention und Gewohnheit.[6] Ethik in diesem Sinne ist die notwendige Krise der Moral, die den Menschen in die Entscheidung des unbedingten Handelns ruft. Sie holt ihn heraus aus den überkommenen Nor-

3 Peter L. Berger/Thomas Luckmann: Die gesellschaftliche Konstruktion der Wirklichkeit. Eine Theorie der Wissenssoziologie, Frankfurt am Main (Fischer) [8]1991..
4 Paul M. Zulehner: Ethische Predigt und Alltagsbewältigung, in: Franz Kamphaus/R. Zerfaß, Ethische Predigt und Alltagsverhalten, Freiburg (Herder) 1977, S. 11ff.

5 Vgl. Zulehner, a.a.O., S. 22f.
6 Vgl. Rich, a.a.O., S. 16f.

men und Gewohnheiten, macht ihn in der Freiheit der kühnen Entscheidung erst zu dem, was er sein soll.

Es ist die Unbedingtheit dieser ethischen Forderung, die in der Antigone des Sophokles das junge Mädchen dazu bringt, den Leichnam des Bruders gegen das Gebot des Vaters und Königs mit Erde zu bedecken. Obwohl sie weiß, daß ihre Tat zur Katastrophe und zum Untergang führen wird. Aber es gibt Dinge, die einfach getan werden müssen, die mit einem unbedingten Anspruch in das Leben treten.Wenn man nicht sein Menschsein verfehlen will, dann muß hier gehandelt werden. Ein solcher Anruf des Unbedingten muß viele Männer und Frauen des 20. Juli 1944 getroffen haben: In einer Situation, in der das Scheitern wahrscheinlicher war als der Erfolg, mußte das Äußerste gewagt werden unter dem Einsatz des eigenen Lebens. Solschenizyn, Sacharow in den Lagern der Stalinzeit, Martin Luther King und Nelson Mandela: Was sinnlos erscheint und sich zur Ohnmacht verdammt sieht, muß doch getan werden. Von irgendwoher fällt hier ein Sinn ein, ein absoluter Anspruch wird gehört. Solche Herausforderungen gehen durch die Geschichte aller Zeiten.[7] Ein non possumus, wir können nicht anders, durchzieht das ganze Leben.

In der Geschichte der Ethik ist diese Gegenüberstellung von Moral und Ethik mit anderen Worten und Begriffen und in verschiedenen Zusammenhängen immer wieder vollzogen worden. Sie taucht auf im denkbaren Konflikt zwischen Moralität und Legalität in der „Metaphysik der Sitten" bei Kant, wird bei Pascal zu dem einprägsamen Apercu „La vraie morale se moque de la morale"[8]. Augustins „Liebe, und dann tu, was du willst" und Luthers Forderung, neue Dekaloge zu schaffen, liegen auf der gleichen Linie. Schließlich sei eine der Unbedingtheitsforderungen des Jesus von Nazareth zitiert, auf den im abendländischen Bereich wahrscheinlich vieles von der Unmittelbarkeit der ethischen Forderung zurückgeht: „Wenn eure Gerechtigkeit nicht besser ist als die der Schriftgelehrten und Pharisäer, werdet ihr nicht in das Reich Gottes kommen" (Matthäus 5, 20).

7 Vgl. Jeanne Hersch: Die Hoffnung Mensch zu sein, Zürich (Benziger) [5]1990, S. 72.

8 Pensées, Fragment 4: „Die wahre Moral mokiert sich über die Moral".

Diese Unbedingtheit der ethischen Forderung ist eine gefährliche Sache, so wie jeder Absolutheitsanspruch seinen Zwiespalt in sich trägt. Jede kategorische Forderung ist revolutionär, nimmt keine Rücksichten, ist kaum vermittelbar und ist für alles und jedes zu mißbrauchen. Es erweist sich zumeist erst im geschichtlichen Prozeß, ob die Unbedingtheit der Forderung zum Guten oder zum Bösen leitete, ob sie die Moral wiederhergestellt oder endgültig zu Grunde gerichtet hat. Die Entwicklung, die die unbedingte Forderung nach Freiheit, Gleichheit, Brüderlichkeit in der Französischen Revolution nahm, ist geradzu ein Lehrstück für die Ambivalenz absoluter Ansprüche auf den Menschen. Deshalb muß die Ethik in ihrer Unbedingtheit immer wieder auf die Moral bezogen werden und sich den konkreten Fragen der Vermittelbarkeit und der Wirkung stellen. Die Unbedingheit der ethischen Forderung erhellt den Horizont nur für Sekunden: alsbald stellt sich die Frage nach der Dauer der moralischen Haltungen und nach den Folgen. Ohne Ethik wird die Moral banal, ohne Moral steigt die Ethik in den Kopf. Das spannungsvolle Miteinander darf nie aufgelöst werden. Wird nur die eine oder die andere Seite gesehen, dann ist die eigentliche ethische Frage als die Frage nach dem Verhalten des Menschen schon aufgegeben.

Letztlich hängt die Unbedingtheit der ethischen Forderung mit der Freiheit als einer der Grundbestimmungen des Menschen zusammen. Ohne Freiheit wäre die ethische Forderung eine Farce. Freiheit bedeutet hier nicht, den Lücken im Geflecht des Determinismus nachzuspüren oder die totale Willkür auszurufen. Die Freiheit als Bestimmung des Menschen meint, sich in Freiheit zu etwas zu verpflichten und damit seinem Leben einen Sinn zu geben. Freiheit erweist gerade in der selbstgewählten Bindung ihre eigentliche Kraft; darum wird eine so verstandene Automonie mit der sozialen Verpflichtung immer nur in einen aktuellen, nie in einen grundsätzlichen Widerspruch geraten. „Die uns geschenkte Freiheit erlaubt uns, transzendente Werte durch die Tat zur konkreten Wirklichkeit zu machen" (Jeanne Hersch[9]). Freiheit und Notwendigkeit liegen hier nahe beieinander, und die Unbedingtheit der Forderung ist verbunden mit der Ahnung eines letzten Sinns.

9 A.a.O., S. 148.

3. Individual-, Sozial- und Umweltethik

Traditionellerweise wird der Gesamtbereich der Moral oder der Ethik in verschiedene Komplexe untergliedert. Eine Einheitlichkeit in den Begriffen wird man hier nicht erwarten können, aber mit der Differenzierung zwischen Individual- und Sozialethik kann man in der ethischen Diskussion doch auf eine breite Zustimmung rechnen. Als Beweis dafür, wie stark die moralischen Fragestellungen von aktuellen Herausforderungen bestimmt sind, drängt sich heute darüber hinaus der Bereich der Umweltethik stark in den Vordergrund.

Man kann diese Aufgliederung der Ethik systematisieren und sie von den drei menschlichen Grundbeziehungen her entwickeln[10]. Ich verhalte mich als moralisches und ethisches Subjekt in einer dreifachen Beziehung: Ich verhalte mich zu mir selbst (Ich – Selbst), ich verhalte mich zu anderen Menschen (Ich – Du/Ihr) und ich verhalte mich in und zu meiner Umwelt, sei sie nun durch Geschichte oder Natur gestaltet.

Die ersten beiden Beziehungsbereiche, der Ich-Selbst- und der Ich-Du-Aspekt, wären im Bereich der Individualethik zusammenzufassen. Der Mensch ist – soweit wir das wissen – das einzige Wesen, das sich zu sich selbst verhalten kann. Gerade in diesem Bereich liegt, in einer Zeit, die stark durch die Psychoanalyse und damit durch die Aufdeckung dieser bewußten und noch mehr unbewußten Selbstbeziehungen geprägt ist, eine Fülle brisanter Fragen. Ist die „Selbstverwirklichung" als eine Leitidee unserer Zeit stärker – im moralischen Sinne – ein Anpassungsprozeß an die gerade geltenden Ideale? Auch das hätte sicher, da der Mensch ein soziales Wesen ist, seine zumindest partielle Berechtigung. Oder ist „Selbstverwirklichung" – dann stärker im ethischen Sinne – der Unbedingtheitsanspruch eines Selbst, dessen Erfüllung den Menschen erst zum Menschen macht? Und wie wäre dieses Selbst als der eigentliche Kern des Menschen dann zu beschreiben?

10 So Rich, a.a.O. S. 41ff., allerdings mit einem etwas anderen Ergebnis: Er fügt noch die „Personalethik" als Geltungsbereich der interaktionellen Beziehungen hinzu.

In den Bereich der Individualethik gehört aber auch die Ich-Du-Beziehung. Sie ist über Jahrhunderte hinweg der Kernpunkt ethischer Überlegungen gewesen. Wie sich der Mensch zu seinem Mitmenschen verhalten soll, darum kreisten die Fragen, und das hatte seine Auswirkungen für die persönlichen wie auch für die sozialen Lebensumstände. Dabei ist deutlich, daß die Interaktion der Ich-Du-Beziehung ihren Dreh- und Angelpunkt in der Gleichheit der Beziehungspartner hat. Das biblische Gebot „Liebe deinen Nächsten wie dich selbst" (Levitikus 19, 18; Markus 12, 31), noch deutlicher in Martin Bubers Übersetzung „Liebe deinen Nächsten, er ist wie du" bindet die Interaktionspartner, aber auch die Fremd- und Selbstbeziehung aneinander. Egoismus (als Selbstbeziehung unter Vernachlässigung des anderen) und Altruismus (als Fremdbezug unter Vernachlässigung der eigenen Person) sind dann auch nur zwei Seiten derselben Medaille. Die Individualethik wird in der Beziehung von Menschen untereinander auf die gleichen Phänomene stoßen wie in der Beziehung des Menschen zu sich selbst.

Im Unterschied zur Individualethik greift die Sozialethik hinein in die strukturellen Zusammenhänge, in denen jeder einzelne unausweichlich lebt. Schon das Verhalten im häuslichen Bereich hängt ab von der Struktur, die die Familien haben, von deren Ort im gesellschaftlichen Ganzen. Das Handeln des einzelnen im Bereich der Arbeit ist mitbestimmt von der Struktur, die Verwaltungen und Betriebe haben, hängt ab von der Position und der Funktion, die der einzelne im Gesamtgefüge einer Institution und eines umfassenden Prozesses hat. Weltweit sind dabei die Verflechtungen in den Blick zu nehmen, die zu einer globalen Krise führen. Eine an der Profitmaximierung orientierte Weltwirtschaftsordnung, Rassendiskriminierung und Nationalismus machen Hunderte von Millionen von Menschen in der Zwei-Drittel-Welt zu Opfern von Kriegen, von Hunger und Unterdrückung. All dies muß eine Sozialethik als ihre ureigensten Themenbereiche annehmen und reflektieren.

Dabei sind Individual- und Sozialethik nicht voneinander zu trennen, aber doch auch deutlich voneinander zu unterscheiden. Um es in einem einfachen Beispiel zu sagen: In einem Examen wird ein guter und verantwortungsbewußter Prüfer sich bemühen, die Prüfung im mitmenschlichen Bereich angenehm zu gestalten. Er wird um ein offenes Klima bemüht sein, wird keine Fangfragen stellen, wird versuchen, den Prüfling mit seinen Stärken und nicht mit seinen Schwächen zu Wort kommen zu lassen. Aber es wäre falsch, würde der Prüfer dabei die soziale und strukturelle Funktion von Prüfung außer acht lassen, die ihm einen einseitigen Machtvorteil gibt und zu einem völlig unterschiedlichen Erleben einer Prüfung durch die Prüflinge und durch die Prüfer führt. Das menschliche Bemühen des Prüfers führt noch nicht automatisch zu einer ethisch verantwortbaren Prüfung. Das Verhältnis von Prüfung und Berufsanforderung ist dabei zu durchdenken, das Verhältnis von Ausbildung und Prüfung, die Möglichkeit der Partizipation der Prüflinge schon an der Auswahl der Stoffe sowie die Frage der Integration der Prüfung in Ausbildung und Beruf. Andererseits weiß natürlich jeder, daß eine noch so gut strukturell durchdachte Prüfung von einem schlecht aufgelegten oder gar hinterhältigen Prüfer ad absurdum geführt werden kann. Sozial- und Individualethik greifen also immer wieder auch ineinander.

Sozialethik fragt also nach der Struktur eines Daseins, das nur in gesellschaftlich und institutionell vermittelten Ordnungen existiert. Weil diese Ordnungen so gestaltet werden müßten, daß sie individuelles Handeln möglichst optimal gewährleisten, liegt in diesen Fragen natürlich häufig ein umfassender und übergreifender Aspekt. Insofern kann man vielleicht dann doch sagen: „Alle Ethik ist, schließlich und endlich, Sozial-Ethik“[11].

Eine weitere Form der Ethik hat sich in den letzten Jahren und Jahrzehnten gebieterisch in den Vordergrund des allgemeinen Interesses gedrängt: die Umweltethik. Solange die Natur als Verfügungsmasse menschlichen Handelns gelten konnte, schienen Pflanzen und Tierwelt, Erde, Wasser, Luft im ethischen Sinne irrelevant oder allenfalls von sekundärer Wichtigkeit zu sein. Einzelne Religionen wie Naturreligionen oder der Buddhismus, einzelne Personen oder Gruppen wie Franz von Assisi („Vogelpredigt“), Albert Schweitzer („Ehrfurcht vor dem Leben“) oder die Tierschutzbewegung haben hier schon immer anders gedacht. In einer Zeit, in der die Zerstörung der symbiotischen Einheit zwischen Mensch und Natur mit der Vernichtung von Natur zugleich die Gefahr der Zerstörung des Menschen selbst in den Bereich des Möglichen und Wahrscheinlichen rückt, wird die Umweltethik zu einer Sache von höchster Priorität. Es steht dabei die Frage an, ob hier nicht ein neuer kategorischer Imperativ für den Menschen erwächst als „Nein zum Nichtsein“ und als „eine Ethik der Erhaltung, der Bewahrung, der Verhütung und nicht des Fortschritts oder der Vervollkommnung“[12].

4. Formale und materiale Ethik

Die Unterscheidung von formaler und materialer Ethik, die in der ethischen Diskussion – insbesondere seit Kant – eine so gewichtige Rolle spielt, ist wahrscheinlich bereits eine Form der Säkularisierung der Ethik. Denn ursprünglich sind Religion und Ethik eins. Eine bestimmte Form eines religiösen Welt- und Gottesverständnisses setzt einfach eine ganz bestimmte Form eines beschreibbaren Verhaltens aus sich heraus. Besonders deutlich wird dies in der Sinaierfahrung des Volkes Israel: Der Bundesschluß, den Jahwe mit Israel vollzogen hat, erreicht seinen Höhepunkt in der Übergabe der 10 Gebote. Das religiöse Selbstverständnis als das auserwählte Volk des eifersüchtigen Gottes fordert gebieterisch eine bestimmte Weise des moralischen Verhaltens. Wer religiös zu diesem Volk gehört, der heiligt den Feiertag, ehrt Vater und Mutter, tötet und stiehlt nicht und hält keine üble Nachrede. Formale und materiale Ethik sind hier völlig eins. Die Allgemeinverbindlichkeit eines solchen Kosmos des religiösen wie ethischen Verhaltens wird vorausgesetzt, auch wenn die faktischen Gegebenheiten eine andere Sprache sprechen.

Im Zuge von Glaubensspaltung, Aufklärung und Toleranz indes wird die Pluralität der religiösen wie der ethischen Systeme voll bewußt. Was ist aber zu tun, wenn ein religiös begründeter Verhaltenskodex gegen einen anderen steht und – bei aller Ursprungsnähe – die Differenzen etwa zwischen Judentum und Christentum oder zwischen Katholizismus und Protestantismus

11 Heinz-Dietrich Wendland: Einführung in die Sozialethik, Berlin – New York (de Gruyter) 1971, S. 7.

12 Hans Jonas: Das Prinzip Verantwortung, Frankfurt am Main (Suhrkamp) 1979, S. 249.

wichtiger werden als das, was sie verbindet? Das Sittliche muß herausgestellt werden als das schlechterdings für jeden Menschen absolut Verbindliche. Darin wird die Basis gesehen für das, was noch die einander widerstrebendsten Glaubensrichtungen miteinander verbindet und die Grundlagen für kulturelles und gesellschaftliches Zusammenleben schafft.

So entwickelt sich allmählich die Trennung der formalen Ethik von der materialen. Die formale Ethik beschreibt das für alle Menschen Verbindliche: die Sittlichkeit des Menschen, die auf das Gute ausgelegte Differenz des Menschen zwischen Sollen und Sein. Die materiale Ethik entwickelt demgegenüber die von irgendwelchen religiösen und philosophischen Prämissen bestimmte inhaltliche Füllung dessen, was das Gute jeweils ist.

So schreibt beispielsweise Wilhelm Herrmann in der Nachfolge Kants eine Ethik in zwei Teilen.[13] Aus dem Gedanken der Selbstbehauptung des Lebendigen werden Folgerungen für den Bereich „Natürliches Leben und sittliches Denken“ gezogen, die für alle Menschen gelten (Formale Ethik). Die materiale Ethik umfaßt dann das „Christlich sittliche Leben“. Dieses reicht von Wiedergeburt und Bekehrung bis zum Dienst des Christen in Ehe und Familie, Kultur und Staat, in Arbeit und Gebet.

Die Zusammengehörigkeit der formalen und der materialen Ethik wird aber ebenso sehr betont wie die Verschiedenheit. Für einen Ethiker wie Wilhelm Herrmann ist es klar, daß auch die christliche Ethik ein Teil der allgemeinen Ethik ist und daß der Christ in seinem ethischen Handeln ein Mensch in dieser Welt ist. Das Christliche ist auch sittlich. So ist auf der einen Seite die formale Ethik der materialen vorgegeben. Auf der anderen Seite aber gibt es auch einen Vorrang der materialen Ethik vor der formalen. Es gehört zum Wesen des Menschseins, daß die Forderung, die an einen Menschen herantritt, nie das Primäre ist. Der Mensch findet sich in seinen Grundzügen schon immer vor, und erst von dieser Vorfindlichkeit aus wird die Forderung sinnvoll. „Man gestatte ein etymologisch nicht unberechtigtes Wortspiel: Nur da kann etwas geboten(d.h.. gefordert) sein, wo etwas geboten (d.h. dargereicht, gegeben) ist“[14]. Da die materiale Ethik sich an den Feldern orientiert, die das Menschsein ausmachen, sind sie wiederum das übergeordnete Prinzip, an dem sich die Ethik orientiert. Die Forderung ist der Aufruf, die dem Menschen eigene Verantwortung wahrzunehmen für das, was gegeben ist. Das Verbot, den Mitmenschen zu töten, setzt voraus, daß er mir als Mitmensch, als Nächster, gegeben ist.

II. Der Fundamentalismus

1. Das Anwachsen des Fundamentalismus

Seit der iranischen Revolution des Ayatollah Khomeini ist der Fundamentalismus in aller Munde. Von vielen Menschen in den westlichen und nördlichen Ländern der Erdkugel wird er – stark emotional besetzt – als Bedrohung und elementare Gefahr empfunden. In vielen Ländern der südlichen und südöstlichen Hemisphäre setzen ganze Bevölkerungsschichten und Länder auf die Karte des Fundamentalismus als Hoffnung auf die Bewahrung oder Wiedergewinnung ihrer nationalen und/oder religiösen Identität.

Mit der gewaltsamen Re-Islamisierung des Iran hat der Fundamentalismus erstmals wieder in der Neuzeit die politische Ebene erreicht. Das Erstaunen und Erschrecken im Westen rührte wahrscheinlich auch daher, daß allgemein und weltweit mit einem Rückgang des religiösen Einflusses auf die politischen Kräfte gerechnet worden war. Geistesgeschichtlich ist der Fundamentalismus (oft unter anderem Namen) ein längst gekanntes und weitverbreitetes Phänomen. Die abendländische Geschichte ist durch-

13 Wilhelm Herrmann: Ethik, ^{5}1918.

14 Gerhard Ebeling: Die Evidenz des Ethischen und die Theologie, in: Zeitschrift für Theologie und Kirche, 1960, S. 331.

zogen von Auseinandersetzungen zwischen konservativen und progressiven, zwischen orthodoxen und liberalen Kräften. Zum Fundamentalismus allerdings wird eine orthodoxe oder konservative Einstellung erst dann, wenn sie sich zu einem Totalitätsanspruch auf die persönlichen, die gesellschaftlichen und die politischen Normen ausweitet. Der Fundamentalismus will alles, oder er will untergehen.

Der Ausdruck „Fundamentalismus" leitet sich her von einer in Amerika zwischen 1910 und 1915 herausgegebenen protestantischen Schriftenreihe „The Fundamentals". Fundamentalismus in diesem Sinne meinte das, was für einen amerikanischen Protestanten unverzichtbar sei: der Glaube an die Unfehlbarkeit der Bibel, an die Sündhaftigkeit der Welt und an die nahe Wiederkunft Christi. Der Fundamentalismus zeigt schon hier ein starres Sichklammern an vorgegebene Autoritäten. Insofern sind insbesondere die „Schriftreligionen", das Judentum, das Christentum und der Islam, anfällig für fundamentalistische Bewegungen und Reaktionen. Längst aber hat der Fundamentalismus von den Religionen auch auf andere säkulare Gesamtdeutungen von Welt übergegriffen. Der Kommunismus kennt den Kampf gegen die „Abweichler" von der reinen Lehre des Marxismus-Leninismus; der dogmatisch-fundamentalistische Kommunismus war fast die Normalform marxistisch-leninistischer Ideologie. Für die grün-alternativen Gruppen und Parteien sind die Grabenkämpfe zwischen „Fundis" und „Realos" an der Tagesordnung. Und auch die wissenschaftlichen Disziplinen kennen ihre fundamentalistische Variante: die Gralshüter genialer Entwürfe wie die von Hegel, Benjamin, Adorno, Freud oder Jung, die jede Weiterentwicklung als Abweichung und Verstoß gegen den Ursprungssinn im Ansatz zu ersticken wissen.

Auch wenn sich die Lebensunfähigkeit fundamentalistischer Systeme (wie das des dogmatischen Kommunismus) von Zeit zu Zeit erweist, so ist die Anziehungskraft des fundamentalistischen Geistes gerade in der Gegenwart ungebrochen. Denn der Fundamentalismus hat es mit der Identität zu tun. Die weltweite Kommunikation durch die Massenmedien, der Siegeszug der westlichen Technik und Zivilisation, Mobilität und Tourismus, Migration und Bevölkerungsmischung haben eine pluralistische Wirklichkeit geschaffen, in der die Identitätskrise von Menschen und ganzen Kulturen an der Tagesordnung ist. Der Fundamentalismus ist immer auch der Versuch, angesichts übermächtiger Einflüsse von außen seine Identität zu wahren. Daß die gewonnenen Sicherheiten nur scheinbare sind, ist rational den betroffenen Gruppen und Individuen tief verborgen. Emotional allerdings wird die insgeheim gespürte Bedrohung wirksam in der unglaublichen Aggressivität, mit der fundamentalistische Einstellungen nach außen treten und mit anderen Menschen und Gruppen kommunizieren. Alles oder nichts, das ist auch hier die Devise. Koexistenz, das scheint die größte Versuchung des Verführers zu sein.

2. Fundamentalismus als Identität von Moral und Ethik

In Kapitel 1, I. ist der Versuch gemacht worden, Moral und Ethik zu unterscheiden und in ihrer Verschiedenheit dann auch wieder aufeinander zu beziehen. Moral ist danach beschrieben worden als der Gesamtkomplex von Verhaltensnormen, der geschichtlich determiniert und sozial ausgerichtet ist. Ethik wäre demnach die Unbedingtheitsforderung, die alle geschichtliche und soziale Verankerung und Ableitung außer acht läßt. Der Fundamentalismus ist nun der ethisch außerordentlich interessante, faszinierende und fragwürdige Versuch, in einer Identität von Moral und Ethik eine neue Basis für das Leben von Gemeinschaften und Individuen zu finden.

Der Fundamentalismus ist offensichtlich gekennzeichnet durch eine starke Betonung der vertikalen Struktur. Die unbedingte Gehorsamsforderung, die der fundamentalistische Glaube fordert, kommt direkt oder auch sozusagen aus dem Himmel. Ja, es sind sogar Vermutungen darüber angestellt worden, der Monotheismus der drei großen Religionen Judentum, Christentum und Islam sei die eigentliche Wurzel des Fundamentalismus[15]. Ein Gott als die absolute Macht; eine Wahrheit, der sich alles Denken zu unterwerfen hat. Eine Moral, die überall und

15 Martin Odermatt: Der Fundamentalismus. Ein Gott – eine Wahrheit – eine Moral?, Zürich (Benziger) 1991, S. 84ff.

jederzeit verbindlich gilt. Durch Über- und Unterordnung auf dieser vertikalen Linie entwikkelt sich die Kompetenzstruktur, die der Moral ihre ethische Verbindlichkeit verleiht. Und ohne Frage ist der reale Machtverlust, der bestimmte gesellschaftliche Gruppen, Kirchen und Nationen betrifft, ein entscheidender Beweggrund, nach Kompensationen zu suchen und diese in der Berufung auf ein direktes göttliches Mandat und eine unmittelbare Einsicht in die letzte Wahrheit dann auch zu finden.

Aber so wichtig die vertikale Struktur mit ihrer ethischen Unbedingheitsforderung zur Erklärung des Phänomens des Fundamentalismus ist, so macht es sich ein Verweis auf den Monotheismus, der die ganze Wirklichkeit als Emanation des einen Gottes sieht, doch viel zu leicht. Denn die geschichtliche Erscheinungsform des jeweiligen Monotheismus ist doch außerordentlich unterschiedlich und kann dann auch zu völlig anderen Glaubensstrukturen als den fundamentalistischen führen. Das Wichtige ist vielmehr der Zusammenfall von Ethik und Moral, von vertikaler und horizontaler Ebene. Denn der Fundamentalismus sanktioniert eine ganz bestimmte, historisch entstandene und historisch zu beschreibende Sozialform als absolut. So wie der Kommunismus als das Movens der Geschichte den Antagonismus der Klassengegensätze gesehen hat und darin die historischen Gegensätze der beginnenden Industrialisierung auch noch für Zeiten dogmatisiert hat, die längst von anderen Gegensätzen und Entwicklungen bestimmt waren. So schreibt der katholische Fundamentalismus ein bestimmtes Stadium der Entwicklung der Heiligen Messe und der Moral fest, der protestantische Fundamentalismus eine bestimmte Form des wörtlichen Schriftverständnisses, das eine seltsame Mischung zwischen erwecklicher Frömmigkeit und voraufklärerischer Bibelauslegung ist. So kanonisiert der islamische Fundamentalismus Ideale aus der islamischen Reformbewegung um die Wende zum 20. Jahrhundert und behauptet diese als das islamische Urideal. Die moralische Präzision und Bestimmtheit gibt dem Fundamentalismus seine Breitenwirkung gerade auch für die einfachen Menschen, und die Unbedingtheitsform gibt ihm seine kompensatorische Kraft. So erklärt sich die Anziehungskraft des Fundamentalismus für Menschen, denen der Wertepluralismus und die Verschiebung der Machtstrukturen den Boden unter den Füßen entzogen hat, gerade aus der Identität von Moral und Ethik, aus dem Zusammenfallen von horizontaler und vertikaler Begründungsstruktur.

3. Ethische Strukturen des Fundamentalismus

3.1. Opfer und Hingabe

Bestimmte Elemente des Selbstverständnisses und der Lebensführung sind in nahezu allen erdenkbaren und realen Formen des Fundamentalismus zu erkennen. Sie ergeben sich anscheinend zwangsläufig aus den moralischen und ethischen Grundstrukturen. Ein elementarer Wert für ein solches Glaubens- und Lebensverständnis ist das Opfer und die Hingabe.

Im Opfer liegt die Anerkennung eines höheren Wertes, dem ich mein Leben und meine Haltung darzubringen habe. Auch eine vorgeordnete Institution kann dieses Opfer von mir verlangen. Meine Person und meine Lebenswelt ist demgegenüber zweitrangig und insgesamt untergeordnet. Nicht die geschichtlich immer wieder auftretende Notwendigkeit des Opfers und der Hingabe ist hier gemeint; ohne, daß Menschen auch bereit sind, Opfer zu bringen, ist menschliches Leben gar nicht denkbar. Vielmehr geht es beim Fundamentalismus um das Opfer und die Hingabe als Seinsstruktur und als metaphysische Bestimmtheit. Das Leben ist Opfer – und das Opfer ist Leben. So, wie es Theodor Fontane in seinem Roman „Stechlin" einmal ausgedrückt hat: „Eigentlich kommt's doch immer bloß darauf an, daß einer sagt, dafür sterb' ich. Und es dann aber auch tut. Für was, ist beinah' gleich. Daß man überhaupt so was kann, wie sich opfern, das ist das Große". Das, wofür man sich opfert, wird durchaus benannt, aber die Voraussetzung zum konkreten Opfer ist eine tiefgehende Bereitschaft zum Opfer und zur Hingabe. Aus der „Heiligkeit" eines solchen Opfers erwächst die Geburt einer anderen Welt. Und es ist wirklich für Außenstehende nahezu unglaublich, zu welchen materiellen und existentiellen Opfern Menschen in fundamentalistischen Systemen bereit und in der Lage sind.

Die Bereitschaft zum Opfer und zur Hingabe umschließt auch eine bestimmte Verhältnisbestimmung von Individuum und Gemeinschaft.

Die Gemeinschaft ist immer das Übergeordnete, für das Individuum bleibt kaum ein Spielraum. Es sei denn, die „List der Vernunft" bringt es fertig, die persönliche Auslegung der letztgültigen Wahrheit als die allgemeinverbindliche erscheinen zu lassen und sie so anderen aufzuerlegen. Die unterirdischen Machtkämpfe in fundamentalistischen Systemen sprechen ihre eigene Sprache.

Gerade weil die Gemeinschaft immer recht hat und Opfer und Unterordnung verlangt, ist der Fundamentalismus im Kern ein Massenproblem. Die Straße mit den Aufmärschen und Protestaktionen ist der Ort des Fundamentalismus. Dieser Anspruch auf alle geht in westlichen Demokratien mit ihren Mehrheitsprinzipien häufig mit der Behauptung der Fundamentalisten einher, im Grunde für alle zu sprechen und auf jeden Fall mit den Meinungen zur Abtreibung oder wo und wie auch immer, „the majority" zu sein. Die Bereitschaft, in einer Gemeinschaft aufzugehen, kann sich offensichtlich nicht vorstellen, daß es andere mit anderer Meinung gibt und daß diese dann auch noch eine stichhaltige Begründung suchen und finden können.

3.2. Kampf

Mit der Identität, in der der Fundamentalismus die ethische Unbedingtheitsforderung in dem eigenen moralischen Verhaltenskodex zumindest im Ansatz verwirklicht sieht, ist ein dualistisches Weltbild gegeben. Die Welt zerfällt in zwei klar unterschiedene Hälften: in das Reich des Lichts und der Finsternis, in das Reich der Wahrheit und der Lüge.

Im Bereich der Selbsterkenntnis vollzieht sich das, was die Jung'sche Psychoanalyse die „Abspaltung des Schattens" nennt. Es ist nicht mehr selbstverständlich, daß der Schatten zum Menschen gehört, daß jede Person und jede Institution eine Mischung aus hellen und dunklen Elementen ist. Und daß eine der entscheidenden ethischen Fragen das Problem des Umgangs mit den eigenen „Schatten", mit den eigenen negativen Seiten ist. Vielmehr wird der Schatten nach außen und auf andere projiziert. Nicht nur die eigene Institution oder die eigene Person wird damit als Heilsübermittler oder Heilsbringer gewaltig aufgeladen. Auch die „Gegenseite" nimmt dadurch übermenschliche Züge an, wird zum Inbegriff des Teuflischen oder des Abfalls und des Irrtums. Das „Reich des Lichts" steht damit dem „Reich der Finsternis" gegenüber, und die einzelnen werden zu Vollzugsorganen eines geschichtlichen, kosmischen oder gar eines göttlichen Plans und Willens.

Die natürliche Folge: für den Fundamentalismus gehört das Element des Kampfes zu den natürlichen Voraussetzungen des ethischen und moralischen Verhaltens. Tertium non datur (ein Drittes gibt es nicht): zwischen Licht und Finsternis gibt es keine Vermittlung, nur eine Überwindung des einen durch das andere. Die Mittel des Kampfes reichen von Propaganda und Indoktrination über Verleumdung und Fälschung bis zum Heiligen Krieg. Je nach Situation ist der Fundamentalismus aggressiv oder defensiv, und die Ausnutzung aller zur Verfügung stehenden Machtmittel ist selbstverständlich. Wo die Wahrheit auf dem Spiel steht, muß alles – und sei es das eigene Leben – eingesetzt werden bis hin zur allerletzten Konsequenz.

Auffallend ist zudem in nahezu allen fundamentalistischen Strömungen eine starke Emotionalität. Eine Atmosphäre der Trauer und der Klage, des Lamentierens über den Gang der Zeiten und den Zerfall der Sitten, und eine enorme Begeisterung für die eigenen Ziele und Vorhaben ist schnell und überall zu spüren. Die überstarke Emotionalität deutet auf eine emotionale Verunsicherung, aus der fundamentalistische Einstellungen stammen können. Der plötzliche Umschlag der Verunsicherung in Aggressivität und Feindseligkeit ergibt sich dann in nahezu zwangsläufiger Folge.

3.3. Führung und Führer

Die versteckte Unsicherheit, die unter den demonstrativ zur Schau getragenen Sicherheiten verborgen liegt, zeigt sich am deutlichsten in dem Bedürfnis nach Führung und nach Führern. Ohne charismatische Führerpersönlichkeiten ist der Fundamentalismus nicht denkbar. Ob man an Lenin oder Stalin, an die Fernsehevangelisten der Electronic Church in den USA., an Erzbischof Lefèbvre oder den Ayatollah Khomeini denkt: man streiche die Führerpersönlichkeiten weg, und der Fundamentalismus ist nicht mehr, was er war.

Dabei geht es häufig nicht in erster Linie um die Ziele und Inhalte der Führung, die ja auch abseits der Beziehung zum „Führer“ begreifbar gemacht werden könnten. Wichtiger noch ist die Tatsache von Führung als solcher. Die Führerfunktion erweist sich gerade darin, im Vollzug die Werte und die Ziele neu zu setzen. Nicht aus Vernunft und Einsicht, sondern mittels Wille und Tat vollzieht sich Führung. Durchsetzungsfähigkeit, Führungswille und Entschiedenheit werden zu Kriterien ethischen und moralischen Handelns. Auf der Gegenseite entspricht dem der unbedingte Gefolgschaftswille: „Führer befiehl, wir folgen dir“.[16]

Dietrich Bonhoeffer hat in einem Rundfunkvortrag am 1. Februar 1933, also am Tage nach der Machtergreifung durch Adolf Hitler, den Begriff des Führers und der Führung aufzugreifen und zugleich einzugrenzen versucht. „Der echte Führer muß jederzeit enttäuschen können. Das gerade gehört zu seiner Verantwortung und Sachlichkeit. Er muß die Geführten von der Autorität seiner Person weg zur Anerkennung der echten Autorität der Ordnungen und des Amtes führen. Der Führer muß den Geführten hineinführen in die Verantwortlichkeit gegenüber den Ordnungen des Lebens, gegenüber Vater, Lehrer, Richter, Staat. Er muß sich dem Reiz, der Abgott, d.h. die letzte Autorität des Geführten zu werden, radikal versagen“.[17] Bonhoeffer mußte erleben, daß die Rundfunkübertragung vor diesen letzten entscheidenden Sätzen seines Vortrags abgeschaltet wurde. Die Rechtfertigung von Führung tendiert nahezu zwangsläufig zur Rechtfertigung von Führerpersönlichkeiten. Jede Unterstellung unter inhaltliche oder institutionelle Vorgegebenheiten nimmt jeder Führung ein wesentliches Element: die unhinterfragbare Autorität, die nur durch Hingabe und Glaube zu stabilisieren ist.

Im Kern steckt in allen fundamentalistischen Strömungen ein antidemokratisches Element. Selbst in Religionsgemeinschaften, die wie der Islam die Gleichheit der Gläubigen zu ihren Grundprinzipien zählen, kein Priestertum und keine Hierarchie kennen, oder in politischen Systemen, die wie der Kommunismus vom Gleichheitsgrundsatz aller Menschen ausgehen, liegt die Machtfülle und der Ausschließlichkeitsanspruch der dominanten Träger des religiösen und politischen Lebens auf der Hand. Der theoretische Überbau wird auffällig unterwandert von den grundlegenden ethischen Maximen, die eine Ausprägung einer wirklichen Gleichheitsgesinnung gar nicht erst zulassen. Dem Individuum ist im Rahmen einer Einheitsgemeinschaft, die als Ganze von den allgemein geltenden Prinzipien geprägt ist, wenig Raum gelassen, um Abweichungen zuzulassen oder etwa sogar eine Gleichberechtigung der Verschiedenen als ein Idealziel anzustreben.

16 Vgl. Martin Greiffenhagen: Klasse und Rasse ergeben keinen Reim, in: Deutsches Allgemeines Sonntagsblatt Nr. 15/1992, S. 16.

17 Dietrich Bonhoeffer: Der Führer und der einzelne in der jungen Generation, in: Gesammelte Schriften Band 2, München (Kaiser) 1959, S. 22ff; hier: S. 35f.

4. Ansätze zur Überwindung des Fundamentalismus

Wenn man über Ansätze zur Überwindung des Fundamentalismus nachdenkt, wird man als weitesten Rahmen eine Konsensus-Theorie der ethischen Wahrheitsfindung anstreben[18]. Bei aller Vorgegebenheit der moralischen und ethischen Selbstdefinition, von der wir schon immer herkommen, ist die im Augenblick und für die Zukunft verpflichtende Wahrheit im Dialog mit anderen immer neu zu finden. Vorausgesetzt ist dabei das Vertrauen, daß eine solche Übereinkunft überhaupt zu finden ist, aber auch das Wissen um die Notwendigkeit, in einem *offenen* Dialog die moralischen Entscheidungen neu zu suchen.

Dabei setzt die Entwicklung der Dialog-Fähigkeit und der ethischen Urteilskraft eine wachsende „Selbsterkenntnis im Spiegel der ‚Schattenprojektion‘“ (Martin Odermatt[19]) voraus. „Was suchst du den Splitter im Auge des Bruders, den Balken in deinem eigenen Auge aber beachtest du nicht“ (Matthäus 3,7). Die wachsende Selbsterkenntnis wird es lernen, die Idealisierungen und Projektionen zu durchschauen und eine adäquate Wahrnehmung von Objekten zuzulassen. Das bedeutet auch, Distanz zu sich selber zu nehmen und dem eigenen Voll-

18 Jürgen Habermas: Vorbereitende Bemerkungen zu einer Theorie der kommunikativen Kompetenz, in: Horst Holzer/Karl Steinbacher, Sprache und Gesellschaft, Hamburg (Hoffmann und Campe) 1972, S. 208ff.

19 A.a.O., S. 189ff.

kommenheitswahn den Abschied zu geben. Die Unvollkommenheiten, ja, der „Schatten“ und das Böse sind Teil der eigenen Persönlichkeit, und die Energie, die zur Abspaltung und Projektion des Schattens verwandt wird, sollte besser zur Integration der negativen Seiten in die eigene Persönlichkeit genutzt werden. Das offene Aussprechen eines Herrschaftsanspruchs beispielsweise hilft weiter, als auf dem versteckten Wege durch Dienen und durch Demut zu herrschen.

Gesellschaftspolitisch bedeutet diese neue Aufmerksamkeit auf die personalen und interpersonalen Beziehungsstrukturen eine Anerkennung der „Kultur des Unterschieds“[20]. Im Zeichen einer sich zunehmend pluralisierenden Gesellschaft wachsen nebeneinander auch die verschiedenen ethischen und moralischen Systeme. Christen finden sich in Westeuropa neben Muslimen und Buddhisten wieder. Die Generationen entwickeln unterschiedliche moralische Standards, die immer schneller sich ablösenden Modetrends erstrecken sich bis in die persönlichsten Fragestellungen hinein. Eine „Kultur der Postmoderne“ versucht, die verschiedenen Traditionen einerseits anzuerkennen und sie andererseits in einen Dialog miteinander zu bringen. Der Trend zum Fundamentalismus aber entwickelt sich sowohl aus der Unübersichtlichkeit wie auch aus der Unverbindlichkeit der verschiedensten ethischen Ansprüche.

Gesucht wird eine ethische Kultur, die dem Bild von Einheit und Widerspruchslosigkeit den Abschied gibt und nicht die eigenen moralischen Standards per Projektion auf alle anderen gesellschaftspolitischen Gruppen überträgt. Die „Kultur des Unterschieds“ geht von der Wahrnehmung und der notwendigen Verstärkung der Verschiedenheiten aus. Aber da die ethische Problematik immer von einem Miteinander herkommt und darauf zugeht, impliziert ein solcher Ansatz die Hartnäckigkeit des inhaltlichen Ringens und die Offenheit für eine wechselseitige Bereicherung, ohne die man sich ein Miteinanderleben in der einen gemeinsamen Welt nicht denken kann.

---

20 Richard Sennett, Civitas. Die Großstadt und die Kultur des Unterschieds, Frankfurt am Main (Fischer) 1991.

Im Nebel

Kapitel 2

Ethik in der Geschichte

Leitvorstellungen der europäischen Ethik zur Gestaltung menschlichen Lebens

I. Vorbemerkung: Zur geschichtlichen Entwicklung und Ausprägung ethischer Leitideen

„Moral predigen ist leicht, Moral begründen ist schwer." Diese kritische Aussage wurde von dem Philosophen *Arthur Schopenhauer* (1788-1860) vor mehr als 100 Jahren getroffen. Aber sein Gedanke ist bis heute unvermindert aktuell. „Moral" und „Ethik" sind zur Zeit fast zu Modebegriffen geworden. Vielfach treten jedoch Gefühlsaussagen und der moralische Appell an die Stelle einer genauen ethischen Argumentation. Doch gerade eine *sachgerechte* ethische Argumentation ist heute – angesichts zahlreicher drängender Gegenwarts- und Zukunftsfragen – dringend gefordert.

Zwar haben eine Reihe ethischer Gegenwartsfragen in der Geschichte der Ethik kein unmittelbares Vorbild. Dies betrifft z.B. den Umgang mit der Gentechnik, mit der Hochrüstung oder der Kernenergie. Dennoch ist gerade die Geschichte der Ethik auch für Gegenwartsprobleme höchst aufschlußreich. Denn aus der ethischen Überlieferung lassen sich Leitideen, Kriterien sowie Methoden der Urteilsfindung entnehmen, die heute nach wie vor Beachtung verdienen. Sie können einer Klärung auch der gegenwärtigen Lebenspraxis dienen. Es stellt also kein „museales" Unterfangen dar, nach der Geschichte der Ethik zu fragen. Vielmehr ist zu bedenken: Welche Bedeutung besitzen ethische Denkansätze der Vergangenheit für die heutige ethische Argumentation?

Im folgenden wird also der Ethik in ihrer geschichtlichen Entwicklung nachgegangen. Dabei bleibt der Blick allerdings auf die abendländische, griechisch sowie jüdisch-christlich geprägte, Ethik eingegrenzt. Sicherlich muß heute auch der interkulturelle und interreligiöse ethische Dialog bedacht werden. Doch zum Dialog mit außereuropäischen Ethikansätzen bildet die Kenntnis des eigenen Standortes ja die Voraussetzung.

Die nachfolgende Entfaltung der Ethik in der europäischen Geschichte legt es sodann nahe, von vornherein einer bestimmten über- oder ungeschichtlichen Vorstellung von Ethik zu widersprechen. Dieser zufolge stellt die Morallehre ein überzeitliches, gleichsam unwandelbares Gebilde dar. Ein solches Verständnis von Ethik lehrt: Über die Zeiten hinweg sind „ewige", überzeitliche und unveränderliche ethische Prinzipien vorhanden. Diese Position läßt sich als ethischer Essentialismus bezeichnen. Sie wurde von ganz unterschiedlichen Denkmodellen der Ethik vertreten: z.B. von Vertretern der katholischen Naturrechtslehre des 19. Jahrhunderts oder von dem atheistischen Philosophen *Nicolai Hartmann* (1882-1950). Hartmann lehrte eine philosophische Ethik der Werte. Die sittlichen Werte faßte er dabei als ideale, „platonische" Wesenheiten auf: Sie haben ihm zufolge eine eigene, über-wirkliche Seinsweise. Hartmann meinte:

> „Der Satz, daß Werte ein ideales Ansichsein haben, ist von ausschlaggebender Bedeutung für die Ethik ... Er besagt, daß es *ein an sich bestehendes Reich der Werte* gibt".[1]

Aber: Die Einsicht in die *Wandelbarkeit* und in die *Geschichtlichkeit* von Ethik ist heute nicht mehr zurückzunehmen. Sie stellt eine neuzeitliche Einsicht dar, zu der, neben anderen, *Friedrich Nietzsche* (1844-1900) beigetragen hat. Im folgenden sollen daher *mehrere* grundlegende Gedanken abendländischer Ethik vorgestellt werden. Diese haben sich zum Teil parallel, teilweise aber auch erst nacheinander ausgebildet: Denn die ethische Theorie reagiert ja auf die spezifischen Fragen und Probleme ihrer jeweiligen Epoche. Die Geschichte der europäischen Kultur ist von tiefgreifenden Einschnitten geprägt, durch die dann auch die Ethik selbst zu neuen Denkansätzen herausgefordert wurde. Der letzte, besonders tiefgreifende Einschnitt ist mit dem Umbruch vom Mittelalter zur „Neuzeit" gegeben. In der Neuzeit gingen ein einheitliches, geschlossenes Weltbild und eine einheitlich, religiös-konfessionell bestimmte Sozialphilosophie verloren. Hingegen war für das Mittelalter das Leitbild eines corpus Christianum, einer christlich verankerten Gesellschaftsordnung, tragend gewesen: Kirche, Staat und Gesellschaft bildeten im Mittelalter eine Einheit. Diese Einheit gründete auf einem in sich geschlossenen religiösen, kirchlich geprägten Welt- und Gesellschaftsverständnis. Die neuzeitliche Ethik betonte stattdessen die Autonomie, die sittliche *Eigenverantwortung* des einzelnen, „mündigen" Menschen.

Ein weiterer, tiefer Einschnitt in der Geschichte der Neuzeit selbst waren die Industrielle Revolution im 19. Jahrhundert und der Zusammenbruch der obrigkeitsstaatlichen Ordnungen nach dem Ersten Weltkrieg. Welche Antworten gab die Ethik?

Ferner: Stehen wir heute vor einem neuen, tiefen Einschnitt (Übergang in die Postmoderne; Ausbildung einer Weltgesellschaft; Entwicklung von Hochtechnologien: Gentechnik, Kerntechnik, Informationstechnologie)? Lassen sich jetzige technologische Entwicklungen überhaupt noch ethisch steuern? Zur heutigen geistigen Lage und ethischen Situation sind auch skeptische Stimmen zu hören: So trägt das letzte Werk des Philosophen *Wilhelm Weischedel* (1905-1975) den Titel „Skeptische Ethik".

Andererseits: Ältere Leitideen der Ethik können unvermutet neu an Aktualität und an Aussagekraft gewinnen. Dies zeigt sich bereits an der heutigen Diskussion zur Tugendethik. Die Tugendethik wird im folgenden Abschnitt näher dargestellt. „Tugend" ist ein alter, lange verdrängter, oft – und mit Recht! – kritisierter ethischer Begriff. Dennoch greift die heutige Ethikdiskussion den Begriff der Tugend neu auf.

Im folgenden werden also Leitvorstellungen zur Sprache gebracht, die für die ethische Urteilsbildung in verschiedenen Epochen abendländischer Geschichte zentral waren. Es werden Ethikansätze angesprochen, die anknüpfen an die Grundbegriffe

- Tugend (II),
- Gesetz oder Gebot (III),
- Gesinnung und Gewissen (IV) sowie
- Verantwortung (V).

Die Geschichte der Ethik zeichnet sich durch Wandel, Ablösung oder Verschiebung der tragenden Leitideen aus. Aber zugleich fand auch eine vielfältige Zunahme und Vertiefung einmal gewonnener ethischer Einsichten statt. Die folgende Darstellung spricht einzelne Sachverhalte, Entwicklungen und Denkansätze nur verkürzt an. Es soll jedoch auf Denk*möglichkeiten* wie, umgekehrt, auf *problematische* Tendenzen in der Geschichte der Ethik aufmerksam gemacht werden.

---

1 Nicolai Hartmann: Ethik, Berlin/Leipzig [2]1935, S. 140.

II. Die Tugendethik

Was ist unter „Tugend" zu verstehen? Im heutigen Sprachgebrauch wirkt der Begriff veraltet: Er wird oft nur mit der persönlichen Privatmoral oder mit einer überwundenen Sexualmoral in Verbindung gebracht. Doch eine solche Betrachtung greift zu kurz: Sie wird der *sozial*philosophischen, *sozial*ethischen Reichweite des Tugendbegriffs nicht gerecht. Das weitere Bezugsfeld des Tugendbegriffs sei zunächst anhand der neueren politisch-ethischen Diskussion verdeutlicht. Danach gehen wir auf die Geistesgeschichte der Tugendethik ein.

1. Sozialethische Vorklärung: Tugend – nur eine Frage privater Moral? Das Beispiel der Grundwertedebatte der 70er Jahre

In der neueren ethischen und gesellschaftspolitischen Debatte wird der umgangssprachlich veraltet wirkende Tugendbegriff häufig durch den Leitbegriff ethischer *Werte* und *Werthaltungen, Werteinstellungen* umschrieben. Was einst mit „Tugend" gemeint war, wird heute oft mit Hilfe des Wertbegriffs wiedergegeben. Mit dieser Verschiebung im Sprachgebrauch verbindet sich bisweilen die These, daß in der Gegenwart die „Tugenden" bzw. „Werte" der Vergangenheit verlorengegangen seien (Wertverfallstheorien). Eine solche Auffassung wurde z.B. in den 70er Jahren bei der sogenannten Grundwertedebatte vorgetragen.

Auf der einen Seite dieser Debatte standen die katholischen Bischöfe in der Bundesrepublik Deutschland. Sie kritisierten die Gesetzesvorhaben der damaligen sozialliberalen Koalition zur Reform des § 218 StGB und des Ehescheidungsrechts. Auf der anderen Seite nahm der damalige Bundeskanzler *Helmut Schmidt* gegen die These eines Tugend- und Wertverfalls in der Gesellschaft Stellung.

Die Bischöfe äußerten sich 1976 in der Schrift „Gesellschaftliche Grundwerte und menschliches Glück". Hier beklagten sie negative „Verschiebungen im Wert- und Normbewußtsein unserer Gesellschaft". Sie äußerten die Befürchtung: Über zentrale Wertbegriffe – wie Frieden, Freiheit, Gerechtigkeit – herrsche keine Einmütigkeit in der Gesellschaft mehr; die Familie werde nicht mehr hinreichend geschützt; die Bereitschaft des einzelnen zu sozialen Diensten verkümmere; und anderes. Es wird also ein umfassender Tugendverfall beklagt.

Aus der Antwort des damaligen Bundeskanzlers[2] sind drei Punkte festzuhalten:

(a) Der These des Tugend- oder Werteverfalls wird widersprochen. Statt eines Verfalls sittlicher Einstellungen werden vielmehr positive Seiten des Wandels moralischer Grundeinstellungen betont:

„Es kann nicht die Rede davon sein, daß in unserer Gesellschaft sittliche Grundhaltungen nur abgebaut würden. Es entstehen viele neu in unserer Generation, zu unseren Lebzeiten. Ich denke nur an das ... neu erwachte Ethos gegenüber farbigen Menschen, gegenüber Entwicklungsländern und den Menschen dort, an die sittliche Haltung, mit der wir inzwischen gelernt haben, Ausländern gegenüberzutreten".

Zugleich (b) unterstreicht das Votum des Politikers: Sittliche Werthaltungen der Bürger sind *gesellschaftspolitisch* bedeutsam. Schmidt meint:

„... die Übereinstimmung in grundsätzlichen Werthaltungen und in elementaren Normen (ist) eine unentbehrliche Bedingung für das freiheitliche und demokratische Zusammenleben in einer Gesellschaft und in einem Staat".

Die Tugend-, Werteinstellungen der Bürger stellen also nicht einfach nur eine sozialethisch beliebige, nachrangige Privatmoral dar. Vielmehr prägen sie den Grundlagen- und Wertekonsens sowie den Wertewandel in der Gesellschaft.

Sodann (c) betonte der Bundeskanzler aber, daß der *Staat* für die Entwicklung der sittlichen Überzeugungen der Bürger nicht zuständig sei. Vielmehr gelte: In der modernen pluralistischen Gesellschaft gibt es keine vollständige Übereinstimmung in den Werthaltungen der Bürger mehr. Daher muß der weltanschaulich neutrale Staat

---

2 Helmut Schmidt: Ethos und Recht in Staat und Gesellschaft, in: Günter Gorschenek (Hg.), Grundwerte in Staat und Gesellschaft, München (Beck) 1977, S. 13-28. Dort auch die nachfolgenden Zitate (S. 22, S. 13, S. 21).

die Möglichkeit *unterschiedlicher* individueller Wertüberzeugungen der Bürger achten, ja garantieren (Meinungs-, Gewissensfreiheit). Eng gefaßte Wertüberzeugungen einzelner Gruppen, aber auch der Kirche, können daher nicht zur Rechtsbasis der gesamten Gesellschaft werden. Der Staat muß den Bürgern vielmehr einen Spielraum unterschiedlicher moralischer Wertauffassungen offenhalten. Im übrigen gelte jedoch ebenfalls, daß „die Rechtsordnung einen Wandel des tatsächlich vorhandenen Ethos berücksichtigen" müsse. –

Zusammenfassung:

Damit dürfte zum Tugendbegriff folgendes sichtbar geworden sein:

(1) In der ethischen und gesellschaftlichen Diskussion wird „Tugend" heute meist durch den Begriff sittlicher Werthaltungen, Werteinstellungen oder auch „Grundwerte" umschrieben.

(2) Hierauf beziehen sich sehr unterschiedliche Theorien über den Wertewandel in der Gesellschaft. Es wird sogar ein Werteverfall, Werteverlust in der heutigen Gesellschaft behauptet. Tugenden und Werteinstellungen werden heute daher zum Thema der Ethik, die konkrete Entwicklungen in der Gesellschaft erörtert. Sie werden zugleich zum Thema der empirischen Sozialforschung (Wertforschung).

(3) Tugenden und Werteinstellungen sind zunächst der Ausdruck des persönlichen, individuellen Ethos, der „Lebenseinstellung" eines einzelnen Menschen. Gleichzeitig stellen „Tugenden" aber auch ein wichtiges *sozial*ethisches und *politisch*-ethisches Thema dar. Denn ein Wertewandel, ein Wandel sittlicher Einstellungen (Tugenden) bei den Menschen wirkt sich auf die Gesellschaft und den Staat als ganze aus.

(4) Zugleich muß gesehen werden: Die Funktionsfähigkeit auch des heutigen, säkularisierten[3] Staates und der pluralistischen[3] Gesellschaft bleibt von einem zumindest minimalen Wert*konsens*[3] in der Gesellschaft abhängig.

Nach diesen Vorüberlegungen zum Tugendbegriff aus heutiger Sicht sei nun die Geschichte der Tugendethik in den Blick genommen.

3 Säkularisierung = Verweltlichung. Pluralismus = Vielgestaltigkeit, Vielfalt gesellschaftlicher Leitbilder und Auffassungen. Konsens = Übereinstimmung.

2. Die Tugendlehre in der antiken Ethik

Der Begriff Tugend [griech. arete = „Tüchtigkeit"] scheint so alt zu sein wie überhaupt die menschliche Frage nach „Ethik" und guter Lebensführung. Allerdings handelte es sich zunächst um eine vorbewußte, vortheoretische Frage; und unter „Tugend" wurde nicht von vornherein die *sittlich* gute Grundhaltung des Menschen verstanden.

Bei *Homer* (8. Jh. v. Chr.) zielt „Tugend" vielmehr auf Leistung, Tüchtigkeit, Erfolg eines guten, tapferen Mannes und großen Königs und Feldherrn ab. Zunehmend entwickelte sich dann aber die Frage nach *Grund*tugenden. Bereits *Pindar* (518-446 v.Chr.) kannte die vier in der Ethikgeschichte immer wieder betonten grundlegenden Tugenden: Tapferkeit, Gerechtigkeit, Weisheit, Maß. Sie wurden anhand der drei Altersstufen des Mannes gewonnen: Dem jungen Mann ist die Tapferkeit, dem Erwachsenen die Gerechtigkeit, dem Greis die Weisheit, ihnen allen als Ziel das Maßhalten zuzuordnen. Bei *Aristoteles* (384-322 v.Chr.) findet sich die berühmt gewordene Deutung der Tugend als Mitte zwischen zwei Extremen. Zum Beispiel bildet die Tapferkeit die Mitte zwischen der Feigheit und der Tollkühnheit.

Als Begründer der Tugendlehre muß aber *Plato* (427-348/47) gelten. Auch bei ihm wird deutlich: Sittliche Tugenden sind anthropologisch[4] verankert; sie wurzeln also im Menschenbild. Platos eigene Tugendlehre verbindet sich mit dem Verständnis der *Seele*, das er vertrat. Die Seele besteht für ihn aus drei übereinander geordneten Schichten. Auf diese Seelenschichten beziehen sich dann die seelischen Fähigkeiten, die Tugenden. Plato lehrt:

(a) Den elementaren, begehrend-triebhaften Teil der Seele zu ordnen, ist Aufgabe der „Besonnenheit" oder des „Maßhaltens" [griech. sophrosyne].

(b) Das Eifrig-Mutartige, die mittlere Seelenschicht, zu ordnen, obliegt der „Mannhaftigkeit" oder „Tapferkeit" [andreia].

(c) Der oberste, vernünftige Seelenteil soll durch „Weisheit" und „Einsicht" regiert werden [sophia, phronesis].

4 Anthropologie = Lehre vom Menschen.

(d) Die drei Seelenkräfte untereinander zu regulieren, kommt schließlich der „Gerechtigkeit" zu [dikaiosyne]: Sie bewirkt die Einheit und Harmonie der Seelenteile.

Besonders interessant ist es, daß schon Plato mit der Tugendlehre nicht nur die Anthropologie und Seelenlehre, sondern auch die *Staatslehre* verbindet. Den drei Seelenschichten entsprechen nämlich die drei Stände im Staat. In Platos Schrift „Der Staat" heißt es: „Wir sind uns mit Recht einig, daß es dieselben und gleichvielen Teile im Staate gebe wie in der Seele" (Plato, Der Staat 441c). Auf diese Teile („Stände") des Staates beziehen sich dann wiederum die Tugenden.

Das bedeutet im einzelnen:

(a) Dem „begehrenden" Teil der Seele entspricht das, was Menschen in der staatlichen Gemeinschaft dringlich benötigen (Nahrung, Wohnung, Kleidung). Diesen Erwerbsaufgaben dient der Stand der Ackerbauern, Handwerker, Kaufleute.

(b) Der zweite Stand entspricht dem zweiten Seelenteil: Das „Mutartige" verwirklicht sich im Stand der Krieger und Hilfswächter, die den Staat gegen Aggression von außen schützen sollen. Sie haben sich in der *Tugend der Tapferkeit* zu bewähren.

(c) Wie die Seele insgesamt von ihrem obersten, vernünftigen Teil geleitet werden muß, gilt dies auch vom Staat: Die Regierenden, am besten Philosophenkönige, sollen die anderen Stände leiten, und zwar mit der *Tugend der Weisheit.*

Die Staatslehre entspricht also der Seelenlehre. Und: Wie den Seelenschichten werden auch den Ständen im Staat Tugenden zugeordnet. „*Tapferkeit*" (für die Krieger und Wächter) sowie „*Weisheit*" (für die Herrscher) wurden schon genannt. Die „*Gerechtigkeit*" soll in der Seele die Zuordnung und Einheit der drei Seelenteile bewirken; sie soll nun auch die Eintracht im Staat gewährleisten. Der „*Besonnenheit*" schließlich kommt es zu, in allen Ständen – wie schon in der Seele – Leidenschaften und Aggression einzudämmen. Dadurch kann zwischen den Ständen die Vernunft zur Herrschaft gelangen. Im Staat soll die Tugend der Besonnenheit also die „Harmonie" zwischen Herrschern und Beherrschten gewährleisten,

> „weil sie, anders als die Tapferkeit und die Weisheit, die eine jede einem Teil innewohnen und den Staat weise oder tapfer machen, nicht in dieser Weise wirkt; sie ist vielmehr über den ganzen Staat gespannt und vereinigt zu einem vollen Akkord die Schwächsten wie die Mächtigsten und die Mittleren" (Plato, Der Staat 432a).

Platos Tugendlehre ist auf diese Weise also zugleich sozialethisch bedeutsam geworden: Sie wurde zum Bestandteil seiner Staatstheorie. Ähnliches läßt sich für andere antike Philosophen aufzeigen, z.B. für Aristoteles. Die Tugenden sind ihm zufolge tragend für das Leben in der polis, dem griechischen Stadtstaat. Für ihn ist

> „der Stadtstaat die einzige politische Form ..., in der die Tugenden des menschlichen Lebens wirklich und vollständig gezeigt werden können".[5]

In sechs Punkten sollen nun weitere Ausstrahlungen des antiken Tugendbegriffs auf die Geschichte der Ethik betrachtet werden. Zugleich muß aber auch auf einige Probleme hingewiesen werden, die, im weiteren Sinn, im Zusammenhang mit der Tugendlehre sichtbar werden.

3. Geistesgeschichtliche Fortentwicklungen und Probleme der Tugendlehre

1. Die vier von Plato genannten Tugenden (Tapferkeit, Gerechtigkeit, Weisheit, Maß oder Besonnenheit) wurden vom Bischof *Ambrosius von Mailand* (339-397) sowie in der späteren Tradition als *Kardinaltugenden* bezeichnet. Sie bildeten den Grundstock der Tugendlehre in der späteren europäischen Ethik. *Thomas von Aquin* (1225-74) ergänzte sie um die drei „christlichen" Tugenden: Glaube, Hoffnung, Liebe (aus dem 1. Korintherbrief 13,13).

2. Plato hatte jedoch zusammen mit der Tugendlehre eine sehr spekulative *Seelenlehre* hinterlassen. Seine Lehre von den drei Seelenteilen hält die Vernunft (Geistseele) für den oberen, vorgeordneten und allein unsterblichen Seelenteil. Diese Sicht von Mensch und Seele leistete dem später so verhängnisvollen abendländischen Dualismus Vorschub, also der Aufspaltung des Menschen in einen „eigentlichen" Teil (Ver-

5 Alasdair MacIntyre: Der Verlust der Tugend. Zur moralischen Krise der Gegenwart, Frankfurt am Main (Campus) 1987, S. 199 (aus Kap. 12: Die Tugenden bei Aristoteles).

nunft und Geist) und in einen abgewerteten Bereich (das Leiblich-Sinnliche). Die Überordnung von Vernunft und Geist verleitete dann im Neuplatonismus und auch in der christlichen Theologie zur Leibfeindschaft. Schon Plato selbst hatte – gegenüber der unsterblichen Geistseele – den Leib als „Instrument" und äußeres „Gewand", ja als „Kerker" der Seele abgewertet!

3. Ferner, ein *sozialethischer* Gesichtspunkt: Platos Aufteilung der Gesellschaft in drei *Stände* ist – auch ganz abgelöst von Plato selbst – in der abendländischen Gesellschaftsauffassung lange ein Leitbild geblieben. Noch der Reformator *Martin Luther* (1483-1546) kannte eine Ständelehre. Er sah die Gesellschaft aufgegliedert in die folgenden drei „Stände": – (a) oeconomia (Ehestand oder Familie, die für das Wirtschaften zuständig ist), – (b) politia (die weltliche Obrigkeit in allen ihren Funktionen), – (c) ecclesia (die zur Kirche und Verkündigung des Wortes Gottes gehörenden Personen). Diese Stände sind Luther zufolge von Gott eingesetzt und unveränderlich: „Gott hält über solchen Ständen, daß sie müssen bleiben; sonst könnte die Welt nicht stehen."[6]

Eine solche Deutung der Gesellschaft verleitet allerdings zu einem sehr problematischen Sozialkonservativismus. Zu Plato selbst ist überdies zu sagen: Er verstand die drei gesellschaftlichen Stände in Entsprechung zur *Harmonie* der drei Seelenteile des einzelnen Menschen. Auf diese Weise wurde von Plato ein allzu harmonistisches, konfliktfreies und damit wirklichkeitsfernes Verständnis der Gesellschaft gelehrt.

4. Schließlich: Mit Platos Tugend- und Staatslehre verbanden sich *eugenische*[7] *Vorstellungen.* Dieser hochproblematische Sachverhalt muß gerade heute wieder beachtet werden. Denn heutzutage rücken ja eugenische Anwendungen („Verbesserungen" der Erbanlagen) durch die Gentechnologie in die Nähe des technisch Machbaren. Plato meinte damals, daß die besonders Tüchtigen und Tapferen unter den Menschen sich auch besonders stark vermehren sollten:

„Den besten unter den jungen Männern in Krieg und Frieden ist neben Ehrengaben und anderen Preisen auch reichlicher Gelegenheit zum Verkehr mit Frauen zu geben, damit diese unter solchem Vorwand möglichst viele Kinder zeugen."

6 Martin Luther, Weimarer Ausgabe, Bd. 31 I, 400, 1.

7 Eugenik = Lehre von der Erbgesundheit.

Eine staatliche Lenkung der Fortpflanzung soll die „Qualität" der Nachkommen sichern, unter Einschluß der Tötung minderwertiger, mißgebildeter Kinder. Vergleichbar zur Tierzucht sollen auch bei Menschen

„die besten Männer mit den besten Frauen möglichst oft zusammenkommen, umgekehrt die schwächsten am wenigsten oft; die Kinder der einen muß man aufziehen, die andern nicht, wenn die Herde möglichst auf der Höhe bleiben soll" [Plato, Der Staat 460b, 459d-e].

Seit der Antike wird die Menschheit von solchen verhängnisvollen eugenischen Gedanken begleitet. Sie kehrten oft wieder: z.B. in dem utopischen Entwurf „Sonnenstaat" (1602) von *Thomas Campanella* oder in der Willens- und Machtphilosophie *Friedrich Nietzsches* (1844-1900), der die Tugenden der christlichen Überlieferung ablehnte. Er schrieb: „Die Tugend ist unter Umständen bloß eine ehrwürdige Form der Dummheit". Er selbst proklamierte einen *neuen* „starken" und „aristokratischen" Tugendbegriff: Tugend müsse eine „Form der Immoralität" sein.[8] Weil Nietzsche auf die Tugend als Ausdruck des „starken" und „natürlichen" Menschen abhebt, kann er dann sogar schreiben:

„Der Kranke ist ein Parasit der Gesellschaft. In einem gewissen Zustande ist es unanständig, noch länger zu leben. Das Fortvegetieren in feiger Abhängigkeit von Ärzten ... sollte bei der Gesellschaft eine tiefe Verachtung nach sich ziehn. Die Ärzte wiederum hätten die Vermittler dieser Verachtung zu sein – nicht Rezepte, sondern jeden Tag eine neue Dosis *Ekel* vor ihren Patienten".[9]

Der Tugendbegriff ist also anfällig für ideologische Verformungen. Zum Beispiel bei Nietzsche steht die Tugendlehre im Dienst einer – problematischen – Philosophie des „Willens zur Macht". Eine Moral, die sich auf Tugenden beruft, kann sogar unmenschlich werden. Ein extremes Beispiel bildet der blutige Terror der „revolutionären Tugenden" und die Bezeichnung des „Terrors" als „Offenbarung der Tugend" durch den französischen Revolutionär *Robespierre* (im Jahr 1794).

8 Friedrich Nietzsche: Werke, hg. v. Karl Schlechta, München (Ullstein), Bd. III, [9]1982, S. 835, S. 597.

9 Friedrich Nietzsche: Werke, a.a.O., Bd. II, [9]1982, S. 1010 (Götzen-Dämmerung. Streifzüge eines Unzeitgemässen, Nr. 36).

Es zeigt sich also: Es sind *inhaltliche moralische Überlegungen* notwendig, um die Frage zu klären: *Welche* Tugenden sollen als sittlich „gut" angesehen werden? Einer solchen *inhaltlichen* Klärung sittlich guter Tugenden diente im Mittelalter die Lehre von den sieben Kardinaltugenden [siehe oben Nr.1].

5. Zugleich ist deutlich geworden: Unter „Tugend" ist nicht einfach eine bloße Privat- und Individualmoral zu verstehen, die nur für den einzelnen Menschen selbst Belang hätte. Die sittliche Grundeinstellung und das Verhalten des einzelnen Menschen strahlen vielmehr auf sein soziales Umfeld und auf die Gesellschaft insgesamt aus.

Diese Einsicht verdient heute, in der Konsum- und Überflußgesellschaft, besondere Beachtung. Es stellt sich sogar die Frage: Sollten „alte", jedoch vergessene sinnvolle Tugenden der Menschen heute nicht *neu entdeckt und wiedergewonnen* werden?

Unsere Gegenwart ist von der ökologischen Krise geprägt. Um sie zu bewältigen, reichen veränderte strukturelle Rahmenbedingungen der Wirtschaft und politische Reformen *allein* nicht aus. Vielmehr sind auch eine veränderte Lebenseinstellung und ein verändertes Verhalten der einzelnen Menschen selbst notwendig. Der Technikphilosoph *Hans Jonas* (1903–1993) beschäftigt sich deshalb mit dem Thema: „Auf der Schwelle der Zukunft: Werte von gestern und Werte für morgen".[10] Jonas weist auf die beschränkten Ressourcen der Natur hin; er beklagt die großen ökologischen Folgelasten des konsumorientierten Lebensstils in der Gegenwart. Vor diesem Hintergrund schlägt er vor, die alte Tugend der „Frugalität", „Bescheidung" und „Askese" wiederzuentdecken. Der alte Wert- und Tugendbegriff des „Maßes" ist Jonas zufolge heute sogar in einem ganz neuen, erweiterten Sinn zu verstehen. Jonas wendet diesen Begriff nämlich auf die Hochtechnologie, besonders die Gentechnik, an. Er meint: Aufgrund möglicher negativer Folgen heutiger Hochtechnologien ist eine *neu* verstandene Askese geboten. Diese soll gelten für die *Nutzung* heutiger Technik, aber auch schon für das Wissen*können* um bestimmte Techniken (genetische Manipulation, Verhaltenssteuerung u.a.). Es wird also die Tugend einer „technologischen Enthaltsamkeit" vorgeschlagen. Die alte, früher religiös begründete Tugend der Askese hat damit einen ganz neuen, hochaktuellen Sinn erhalten.

10 Hans Jonas: Technik, Medizin und Ethik, Frankfurt am Main (Insel) 1985, S.53-75, zum folgenden bes. S. 68ff.

6. Trotzdem ist die Frage zu stellen: Kann der *Begriff* „Tugend" neu belebt werden? In der Umgangssprache wird „Tugend" ja oft mit den sogenannten bürgerlichen Tugenden oder ähnlichem gleichgesetzt. Das *Wort* Tugend scheint überholt zu sein. Aber: Der mit „Tugend" gemeinte *Sachverhalt* – die Frage nach den sittlichen Grundeinstellungen von Menschen – ist keinesfalls veraltet. Zwar gibt es auch skeptische Auffassungen zum gegenwärtigen Stand des moralischen Bewußtseins. Einen Tugend- und Wert*verfall* behauptet jetzt auch der angelsächsische Moralphilosoph *A. MacIntyre:* Die Gegenwart sei von Bürokratismus und Individualismus geprägt. Hingegen die alten, von Aristoteles gelehrten Tugenden seien verlorengegangen, so „daß unsere Gesellschaft nicht darauf hoffen kann, moralische Übereinstimmung zu erreichen". MacIntyre meint sogar: „Moderne Politik ist Bürgerkrieg mit anderen Mitteln". Sein Ergebnis lautet:

> „Was in diesem Stadium zählt, ist die Schaffung lokaler Formen von Gemeinschaft, in denen die Zivilisation und das intellektuelle und moralische Leben über das neue finstere Zeitalter hinaus aufrechterhalten werden können, das bereits über uns gekommen ist."[11]

Eine solche negative Sicht ist jedoch nicht zwingend. Gerade für unverzichtbare gesellschaftliche Belange – Erhaltung des Friedens; Ökologie; soziale Gerechtigkeit – sind die *Notwendigkeit* wie die *Tragweite* eines inhaltlichen Diskurses [= Gespräch] über ethische Werte oder „Tugenden" in der heutigen Gesellschaft zu betonen. Daß ein solcher Wertdiskurs *möglich* ist, zeigt das Beispiel der bereits erwähnten Grundwertedebatte der 70er Jahre. Die Wertgrundlagen der Verfassung stellen auch in der unmittelbaren Gegenwartsdiskussion ein wichtiges Thema dar. Denn es drängt sich heute z.B. die Frage auf: Sollen nicht die Umwelt oder ein Eigenrecht der Natur in die Verfassung aufgenommen werden (als sog. Staatszielbestimmungen)? – Auf den Wertbegriff selbst wird nochmals zurückzukommen sein (unten V.3.).

11 A. MacIntyre, a.a.O. (Anm. 3), S. 336, S. 337, S. 350.

III. Das Gesetz und das Gebot als Thema der Ethik

1. Zum Verhältnis von Ethik und Gesetz – einige Problemaspekte

Der Tugendbegriff läßt auf geschichtliche Ursprünge der Ethik in der griechischen Antike zurückblicken. Das Thema des „Gesetzes" rückt daneben auch die jüdischen und christlichen Hintergründe der europäischen Ethik ins Licht. Dies wird sogleich in Abschnitt III.2 näher ausgeführt. Zunächst soll aber gefragt werden: Welche *Problemfelder* und *Themen* verbinden sich für die Ethik überhaupt mit dem Gesetzesbegriff?

1.1.Der einzelne und das allgemeine Gesetz

Ein Grundlagenthema der neuzeitlichen Ethik betrifft die mögliche Spannung, die zwischen dem *einzelnen* Menschen und dem *allgemeinen* Sittengesetz oder moralischen Gesetz bestehen kann. Das moralische Gesetz (lex moralis) kann so verstanden werden, daß es im göttlichen Gesetz (lex Dei) verankert ist (so z.B. *Philipp Melanchthon* [1497-1560]). In der Philosophie der Aufklärung wurde das moralische Gesetz auch als natürliches Wesensgesetz des Menschen oder als Vernunftgesetz gedeutet. Jedenfalls entsteht die Frage: Wie sind *individuelles* Handeln und das *allgemeine* moralische Gesetz einander zuzuordnen?

Für *Christian Wolff* (1679-1754) war das moralische Gesetz im Wesen der menschlichen Natur selbst angelegt. Das moralische Gesetz verpflichtet den Menschen, den Willen Gottes zu befolgen. Es verweist den Menschen aber auch auf sich selbst: „homo sibimet ipsi lex est" – der Mensch ist sich selbst Gesetz.[13]

Besonders *Immanuel Kant* (1724-1804) hat die Frage behandelt: Wie verhalten sich das eigene, autonom[14] verantwortete Handeln des Menschen einerseits, das allgemeine Sittengesetz andererseits zueinander? Kant brachte den Gedanken der Verallgemeinerungsfähigkeit ins Spiel (Universalisierungsprinzip). Sein Kategorischer Imperativ besagt:

„Handle so, als ob die Maxime [= Grundsatz] deiner Handlung durch deinen Willen zum allgemeinen Naturgesetze werden sollte".[15]

Kants Universalisierungsforderung schärft dadurch ein:

(a) Sittliches Handeln ist von individualistischer Willkür abzuheben;
(b) es muß rational, vernünftig begründet sein;
(c) die Maßstäbe des Handelns sollen zwischenmenschlich vermittelbar, „kommunikabel" sein.

1.2. Die Ethik und das staatliche Gesetz

Noch in einer ganz anderen Hinsicht wird das „Gesetz" zum Thema der Ethik. Es geht hierbei um die wichtige Frage nach der Beziehung zwischen dem staatlichen Gesetz und der Ethik. Wie verhalten sich rechtliche Normen zu ethischen Normen? Das heißt: Wie verhalten sich Recht und Moral zueinander? Soll das Recht sogar moralische Prinzipien schützen? Diese Frage zählte ja zu den Streitpunkten der erwähnten Grundwertedebatte der 70er Jahre (vgl. oben II.1.). Vom damaligen Bundeskanzler wurde, mit guten Gründen, bestritten, daß das Strafrecht spezifische moralische Überzeugungen *erzeugen* oder *erzwingen* könne.

Freilich: Andererseits dürfen Recht und Gesetz keinesfalls losgelöst von ethischen Prinzipien gesehen werden. Daher betonte der Staatsrechtslehrer *Ernst Wolfgang Böckenförde*: Das Recht bildet die Mitte zwischen Ethik und Politik. Jedenfalls ist festzuhalten: Das positive[16] Recht benötigt einen überpositiven, moralischen Bezugspunkt. Das Bonner Grundgesetz trägt diesem Anliegen Rechnung: Ihm liegt die ethische Leitidee der Menschenwürde zugrunde. Überhaupt bilden für die jüdisch-christlich geprägte Kultur die Menschenwürde und Men-

13 Christian Wolff: Philosophia practica universalis (1738) I § 268, zit. nach W. Bartuschat: Gesetz, moralisches, in: Joachim Ritter (Hg.), Historisches Wörterbuch der Philosophie, Bd.3, Basel/Stuttgart (Schwabe) 1974, (Sp. 516-523) Sp. 518.

14 Autonomie = Selbstbestimmung, Selbstgesetzgebung des Menschen.

15 Immanuel Kant: Grundlegung zur Metaphysik der Sitten, Kant-Studienausgabe, hg. v. W. Weischedel, Bd. IV, Darmstadt (Wiss. Buchgesellschaft) ^{5}1983, S.51.

16 = staatlich gesetzte.

schenrechte den ethischen Maßstab, der jedem Staat und jedem Recht zugrundeliegen soll.

1.3. Das „Gesetz" und das Problem der „Gesetzlichkeit" in der Ethik

Unter „Gesetz" ist aber nicht nur das Ergebnis der staatlichen Setzung von Recht zu verstehen. Vielmehr ist die Ethik selbst immer wieder in der Gestalt von „Gesetzen" oder „Geboten" entfaltet worden. Dies zeigen schon die Zehn Gebote des Alten Testaments.

Allerdings ist der Begriff des „Gesetzes" in der Ethik mißverständlich. Eine als „Gesetz" verstandene Ethik kann sogar eine Fehlentwicklung darstellen. Ethik kann nämlich zur starren, sogenannten „gesetzlichen" Moral werden. Bei einer solchen Moral richtet sich das Handeln der Menschen nur noch nach vorgegebenen Regeln, die autoritativ von einer Religion oder einer Gesellschaftsordnung gefordert werden. Die Ethik selbst kann dann zur Kasuistik[17] erstarren.

Aber: Ethische „Gesetze" und „Gebote" müssen keinesfalls zu einer solchen starren „Gesetzlichkeit" führen. Im Gegenteil: Die ethischen Gebote, die im Lauf der Geschichte formuliert worden sind, enthalten ganz zentrale, lebensnahe Grundaussagen für die Gestaltung des menschlichen Lebens. Diese können immer wieder neu bedeutsam werden.

Welche Bedeutung spielt also das „Gesetz" in der Ethik? Genauer: Welche *Inhalte* und *Leitideen* sind vom Judentum und Christentum durch die ethischen Gebote und durch ethische Gesetzestexte vermittelt und uns überliefert worden?

2. Die Gebote in der Bibel und die Thora in der jüdischen Tradition

2.1. Die 10 Gebote

Die 10 Gebote [= Dekalog; griech.: hoi deka logoi, die zehn Worte] gelten bis heute als Grundstock jeder Ethik. Sie finden sich im Alten Testament an zwei Stellen (Exodus 20, 2-17, Deuteronomium 5,6-21). Die 10 Gebote sind aufgeteilt in zwei „Tafeln". Die erste „Tafel" enthält religiöse Aussagen. Das einleitende 1. Gebot beinhaltet das grundlegende Bekenntnis zu dem einen Gott Israels und die Absage an fremde Götter: „Ich bin der Herr, dein Gott". Die zweite Tafel, mit allgemeinen ethischen Geboten, setzt mit dem 4. Gebot ein. Es fordert die Elternehrung: „Du sollst deinen Vater und deine Mutter ehren, auf daß du lange lebest in dem Lande, das dir der Herr, dein Gott, geben wird" (Exodus 20,12).

Am 4. Gebot läßt sich übrigens gut ablesen, daß einzelne Gebote später auch mißverstanden wurden. Es zeigen sich also Probleme in der *Wirkungsgeschichte* der Zehn Gebote. Das 4. Gebot wurde später oft als Begründung eines Patriarchalismus, einer Vorherrschaft des Vaters in der Familie, mißverstanden. *Martin Luther* begründete mit dem 4. Gebot sogar den Gehorsam gegenüber der *staatlichen* Obrigkeit. Die Obrigkeit sei der Vaterstand; der Landesherr sei der Landes„vater". Luther empfahl den

> „Gehorsam [gegenüber] weltlicher Obrigkeit, welche ... in den Vaterstand gehört und am allerweitesten um sich greift. Denn hier ist nicht ein einzelner Vater, sondern soviel mal Vater, soviel er Landsassen, Bürger oder Untertanen hat".[18]

Jedoch hatte das 4. Gebot in seiner ursprünglichen Bedeutung einen ganz anderen Sinn gehabt. Es war auch gar nicht an Kinder, sondern an die Erwachsenen gerichtet. Sie sollten in der Großfamilie für die ältere Generation und deren Lebensunterhalt sorgen. So gesehen enthält das 4. Gebot sogar für heutige Lebensverhältnisse eine ganz wesentliche Aussage. Zwar ist die Sozialform der Großfamilie aus dem alten Israel heute nicht mehr vorhanden. Aber die Grundaussage des 4. Gebots bleibt auch in unserer Gesellschaftsform gültig: die Forderung nach mitmenschlicher Anerkennung und sozialer Sicherung der älteren Generation.

Auch weitere Inhalte der Zehn Gebote, z.B. das 5. Gebot (Tötungsverbot; Lebensschutz), sind bis heute unvermindert grundlegend für jegliche Ethik.

Hinter dem „Gesetz" als Ausdrucksform und Gestalt der Ethik steht jedenfalls das Anliegen

17 Kasuistik = moralisch-religiöse Normierung von Einzelentscheidungen.

18 Martin Luther, Der große Katechismus deutsch, in: Die Bekenntnisschriften der Evangelisch-Lutherischen Kirche, Göttingen (Vandenhoeck & Ruprecht) ^{7}1976, (S. 543-733) S. 598 Z. 39ff. (aus Luthers Auslegung zum 4. Gebot).

der *Gerechtigkeit*. Das Gebot der Gerechtigkeit, gerade auch der sozialen Gerechtigkeit, haben schon die alttestamentlichen Propheten seit Amos herausgestellt. Vom Propheten *Amos* (8.Jh. v.Chr.) wird als Botschaft Gottes verkündigt:

„ich kenne eure Freveltaten, die so viel sind, und eure Sünden, die so groß sind, wie ihr die Gerechten bedrängt und Bestechungsgeld nehmt und die Armen im Tor unterdrückt" (Amos 5,12).

Der Prophet fordert:

„Es ströme aber das Recht wie Wasser und die Gerechtigkeit wie ein nie versiegender Bach" (Amos 5,24).

Die 10 Gebote sind Bestandteil der „Gesetze" im Alten Testament, in der hebräischen Bibel. Blicken wir nun auf das Neue Testament!

2.2. Das Liebesgebot

Im Neuen Testament wird das „Gesetz" im Liebesgebot zusammengefaßt. Dabei werden die beiden alttestamentlichen Gebote der Gottesliebe (Deuteronomium 6,5) und der Nächstenliebe (Leviticus 19,18) im „Doppelgebot" der Liebe zusammengefaßt. *Jesus* wurde gefragt: „Welches ist das vornehmste Gebot im Gesetz?". Er antwortete:

„‚Du sollst lieben Gott, deinen Herrn, von ganzem Herzen, von ganzer Seele und von ganzem Gemüte'. Dies ist das vornehmste und größte Gebot. Das andre aber ist dem gleich: ‚Du sollst deinen Nächsten lieben wie dich selbst'. In diesen zwei Geboten hängt das ganze Gesetz und die Propheten" (Matthäus 22,37-40).

An diesem Gebot der Nächstenliebe wird deutlich: Nicht die Gesetzeserfüllung als solche, die Befolgung einzelner Gesetze dem Buchstaben nach, ist entscheidend. Vielmehr wird auf die *innere Einstellung*, die *echte Zuwendung* des Menschen zu seinem Mitmenschen das Gewicht gelegt. Eine solche innere Hinwendung zum Mitmenschen übergreift alle *einzelnen* Handlungsnormen. Eine Moral bloßer äußerer Vorschriften (Gesetzesmoral, „Gesetzlichkeit") soll mit dem Liebesgebot also überwunden werden.

2.3. Der Gleichheitsgedanke in der Bibel

In sachlicher Nähe zum Liebesgebot steht die Einsicht in die *Gleichheit* aller Menschen. Dieser Gedanke ist bis heute grundlegend (etwa für die Menschenrechte); und er ist bis heute eine Forderung geblieben, die immer neu einzulösen ist (etwa im Widerspruch zur Apartheid, dem System der Rassentrennung). Wie haben das Alte und das Neue Testament die Gleichheit der Menschen begründet und herausgearbeitet?

(a) Schon in den alten Schichten der Bibel sind Aussagen anzutreffen, die jedem Rassismus, Nationalismus oder der Unterdrückung anderer Menschen entgegenstehen. In seinen Gesetzestexten unterstreicht das Alte Testament: Auch dem „Feind" gegenüber soll Hilfsbereitschaft geübt werden (vgl. z.B. Exodus 23,4f.). Der Fremdling ist als „Schutzbürger" anzusehen; er darf nicht unterdrückt werden (z.B. Exodus 22,20). Dieser ethische Leitgedanke konnte dem Israeliten dadurch nahegebracht werden, daß er selbst ja Fremdlingschaft und Unterdrükkung in Ägypten erlebt hatte: „Ihr wißt, wie es dem Schutzbürger (Fremdling) zumute ist, denn ihr seid Schutzbürger gewesen in Ägyptenland" (Exodus 23,9; Leviticus 19, 33f.). Gott selbst, der das Volk aus Ägypten befreit hat, gebietet den Schutz des Fremden (Deuteronomium 15,15).

(b) Die Gleichheit aller Menschen wurde vor allem durch die alttestamentliche Aussage der Gottebenbildlichkeit des Menschen eingeschärft. Die „Gottebenbildlichkeit" der Menschen wurde in Israel einerseits, bei seinen Nachbarvölkern andererseits sehr unterschiedlich verstanden. Altorientalisch, etwa in Ägypten, wurde die Gottebenbildlichkeit allein dem König zugesprochen. Jedoch hat Israel diese Aussage demokratisiert. *Allen* Menschen kommt nun die Gottebenbildlichkeit zu: nicht nur dem König, auch nicht nur Angehörigen eines bestimmten Volkes, sondern einem jeden Menschen, vor allem: dem Mann *und* der Frau. Im biblischen Schöpfungsbericht heißt es: „Und Gott schuf den Menschen zu seinem Bilde, zum Bilde Gottes schuf er ihn; und schuf sie als Mann und Frau" (Genesis 1,27). Ein jeder Mensch besitzt daher auch Verantwortung auf der Erde (Genesis 1,28). Die Würde der Gottebenbildlichkeit gilt jedenfalls jedem Menschen unabhängig von seiner sozialen Rolle, seiner Volkszugehörigkeit oder seinem Geschlecht.

(c) Die Gleichheit aller Menschen hat dann erneut das Neue Testament betont. Sie wurde nunmehr mit der Gleichheit der Menschen vor Christus begründet. Der Apostel Paulus schreibt:

„Denn wie viele von euch auf Christus getauft sind, die haben Christus angezogen. Hier ist nicht Jude noch Grieche, hier ist nicht Knecht noch Freier, hier ist nicht Mann noch Frau; denn ihr seid allzumal einer in Christus Jesus" (Galater 3,27f.).

Sicherlich ist auch durch das Christentum die *soziale* Ungleichheit, besonders die Sklaverei, nicht sofort abgeschafft worden. Die entscheidenden Anstöße gegen die Versklavung von Menschen gaben erst gegen Ende des 18.(!) Jahrhunderts angelsächsische christliche Gruppen (Mennoniten, Quäker, Methodisten). Dennoch untermauert und stärkt die neutestamentliche Aussage der geistlichen Gleichheit aller Menschen vor Gott auch die Einsicht in die soziale und politische Gleichheit.

(d) Nachbemerkung: Im 19. Jahrhundert hat ausgerechnet der Christentumskritiker *Friedrich Nietzsche* erkannt und ins Licht gerückt, wie sehr die Gleichberechtigung und Gleichbehandlung jedes Menschen in der jüdischen und christlichen Ethik verwurzelt ist. Nietzsche selbst tadelte und verwarf dies allerdings. Er *kritisierte* die Ausstrahlung des christlichen Gleichheitsgedankens auf politische und demokratische Gleichheitsideen seiner eigenen Zeit. In einer charakteristischen Äußerung greift er zunächst an, daß das Christentum *jedem* Menschen eine eigene Würde zuerkennt (Individualitätsgedanke), und meint dann weiter:

„Ein anderer christlicher, nicht weniger verrückter Begriff hat sich noch weit tiefer ins Fleisch der Modernität vererbt: der Begriff von der ‚Gleichheit der Seelen vor Gott': In ihm ist das Prototyp aller Theorien der *gleichen Rechte* gegeben: man hat die Menschheit den Satz von der Gleichheit erst religiös stammeln gelehrt, man hat ihr später eine Moral daraus gemacht: was Wunder, daß der Mensch damit endet, ihn ernst zu nehmen, ihn *praktisch* zu nehmen! – will sagen politisch, demokratisch, sozialistisch, entrüstungs-pessimistisch".[19]

Nietzsches eigene aristokratische Philosophie hat die christliche Lehre von der Gleichheit aller Menschen also nicht geteilt. Aber Nietzsche hat deutlich gesehen: Religiöse Leitideen können das sittliche Bewußtsein und die Gesellschaftsordnung über lange Zeiten hinweg prägen. Sie können manchmal sogar unerwartet *neu* Aktualität und Geltungskraft gewinnen. Der Gedanke der Gleichheit aller Menschen ist jedenfalls heute noch unvermindert bedeutsam.

2.4. Die gedankliche Reichweite des Liebesgebots

Oben (unter 2.2) wurde dargestellt: Im Neuen Testament fand das „Gesetz" im Doppelgebot der Liebe seine Zusammenfassung und Vertiefung. Welche Bedeutung kommt – neben der Gleichheit – nun dem Liebesgebot aus *heutiger Sicht* zu?

Zum christlichen Gebot der Liebe (Nächstenliebe) werden zur Zeit auch kritische Anmerkungen erhoben. Der Philosoph *Hans Lenk* meint: Heute müssen vor allem die Nebenfolgen und die *Fern*wirkungen menschlichen Handelns beachtet werden. Dies gelte gerade im jetzigen Zeitalter der Hochtechnologie (Gentechnik, Kernenergie usw.). Daher könne der Grundsatz der Nächstenliebe nicht mehr befriedigen: „Die Ethik der Nächstenliebe reicht nicht mehr im Zeitalter globaler Fernwirkungsverflechtungen."[20]

Nun trifft zu: Heutige Anwendungen der Technik müssen an folgenethischen Kriterien bemessen werden (hierzu ausführlicher unten V.1.). Doch es greift fehl, ausgerechnet die Ethik der Nächstenliebe in einem eingegrenzten Sinn zu deuten: Die Nächstenliebe sei ein veralteter Maßstab, weil sie eine geographische oder zeitliche Beschränkung in der Handlungsverantwortung beinhalte. Im Gegenteil – im Neuen Testament wird deutlich: Die Nächstenliebe bzw. das Liebesgebot besitzen gerade einen *entgrenzenden* Sinn. Die Nächstenliebe meint z.B. nicht nur die Tugend der „Freundschaft". Auf sie legte *Aristoteles* großen Wert [Aristoteles, Nikomachische Ethik VIII, 1155]. Doch die Nächstenliebe will, *ausgeweitet*, auch den „Feind" (Feindesliebe!) und den Verachteten einbeziehen (vgl. das Gleichnis vom barmherzigen Samariter [Lukas 10,25ff.]).

Die „Universalität" des Liebesgebots unterstreicht der jüdische Philosoph *Martin Buber* (1878-1965) auch für das Judentum. Buber nennt

---

19 Friedrich Nietzsche: Werke, a.a.O., Bd. III, S. 822.

20 Hans Lenk: Verantwortung in, für, durch Technik, in: W. Bungard/H. Lenk (Hg.), Technikbewertung, Frankfurt am Main (Suhrkamp) 1988 (stw 684), (S. 58-78) S. 64.

unter anderem einen Midrasch [= jüdischer Text zur Auslegung der Heiligen Schrift], der einschärft, daß das Liebesgebot *ausnahmslos* gilt: „Wisse, wen du verachtest. Im Ebenbilde Gottes hat er ihn erschaffen.“[21]

Das Liebesgebot bzw. die „Nächsten“liebe gehen also keinesfalls in einer räumlichen oder zeitlichen „Nah“verantwortung auf. Stattdessen zielen sie auf eine *Entschränkung, Erweiterung* sittlicher Verantwortung für den Mitmenschen ab. Diese muß stets neu vor dem Hintergrund der eigenen Zeit- und Lebensumstände erkannt werden. In der heutigen Welt ergibt sich dann z.B. die Zukunftsverantwortung, die moralische Verantwortung auch für kommende Generationen, aus dem Liebesgebot.

Soweit unser Blick auf das Neue Testament und das Liebesgebot. Es sei nun noch die Thora [hebr. = Weisung, Gesetz] im späteren Judentum angesprochen.

2.5. Der Individualitätsgedanke im jüdischen „Gesetz“

Die Moral, die auf der Thora, den jüdischen Gesetzestexten, beruhte, darf keinesfalls nur als starre „Gesetzesmoral“ und Kasuistik gesehen werden. In diese Richtung wurde und wird die jüdische „Gesetzes“religion ja häufig fehlgedeutet. Doch diese Sicht greift zu kurz.

Eine Entfaltung, Fortentwicklung der jüdischen Moralgesetze bot in den ersten nachchristlichen Jahrhunderten zunächst die Halacha [von hebr. haloch = gehen; Sitte, Norm, Gesetz]. Die mittelalterliche jüdische Religionsphilosophie der Kabbala [hebr. = „Empfangen“ der Überlieferung] suchte die in der Halacha gesammelten Gebote neu zu *verlebendigen.* Die Thora wurde jetzt sehr vertieft und hintergründig, symbolisch verstanden. Der jüdische Religionswissenschaftler *Gershom Scholem* schreibt:

„Jede einzelne Handlung wurde hier als ein kosmischer Vollzug angesehen, das heißt als eine Handlung, die unmittelbar mit dem inneren Weltgeschehen zusammenhängt, in es eingreift und von Bedeutung dafür ist“.[22]

Eine weitere Ausdeutung erfuhr die Thora danach im Chassidismus, einer jüdischen Frömmigkeitsbewegung in Osteuropa im 18. Jahrhundert. Die Thora wird hier *individualisiert.* Es geht hier überhaupt nicht mehr um eine einfache Befolgung *vorgegebener* moralischer oder religiöser Vorschriften. Vielmehr wird das eigene, individuelle, alltägliche Handeln des *Menschen selbst* als „Thora“ bezeichnet. Der Mensch selbst, in seinem ethisch-religiösen Lebensvollzug, wird zur Thora. Diese Entwicklung einer individuellen Verinnerlichung der Thora hat *Martin Buber* beschrieben. Buber berichtet: Das „höchste Lob“, das einem Zaddik [hebr. = Gerechter; also einem frommen chassidischen Juden] zuteil werden konnte, war die Aussage,

„er sei eine Thora, das heißt: in seiner Beschaffenheit, in seinem alltäglichen Gebaren, in seinen unbetonten, unwillkürlichen, absichtslosen Handlungen und Haltungen, darin, wie er die Sandalen schnüre und löse', stelle sich das an der Thora dar, was unaussprechlich ist, aber durch menschliche Existenz tradiert werden kann.“

Der Mensch wird hier also *als* Thora angesehen. Buber hat diesen Gedanken in seiner eigenen Religions- und Moralphilosophie dann aufgegriffen. Er fordert: „Jeder soll durch wahrhaftes Leben selbst eine Thora, ein Gesetz werden“.[23]

Auf diese Weise lenkt die jüdisch-religiöse Deutung der Thora bereits den Blick auf eine *Ethik der Individualität und autonomen Subjektivität.* Die philosophische Ausformung dieses Gedankens in der Ethik der Neuzeit wird noch zur Sprache gelangen (unten IV.).

3. Die Naturrechtsethik

Der Begriff des „Gesetzes“ erhielt in der Geschichte der Ethik noch eine ganz anders gelagerte Ausprägung, als dies in den soeben beschriebenen Ausformungen von Gesetz, Thora oder Gebot der Fall war. Dies zeigt die Ethik

21 Martin Buber: Zwei Glaubensweisen, in: ders., Werke Bd. I, Schriften zur Philosophie, München/Heidelberg (Schneider/Lambert) 1962, (S. 651-782) S. 704.

22 Gershom Scholem: Die jüdische Mystik in ihren Hauptströmungen, Frankfurt am Main (Suhrkamp) 1980 (stw 330), S. 32.

23 Martin Buber: Die chassidische Botschaft, in: ders., Werke III, Schriften zum Chassidismus, München/Heidelberg (Schneider(Lambert) 1963, (S. 739-894) S. 771. – Martin Buber: Der Jude und sein Judentum, München/Heidelbert (Schneider/Lambert) ^{2}1992, S. 77.

des Naturrechts oder Naturgesetzes. Die Ethik (und das Recht) ist hier an die Vorgabe einer lex aeterna (ewiges Gesetz) oder lex naturalis (natürliches Gesetz) gebunden. Hierdurch sollen dem Recht und der Ethik ein überzeitliches und unveränderliches, unbedingt geltendes Fundament verliehen werden. Ein verstärktes Interesse fand das Naturrecht nach dem Zweiten Weltkrieg. Denn am Naturrecht, als übergesetzlich geltendem Recht, ließ sich das gesetzlich geduldete Unrecht des nationalsozialistischen Staates bemessen und verurteilen (Nürnberger Kriegsverbrecherprozesse!). Der Rechtsphilosoph *Gustav Radbruch* (1878-1949) hebt hervor:

„Es gibt also Rechtsgrundsätze, die stärker sind als jede rechtliche Satzung, so daß ein Gesetz, das ihnen widerspricht, der Geltung bar ist. Man nennt diese Grundsätze das Naturrecht oder das Vernunftrecht. Gewiß sind sie im einzelnen von manchem Zweifel umgeben, aber die Arbeit der Jahrhunderte hat doch einen festen Bestand herausgearbeitet und in den sogenannten Erklärungen der Menschen- und Bürgerrechte mit so weitreichender Übereinstimmung gesammelt, daß in Hinsicht auf manche von ihnen nur noch gewollte Skepsis den Zweifel aufrechterhalten kann."[24]

Als naturrechtlich begründet gelten heute vor allem die Menschenrechte. Sie werden, wenigstens theoretisch, weltweit als normierender Maßstab für Recht und Moral anerkannt.

Auch das Naturrecht stellt aber keinen monolithischen Block, keinen *unwandelbaren* Zusammenhang überzeitlicher Einsichten dar. Im Gegenteil: Es hat sich geschichtlich in mehreren Phasen ausgeprägt und fortentwickelt. Für die verschiedenen gedanklichen Grundlegungen und Ausformungen des Naturrechts lassen sich drei Hauptabschnitte festhalten:

3.1. Die stoische Naturrechtslehre

In der griechisch-römischen Philosophie der Stoa wurde gelehrt: Das ewige Gesetz (lex aeterna) gründet in der *einen* göttlichen Vernunft, der Allvernunft. Diese durchwaltet die Welt und alle Dinge. An der Allvernunft hat auch ein jeder Mensch teil; der Mensch ist ja selbst ein Vernunftwesen.

Die stoische Lehre vom natürlichen Gesetz (lex naturalis) besagte sodann: Die „Natur" der Dinge ist mit ihrem „Wesen" gleichbedeutend. Für den Menschen bildet die „Vernunft" das Naturgesetz. Vernunftgemäßes Leben heißt für den Menschen dann: gemäß der Natur leben (lat.: secundum naturam vivere). Aus dem Naturgesetz ergeben sich für den Menschen daher natur- wie vernunftgemäße Grundforderungen: z.B. das Streben nach Selbsterhaltung oder das Leben als Gemeinschaftswesen. Überdies: Weil in allen Menschen die *eine* Allvernunft wirkt, ist nur *ein* verbindliches Gesetz vorhanden: Der stoische Weise ist Weltbürger.

Bei diesem stoischen Denkansatz liegt der Ethik eine bestimmte Weltdeutung, eine „Weltanschauung" zugrunde: die Lehre von der alles durchwaltenden göttlichen Vernunft. Die stoische Naturrechtsethik beruht auf einer Vernunftkosmologie: einer Deutung der Welt, des Weltalls von einem göttlichen Vernunftprinzip her.

An diese Beobachtung zur Stoa schließt sich eine allgemeine Grundlagenfrage der Ethik an: Inwieweit darf oder soll der Ethik tatsächlich ein spezifisches *Weltbild* zugrundegelegt werden? Darf die Ethik von einem bestimmten philosophischen, religiösen oder naturwissenschaftlichen Weltbild abhängig gemacht werden? Diese Frage stellt sich in neuer Form auch für die *heutige* Ethik. Denn in der Gegenwart wird z.B. gefragt, ob sich eine Ethik auf die Evolutionstheorie stützen lasse.

Was das stoische Naturrecht selbst anbetrifft, so ist der ihm zugrundeliegende Weltbegriff (die Lehre von der Allvernunft) für uns zur Vergangenheit geworden. Dennoch hat sogar der sozialkritische Philosoph *Ernst Bloch* (1885-1977) die wegweisenden, „fortschrittlichen" Aspekte der stoischen Naturrechtslehre gewürdigt: Denn sie habe

„gleiches Recht für alle auf Grund der Einheit des Menschengeschlechts gelehrt ... Eigentümlich und folgenreich ist die Berührung mit den altisraelitischen Propheten, die zuerst Verwandtes verkündet haben. Die Einheit des Menschengeschlechts, das Naturrecht auf Frieden, formelle Demokratie, gegenseitige Hilfe – diese Grundsätze kamen durch die Stoa zum Ansatz des Begriffs".[25]

24 Gustav Radbruch: Rechtsphilosophie, Stuttgart (Koehler) ⁸1973, S. 328.

25 Ernst Bloch: Naturrecht und menschliche Würde, Gesamtausgabe Bd. 6, Frankfurt am Main (Suhrkamp) 1961, S. 29.

3.2. Das katholische Naturrecht

Das Naturrecht der katholischen Kirche bildet durchaus kein einheitliches Gedankengebäude. Einzelne Positionen der katholischen Naturrechtslehre fordern überdies zur Kritik heraus. Problematisch ist es, wenn die *biologische* Natur des Menschen als solche zur Grundlage des Naturrechts erklärt wird. Dies war der Fall, als Papst *Paul VI*. die künstliche Empfängnisverhütung untersagte (in der Enzyklika [= päpstliches Rundschreiben] „Humanae vitae", 1968).

Jedoch darf das katholische Naturrecht auf diese Position nicht eingegrenzt werden. Der bedeutendste Vertreter der katholischen Naturrechtslehre ist zweifellos *Thomas von Aquin* (1225-74). Wie schon die Stoa betonte Thomas: Die *Vernunft*natur des Menschen hat an der göttlichen Vernunft Anteil. Diese Vernunft des Menschen ist auf die äußere Natur, auch auf die eigene menschliche Natur, als „Materie" verwiesen. Thomas lehrt, daß der Mensch seine „natürlichen Neigungen" vernünftig gestalten soll. Zu diesen „natürlichen Neigungen" [lat.: inclinationes naturales] zählen die Selbsterhaltung, Fortpflanzung, Gemeinschaftsfähigkeit und Wahrheitssuche des Menschen. Jedoch setzt die biologische Natur nicht *aus sich heraus* bindende Normen. Thomas trägt auch *keine* umfassende Lehre vor, die unabänderliche Naturrechtsgebote oder Verbote nennen würde. Als vernünftig-unabänderlich sieht er nur wenige allgemeine Grundprinzipien an, z.B.: „Das Gute ist zu tun, das Böse ist zu meiden" (bonum faciendem, malum vitandum).

Sicherlich hat Thomas im einzelnen auch überholte und problematische Anschauungen vertreten. Zum Beispiel lehrte er, daß der weibliche Embryo erst später mit einer Seele ausgestattet werde als der männliche Embryo. Oder er vertrat die Auffassung, Sklaven seien von Natur aus zur Knechtschaft bestimmt. Doch Thomas hat solche (Vor-)Urteile nicht mit dem Anspruch der Unabänderlichkeit versehen. Seine naturrechtliche Grundidee betont vielmehr die von Gott verliehene sittliche *Vernunft* des menschlichen Subjekts.

3.3. Das neuzeitliche profane Naturrecht

Zwar unterstrich schon Thomas den Stellenwert der *allgemein*-menschlichen Vernunft. Doch die Neuzeit suchte das Naturrecht nunmehr eindeutig von theologischen bzw. kirchlichen Denkvoraussetzungen abzulösen. Diese Entwicklung erfolgte aufgrund der Religionsstreitigkeiten und Konfessionskriege des 16./17. Jahrhunderts. Diese religiös motivierten Kriege ließen nach einer friedensstiftenden, *überkonfessionellen* Grundlegung des Rechts fragen. Ein Vordenker des weltlichen, „aufgeklärten" Naturrechts der Neuzeit war *Hugo Grotius* (1583-1645). Er vertrat eine rein vernünftige und profane [= weltliche] Rechts- und Staatslehre. Ihm zufolge ist ein von der Vernunft diktiertes, auf der vernünftigen und geselligen Natur des *Menschen* gegründetes natürliches Recht vorhanden (ius naturale); dieses ist als ewig, unveränderlich und notwendig zu betrachten. Dieses Recht muß gelten, etsi deus non daretur – „auch wenn es Gott nicht gäbe". Grotius schließt z.B. die Bestrafung von Ketzern aus. Vor allem hat er der Idee eines Völkerrechts vorgearbeitet.

Es sollen nun noch (4.) einige gedankliche Probleme des Naturrechts zur Sprache gelangen. Abschließend (5.) soll ein bis heute interessanter inhaltlicher Aspekt des Naturrechtsdenkens aufgezeigt werden.

3.4. Das Problem des Vernunftbegriffs

Den verschiedenen Ausformungen des Naturrechts ist gemeinsam: Sie nehmen auf die ethische *Vernunft* des Menschen Bezug. Diese gilt zum Teil sogar als verankert in der göttlichen Vernunft. Das Naturrecht wird zum Vernunftrecht.

Gegen eine zu starke Betonung der Vernunft kann aber eingewendet werden, daß dies zu einem Vernunftoptimismus verleiten kann. Müssen nicht auch die Schattenseiten und die dunklen Erfahrungen mit der menschlichen Vernunft beachtet werden? Sodann: Der Vernunftbegriff selbst stellt keineswegs eine Einheit dar. Vielmehr lassen sich unterschiedliche Seiten der Vernunft unterscheiden: Zum Beispiel ist die technische oder „instrumentelle" Vernunft von einer religiösen, ethischen, nach Werten und nach „Sinn" fragenden Vernunft abzuheben.

Ohnehin kann der Vernunftbegriff nicht als der einzig mögliche Begründungshorizont einer Ethik angesehen werden. So hat *Albert Schweitzer* (1875-1965) seine Ethik auf den Begriff des

Lebens (Ethik der „Ehrfurcht vor dem Leben") gestützt.

Es sei schließlich noch ein Problem genannt, das die katholische Naturrechtslehre betrifft. Im katholischen Naturrecht wurden oft nicht nur die allgemeinen, „höchsten" Grundsätze der Vernunft als unabänderlich und verbindlich angesehen (z.B.: „Das Gute ist zu tun, das Böse ist zu meiden"; oder auch: pacta sunt servanda – „Verträge sind einzuhalten"). Vielmehr wurden auch sog. Konklusionen, d.h. abgeleitete Sätze, als verbindlich erklärt. Doch diese waren allzu oft zeitbedingt und zum Teil hochproblematisch (z.B. die Lehre vom Vorrang des Mannes vor der Frau). Für zeitbedingte Aussagen darf jedoch kein überzeitlicher natur- und vernunftrechtlicher Geltungsanspruch erhoben werden.

Trotzdem unterstreicht das Naturrecht zwei wesentliche Einsichten:

(1) Das menschlich geltende positive *Recht* beruht auf einer überpositiven Grundlage, die nicht in Frage gestellt werden darf. Als eine solche „naturrechtliche" Grundlage des Rechtes und der Moral läßt sich heute die Idee der Menschenrechte ansehen.

(2) Die *Ethik* selbst bedarf stets der (methodisch dann näher zu klärenden!) rationalen, „vernünftigen" Argumentation. Auf dieses Prinzip vernünftiger Argumentation weist der naturrechtliche Gedanke einer „Vernunftnatur" des Menschen hin.

3.5. Der Friedensgedanke im Naturrecht

Trotz mancher Kritik am Naturrecht sollte nicht übersehen werden: Das Naturrecht hat in inhaltlicher Hinsicht Bedeutendes zur Ethik beigetragen. Dies zeigt sich am naturrechtlichen Verständnis von Frieden und Krieg. In seiner geschichtlichen Entwicklung hat das Naturrecht zunehmend Kriterien zur *Eindämmung, Eingrenzung* des Krieges entwickelt. Die naturrechtliche Lehre vom „gerechten Krieg" ist (wenigstens ganz weitgehend) in diesem *limitierenden* (eingrenzenden) Sinne zu begreifen. Keinesfalls ist die Theorie des „gerechten Krieges" als Rechtfertigung des Krieges aufzufassen.

Schon der Kirchenvater *Augustinus* (354-430) versuchte, die Möglichkeit des Krieges mit naturrechtlichen normativen Kriterien zu begrenzen. Bereits Augustinus entwickelte folgende Gedanken: (a) Sein naturrechtliches Kriterium des „gerechten Grundes" (iusta causa) legte fest: Nur die Störung des Friedens kann den Krieg rechtfertigen. (b) Die „rechte Absicht" (recta intentio) verbietet grausame Kriegshandlungen. Sie erzwingt den Frieden als Ziel des Krieges. (c) Allein die „legitime Obrigkeit" (legitima potestas) darf den Krieg erklären. (Dieser Gedanke konnte freilich mißbraucht werden. *Martin Luther* kannte deshalb eine Prüfungspflicht des Volkes: Nur der Verteidigungskrieg ist ihm zufolge zulässig).

Weitere Gedanken fügte die spanische Spätscholastik hinzu, also die katholische Naturrechtslehre, die von *Francisco de Vitoria* (gest. 1546) vertreten wurde. Sie betonte (d) nochmals die „angemessenen Mittel" (debitus modus) und damit das Prinzip der Verhältnismäßigkeit: Ein Krieg kann durch die Leiden ungerecht werden, die er erzeugt, selbst wenn der Kriegsgrund „gerecht" sein mag. Vor allem wurde jetzt (e) die Gleichheit zwischen den Rechtssubjekten, also den am Krieg beteiligten Parteien, gesehen (bellum iustum ex utraque parte): Hierdurch wurden Strafkriege oder Kriege um der Weltherrschaft willen untersagt. Dies bedeutete eine Kritik an den spanischen Kolonialkriegen in Südamerika.

Schließlich: (f) Der Naturrechtslehrer *Hugo Grotius* nannte als Kriterium des ius in bello („Recht *im* Krieg") die Unterscheidung zwischen Kombattanten [Kriegsteilnehmer, Soldaten] und Nichtkombattanten [Zivilbevölkerung].

Im heute denkbaren Atomkrieg läßt sich zwischen Kombattanten und Nichtkombattanten aber nicht mehr genau unterscheiden. Die Mittel des Nuklearkriegs werden ohnehin völlig unverhältnismäßig (debitus modus). Daher haben die katholischen Bischöfe der USA im Jahre 1981 in der Erklärung „The Challenge of Peace" aus naturrechtlichen Gründen die Führung eines Atomkriegs abgelehnt. Außerdem haben sie die (damalige) atomare Abschreckungsdoktrin stark problematisiert.

Dies ließe sich noch sehr viel weiter vertiefen. Jedenfalls hat die Naturrechtslehre Beachtliches zur Eindämmung, ethischen Ent-Legitimierung des Krieges beigetragen.

IV. Ethik des Gewissens und der Gesinnung

In den beiden voranstehenden Abschnitten sind ethische Leitbegriffe erörtert worden, die in geschichtlich ältere Stadien der Ethik zurückreichen. Dies gilt für die griechische Tugendlehre (II) ebenso wie für den Begriff des ethischen Gesetzes (III). Am „Gesetz" orientierte sich die mittelalterliche und neuzeitliche Naturrechtsethik wie auch schon zuvor die stoische Naturrechtslehre. Ganz anders gelagert, spielte das Gesetz (oder Gebot) in der biblischen und der späteren jüdischen Ethik eine Rolle.

Wenn nun aber das „Gewissen" und die „Gesinnung" angesprochen werden, sind hiermit Ideen der *neuzeitlichen* Ethik berührt. Zwar ist der Gewissensbegriff als solcher sehr viel älter (siehe unten Abschnitt 3.2.). Jedoch soll im folgenden die spezifisch *neuzeitliche* Hinwendung der Ethik zum ethischen Subjekt, zum sittlich verantwortlichen einzelnen Menschen, bedacht werden.

1. Der neuzeitliche Autonomiegedanke

Als „Kopernikanische Wende" und als „Revolution der Denkart" hat *Immanuel Kant* (1724-1804) seine *Wendung zum Subjekt* in der theoretischen Philosophie (Erkenntnistheorie) bezeichnet. Aber auch in der praktischen Philosophie (Ethik) vollzog er denselben fundamentalen Einschnitt. Der Mensch darf sich in seinem Handeln nicht mehr einfach auf vorgegebene Überlieferungen oder auf eine vorgegebene Gebotsmoral berufen. Stattdessen betonte Kant die Freiheit und Autonomie des sittlichen Subjekts, also des einzelnen Menschen selbst. So heißt es in Kants Schrift „Kritik der praktischen Vernunft" (1788): „Die *Autonomie* des Willens ist das alleinige Prinzip aller moralischen Gesetze und der ihnen gemäßen Pflichten".[26] Das Autonomieprinzip unterstreicht also die *sittliche Eigenverantwortung* des Menschen: „Autonomie des Willens ist die Beschaffenheit des Willens, dadurch derselbe ihm selbst (unabhängig von aller Beschaffenheit der Gegenstände des Wollens) ein Gesetz ist."[27] Hingegen eine Orientierung an *fremden*, von außen vorgegebenen Gesetzen wäre Heteronomie [= Fremdgesetzgebung].

Heteronom ist es, wenn das menschliche Handeln durch Naturtriebe oder durch ein vordergründiges Glückseligkeitsstreben des Menschen („Neigungen") bestimmt wird. Aber Kant grenzt autonomes menschliches Handeln vor allem auch von solchen Gesetzen ab, die dem Menschen von außen durch andere Institutionen auferlegt sind. Das heißt: Auch von Kirche und Religion darf sich der Mensch keine heteronomen *Vorgaben* für sein Handeln auferlegen lassen. (Eine solche Form der Religion kritisiert Kant als „statutarische Kirchenreligion"). Vielmehr soll der Mensch *aus freier, eigener Einsicht* zu seinem Handeln finden („moralische Vernunftreligion"). Erst in *diesem* Sinne gilt, daß Religion wirklich die „Erkenntnis aller Pflichten als göttlicher Gebote" ist. Diese Gebote sind dann eben „nicht als Sanktionen, d.i. willkürliche für sich selbst zufällige Verordnungen, eines fremden Willens" zu begreifen; sondern sie stellen – dem Autonomiegedanken entsprechend – „Gesetze eines jeden freien Willens für sich selbst" dar.[28] Gebote zu befolgen, wird auf diese Weise zum Ausdruck der eigenen, eigenverantworteten sittlichen Gesinnung.

Bei Kant wird die Ethik also subjektiviert. Kant ist ein Anwalt der neuzeitlichen *Gesinnungsethik*. Autonomie, Pflicht und Gesinnung beruhen dabei auf dem „Begriff eines an sich selbst hochzuschätzenden und ohne weitere Absicht guten Willens"[29] des sittlichen Subjekts, also des einzelnen Menschen.

Ein bedeutender Vertreter einer solchen Gewissens- oder Gesinnungsethik ist auch der idealistische Philosoph *Johann Gottlieb Fichte* (1762-1814). Er lehrt: „Ich muß schlechthin den Zweck der Moralität mir vorsetzen, seine Ausführung ist möglich, sie ist durch mich mög-

26 Immanuel Kant: Kritik der praktischen Vernunft, Kant-Studienausgabe, a.a.O., Bd. IV, ^{5}1983, S. 144.

27 Immanuel Kant: Grundlegung zur Metaphysik der Sitten, a.a.O., S. 74.

28 Immanuel Kant: Kritik der praktischen Vernunft, a.a.O., S. 261.

29 Immanuel Kant: Grundlegung zur Metaphysik der Sitten, a.a.O., S. 22.

lich". Die äußere Sinnenwelt ist dann lediglich „das versinnlichte Materiale unsrer Pflicht". Die göttliche, moralische Weltordnung gewährleistet, daß „unfehlbar" aus dem guten Handeln des Ich auch Gutes folgt und unsittliches Handeln „mißlingt". Daher gilt:

„Der wahre Atheismus, der eigentliche Unglaube und Gottlosigkeit besteht darin, daß man über die Folgen seiner Handlungen klügelt, der Stimme seines Gewissens nicht eher gehorchen will, bis man den guten Erfolg vorherzusehen glaubt". Der Mensch soll also auf „die wahre Religion des freudigen Rechttuns" vertrauen.[30]

Es sind nun aber einige gedankliche *Probleme* dieses gesinnungs-, pflicht- bzw. vernunftethischen Denkansatzes der Ethik anzusprechen. Als Begründer und Hauptvertreter dieser Ethik des Idealismus hat Kant zu gelten.

2. Probleme der Pflicht- und Vernunftethik

2.1. Das Problem des Formalismus

An Kant wurde ausgesetzt, seine Ethik betone die gute Gesinnung des Menschen; sie entfalte aber überhaupt keine *Inhalte* und Wertmaßstäbe des Handelns: Sie bleibe inhaltsleer und „formalistisch". Diesen Einwand erhob *Max Scheler* in seinem Buch „Der Formalismus in der Ethik und die materiale Wertethik", 1913/1916.

Hierzu ist aber die folgende Überlegung festzuhalten. Schon Kant selbst hat durchaus herausgearbeitet: Das Ich des Handelnden darf nicht nur für sich allein gesehen werden. Vielmehr muß das vernünftige ethische Subjekt seinen Blick stets (a) auf das objektive, allgemeine Sittengesetz sowie (b) auf die moralische Gemeinschaft aller vernünftigen Wesen richten. Diese beiden Anliegen unterstreicht Kants Kategorischer Imperativ in zwei seiner Fassungen:

–„handle nur nach derjenigen Maxime [= Grundsatz], durch die du zugleich wollen kannst, daß sie ein allgemeines Gesetz werde" (das Universalisierungsprinzip bei Kant).

Jeder Subjektivismus wird mit dieser Formulierung abgelehnt: Das Handeln des einzelnen Menschen darf nicht willkürlich und beliebig sein.

– „Handle so, daß du die Menschheit, sowohl in deiner Person, als in der Person eines jeden andern, jederzeit zugleich als Zweck, niemals bloß als Mittel brauchest".[31]

Das heißt: der Mitmensch ist Selbstzweck. Er gehört, wie das Subjekt selbst, zum „Reich der Zwecke". Eine *inhaltliche* Aussage des Kategorischen Imperativs ist also in der Idee der unantastbaren Menschenwürde gegeben.

Kants Gesinnungs- und Vernunftethik vermag in dieser Hinsicht zu überzeugen. Aber es gilt, ausgehend von Kant nochmals

2.2. Das Problem des Vernunftbegriffs

zu bedenken. Denn wird von Kant der autonomen Vernunft des einzelnen Menschen nicht überhaupt zu viel zugemutet und auferlegt? Müssen nicht auch die Schattenseiten, muß nicht auch das destruktive, zerstörerische Vermögen der menschlichen Vernunft gesehen werden? Diese Frage war schon zum Vernunftverständnis des Naturrechts zu stellen gewesen (siehe oben III.3. 4.).

Die starke *Hervorhebung* der Vernunft in der Philosophie der Neuzeit ist, geistesgeschichtlich betrachtet, durchaus erklärbar. Durch die Berufung auf „Vernunft" sollte das Verlorengehen eines einheitlichen *religiösen* Fundaments von Kultur, Moral und Gesellschaft aufgefangen werden. In der neuzeitlichen Gesellschaft werden, seit der Aufklärung im 18. Jahrhundert, *allgemein* verbindliche kirchliche und religiöse Handlungsvorgaben nicht mehr anerkannt. Die Vernunft wird daher für die Ethik zur neuen, nachreligiösen Begründungsinstanz. Daher kommt der Vernunftethik eine hohe kompensatorische Aufgabe, eine Ersatzfunktion, zu.

Freilich: Kann diese Aufgabe überhaupt erfüllt werden? Die heutige Debatte über die „Postmoderne" hebt unter anderem hervor: Die heutige Gesellschaft ist von großer Vielschichtigkeit (Pluralismus), ja sogar von auseinanderstrebenden Tendenzen geprägt. Und: Auch beim einzelnen Menschen, beim einzelnen „vernünf-

30 Johann Gottlieb Fichte: Über den Grund unsers Glaubens an eine göttliche Weltregierung (1798), in: ders., Gesamtausg. der Bayer. Akademie der Wissenschaften, I/5, Stuttgart-Bad Cannstatt (Frommann-Holzbog) 1977, (S. 319-357) S. 353, S. 354, S. 356.

31 Immanuel Kant: Grundlegung zur Metaphysik der Sitten, a.a.O., S. 51, S. 61.

tigen" Subjekt selbst geht die Identität, die innere Einheit mit sich selbst, oftmals verloren. Solche kritischen Gedanken sind nicht ganz neu. Schon *Friedrich Nietzsche* hat die mögliche *Überforderung* und die *Fraglichkeit* der menschlichen Vernunft zum Thema gemacht. Zwar vermochte er mit seiner eigenen Philosophie keinen überzeugenden Ausweg aus den Verlegenheiten des neuzeitlichen Vernunftbegriffs zu weisen. Dennoch hat Nietzsche „die Vernunfthülse der Moderne" wenigstens zum *Problem* erhoben; er läßt sich als ein Vordenker des heutigen „Eintritts in die Postmoderne" begreifen.[32]

2.3. Die Thematik des „qualitativen" Individualismus

Dieser Gesichtspunkt bezieht sich auf Kants Verständnis der einzelnen menschlichen Person. Was für ein Menschenbild wird in Kants Ethik zugrundegelegt?

Diese Frage hat schon früh der evangelische Theologe *Friedrich Schleiermacher* (1768-1834) aufgeworfen. Bei Kant ist das Subjekt der Ethik ja der einzelne autonome Mensch in seiner *Vernunft*existenz. Kant spricht auch von der „intelligiblen" [= vernünftigen, geistigen] Existenz des Menschen, die an das allgemeine Vernunftgesetz gebunden ist. Hierzu meint nun Schleiermacher:

> „Lange genügte es auch mir nur die Vernunft gefunden zu haben, und die Gleichheit des Einen Daseins als das Einzige und Höchste anbetend, glaubte ich, es gebe nur Ein Rechtes für jeden Fall."

Jedoch erkennt Schleiermacher: In der Vernunft, die allen Menschen *gemeinsam* und *„gleich"* ist, geht der einzelne Mensch nicht auf. Denn der einzelne besitzt ja eine *eigene* leibseelische Identität, eine persönliche Lebensgeschichte und persönliche sittliche Anschauungen. Kant habe die „Eigentümlichkeit" des Individuums nicht hinreichend bedacht. Er habe die individuell unverwechselbaren Ausprägungen der Menschen, ihre je besonderen sittlichen Handlungsfähigkeiten übersehen. Schleiermacher meint: Die Ethik soll nicht nur die „allgemeine" Vernunft des Menschen berücksichtigen. Vielmehr muß sie den einzelnen Menschen auch in seiner Besonderheit, Originalität und lebensgeschichtlichen Unverwechselbarkeit, beachten.

Auf eine solche Ethik der Individualität zielte später ebenfalls *Martin Buber* ab. Er forderte: Der einzelne Mensch selbst, als ganzer, soll eine Thora sein (siehe oben III. 2.5). Schon Schleiermacher rief dazu auf:

> „Was aus der Menschen gemeinschaftlichem Handeln hervorgehen kann, soll alles an mir vorüber ziehn, mich regen und bewegen um von mir wieder bewegt zu werden, und in der Art wie ichs aufnehme und behandle will ich immer meine Freiheit finden, und äussernd bilden meine Eigenthümlichkeit."[33]

Schleiermachers Anregung, nach *individuellen* sittlichen Fähigkeiten des Menschen zu fragen, wurde später als „qualitativer Individualismus" bezeichnet: in der Abgrenzung zum „quantitativen Individualismus" Kants, der die allen Menschen gemeinsame „gleiche" Vernunftexistenz betonte. (Die Begriffe quantitativer/qualitativer Individualismus prägte der Lebensphilosoph *Georg Simmel* [1858-1918].)

2.4. Das Defizit einer Güterethik

Auf eine spezifisch *sozialethische* (oder kulturphilosophische) Schwäche der Ethik bei Kant lenkte ebenfalls schon *Friedrich Schleiermacher* den Blick. Er erkannte nämlich: Bei Kant fehlt eine inhaltliche Ethik, die sich mit den konkreten Problemen der Gesellschaft und der sozialen Lebenswirklichkeit auseinandersetzt. Dieses Defizit war durch Kants gedanklichen Ansatz der Gesinnungsethik mitbedingt. Der Gesinnungsethik geht es ja um die ethische Vernunft und Entscheidung des einzelnen Menschen, weniger um konkrete soziale Probleme des gesellschaftlichen Zusammenlebens.

Schleiermacher suchte diese Schwäche Kants zu überwinden. Er hat selbst eine philosophische Ethik geschrieben. Sie wurde von ihm in drei Teile aufgegliedert: in eine Tugend-, Pflichten- und Güterlehre. Die Güterlehre behandelte hierbei die „Güter" der Kultur, die geschichtlich gewachsen sind und mit Vernunft zu gestalten sind. Einzelne „Güter" sind bei Schleiermacher:

---

32 Vgl. Jürgen Habermas: Der philosophische Diskurs der Moderne, Frankfurt am Main (Suhrkamp) 1988 (stw 749), S. 104-120; S. 107.

33 Friedrich Daniel Ernst Schleiermacher: Monologen (1800), Hamburg (Meiner) [3]1978 (Phil. Bibl. 84), S. 29, S. 70.

Arbeit, Wirtschaft und Recht; Wissenschaft; Religion; Familie und häusliches Leben.

In der Entfaltung einer solchen Güterethik schloß sich dann der evangelische Ethiker *Richard Rothe* (1799-1867) an Schleiermacher an. Bei Rothe zeigt sich, wie wichtig die inhaltlichen, „materialen“ Themen der Ethik sind. Denn Rothe hat kritisch und mit treffenden Einsichten die soziale Frage des 19. Jahrhunderts, die damalige Verelendung und industrielle Ausbeutung der Arbeiter diskutiert. Das soziale Elend der Gesellschaft ist damals also nicht nur von Karl Marx kritisiert worden. Rothe forderte z.B. eine gerechtere Verteilung des Wohlstands zugunsten der „arbeitenden Klassen“. Er schrieb:

„Es reicht nicht hin, daß die Nation ein Vermögen habe (...), sondern es kommt wesentlich auch darauf an, daß sie eine Nation von Vermögenden sei, daß ihre Individuen möglichst ausnahmslos Vermögende seien.“[34]

An diesem Beispiel der sozialen Frage des 19. Jahrhunderts zeigt sich: Die Ethik darf auf *konkrete lebensweltliche, soziale* Überlegungen nicht verzichten. Ein isolierter gesinnungsethischer Ansatz allein (nur mit der Frage nach der „guten“ Gesinnung des handelnden Subjekts) erfaßt die strukturellen Themen der Sozialethik noch nicht hinreichend (Strukturfragen der Gesellschaft, Fragen der sozialen Ordnung, der wirtschaftlichen Gerechtigkeit usw.).

3. Gewissensfreiheit als Leitidee neuzeitlicher Ethik

Die voranstehenden Bemerkungen haben verdeutlicht: An Kants Ansatz einer Gesinnungs-, Pflicht- und Vernunftethik lassen sich eine Reihe von kritischen Fragen anschließen. Ein weiterer kritischer Gesichtspunkt wird noch hinzutreten (siehe unten V.1.: das Anliegen der Verantwortungsethik als Folgenethik im Unterschied zur Gesinnungsethik).

Dennoch darf die Hinwendung neuzeitlicher Ethik zum Handlungs*subjekt*, also die Frage nach dem einzelnen handelnden Menschen und seiner sittlichen Gesinnung, auf gar keinen Fall zurückgenommen werden. Die *Tragweite* und das *Gewicht* einer solchen Ethik des Subjekts wird daran erkennbar, daß sich mit der Wendung zum Subjekt die Forderung nach *Gewissensfreiheit* verbindet.

3.1. Zur Bedeutung der Gewissensfreiheit

Die Gewissensfreiheit läßt sich als Schlüsselgedanke des heutigen Verständnisses der Menschenrechte ansehen. Die Allgemeine Erklärung der Menschenrechte der Vereinten Nationen von 1948 nimmt schon in ihrem 1. Artikel auf das Gewissen Bezug:

„Alle Menschen sind frei und gleich an Würde und Rechten geboren. Sie sind mit Vernunft und Gewissen begabt und sollen einander im Geiste der Brüderlichkeit begegnen.“

In Artikel 18 wird die Gewissensfreiheit dann konkretisiert:

„Jeder Mensch hat Anspruch auf Gedanken-, Gewissens- und Religionsfreiheit; dieses Recht umfaßt die Freiheit, seine Religion oder seine Überzeugung zu wechseln, sowie die Freiheit, seine Religion oder seine Überzeugung allein oder in Gemeinschaft mit anderen, in der Öffentlichkeit oder privat, durch Lehre, Ausübung, Gottesdienst und Vollziehung von Riten zu bekunden.“

Im Bonner Grundgesetz führt die Gewissensfreiheit zum Recht auf Kriegsdienstverweigerung (Art. 4 Abs. 3 GG).

3.2. Zur Herkunft der Gewissensfreiheit

Die Bedeutung und die Reichweite der Gewissensfreiheit ist damit zumindest angedeutet. Jedoch mußte das Recht des Menschen auf Freiheit des Gewissens (und damit auch auf Religions-, Bekenntnisfreiheit) geschichtlich erst erstritten werden. Es mußte z.T. auch gegen die Kirchen durchgesetzt werden. Es wurde erst in der Neuzeit allgemein anerkannt. Ausnahmen bilden noch heute manche islamischen Staaten. Zum Teil wird nämlich der Religionswechsel, der Abfall vom Islam, nicht geduldet.

Der Gewissensbegriff selbst ist schon alt. Vom Gewissen [griech.: syneidesis; lat.: conscientia] ist bereits in der griechischen und in der römischen Antike die Rede, z.B. in der stoischen Philosophie. So kennt *Cicero* (106-43 v.Chr.) den „Gewissensbiß“. *Seneca* (4 v.Chr. – 65 n.Chr.) spricht vom „guten“ und „schlechten

34 Richard Rothe: Theologische Ethik, Wittenberg ²1871, Bd.V, S.239.

Gewissen". Im Neuen Testament beruft sich *Paulus* auf das Gewissen, das in alle Menschen eingeschrieben ist (Römer 2,14f.).

Einen Anstoß zum neuzeitlichen Recht auf Gewissens*freiheit* vermittelte *Martin Luther.* Gegen die Kirche und gegen den Kaiser berief er sich auf sein Gewissen. Als Luther 1521 vor Kaiser Karl V. auf dem Reichstag in Worms auftrat, beharrte er auf seiner Auffassung, daß der Papst und daß Konzilien irren könnten. Hiermit erschütterte er die damaligen Fundamente von Kirche und Staat. Luther bekräftigte aber:

„Weil mein Gewissen in Gottes Wort gefangen ist, so kann und will ich nichts widerrufen, weil weder sicher noch geraten ist, etwas wider das Gewissen zu tun".

Zwar war Luther in der Bejahung der Gewissensfreiheit noch nicht konsequent: Kleineren religiösen Gruppierungen, den „Schwärmern" und den „Täufern", verwehrte er die öffentliche Bekundung ihrer Glaubensüberzeugung. Luthers Gewissensbegriff hat überdies auch noch einen anders gelagerten, nämlich religiösen Akzent gehabt: Es kam ihm besonders auf die freie Bindung des persönlichen Gewissens an Gott an. Das Gewissen stellt den Menschen unmittelbar vor Gott, ohne eine Vermittlung durch einen Priester oder durch die Kirche. Luther betonte also: Die Gewissensfreiheit ist in Gottes Wort begründet. Doch damit gab er zugleich Anstöße für die neuzeitliche *ethisch-rechtliche* Gewissens-, Glaubens- und Bekenntnisfreiheit.

Es ist sogar gesagt worden, daß die Gewissensfreiheit – als Kern der Menschenrechte – überhaupt dem Protestantismus zu verdanken sei. Denn die Gewissensfreiheit wurde besonders von den protestantischen Gruppen im angelsächsischen Raum eingefordert und durchgesetzt. Einzelne englische Kolonien in Amerika gewährten das Recht auf Gewissensfreiheit schon im 17. und 18. Jahrhundert, also schon *vor* der Französischen Revolution in Europa. Daraus entstand die These des Juristen *Georg Jellinek:*

„Die Idee, unveräußerliche, angeborene, geheiligte Rechte des Individuums gesetzlich festzustellen, ist nicht politischen, sondern religiösen Ursprungs. Was man bisher für ein Werk der Revolution gehalten hat, ist in Wahrheit eine Frucht der Reformation".[35]

Nun wird man wohl verschiedene gedankliche und geschichtliche Wurzeln der Gewissensfreiheit sehen können. Jedoch haben die Reformation und der Protestantismus bedeutsame Gedanken entwickelt, die die Freiheit des einzelnen Menschen, und damit seine Unabhängigkeit von äußeren Vorgaben durch Staat oder Kirche, betrafen. Die „Wendung zum Subjekt" in der neuzeitlichen Ethik (etwa bei Kant) war also schon darin angebahnt, daß das evangelische Christentum die Gewissensfreiheit des einzelnen Menschen anerkannt hatte.

3.3. Zusammenfassung

Als Grundanliegen neuzeitlicher Gesinnungs- und Gewissensethik gilt es also festzuhalten:

(1) Indem die neuzeitliche Ethik auf das Gewissen und die Gesinnung des einzelnen Menschen abhebt, wird die sittliche Eigenverantwortung und Autonomie jedes einzelnen Menschen ins Licht gerückt.

(2) Dieser *Anforderung,* der *Herausforderung* an den einzelnen zum eigenverantworteten Handeln entspricht dann die weitere Einsicht: Die Gewissensfreiheit des einzelnen muß als Menschenrecht *geschützt* werden. Die persönliche Gewissensüberzeugung und -entscheidung des einzelnen ist grundsätzlich zu achten und zu respektieren.

Die Gewissensfreiheit stellt also ein Individualrecht dar. Juristisch bildet sie ein sogenanntes negatives Abwehrrecht des einzelnen gegen den Staat.

35 Georg Jellinek: Die Erklärung der Menschen- und Bürgerrechte, in: R. Schnur (Hg.), Zur Geschichte der Erklärung der Menschenrechte, Darmstadt (Wis. Buchgesellschaft) 1964, (S. 1-77) S. 53f.

V. Ethik der Verantwortung

Mit der Vernunft-, Gesinnungs- und Gewissensethik sind nun bereits neuzeitliche Denkansätze der Ethik zur Sprache gelangt. In die unmittelbare Gegenwartsdiskussion führt es hinein, wenn jetzt noch der ethische Stellenwert des *Verantwortungs*gedankens beleuchtet wird. Der Verantwortungsbegriff wird innerhalb der neueren Ethik freilich unterschiedlich aufgefaßt. Dies wird im folgenden sichtbar werden.

1. Das Konzept der Folgenethik und seine Probleme

Für das Denkmodell einer Verantwortungsethik, die als *Ethik der Handlungsfolgen* verstanden wird, steht der Name des Soziologen *Max Weber* (1864-1920). In seinem berühmten, 1919 in München gehaltenen, Vortrag „Politik als Beruf" hob er die „Verantwortungsethik" von der „Gesinnungsethik" ab.[36]

1.1. Die Position Max Webers

„Gesinnungsethik" ist bei ihm ein stark negativ gefärbter Begriff. Die Gesinnungsethik wurde von ihm als untauglich für eine politische Ethik verworfen. Zwar räumt Weber ein, daß die Befolgung einer herausragenden ethischen Gesinnung für einen einzelnen Menschen, für eine überragende Einzelgestalt, möglich sein möge. Dies könne auch sinnvoll und vorbildlich sein:

„man muß ein Heiliger sein in *allem*, zum mindesten dem Wollen nach, muß leben wie Jesus, die Apostel, der heilige Franz und seinesgleichen, *dann* ist die [Gesinnungs-]Ethik sinnvoll und Ausdruck einer Würde."

Ansonsten wird jedoch gegen die Gesinnungsethik eingewendet: Sie fragt nicht hinreichend nach den konkreten Handlungsfolgen. Als geschichtliche Beispiele der Gesinnungsethik sieht Weber den Idealismus (Kant) sowie die christliche Bergpredigt an. Doch die einzelnen Forderungen der Bergpredigt, z.B. zum Verzicht auf Widerstand, seien wirklichkeitsfremd; sie seien nicht genügend an konkreten Ergebnissen, Wirkungen des Handelns orientiert. Daher urteilt Weber:

„es ist ein abgrundtiefer Gegensatz, ob man unter der gesinnungsethischen Maxime handelt – religiös geredet –: ‚Der Christ tut recht und stellt den Erfolg Gott anheim', *oder* unter der verantwortungsethischen: daß man für die (voraussehbaren) *Folgen* seines Handelns aufzukommen hat."

Weber zufolge sind für eine „verantwortliche" politische Ethik daher vonnöten:

(a) die Abwägung der Mittel – insbesondere der Machtmittel –, die angewendet werden müssen, um ein bestimmtes Ziel zu erreichen,

(b) die Abwägung der Handlungsfolgen selbst,

(c) die kritische Frage nach möglichen negativen Folgen des Handelns.

In diesem Sinn gilt:

„Die Politik bedeutet ein starkes langsames Bohren von harten Brettern mit Leidenschaft und Augenmaß zugleich."

1.2. Folgenethik im Utilitarismus

Der Gedanke, die Handlungs*folgen* in das ethische Urteil aufzunehmen, war zuvor schon von der angelsächsischen Ethik des *Utilitarismus* vertreten worden. Der Utilitarismus fragt nach der „Lust" (bzw. „Unlust") sowie dem „Glück" oder „Nutzen" als Ergebnis des Handelns [lat. utilitas = Nutzen]. Freilich müssen die großen Probleme des Utilitarismus mit seinem Nutzen- und Folgenkalkül gesehen werden. Denn es ist ja zu fragen, *worin* das „Glück" (oder die „Lust", die „Freude") als Handlungsfolge bestehen soll. Der Utilitarist *John Stuart Mill* (1806-73) unterschied daher unterschiedliche „*Arten* der Freude" und meinte:

„Es ist besser, ein unzufriedener Mensch zu sein als ein zufriedengestelltes Schwein; besser ein unzufriedener Sokrates als ein zufriedener Narr."[37]

Die besonderen Schwierigkeiten der utilitaristischen Moralphilosophie und ihres Glücks-

36 Vgl. Max Weber: Der Beruf zur Politik, in: ders., Soziologie, Universalgeschichtliche Analysen, Politik, hg. v. J. Winckelmann, Stuttgart (Kröner) [5]1973, S. 167-185, die nachfolgenden Zitate S. 173, S. 175, S. 185.

37 John Stuart Mill: Der Utilitarismus, übers. v. D. Birnbacher, Stuttgart 1976 (Reclam 9821), S. 18.

wie Nutzenkalküls sollen hier beiseite bleiben. Vielmehr ist, losgelöst vom Utilitarismus, allgemein auf die Probleme einer Ethik der Handlungsfolgen aus heutiger Sicht hinzuweisen.

1.3. Probleme der Folgenverantwortung

Zunächst ist zu unterstreichen: Die Frage nach konkreten Handlungsfolgen ist heute unverzichtbar für jede ethische Urteilsbildung. Das von *Max Weber* genannte Kriterium einer *Folgen*verantwortung ist für die neuere Ethik ein Schlüsselgedanke geworden.

Dennoch enthält dieses Anliegen der Folgenverantwortung erhebliche, ja unlösbare Schwierigkeiten. Dies hat *Hans Jonas* in seinem Buch „Das Prinzip Verantwortung" (1979) aufgezeigt. Die heutige Ethik ist in hohem Maß durch die Fortentwicklung in der Hochtechnologie (also der Kerntechnik, der Gentechnologie, der Informationstechnologie usw.) herausgefordert. Doch hier ergeben sich folgende Verlegenheiten:

(a) Handlungsfolgen sowie (unerwünschte) Nebenfolgen sind oft gar nicht mehr überschaubar, prognostizierbar und kalkulierbar. Die von Max Weber noch unterstellte *Überschaubarkeit* der Handlungsfolgen ist also nicht mehr ohne weiteres gegeben. Vielmehr zeigt sich eine Grenze der Reichweite möglicher menschlicher Folgenverantwortung.

(b) Negative Folgen des Handelns sind im Zeitalter der Hochtechnologie unter Umständen nicht mehr zurückzunehmen, nicht rückholbar und nicht korrigierbar. Zu der Unüberschaubarkeit der Handlungsfolgen tritt also die Irreversibilität [= Unumkehrbarkeit] hinzu. Dieser Sachverhalt läßt sich z.B. an der Problematik der Freisetzung genetisch manipulierter Organismen in die Umwelt verdeutlichen.

Jonas selbst belegt die Unüberschaubarkeit sowie Irreversibilität der Folgen menschlichen Handelns am Beispiel von gentechnischen Eingriffen in den Menschen selbst (vor allem in die Keimbahn):

> „Fehlschläge mechanischer Konstruktion verschrotten wir. Sollen wir dasselbe mit den Fehlschlägen biologischer Rekonstruktion tun? Unser ganzes Verhältnis zu menschlichem Unglück und den davon Geschlagenen würde sich im antihumanen Sinn verändern."

> „Mechanische Kunstfehler sind reversibel. Biogenetische Kunstfehler sind irreversibel."[38]

Im Zweifelsfall gilt für die ethische Theorie Jonas' daher der *Vorrang der Negativprognose* und eine *„Heuristik der Furcht"* [griech. heuriskein = finden]: Die Unwägbarkeit der Handlungsfolgen zieht die Forderung des Unterlassens, des Handlungsverzichtes, nach sich.

Freilich: Auch diese Wendung der Folgenethik, die im Zweifel auf ein Moratorium, d.h. den Handlungsverzicht, hinausläuft, kann nicht durchgängig überzeugen. Denn wie ließe sich hiermit die folgende Handlungssituation auflösen? Es besteht ein Handlungs*zwang* (etwa in der Sicherung der Energieversorgung); jedoch in *jedem* Fall ist eine Unüberschaubarkeit und auch Irreversibilität negativer Handlungsfolgen anzunehmen (sowohl bei der Kernenergie wie bei fossilen Energieträgern); eine Handlungs*alternative* („alternative Energiegewinnung") ist noch nicht hinreichend nutzbar. – Ohne dieses Beispiel näher zu entfalten, dürften damit doch die besonderen Schwierigkeiten für eine Ethik der Handlungsfolgen in der heutigen technischen Welt sichtbar geworden sein.

2. Verantwortungsethik als personale Ethik

Neben der Folgenverantwortung wird „Verantwortung" in der neueren Ethik noch ganz anders gedeutet: als „Antwort auf das Du". Diesem Ethikverständnis geht es um personale, mitmenschliche Verantwortung. Es steht die eigene existentielle Antwort des Menschen auf den begegnenden Mitmenschen in Frage. Auf diese Form der Verantwortungsethik hat *Martin Buber* (1878-1965) mit seiner Philosophie des Dialogs aufmerksam gemacht.

Buber zufolge lebt der Mensch in zwei voneinander zu unterscheidenden Grundbeziehungen zur Welt. Dies ist (a) die „Ich-Es"-Beziehung. Damit meint Buber: Der einzelne befindet sich in einem Sachbezug zur ihn umgebenden gegenständlichen Welt und zur anonymen Gesellschaft als „Es". In der heutigen, zunehmend technisierten Welt nimmt der Stellenwert dieser Ich-Es-Beziehung für die alltägliche menschliche Lebensführung immer mehr zu.

---

38 Hans Jonas: Technik, Ethik und Biogenetische Kunst, in: R. Flöhl (Hg.), Genforschung – Fluch oder Segen?, München (Campus) 1985, (S. 1-15) S. 14.

Daneben (b) lebt der Mensch jedoch auch in der „Ich-Du"-Beziehung. Erst in ihr vermag er seine Erfüllung zu finden. Mit der Ich-Du-Beziehung ist das *tiefergehende* Verhältnis des Menschen zum ihm begegnenden Mitmenschen gemeint. Hierdurch kann die alltägliche Vergegenständlichung und Anonymität des Mitmenschen überwunden werden.

In der modernen technischen Welt öffnet sich eine Schere zwischen den – immer mehr vorherrschenden – Ich-Es-Beziehungen einerseits, den – zurücktretenden – Möglichkeiten vertiefter personaler Ich-Du-Begegnung andererseits. Doch gerade deshalb rückt Buber die Ich-Du-Beziehung verstärkt ins Licht. Seine dialogische Ethik entfaltet verschiedene Kriterien der zwischenmenschlichen Begegnung (z.B.: Wahrhaftigkeit des Ich; eigene Rückhaltlosigkeit gegenüber dem Mitmenschen; Akzeptanz, „Annahme" des anderen, die eine bloße „Toleranz" übersteigt, u.a.). Zugleich entwarf Buber aber auch erste Ansätze zu einer dialogischen *Sozialphilosophie*. Diese begreift die dialogisch-personale Existenzform nicht nur als Frage privater Lebensführung. Vielmehr wird die Möglichkeit personaler Verantwortung auch *in* der modernen Gesellschaft bedacht: Buber entwickelte den Gedanken einer *Dezentralisierung* innerhalb der Gesellschaft. Dem einzelnen soll so weit wie möglich die Chance der Lebensführung in ihm *überschaubaren* gesellschaftlichen Zusammenhängen belassen werden. Buber war ja Zionist gewesen (freilich mit sehr kritischen Akzenten gegenüber einem *National*staat Israel und mit weitreichenden Ideen zu einem friedlichen Zusammenleben von Juden und Arabern in einer bi-nationalen Gesellschaftsordnung). Seine Ideen zu einer „dezentralen" Gesellschaftsordnung entwarf er daher insbesondere für die neu zu gewinnende Lebensform in Palästina.

Zusammenfassung:
Zu diesem Ansatz einer personalen Verantwortungsethik sind drei Gesichtspunkte zu unterstreichen.

(a) Einerseits betonte Buber nachdrücklich die sittliche Eigenverantwortung des einzelnen. Die Wende neuzeitlicher Ethik zur Autonomie und zum sittlich verantwortlichen Subjekt wurde von ihm mitvollzogen. Sie wurde bei ihm sogar aus religiösen Traditionen heraus noch *bekräftigt* und *verstärkt* (vgl. oben III.2.5. zu Bubers Chassidismusdeutung: Der *einzelne* Mensch wird *als* Thora verstanden). Andererseits kennt Buber jedoch ebenfalls den Gedanken, daß nicht *zu* einseitig das Ich des ethischen Subjekts bedacht werden darf. Seine Ethik entfaltet Kriterien der zwischenmenschlichen Begegnung. Hierdurch wird sichtbar, daß das *eigene* Handeln dem Anderen in *seiner* personalen Identität gerecht werden muß.

(b) Bei Buber selbst gründet dieser Gedanke einer *personalen* Ethik auf der religiösen Überlieferung des Judentums. Den tieferen Hintergrund der personalen Ethik bildet für ihn nämlich das alttestamentliche und jüdische Verständnis von Gott als Person. Gott wird bei Buber als das „ewige Du" des Menschen verstanden. Daher kann er, in vertiefender religiöser Deutung, die Du-Beziehungen zum Mitmenschen und zu Gott einander zuordnen und vermitteln: „Die verlängerten Linien der Beziehungen schneiden sich im ewigen Du."[39]

(c) Der Ansatz personaler Ethik ist nicht nur als eine Ethik persönlicher Lebensführung gemeint. Die *sozialethische* Folgerung besteht in dem Anliegen der möglichst weitgehenden Dezentralisierung in der Gesellschaft. Dies bedeutet: Es sollen Entscheidungskompetenzen möglichst weitgehend auf untere, überschaubare Ebenen zurückverlagert werden. Hierdurch soll der Bürokratisierung und Anonymisierung der modernen Welt entgegengewirkt werden.

Diese Forderung nach einer Dezentralisierung und nach föderalen Strukturen wird zur Zeit ja wieder in breitem Umfang diskutiert.

Auf ähnliche Leitgedanken zur Gesellschaftsgestaltung lenkt im übrigen auch das naturrechtliche Prinzip der *Subsidiarität* [lat. = Hilfeleistung] den Blick . Er wird von der katholischen Soziallehre vertreten. In einem päpstlichen Rundschreiben, nämlich der wichtigen Enzyklika „Quadragesimo anno" aus dem Jahr 1931, heißt es (in Nr. 79):

„Wie dasjenige, was der Einzelmensch aus eigener Initiative und mit seinen eigenen Kräften leisten kann, ihm nicht entzogen und der Gesellschaftstätigkeit zugewiesen werden darf, so verstößt es gegen die Gerechtigkeit, das, was die kleineren und untergeordneten Gemeinwesen

---

39 Martin Buber: Ich und Du, in: Das dialogische Prinzip, Heidelberg (Schneider/Lambert) [3]1978, (S. 5-136) S. 76.

leisten und zum guten Ende führen können, für die weitere und übergeordnete Gemeinschaft in Anspruch zu nehmen".

3. Verantwortungsethik als Ethik der Wertverantwortung

Der im 20. Jahrhundert entfaltete Ansatz der Verantwortungsethik wurde soeben in doppelter Hinsicht angesprochen: (a) als Handlungsfolgenverantwortung, (b) als personale Verantwortung. Es ließen sich noch weitere Bezugspunkte des Verantwortungsgedankens darlegen. Doch nur auf einen, besonders gewichtigen, Gedanken sei noch die Aufmerksamkeit gelenkt: auf die Ethik der *Wert*-Verantwortung. Einen Denkanstoß in diese Richtung hin hat wiederum *Hans Jonas* vermittelt. In seinem „Prinzip Verantwortung" rückte er die Frage nach handlungsleitenden *Wert*begriffen und nach einem menschlichen „Wert-Wissen" ins Licht. Die Folgenverantwortung wird hier also um einen weiteren maßgeblichen Gesichtspunkt ergänzt: den der Wertverantwortung. Einzelne Wertbegriffe sind dann z.B. Gerechtigkeit, Freiheit, Leben, Individualität, Natur.

Über den Wertbegriff und über mögliche Wert*begründungen* herrscht in der Ethik derzeit eine zum Teil sehr gegensätzliche Diskussion. Die Frage nach ethischen „Werten" ist jedenfalls erst im 19. Jahrhundert aufgekommen. Es handelt sich um eine neuzeitliche Thematik. An sich ist der Wertbegriff sogar überhaupt ein ökonomischer Begriff; er stammt aus dem Wirtschaftsleben [der „Preis" als „Wert"]. Besonders *Friedrich Nietzsche* hatte den Wertgedanken dann aber philosophisch aufgegriffen. Er hat ihn für eine umfassende Moralkritik am Christentum benutzt und strebte selbst eine „Umwertung aller Werte" an. „Werte" werden bei Nietzsche radikal subjektiviert: Sie werden als Ausdruck des Werte „setzenden", „starken" Individuums begriffen. Nietzsches eigene aristokratische Wertphilosophie trägt zum Teil stark ideologische Züge.

Ganz andere Akzente als Nietzsches Wertphilosophie setzen die bedeutenden Entwürfe zur Ethik der Werte bei *Max Scheler* (1874-1928) sowie *Nicolai Hartmann* (1882-1950). Hartmann verstand unter ethischen Werten eigene überweltliche Wesenheiten und unwandelbare platonische Ideen. Die Ethik der Werte wird hier zur überhöhten, objektivierenden Wert-Metaphysik und zur spekulativen Philosophie: Sie wird damit in einer *anderen* Weise zu einem problematischen Denkansatz, als dies bei Nietzsches radikalem Wertsubjektivismus der Fall ist.

Dennoch sind „Werte" für die heutige ethische Urteilsfindung unverzichtbar geworden. In sachlicher Nähe zum Wertbegriff steht der Begriff ethischer *Normen.* Er hebt ebenfalls auf Kriterien und Maßstäbe für die sittliche Vernunft des handelnden Menschen ab. Auch der Normbegriff hielt erst im 19. Jahrhundert in das Recht und dann in die Ethik Einzug. Vorher wurde das Wort Norm [lat. norma] in einem technischen Sinn benutzt: „norma" war das Winkelmaß, die Richtschnur für den Baumeister.

Zwar sind gedankliche Probleme wie auch ganz unterschiedliche Zugangsweisen zum Wertbegriff im neuzeitlichen Denken unverkennbar (z.B.: Wertsubjektivismus bei F. Nietzsche; metaphysischer Wertobjektivismus bei N. Hartmann). Aber die Ethik bleibt auf die Frage nach handlungsleitenden Normen und Werten angewiesen. So ist es heute z.B. bedeutsam, das individuelle (auch nichtmenschliche) Leben und die Natur *als Eigenwerte* neu herauszustellen und zu begründen. Aufgrund dessen kann dann allzu weitgehenden manipulativen Eingriffen der Gentechnik in die Natur und das Leben *begründet* Einhalt geboten werden.

Das Anliegen einer Ethik der Werte sei an zwei Beispielen veranschaulicht.

(a) *Der Eigenwert nichtmenschlichen Lebens.* Das neuzeitliche Denken ist seit *René Descartes* (1596-1650) vom sogenannten Dualismus geprägt. Der Dualismus behauptet eine Höherrangigkeit von menschlichem Bewußtsein, Geist und Vernunft gegenüber allem leiblichen und „nur" natürlichen, dinglichen Sein. So wurden im Kartesianismus[40] die Tiere nicht als empfindungs- und leidensfähige Lebewesen, sondern als „quietschende Maschinen" wahrgenommen. Einer normativen Ethik der Werte liegt nun aber daran, den *eigenen* Wert und das eigene Recht auch der Natur und des nichtmenschlichen Seins aufzuweisen.

Der Eigen-Wert der Tiere – als leidensfähige „Mitgeschöpfe" – hat im Jahr 1990 erstmals in das deutsche Recht Eingang gefunden (im Ge-

40 = die Philosophie im Anschluß an Descartes.

setz zur Verbesserung der Rechtsstellung des Tieres im bürgerlichen Recht vom 20. 8.1990: Z.B. dürfen Haustiere nicht mehr gepfändet werden). Zuvor war das Tier nicht nur moralisch, sondern auch rechtlich (im alten römischen Recht wie im deutschen Recht) stets als „Sache" angesehen worden.

(b) *Die Schutzwürdigkeit menschlichen Lebens.* Die große Bedeutung einer Ethik der Werte wird sodann anhand einer Debatte sichtbar, die in der Bundesrepublik zeitweise heftig geführt wurde. Der australische, an den Utilitarismus anknüpfende Ethiker *Peter Singer* hatte die Meinung vorgetragen: Schwer leidende, mißgebildete Säuglinge (und sogar lebensfähige, behandelbare Säuglinge, die an der Bluterkrankheit leiden), dürfen nach der Geburt getötet (!) werden. Sie sollen durch die Geburt eines gesunden Kindes „ersetzt" werden. Denn durch ihr Leiden werde das „Glück" in der Welt vermindert. Singer schreibt:

„Sofern der Tod eines geschädigten Säuglings zur Geburt eines anderen Kindes mit besseren Aussichten auf ein glückliches Leben führt, dann ist die Gesamtsumme des Glücks größer, wenn der behinderte Säugling getötet wird. Der Verlust eines glücklichen Lebens für den ersten Säugling wird durch den Gewinn eines glücklicheren Lebens für den zweiten aufgewogen."[41]

Singer befürwortet also die aktive Euthanasie. Bei seiner Begründung der aktiven Euthanasie zeigen sich freilich (a) die schweren Probleme und Unschärfen des utilitaristischen Kriteriums des „Glückes". Kann tatsächlich das Glück von Menschen gegeneinander aufgerechnet werden? Läßt sich der eine – angeblich weniger glückliche – Säugling durch einen anderen einfach „ersetzen"?!

Tragend für Singer war (b) aber noch eine weitere Behauptung. Menschliches Leben als solches sei *nicht* prinzipiell schützenswert. Einen „Wert" des Lebens und die „Heiligkeit" des Lebens anzunehmen, stelle einen Restbestand jüdisch-christlichen Denkens dar. Davon könne und solle sich die heutige Gesellschaft lösen.

Solche Gedanken zeigen nun aber, wie wichtig ethische und rechtliche Wertmaßstäbe sind. Würde man Singers Einschränkungen des Lebensschutzes folgen, müßte dies eine große Verunsicherung bei behinderten und bei schwer kranken Mitmenschen auslösen. Daher haben Behindertengruppen gegen diese Sicht auch nachdrücklich Einspruch erhoben. Im Gegensatz zu Singer (sowie zu vergleichbaren Positionen) gilt es, die grundsätzliche Schutzwürdigkeit menschlichen Lebens wahrzunehmen und zu verdeutlichen. Um die Würde der menschlichen Person zu betonen, hat *Immanuel Kant* in seinem Kategorischen Imperativ vom Menschen als Selbstzweck gesprochen. Die christliche Theologie hat die Unantastbarkeit des Menschen mit der Aussage der Gottebenbildlichkeit begründet. Auch die völkerrechtlich anerkannten Menschenrechte (z.B. die Erklärung der Menschenrechte der Vereinten Nationen von 1948) beruhen auf der Menschenwürde als letztem *Wert*maßstab. Zur Unantastbarkeit des Lebens selbst kommen der Wert der Gewissensfreiheit sowie andere Wertaussagen hinzu: Die Geltung grundlegender Werte – wie Leben, Individualität, Freiheit, Gerechtigkeit – ist für das menschliche Zusammenleben jedenfalls unverzichtbar.

Damit sei zum Beschluß unseres Blickes auf die Ethik in der Geschichte nun aber herausgestellt: Die seit alters überlieferte Tugendlehre (oben II.) legt den Akzent besonders auf die Wert*haltungen*, die Wert*einstellungen* des Menschen, also auf die subjektive Seite ethischer Werte. Daneben gilt es aber, verstärkt ethische Werte in ihrem *objektiven* Gehalt zu bedenken. So sind z.B. der unhintergehbare Eigenwert des Menschen als „Selbstzweck" (I. Kant) oder auch der Eigenwert nichtmenschlichen Lebens (Tierschutz) ethisch wahrzunehmen und herauszuarbeiten. Eine Ethik der Wert-Verantwortung müßte also zum Thema haben, einzelne ethische Werte zu begründen und auf schutzwürdige Güter aufmerksam zu machen. Zu diesem Zweck kann aber wiederum der Rückblick auf die Geschichte der Ethik hilfreich und erhellend sein. Denn aus der Geschichte der Ethik, aus ihrer vielfältigen gedanklichen Ausgestaltung in der Religion und in der Philosophie, läßt sich oftmals neu lernen und wiederentdecken, *daß* und *warum* grundlegende Güter und Werte des Lebens und der Kultur zu schützen sind.

---

41 Peter Singer, Praktische Ethik, Stuttgart (Reclam) 1984 (Reclam 8033), S. 183.

42 Griech. Euthanasie = „guter Tod". Unter „passiver Euthanasie" ist der Sterbebeistand, das Sterbenlassen zu verstehen. „Aktive Euthanasie" bedeutet die aktive Handlung der Tötung an sterbenden oder leidenden Menschen.

Tue das, wodurch du würdig wirst, glücklich zu sein.
Kant

Kapitel 3

Ethik und Moral weltweit

I. Vorbemerkung

Eine der wichtigsten Aufgaben der Ethik heute ist zu zeigen, warum die festgelegten ethischen Normen für alle Menschen gelten sollen. Die üblichen Begründungen dafür bauen auf die Einsicht der Menschen, doch müssen diese Normen – z.B. im Umgang mit der Natur – von allen eingehalten werden, auch wenn einzelne Menschen die Grundregeln für menschliches Handeln aus mangelnder Einsicht oder aus Eigeninteresse ablehnen und bewußt dagegen handeln wollen. Welche Möglichkeiten aber gibt es dann, ihnen klar zu machen, daß sie nicht alles dürfen, was sie können?

Es kann und darf nicht, so sagen viele heute, im Belieben einzelner Menschen stehen, ob sie eine Umweltkatastrophe großen Ausmaßes auslösen oder nicht, wenn dadurch das Überleben der Menschheit in bestimmten Gegenden der Erde oder sogar weltweit bedroht ist. Weder einzelne Regierungschefs noch ganze Völker haben, so empfinden wir, ein Recht, die Welt, in der wir leben, kaputt zu machen. Wie aber kann man diese Sichtweise über dieses Empfinden hinaus verteidigen und begründen? Worauf kann man sich beziehen, um zu sagen, daß die Grundregeln für verantwortliches Handeln in der Welt absolute Geltung haben müssen, daß die Menschen nicht über diesen Regeln stehen, sondern sich daran zu halten haben? All das zielt darauf ab zu begründen, daß die Menschen nicht über die Grundregeln für das richtige menschliche Verhalten wie über Gebrauchsgegenstände, die man benutzen oder wegwerfen kann, verfügen dürfen, sondern daß *diese Grundregeln unverfügbar*, weil prinzipiell gültig sind.

Die Begründung der Unverfügbarkeit dieser Regeln ist in der heutigen Diskussion zum eigentlichen Problem ethischer Argumentation geworden, weil jeglicher Bezugspunkt außerhalb der Welt als subjektive Glaubensüberzeugung oder metaphysische Spekulation zurückgewiesen und keineswegs als allgemein gültig von allen anerkannt wird. Diesbezüglich haben es *andere Kulturen und die großen Religionen* einfacher. Sie alle *stimmen darin überein, daß das Ordnungsgefüge der Welt unantastbar ist* und der Mensch sich in dieses einzuordnen und ihm unterzuordnen hat. Warum das so ist, wird von Kultur zu Kultur, von Religion zu Religion anders erklärt.

Die drei wichtigsten Erklärungsmodelle, die die großen Kulturen geprägt haben, sollen in II. vorgestellt werden. Sie unterscheiden sich in ihren Bezugspunkten deutlich voneinander. Für die jeweils gelehrten Grundsätze in bezug auf das menschliche Handeln ist dieser prinzipielle Unterschied, wie dabei deutlich werden wird, nicht von großer Bedeutung. Sie sind in den großen Linien in allen Hochkulturen gleich, obwohl der soziale und politische Kontext, in dem sie im Laufe der Geschichte ausgelegt und gelehrt werden, von Kultur zu Kultur und von Religion zu Religion oft recht verschieden ist. Deshalb wird bei der Darstellung auf diesen Kontext nicht weiter eingegangen, sondern nur der Verhaltenskodex als solcher – weitestgehend ungeschichtlich und meist ohne kulturspezifische Besonderheiten – vorgestellt. Im dritten Teil wird dann ein anderer Religionstyp vorgestellt und gezeigt, daß sich dort die ethische Frage zunächst gar nicht stellt und, wenn sie durch die Zeitumstände schließlich unausweichlich geworden ist, welche Lösungswege dafür beschritten werden. Den Abschluß bildet im vierten Teil ein kurzer Vergleich zwischen der religiösen und der philosophischen Ethik.

II. Prinzipien heiliger Ordnung und ethisches Verhalten

1. Gott als höchste moralische Instanz

1.1. Gott als Prinzip

Die sicherlich bekannteste Form, ethische Normen zu begründen, ist die Überzeugung, daß sie den Menschen von Gott gegeben wurden. So beginnt bereits einer der ältesten Gesetzgebungstexte der Menschheit, in dem *König Hammurabi von Babylon* (im heutigen Irak gelegen) mehr als 1500 Jahre v.Chr. die Regeln für das Zusammenleben unter Menschen auf einen Gott zurückführt und sie dadurch als *heilige Ordnung* vorstellt, die jeder im Lande zu respektieren hat. In ähnlicher Weise wird dann Jahrhunderte später in der Hebräischen Bibel, dem Alten Testament, von Moses berichtet, daß er auf dem Berg Sinai von Gott die Gebote erhalten hat, die er dem Volk weiterverkündete. Hierzu gehören die Zehn Gebote (Dekalog) ebenso wie eine ganze Reihe anderer Einzelvorschriften. Doch nicht nur Moses bezieht sich auf Gott, auch die Propheten nach ihm berufen sich darauf, wenn sie auf die Einhaltung der Gebote drängen und für den Fall der Nichtbeachtung dieser Gebote mit Gottes Strafe drohen. Im Neuen Testament wird von Jesus gesagt, er sei nicht gekommen, das Gesetz und die Propheten aufzuheben, sondern sie zu erfüllen, obwohl seine Verkündigung einen anderen Schwerpunkt hat, denn nicht die heilige Ordnung steht dabei im Vordergrund, sondern die Erlösung des einzelnen Menschen. Mit großer Wortgewalt richtet sich schließlich der Koran als Wort Gottes an die Menschen, um sie in ihrem Tun rechtzuleiten.

In all den genannten Fällen ist die absolute Gültigkeit der Gebote durch Gott festgelegt und darf von Menschen nicht in Frage gestellt werden. Dementsprechend werden diese Grundregeln von Generation zu Generation weitergegeben und bestimmen das Leben in den sich auf diese Traditionen berufenden Gemeinschaften. Dadurch sind der menschlichen Gestaltungsfähigkeit der Lebenswirklichkeit eindeutige Rahmenbedingungen vorgegeben. Für die gesetzgeberische Gestaltung steht somit die Auslegung und Interpretation einzelner Vorschriften innerhalb dieses vorgegebenen Rahmens zur Verfügung. Der Rahmen selbst kann und darf nicht überschritten oder hinterfragt werden. Daraus folgt, daß die Gültigkeit dieser Normen und Gebote nicht mehr eigens begründet zu werden braucht, weil Gott selbst sie durch seine Macht als absolut gültig festgelegt hat. Was den Gesetzesauslegern noch zu tun bleibt, und das ist dann die Aufgabe der Ethik, ist zu zeigen, wie aus diesen Einzelvorschriften Lösungsansätze gewonnen werden können, die zur Bewältigung bislang unbekannter Probleme geeignet sind.

Judentum und Islam haben ein weitverzweigtes System mit Handlungsanweisungen für alle Lebensbereiche entwickelt. Die Vielzahl der Bereiche und Einzelvorschriften wirkt für den Beobachter recht verwirrend und verstellt ihm oft den Blick für die grundlegenden Orientierungslinien, aus denen das vielgestaltige Anleitungswerk seine Impulse erhält. Es versteht sich von selbst, daß diese Vielfalt hier nicht vorgeführt werden kann. Statt dessen sollen die wichtigsten der grundlegenden Orientierungslinien in Anlehnung an die Verhaltensvorschriften der Zehn Gebote vorgestellt werden. Die Darstellung muß sich hierbei auf die Grundlinien beschränken und kann abweichende Einzelpositionen nicht berücksichtigen.

1.2. Die göttliche Satzung

Es entspricht der europäischen Tradition, daß wir bei den ethischen Erziehungsgrundsätzen zunächst den einzelnen betrachten, dann seine unmittelbare Umgebung: die Familie und schließlich das Leben in der Gemeinschaft. Die Zehn Gebote dagegen sprechen – wie Jahrtausende später vergleichbare Texte im Koran – zuerst von Gott und den Pflichten des Menschen ihm gegenüber, dann erwähnen sie die Pflichten der Kinder gegenüber den Eltern, und schließlich folgen die Gebote zum Umgang mit den anderen Menschen in der Volksgemeinschaft. Eher beiläufig finden sich in der Bibel wie im Koran Aussagen über den einzelnen und die Erwartungen, die sich daraus für sein Verhalten ergeben. Wenn wir also im folgenden diese Reihenfolge umkehren, so müssen wir wissen, daß wir dabei unserer Fragestellung den Vorrang geben und dadurch das Wichtigste in Bibel und

Koran, nämlich die Gotteslehre, weglassen, weil sie keine direkten Aussagen zur Ethik enthält.

1.2.1. Der einzelne

Bibel und Koran stimmen darin überein, daß der Stolz und die Selbstsucht die eigentlich verderbliche Gefahr für die Menschen sind. Ungehorsam/Auflehnung[1] und Egoismus sind daher eindeutig erkennbare Erscheinungen des bösen Triebes im Menschen. Im Widerstreit mit dem guten Trieb treibt der böse die Menschen zum Handeln an, so daß durch die daraus folgende Entscheidungsnotwendigkeit verhindert wird, daß die Menschen völlig passiv werden. Die ethische Erziehung hat deshalb als Ziel, das Kind die Unterscheidung von Gut und Böse zu lehren und ihm klar zu machen, daß man als Erwachsener mit allem Tun vor Gott steht und dafür die Verantwortung übernehmen muß. Dies beinhaltet nach der Lehre von Judentum, Christentum und Islam zugleich, daß diese Verantwortung über den irdischen Tod hinaus bestehen bleibt, wenn der Mensch (Mann und Frau) im letzten Gericht vor Gott dafür Rechenschaft ablegen muß.

1.2.2. Die Familie

Achtung und Gehorsam sollen auch das Verhältnis der Kinder zu ihren Eltern bestimmen. Dies soll vor allem für den Fall gelten, daß die Eltern alt und gebrechlich geworden sind und der Pflege durch die Kinder bedürfen (vgl. Koran 17,23). Dann sollen die Kinder ihnen durch Hilfsbereitschaft die Liebe vergelten, die sie von den Eltern empfangen haben, als sie selbst noch klein und hilflos waren. Dies gilt vor allem auch dann, wenn die Eigeninteressen der erwachsenen Kinder in Konkurrenz zum Liebesdienst an den Eltern stehen. Bibel und Koran sowie deren jeweilige traditionelle Auslegung sprechen hier eine deutliche Sprache zugunsten der Pflicht gegenüber den Eltern und fordern eher zum Verzicht auf eigene Wünsche als zur Verletzung der Pflicht gegenüber den Eltern auf.

Die klassischen Auslegungen dieses Gebotes enthalten auch Mahnungen an die Eltern, ihre Forderungen nicht unbotmäßig zu überziehen oder durch ungerechte Behandlung der Kinder die Gehorsamspflicht für diese unerfüllbar zu machen oder Haß und Ablehnung bei den Kindern gegenüber ihren Eltern aufkommen zu lassen.

Üblicherweise werden in diesem Zusammenhang in den Kommentarwerken der genannten Religionen noch die Rollenverteilungen innerhalb der Familie angesprochen. So wird deutlich, daß vom klassischen Modell des Mannes/Vaters im weltlichen Beruf und der Frau/Mutter im Hause ausgegangen wird, wie wir es, klassisch formuliert, in *Schillers* Gedicht von der Glocke nachlesen können:

> „Der Mann muß hinaus ins feindliche Leben, muß wirken und streben (...) Und drinnen waltet die züchtige Hausfrau, die Mutter der Kinder, und herrschet weise im häuslichen Kreise."

Daß diese Grundausrichtungen durch Brauchtum und Sitte verschiedene Konkretisierungen wie etwa die des Harems und der Verschleierung der Frau im christlich byzantinischen Reich oder in vielen Ländern islamischen Glaubens gefunden haben, ist jedem einsichtig und braucht hier nicht eigens erörtert zu werden. Wichtig dabei ist, daß die Erschaffung des Menschen als Mann und Frau durch Gott (vgl. Genesis 1,27; Koran 4,1) in vielen modernen Kommentaren des Judentums, Christentums und Islams als Gleichheit von Mann und Frau vor Gott dargestellt wird, aus der allerdings in der Vergangenheit keine Gleichstellung der Geschlechter innerhalb der Gesellschaft abgeleitet worden ist.

In den überlieferten Erörterungen wird in bezug auf die Ehe deren Vertragscharakter stärker hervorgehoben als die Liebesbeziehung zwischen den Eheleuten. Dies wird vor allem dort deutlich, wo – wie im Judentum und im Islam – die Bedingungen für eine erlaubte Ehescheidung festgelegt werden oder wie im Islam die Voraussetzungen für die legitime Ehe mit mehreren Frauen (bis maximal vier gleichzeitig) erörtert werden, was allerdings im Orient nur von einer Minderheit der Muslime praktiziert werden konnte, weil die dem Ehemann auferlegten finanziellen Belastungen für die Mehrheit der Bevölkerung zu groß und die Frauen nicht in unbegrenzter Zahl verfügbar gewesen

1 „Auflehnung" dient hier als Umschreibung des islamischen Sündenbegriffes, der z.B. im Mittelalter bei dem islamischen Theologen al-Bagdadi als Gegenbegriff zum Gehorsam gesehen wird, so daß Ungehorsam und Auflehnung (vgl. auch Koran 20,121) die negative Haltung des Menschen, Gehorsam und Ergebenheit (arab.: Islam) in den Willen Gottes dagegen die Gott wohlgefällige Verhaltensweise des Menschen kennzeichnen.

sind. Der Koranvers, auf den man sich hierbei stützt, lautet:

„Und wenn ihr fürchtet, in Sachen der (eurer Obhut anvertrauten weiblichen) Waisen nicht recht zu tun, dann heiratet, was euch an Frauen gut ansteht (?), (ein jeder) zwei, drei oder vier. Und wenn ihr fürchtet, (so viele) nicht gerecht zu (be)handeln, dann (nur) eine, oder was ihr (an Sklavinnen) besitzt! So könnt ihr am ehesten vermeiden, unrecht zu tun." (Koran 4,3)

Die vielen Einschränkungen in diesem Vers haben in der islamischen Koranauslegung zu recht unterschiedlichen Meinungen geführt. Traditionellerweise sah man darin die auf vier festgelegte zulässige Höchstbegrenzung der Zahl der Ehefrauen, mit denen ein Muslim gleichzeitig verheiratet sein darf. Moderne Ausleger sehen darin eine Tendenz zur Einehe, weil sie sagen, daß die geforderte Gleichbehandlung aller vier Ehefrauen den Ehemann emotional überfordert und deshalb nur in Ausnahmefällen überhaupt leistbar ist. Wieder andere glauben, daß diese Anweisung keine ewige Gültigkeit haben kann, weil die beschriebenen Umstände eines Haushalts mit weiblichen Waisen und Sklavinnen einen zeitbedingten Umstand zu regeln versuchen, aus dem keine Verhaltensvorschrift für die Ehe der Muslime unter normalen Umständen abgeleitet werden darf. Die unterschiedlichen Interpretationen dieses Verses sind ein gutes Beispiel dafür, wie mit heiligen Texten umgegangen wird und weshalb dabei ein und derselbe Text zu recht verschiedenen Folgerungen Anlaß gibt, was selbstverständlich auch für viele andere Fälle gilt, zu denen im folgenden Text hier nur eine Interpretation vorgestellt wird.

In den Zusammenhang von Familie und Ehe gehören schließlich in den Kommentarwerken noch die Anweisungen für das vor- und außereheliche Sexualleben. Die Leitlinie hierfür ist, daß im Judentum wie im Islam die Sexualität innerhalb der Ehe voll bejaht und auch ihr Lustcharakter – anders als in vielen christlichen Kommentarwerken, wo ausschließlich der Gedanke der Zeugung von Nachkommenschaft im Vordergrund steht – betont wird, daß aber jegliche Sexualpraxis außerhalb des eigenen Hauses strengstens verboten ist. Ehre und Scham sind Grundpfeiler der gesitteten Lebensführung. Sie sind im übrigen Ehrensache der ganzen Familie, weshalb alle dafür Sorge tragen, daß unverheiratete Töchter als Jungfrauen in die Ehe gehen und nicht durch ein ungeziemes voreheliches Sexualverhalten der Familie Schande bereiten.

Das Verbot, Sexualität außerhalb der Ehe zu praktizieren, hat Prostitution in den betreffenden Gesellschaften nicht verhindert. Wirksam war es aber insofern, als dieses Verbot als Ausdruck der göttlichen Ordnung und des göttlichen Willens interpretiert wurde. Herrscher und Regierungen konnten deshalb die Prostitution nicht per Erlaß oder Gesetz frei zulassen, wenn sie sich nicht den Vorwurf machen lassen wollten, sie würden die göttliche Ordnung verletzen. Durch den Bezug auf Gottes Willen war somit der gesetzgeberischen Freiheit von Herrschern und Regierungen eine Grenze gesetzt, deren Überschreitung einer Verletzung der göttlichen Ordnung gleichkam und viel schwerer wog als das Vergehen des einzelnen, seinem Trieb folgend, eine Prostituierte aufzusuchen.

1.2.3. Die Gemeinschaft

Mit Blick auf die Gemeinschaft wird erneut die Selbstsucht dann angeprangert, wenn sie sich gemeinschaftsschädigend auswirkt. Deshalb werden die Rechte vor allem der Schwachen und relativ Rechtlosen betont, und es wird ihre Beachtung und Einhaltung durch die Gemeinschaft gefordert. Das Recht soll in diesem Sinne wirklich für alle gelten, und die Verwirklichung von Gerechtigkeit wird somit zum Ziel des gesellschaftlichen Gestaltungsprozesses. Daher werden das Eigentum und die Rechte der Waisen geschützt, Betrug ist verboten, Diebstahl wird streng bestraft. Um ein Mindestmaß an Lebensmöglichkeit für die Ärmsten sicherzustellen, wird an die Reichen appelliert, etwas von ihrem Überfluß für die Armen abzugeben. Im Islam wird dies sogar durch eine genau festgelegte Pflichtabgabe (die *zakat*) sichergestellt. Das Leben der einzelnen Volksgenossen wird vor willkürlichen Übergriffen geschützt und deshalb das unerlaubte Töten verboten. Erlaubtes Töten (Fehderecht, Todesstrafe, Kriegsdienst) bleibt von diesem Tötungsverbot unberührt. Verbotsbruch wird durch drastische Strafen geahndet, wodurch neben der Bestrafung der Missetäter noch eine abschreckende Wirkung bei den anderen, möglicherweise straffällig werdenden Menschen angestrebt wird.

Solange diese Ordnung bejaht und im Prinzip als gültig angesehen wird, ist die Welt nach der Interpretation der betreffenden Religionsvertreter in Ordnung. Gottes Ordnung ist sakrosankt, weil sie dem menschlichen Zugriff entzogen ist und die rechtlichen Beziehungen der Menschen untereinander so regelt, daß allgemeine Grundsätze gelten und nicht der Stärkere oder Mächtigere seine Selbstsucht auf Kosten der Schwachen und Abhängigen nach eigenem Gutdünken befriedigen darf.

2. Die Weltordnung (dharma) als oberste Instanz

2.1. Dharma als Prinzip

Anders als Judentum, Christentum und Islam führen Hinduismus und Buddhismus die ethischen Prinzipien nicht in erster Linie auf Gott oder Götter, sondern auf die ewig gültige Weltordnung *(dharma)* zurück. Menschliches Tun ist, so lehren sie, wie alles Tun von Lebewesen eingebettet in den großen Lebensstrom der Taten *(karma)*, deren Qualität die Ausgangsbedingungen für das nächste Leben eines Lebewesens festlegt. Die positive oder negative Qualität einer Tat ist in der Weltordnung verankert und wird daher nicht vom Menschen bestimmt, sondern ist den Menschen als ewig gültige Ordnung vorgegeben. Durch Erfüllen der Pflichten kann der Mensch (Mann wie Frau) gutes karma ansammeln, bei Zuwiderhandeln wird böses karma angehäuft, so daß alles Tun auf einer Art „Taten-Konto“ *(karma)* zusammenkommt, das bei jedem Lebewesen den individuellen Stand angibt. Stirbt das Lebewesen, so wird das karma bei der Wiedergeburt im Kreislauf des Daseins *(sansara)* die Daseinsform annehmen, die seinem „Konto-Stand“ im Rahmen der Weltordnung entspricht.

Daß der eine als Kind dieser Eltern und die andere als Kind jener Eltern geboren wird, ist folglich weder Zufall noch gottgewollt, sondern entspricht dem karma, das in früheren Leben angesammelt wurde. Wer daher als Kind eines Maharadschas oder eines Bettlers auf die Welt kommt, hat dies ebenso als Folge der Taten aus früheren Leben zu sehen, wie andere ihre Erziehung durch sehr liebe oder ungerecht strenge Eltern als Konsequenzen des karma im Rahmen der Wiedergeburt begreifen müssen. Durch erneut gutes oder böses Verhalten im Einzelfall wird dann das „Taten-Konto“ weitergeführt und für die neue Wiedergeburt nach dem jetzigen Leben von Bedeutung sein. So bleibt keine Tat ohne Folgen, sondern zieht ihre Kreise nach sich wie ein ins Wasser geworfener Stein.

Die Lehrbücher der Hindus wie die der Buddhisten enthalten lange Listen von Taten mit der jeweiligen Zuordnung zur Weltordnung, so daß bei genauer Buchführung zu errechnen ist, auf welcher Stufe des Daseins (Tier- und teilweise sogar Pflanzenwelt ebenso wie die Welt der guten und bösen Geister inbegriffen) ein bestimmter Mensch aufgrund seiner Taten wiedergeboren werden wird.

Der Erwerb von gutem karma liegt demnach im Interesse eines jeden Menschen, weil die Konsequenzen aus dem bösen karma nicht zu umgehen sind. Zwar hat der Mensch die Wahl, doch muß er für die getroffene Wahl in jedem Falle die Folgen tragen, so daß es sich von daher als sinnvoll erweist, sich um gutes karma zu bemühen und böses karma zu vermeiden. Das Streben nach gutem karma und damit nach einer guten Ausgangsbasis im nächsten Leben ist für die überwiegende Mehrzahl der Hindus das Hauptziel. Nur relativ wenige „Aussteiger“ begnügen sich mit diesem Ziel nicht. Sie verlassen die Gesellschaft, ziehen in die „Hauslosigkeit“, um bei Gurus und an heiligen Orten nach tiefergehenden Wahrheiten zu suchen und die Erlösung aus dem Kreislauf der Wiedergeburt zu finden. Hierin gleicht ihre Suche der der Buddhisten, deren Grundanliegen unten (III.1) dargestellt wird.

2.2. Die dharma-Ordnung

Die inhaltliche Bestimmung des guten und bösen Tuns wird je nach Adressat unterschiedlich gehandhabt. Dies gilt in den zahlreichen Hindu-Richtungen vor allem für die verschiedenen Stände oder Kasten *(varna)*, wonach beispielsweise den Brahmanen (dem Lehrstand) das Töten verboten, den Kshatriya (dem Wehrstand) dagegen das Töten im Verteidigungsfall zur Pflicht gemacht wird, so daß die Standespflichten, die man ebenfalls als *dharma* bezeichnet, von Stand zu Stand und Gruppe zu Gruppe verschieden sein können. Daher ist es auch kaum möglich, allgemein die ethischen Gebote und Verbote der Hindu-Religionen hier zusammenfassend vorzustellen. Einige Leitlinien lassen sich dennoch herausfiltern, und diese sollen der Vergleichbarkeit wegen in inhaltlicher Anlehnung an die Verhaltensvorschriften der Zehn Gebote im folgenden angesprochen werden.

2.2.1. Der einzelne

Das ethische Verhalten wird idealtypisch bis heute aus dem Verhalten mythischer Vorbilder, wie sie in den großen Epen Ramayana und Mahabharata beschrieben werden, abgeleitet. Hinzu kommen beispielhafte Verhaltensweisen großer „Heiliger" wie etwa die *Gandhis* (1869-1948) und schließlich noch Texte aus der Überlieferung, denen man heute den Rang von „Heiligen Schriften" zuspricht, wie dies z.B. für die Bhagavadgita zutrifft. Bei all diesen Verhaltensweisen überwiegt das asketische Ideal, das den Menschen vor jeglicher Befleckung hüten und nach einem Ideal von Reinheit streben lassen will, das im „Festhalten an der Wahrheit" *(Satyagraha)* – wie Gandhi sagt – besteht. Die Wahrheit hat in diesem Wertesystem einen erstrangigen Stellenwert, der der gesamten Weltordnung zugrunde liegt und nach dem sich auch die kosmischen Abläufe richten. Mit ihr hängen zwei weitere Werte zusammen: *Ahimsa* (Gewaltlosigkeit) und *Nirbhaya* (Furchtlosigkeit). Dabei ist Gewaltlosigkeit als Wert unumstritten, ihre Verwirklichung jedoch nicht von Anfang an gegeben und bis heute auch nicht von allen Hindus praktiziert. Durch Furchtlosigkeit soll angedeutet werden, daß der um Wahrheit bemühte Sucher nach der Erlösung sich vor nichts und niemanden fürchten soll, wie ihn umgekehrt niemand zu fürchten braucht. All diese Ideale sind sehr stark am Erlösungsideal ausgerichtet, das nur dann Wirklichkeit werden kann, wenn böses karma der wahren Erkenntnis oder der letzten Einheit mit dem guten Kern der Welt (Brahma) nicht mehr im Wege steht. So zielt jede ethische Ausrichtung des Menschen auf die Wirkmächtigkeit des Guten und den Abbau bzw. die Auflösung von bösem karma. Wege zur Befreiung von egoistischer Karmaverhaftetheit sind daher das Einüben von Freigebigkeit und die Bereitschaft zum Dienen. Eine dienende Haltung wird von den Mitgliedern des untersten Standes, den Shudras, gefordert. Im hinduistisch geprägten Frauenideal wird die dienende und aufopfernde Haltung der Gattin und Mutter betont. Dienen gehört zu den Pflichten des Schülers gegenüber dem Lehrer ebenso wie zu denen des frommen Hindu gegenüber seinem Gott durch die Verehrung des Götterbildes. Die Pflege der Natur und *karma*-bewußtes Verhalten im Alltag werden als heiliger Dienst zur Wahrung und Achtung der Weltordnung angesehen.

2.2.2. Die Familie

Während die ethischen Ideale für den einzelnen sehr deutlich vom asketischen Ideal der Entsagung und in einem gewissen Sinne der Weltabgewandtheit geprägt werden, sind die Normen für das Verhalten in der Familie sehr konkret und praxisorientiert. Als Normalfall gilt für die hinduistische Familie das Leben in Großfamilien, in denen ein Ältester (Mann) mit seinen Brüdern und seiner und ihren Familien zusammenlebt. Dabei ist das Verhalten der Menschen untereinander innerhalb dieser Familienverbände genauestens geregelt. Als Grundprinzip gilt, daß die Jüngeren stets die Älteren zu achten und ihren Anweisungen Folge zu leisten haben. Die Welt der Frauen und Männer ist dabei insofern strikt getrennt, als die Frauen in strenger Abgeschiedenheit im Haus leben und nur die Männer die Kontakte zur Welt außerhalb des Hauses herstellen. Wie die Welt der Männer ist auch die der Frauen streng hierarchisch gegliedert. An der Spitze der Hierarchie steht die alte Dame des Hauses, die ihrem Mann und nach dessen Ableben ihrem ältesten Sohn untersteht. Ihr unterstehen die Schwiegertöchter und die noch im Haus lebenden Töchter sowie die Enkeltöchter. Durch ihren Einfluß auf die Söhne kann der Druck auf die Schwiegertöchter, Töchter und Enkeltöchter zusätzlich noch verstärkt werden, weshalb manche Forscher diese orientalische Gesellschaft sowie die Mittelmeerkultur als Schwiegermutterkulturen bezeichnet haben. Dieser Hinweis macht deutlich, daß die Stellung der Frau je nach ihrer Stellung innerhalb der Familie recht unterschiedlich ist und die Autorität der Frau mit zunehmendem Alter und durch viele Söhne, die durch ihre Heirat Schwiegertöchter ins Haus bringen, beträchtlich zunimmt. Wenn das Ideal einer strikten Trennung von Männer- und Frauenwelt auch für die meisten Familien in Indien keine Wirklichkeit ist, weil sie zu den sozial Niedergestellten gehören, keine Dienstboten haben und deshalb die Frauen auf dem Feld tätig sein oder zum Markt gehen müssen, so gilt, daß die totale Abgeschiedenheit des Frauenbereiches eine letzte Zielvorstellung bleibt, die selbstverständlich nur unter bestimmten Formen von Wohlstand vollständig durchführbar ist.

Dieser Abgeschiedenheitswirklichkeit entspricht, daß meist die Eltern den künftigen Ehemann für ihre Töchter aussuchen. Nicht selten kommt es vor, daß diese arrangierte Heirat schon im Kindesalter für die Töchter vollzogen wird, so daß im Falle des Todes dieses Ehemannes das Mädchen zur Witwe wird und damit eine Wiederverheiratung ausgeschlossen bleibt.

„Nach den Vorschriften der *Dharma*-Lehrbücher hat die Frau so gut wie keine Rechte (kein eigener Besitz, keine Erbberechtigung). Die Frau zählt nur als Tochter, Ehefrau oder Mutter eines Sohnes und bleibt der jeweiligen männlichen Bezugsperson (Vater, Ehemann, Sohn) unterstellt. Für die alleinstehende, unverheiratete Frau oder Witwe ist kein Platz im Sozialgefüge. Dies mag nicht von Anfang an so gewesen sein (die Upanishaden enthalten Hinweise auf durchaus selbständige Frauengestalten), es kennzeichnet jedoch die ‚klassischen' hinduistischen Verhältnisse, die durch Sozialreformen seit der britischen Kolonialherrschaft und durch Gesetzgebung im unabhängigen Indien nur langsam geändert werden. Polygamie war nicht verboten, eine Verstoßung der Frau war möglich; grundsätzlich galt jedoch die Ehe als unauflöslich. Hinduistische Gesetzgeber unterscheiden acht Formen von ‚Heirat' bzw. Partnerwahl, die darauf hinweisen, daß praktisch jeder Geschlechtsverkehr (sei es aus gelegentlicher leidenschaftlicher Zuneigung, sei es per Bezahlung oder mit Gewalt) konstitutiv für ‚Ehe' war. Die Unauflöslichkeit, der Bestand der Ehe, wird in der zeremoniellen Heirat mehrfach symbolisch zum Ausdruck gebracht. Sieben Schritte um das heilige Feuer bilden den zentralen Ritus; das Hinschauen auf den Polarstern oder das Steigen auf einen Stein, das Aneinanderknüpfen der Partner bekräftigen die intendierte Beständigkeit ihrer Zusammengehörigkeit.

Diese Zusammengehörigkeit erstreckt sich auch auf das Leben nach dem Tod; daher war es Witwen verboten, wieder zu heiraten (nicht aber den Männern!). Und großartigster Lohn im Jenseits wurde Frauen in Aussicht gestellt, die sich mit dem Leichnam ihres Mannes verbrennen ließen."[2]

2 Peter Schreiner: Das richtige Verhalten des Menschen im Hinduismus, in: P. Antes u.a., Ethik in nichtchristlichen Kulturen, Stuttgart (Kohlhammer) 1984, S. 82-113, hier: S. 106.

Die moderne Welt und die vom Westen beeinflußte Gesetzgebung haben in dieses traditionelle System durch viele Veränderungen so stark eingegriffen, daß gerade heute in Indien einige sehr traditionelle Hindu-Kreise für die Wiedereinführung der alten Werteordnung eintreten und dies auch politisch durchsetzen wollen.

2.2.3. Die Gemeinschaft

Die Vorstellung vom Leben in der Gemeinschaft ist in den klassischen Dharma-Texten vom Ideal der Monarchie geprägt. Der König hat die Pflicht, seine Untertanen nach außen durch die Abwendung fremder Eroberer zu schützen, bisweilen durch Eroberungszüge zur Mehrung des materiellen Wohlstandes seiner Untertanen beizutragen und im Staat auf strikte Einhaltung der Gebote und Verbote durch die Untertanen zu achten, bei Zuwiderhandlung sofort durch harte Bestrafung die Rückkehr zu Recht und Ordnung durchzusetzen. Als Symbol der königlichen Macht gilt daher der Stock, dessen Verwendung bei der Bestrafung gewissermaßen der Inbegriff der königlichen Autorität ist. Bei all seinem Tun kann sich der König der Brahmanen als Berater bedienen.

Die Gegenleistung für die königlichen Schutzaufgaben ist auf seiten der Untertanen eine Vielzahl von Abgaben (Anteile der Ernte oder Geld), die durch königliche Beamte eingetrieben werden, wobei Mißbräuche bei den Abgabenforderungen im klassischen Indien an der Tagesordnung waren. Das Idealmodell der in den Dharma-Texten entworfenen Gesellschaftsordnung war von den tiefgreifenden Verhaltensunterschieden und den unterschiedlichen Aufgabenfeldern geprägt, wie sie sich aus der Ständeordnung ergaben, so daß verschiedene Stände und Berufsgruppen in einem Dorf nebeneinander lebten und bis heute leben, wobei ein Zusammenleben all dieser miteinander durch die Dharma-Bücher abgelehnt wird und statt dessen möglichst getrennte Lebens- und Arbeitsbereiche je nach Stand und Berufsgruppe empfohlen werden. Im Idealfall wird so ein friedliches Nebeneinander erreicht, ein Miteinander wird nicht angestrebt, doch soll auf alle Fälle ein Gegeneinander abgewehrt werden.

Die Ständeordnung (Kastenwesen) hat zusammen mit der karma-Lehre dazu geführt, daß die Ungleichheit der Menschen als Teil der unwandelbaren Weltordnung angesehen wird, die als solche gilt und über jegliche Infragestellung erhaben ist, weil sich an ihr letztlich für jeden einzelnen entscheiden wird, auf welcher Daseinsstufe und in welcher Daseinsform die Wiedergeburt stattfinden wird.

3. Die Harmonie des Menschen mit Himmel und Erde als Ausgangspunkt

3.1. Harmonie als Prinzip

„Ausgangspunkt der konfuzianischen Philosophie war die Frage, wie eine geordnete und harmonische Gesellschaft erreicht werden könne. Die Konfuzianer waren der Ansicht, daß es für die menschliche Gesellschaft – wie für alles im Kosmos – eine vorgegebene, gleichsam natürliche Ordnung gebe, die jedem einzelnen einen ganz bestimmten Platz zuweise. Jeder müsse sich deshalb so verhalten, wie es seiner jeweiligen Stellung innerhalb der Gesellschaft entspreche. Nach dieser Vorstellung gab es also keine für alle Menschen gleichen Rechte und Pflichten, sondern Beamte und Bauern, Männer und Frauen, Alte und Junge hatten jeweils unterschiedliche Aufgaben zu erfüllen. Für jede Lebenssituation gab es bestimmte Verhaltensrichtlinien: *Li* (‚Sitte'), die in besonderen Büchern niedergelegt waren, und an denen sich der einzelne orientieren konnte. ‚Sich selbst zu kultivieren' bedeutete deshalb für die Konfuzianer zuallererst: sein eigenes Handeln an den moralischen Normen der *Li* zu orientieren. Voraussetzung für die Ordnung der Gesellschaft war somit die Selbstkultivierung des einzelnen, die sich äußerlich in gesittetem Verhalten zeigt."[3]

Die Anerkennung dieser Ordnung, das heißt, das Bejahen einer klaren Unterscheidung von oben und unten in der Gesellschaft, ist nach der Vorstellung der Chinesen, die sich auf die Lehre des *Konfuzius* (551-479 v. Chr.) berufen, die Grundvoraussetzung dafür, daß Durcheinander *(luan)* und damit eine Situation vermieden wird, in der die Dinge nicht mehr an ihrem rechten Platz sind. Dies ist deshalb erstrebenswert und für die Gesellschaft lebensnotwendig, weil die Störung der Gesellschaftsordnung nicht ohne Folgen für das kosmische Ordnungsgefüge insgesamt bleibt. Gerät im Himmel, auf der Erde oder in der menschlichen Gesellschaft etwas durcheinander, so werden auch die anderen Bereiche in Mitleidenschaft gezogen. Aufgabe des Menschen ist es daher, durch entsprechendes Handeln in seinem Bereich Ordnung zu halten, um nicht selbst zum Anlaß für das Durcheinander zu werden, das sich dann unweigerlich auf alle Bereiche überträgt. Eine Verbotsübertretung in der menschlichen Gesellschaft führt folglich nicht nur zu ungeordneten gesellschaftlichen Verhältnissen, sondern hat auch negative Folgen für die Natur (z.B. Naturkatastrophen), weshalb Harmonie auf allen Ebenen der Ordnung angestrebt werden muß.

Dieses Harmonieprinzip ist Grundlage und Voraussetzung für das Wohlergehen der Menschen. Eine Störung durch Menschen bedeutet mehr als eine individuelle Verfehlung eines einzelnen oder einer Gruppe, sie betrifft alle, ja die gesamte kosmische Ordnung. Deshalb müssen die Mächtigen im Lande auf die strikte Einhaltung der Sitte und der Gesetze achten und auf diese Weise sicherstellen, daß jeglicher Schaden von den Menschen abgewendet wird.

3.2. Ordnung als Garant der Harmonie

3.2.1. Der einzelne

Um zu gewährleisten, daß wirklich alles seinen rechten Platz hat, ist die wichtigste Forderung für das Verhalten des einzelnen die für die chinesische Kultur typische unbedingte Ein- und Unterordnung bezüglich der gültigen Gesellschaftsstruktur. Tugendhaftes Verhalten zeigt sich einerseits durch die konkrete Erfüllung aller Pflichten, die sich aus der Beachtung des richtigen Ranges in der Gesellschaft ergeben, indem z.B. einer gegenüber den Vorgesetzten sich als Untergebener und gegenüber eigenen Untergebenen als Vorgesetzter verhält. Zum andern erkennt man wahres Tugendverhalten darüber hinaus an der inneren Einstellung, die diese Ordnung durch Ehrerbietung und Liebe bejaht. Erst die Übereinstimmung von äußerem Verhalten und innerer Haltung macht den eigentlichen Kern konfuzianischer Sittlichkeit aus, die durch Erziehung ausgebildet werden soll.

---

3 Hubert Seiwert: Chinesische Religion, in Jürgen Lott (Hrsg.): Sachkunde Religion II, Stuttgart (Kohlhammer) 1985, S. 108-131, hier S. 115.

3.2.2. Die Familie

Kernstück tugendhaften Verhaltens ist *xiao (hsiao)*, jene Tugend, die gewöhnlich in der Übersetzung durch „kindliche Pietät" wiedergegeben wird. Absoluter Gehorsam gegenüber den Eltern ist ihr wichtigster Bestandteil.

„Solange die Eltern am Leben sind, haben die Söhne und Schwiegertöchter ihnen zu dienen, wenn sie alt sind, ist für ihren Lebensunterhalt zu sorgen, nach dem Tod ist ihnen ein angemessenes Begräbnis zu besorgen und selbst danach enden die Pflichten nicht: Den verstorbenen Eltern müssen regelmäßig Ahnenopfer dargebracht werden. Aus diesen Geboten kindlicher Pietät, die in der traditionellen chinesischen Gesellschaft eine überragende Stellung einnahmen, ergeben sich eine Reihe weiterer Verpflichtungen für die Kinder, insbesondere für die Söhne. Um den Eltern bis zu deren Tod dienen zu können, bedarf es der Gesundheit. Es wäre deshalb ein Vergehen gegen die Eltern, seinen eigenen Körper zu vernachlässigen oder gar Selbstmord zu begehen. Um den Ahnenkult der Eltern und Vorfahren auch in die Zukunft hinein zu sichern, müssen Nachkommen gezeugt werden. Es ist deshalb eine Pflicht *gegenüber den Eltern*, zu heiraten und Söhne zu zeugen. Wenn die Beziehung zur Ehefrau kinderlos bleibt, ist es aus diesem Grund geradezu ein Gebot, sich von ihr zu trennen, zumindest aber, eine Nebenfrau zu nehmen. Erst mit der Geburt eines Sohnes ist der Pflicht gegenüber den eigenen Eltern Genüge getan."[4]

3.2.3. Die Gemeinschaft

Was an hierarchischer Ordnung für das rechte Verhalten in der Familie gilt, hat seine Entsprechung im Sozialgefüge des Staates. Auch hier stehen die Einordnung in die soziale Hierarchie und der Gehorsam gegenüber Höhergestellten (vor allem den Vertretern der Staatsmacht) an erster Stelle. Zu den Pflichten gehören weiter das Zahlen von Steuern und die Ableistung von Arbeitsdienst. Bezeichnend in diesem Zusammenhang ist, daß das chinesische Wort für „Unordnung" *(luan)* auch im Sinne von „Aufstand" und „Rebellion" gebraucht wird, woraus deutlich wird, wie sehr die Einordnung in die Gesellschaft der Wahrung der kosmischen Ordnung dient und jegliche Form von Unordnung vermeiden hilft.

Typisch für dieses Denken ist, daß kein Mensch über dieser Ordnung steht, weshalb auch der Kaiser sich daran halten muß, indem er seine Pflichten gegenüber den Untertanen beachtet. Werden diese von ihm vernachlässigt, so kann ihm das „Mandat des Himmels" entzogen werden, womit – zumindest im Nachhinein – gerechtfertigt werden konnte, weshalb ein Herrscher erfolgreich gestürzt wurde.

Über diese erwähnten Ordnungsprinzipien hinaus könnten nun weitere Einzelvorschriften für das rechte Verhalten in der Gesellschaft angeführt werden. Da diese aber denen der bereits besprochenen anderen Gesellschaften entsprechen, erübrigt sich eine solche Auflistung in diesem Zusammenhang.

Zusammenfassend kann daher gesagt werden, daß der Vergleich der Einzelvorschriften in den hier vorgestellten Religionen und Kulturen zwar in einzelnen Akzentuierungen Unterschiede aufweist, in den großen Leitlinien aber keine nennenswerten Unterschiede namhaft machen läßt, daß aber die jeweiligen Bezugspunkte, die erklären, weshalb diese Vorschriften gelten, jeweils andere sind, die alle darin übereinstimmen, daß sie diese Gebote und Verbote als absolut gültig ausweisen. Sie sind damit der Verfügbarkeit des Menschen entzogen und fordern Beachtung durch die Menschen, wie immer einzelne Menschen dazu stehen mögen.

---

4 Hubert Seiwert: Ethik in der chinesischen Kulturtradition, in: P. Antes u.a., Ethik in nichtchristlichen Kulturen, a.a.O., S. 136-167, hier: S. 139.

III. Die Erlösungsreligionen

Bei den bisherigen Ausführungen sind Hinweise auf den Buddhismus und das Christentum nur beiläufig erfolgt. Der Grund hierfür ist die grundlegend andere Blickrichtung dieser Religionen im Vergleich mit Judentum, Islam, Hinduismus und Konfuzianismus. All den zuletzt genannten geht es vornehmlich um Orientierungsmaßstäbe für das Verhalten des Menschen in der Gemeinschaft und in der Welt. Demgegenüber richten sich Buddha und Jesus an den einzelnen und verkünden ihm, daß es aus der gegenwärtigen Notlage einen positiven Ausweg, die Erlösung, gibt.

1. Buddhismus

1.1. Erlösung als Prinzip

Das eigentliche Anliegen der buddhistischen Lehre ist es, dem Menschen einen Weg zu zeigen, aus dem Kreislauf der Wiedergeburten auszusteigen. Dabei interessiert ebenso wenig die Frage, wie der Mensch in diese gegenwärtige Notlage geraten ist, wie es – einem berühmten Vergleich des Buddha zufolge – bei einem Menschen, der von einem giftigen Pfeil getroffen ist, irgendetwas bringt, wenn man herausbekommt, wer und mit welcher Absicht er ihn abgeschossen hat. Was nottut, ist, den Pfeil herauszuziehen und dadurch den Verwundeten zu retten. Gleiches versucht in Indien der *Buddha* (560-480 v. Chr.?), indem er deutlich macht, daß die karmische Verklammerung im Kreislauf der Wiedergeburt dann gegenstandslos ist, wenn gar kein Ich da ist, das hier karmisch gebunden wird. Die Erlösung ist folglich dann gegeben, wenn dem Menschen die Selbst-losigkeit aufgeht und das Lebewesen sich dementsprechend verhält.

1.2. Erlösung des einzelnen oder Ordnungsprinzip für das Zusammenleben

Das Einüben von Selbst-losigkeit ist das eigentliche Ziel der Jünger des Buddha und läßt sich in idealer Weise in der Abgeschiedenheit des Klosters leben. Demnach wird auch in den Anfangszeiten des Buddhismus von der Mönchs- bzw. Nonnengemeinschaft berichtet; gesellschaftliche Verhaltensnormen wurden nicht formuliert.

Bald aber gab es neben den Mönchen und Nonnen auch Laien innerhalb der Buddhismus, für die die strengen Regeln des Klosterlebens nicht gelten konnten. Mit Blick auf den einzelnen Laien galten wie für den Mönch und die Nonne die „fünf Gebote des Buddhismus“:

1. Ich gelobe, mich des Tötens zu enthalten.
2. Ich gelobe, mich des Stehlens zu enthalten.
3. Ich gelobe, mich des unrechten Wandels in Sinnenlust zu enthalten.
4. Ich gelobe, mich des Lügens zu enthalten.
5. Ich gelobe, mich des Rausches zu enthalten.

Als dann der Buddhismus sich weiter ausgebreitet hatte und ganze Länder buddhistisch geworden waren, wurde es notwendig, neben dem nach wie vor wichtigen Ziel der Erlösung des einzelnen auch das Leben unter den Menschen im Hier und Jetzt entsprechend zu regeln. Zwei Wege wurden dabei beschritten: 1. In manchen Ländern wurde diese Aufgabe durch ethische Normen anderer Herkunft erfüllt. Als Beispiele hierfür können China und Japan gelten, wo für alle Fragen des rechten Verhaltens in der Familie und Gemeinschaft in China die Normen des Konfuzianismus und in Japan die des Shintoismus gelten. Religionszugehörigkeit ist demnach nicht exklusiv wie in Europa, wo man Jude, Christ oder Muslim und als Christ entweder Katholik oder Protestant ist, nie aber alles gleichzeitig, wie man es von China und Japan kennt, wo man – wie in China – durchaus zugleich Buddhist, Taoist und Konfuzianer oder – wie in Japan – zugleich Buddhist und Shinto sein kann. In diesem Falle kann der Buddhismus sich mit einigen Grundregeln für das menschliche Verhalten begnügen und die ethischen Verhaltensregeln den anderen überlassen.

2. Ist die Ethikerziehung durch andere Lehrsysteme nicht möglich, so muß der Buddhismus (wie z.B. in Sri Lanka oder Thailand) selbst die Grundregeln für das richtige Verhalten in der Familie und Gemeinschaft festlegen. Die dort formulierten Vorstellungen machen deutlich, daß dabei auf bekannte Verhaltensideale aus anderen Traditionen (in den genannten Fällen meist auf solche des Hinduismus) zurückgegriffen wird. Die Ethik wird dabei aus den besonderen Auffassungen über die Weltordnung und die religiösen Zielvorstellungen begründet.

2. Christentum

2.1. Erlösung als Prinzip

Wie in Indien der Buddha lehrt im jüdischen Palästina Jahrhunderte später auch *Jesus* (6 v.Chr. – 30 n.Chr.?) nicht in erster Linie, wie sich der Mensch in der Welt verhalten soll, sondern verkündet, daß bei dem unmittelbar drohenden Gottesgericht über die Menschheit die Sünder nicht grundsätzlich verloren sind, sondern gerettet werden können, wenn sie umkehren und Buße tun, denn Gott ist wie einer, der denen, die in der letzten Stunde zur Arbeit in den Weinberg gehen, soviel gibt, wie denen, die den ganzen Tag über schon da waren (Matthäus 20,1ff.); er ist wie ein Hirte, der dem verlorenen Schaf nachgeht und die Herde dafür erst einmal allein läßt (Lukas 15,3ff.); er ist wie eine Frau, die sich über ein wiedergefundenes Geldstück aufrichtig freut (Lukas 15,8ff.); er ist wie ein Vater, der für den nach Hause zurückgekehrten Sohn ein Festmahl bereitet (Lukas 15,11ff.). In Jesus Christus begegnet somit der hilfesuchende Mensch dem Heilung bringenden Handeln Gottes, wodurch Jesus sich als Heiland für die Menschen erweist.

2.2. Erlösung des einzelnen oder Ordnungsprinzip für das Zusammenleben

Das frühe Christentum war von dieser Heilstat Gottes in Jesus Christus überzeugt und lebte aus dem Glauben auf die Rettung im bevorstehenden Gottesgericht. Insofern war der Blick auf das jenseitige Heil wichtiger als die Frage nach der Gestaltung der irdischen Ordnung, zumal die zunächst kleine Zahl der Christen, die im Römischen Reich nicht selten ihres Glaubens wegen verfolgt wurden, noch nicht vor der Aufgabe stand, einen Staat nach christlichen Maßstäben organisieren zu müssen. Vielmehr beschränkten sich die Grundregeln für das ethische Verhalten des Christen auf die Hauptsünden: Diebstahl, Mord und Hurerei, die es zu vermeiden galt.

Die Situation änderte sich grundlegend, als im 4. Jahrhundert das Christentum zur offiziell anerkannten Religion im Römischen Reich geworden war. Nun galt es, christliche Verhaltensweisen für das Leben in Familie und Gemeinschaft festzulegen, was die Christen vor allem in der Frage nach Erlaubtheit oder Verbot des Militärdienstes vor eine große Entscheidung stellte. In dieser wie in anderen Fragen suchten die Christen in der jüdischen Tradition sowie teilweise in den Gepflogenheiten des Römischen Rechtes ihre Antworten. So kommt es, daß die ursprünglich fast ausschließlich mit der Erlösung des Menschen befaßte Religion ein vielgestaltiges Modell idealtypischen Verhaltens für Christen in allen Lebenslagen entfaltet, das mit dem des Judentums ebenso wie mit dem des später entstandenen Islam durchaus vergleichbar ist und in seinen Begründungen genauso wie das jüdische und das islamische auf Gott als Prinzip und höchste moralische Instanz Bezug nimmt.

IV. Religiöse und philosophische Ethik

Die bisherigen Ausführungen haben deutlich gemacht, daß die Prinzipien heiliger Ordnung und ethischen Verhaltens ihre Unverfügbarkeit für den Menschen und damit ihre absolute Gültigkeit plausibel machen können. Sie haben sich aber nicht als Prinzipien in der Weise erwiesen, daß die inhaltlichen Gebote und Verbote aus ihnen abgeleitet werden können. Was damit gemeint ist, hat *al-Aš'ari* (gest. 935 n.Chr.), ein islamischer Theologe, hinsichtlich der Frage von Lüge und Wahrheit einmal ganz scharf herausgestellt. Er hat sich nämlich gefragt, ob Gott, statt die Lüge, wie im Koran geschehen, zu verbieten, auch Lügen hätte anordnen können. Und al-Aš'ari antwortet darauf, daß Gott auch die Lüge hätte vorschreiben können, was nach Ansicht dieses Theologen deutlich machen soll, daß Gott in seinen Anweisungen frei ist. Für unseren Zusammenhang besagt dies, daß aus dem Prinzip Gott in diesem Falle noch keine inhaltlichen Festlegungen ethischer Ver- und Gebote gefolgert werden können. All das Ge- und Verbotene gilt kraft göttlicher Setzung, läßt sich aber nicht zwingend als solches aus diesem Prinzip ableiten.

Die philosophische Ethik dagegen lebt davon, die inhaltlichen Bestimmungen des Gebote- und Verbotekatalogs aus dem allgemeinen Prinzip dieser Ethik herzuleiten. So wird etwa die Idee des Schönen, Guten und Wahren bei Platon zur eigentlichen Quelle jeglicher ethischer Vorschrift und kann infolge dessen niemals zur Herleitung einer gegenteiligen Vorschrift führen.

Anders als philosophische Ethiken können religiöse Ethiklehren – wie al-Aš'ari es gesagt hat – den Gebote- und Verbotekodex als durch die Prinzipien gesetzt begreifen und daher sich inhaltlicher Bestimmungen grundsätzlich entziehen. Sie können aber auch – wie etwa in der Scholastik des mittelalterlichen Christentums – mit den Prinzipien einer philosophischen Ethik verbunden werden, indem beispielsweise gezeigt wird, daß die Zehn Gebote inhaltlich dem entsprechen, was man philosophisch nach Aristoteles aus der Zielsetzung des Glückes bzw. der Glückseligkeit für den Menschen herleiten kann.

In einer Zeit wie der unsrigen ist die Setzung von Prinzipien nicht mehr allgemein verbindlich durchführbar. Deshalb bleibt uns nur der Weg über die philosophische Ethik, wobei sich dann die Schwierigkeit erhebt, ein Prinzip (z.B. „Hoffnung" nach *Bloch*; „Verantwortung" nach *Jonas*) zu finden, das von allen akzeptiert wird und aus dem das gebotene menschliche Verhalten in allen Bereichen hergeleitet werden kann. Insofern haben wir es schwerer als die hier beschriebenen Kulturen und Religionen; gelingt es, so haben wir es teilweise besser, weil wir dann gegen gegenteilige Inhaltsbestimmungen aufgrund der logischen Ableitung gefeit sind. Das Gelingen dieses Versuches aber steht noch aus, und dennoch muß schnell gehandelt werden, um zu verhindern, daß einzelne oder ganze Völker – wie eingangs erwähnt – die Welt, in der wir leben, kaputt machen. Hier ist entweder eine neue Ethik oder die Politik gefordert. Von daher gewinnen die in diesem Buch besprochenen ethischen Antworten eine unmittelbar handlungsrelevante Aktualität.

Kapitel 4

Menschenbilder weltweit

1977 beschrieb der Münsteraner Religionswissenschaftler *Anton Antweiler* die Funktion von Religion so:

„Religion soll helfen, sich als Teil eines Ganzen und nicht als Splitter eines Abfallhaufens anzunehmen und zu betätigen. Religion soll den Menschen dazu anleiten, sich damit abzufinden und dahineinzufinden, Mensch zu sein."[1]

Demnach hat Religion eine doppelte Aufgabe: Sie soll dem Menschen seinen Platz in einem größeren Ganzen zuweisen und seinem Dasein dadurch einen Sinn geben; sie soll ihn darüber hinaus befähigen, Mensch zu sein, indem er seine Rolle als Mensch bejaht, sich weder überschätzt noch unterschätzt. Was dies inhaltlich für das Menschenbild bedeutet, lehrt die jeweilige Religion.

Menschenbilder sind kein Sondergut von Religionen, Menschenbilder gibt es auch in den Mythen, in der Philosophie und in den neuzeitlichen Ideologien, und wo immer sie sich finden, haben sie Züge von Glaubensvorstellungen. Deshalb soll im folgenden zunächst etwas über Menschenbilder als Glaubensvorstellungen, seien sie religiös oder nicht-religiös begründet, gesagt werden. Dann erst werden einige wichtige Merkmale der religiösen Menschenbilder vorgestellt, nämlich die Willensfreiheit, das Zusammenwirken von Göttlichem und Menschlichem sowie die wechselseitige Beziehung von Welt- und Menschenbild. Aus all dem folgt, daß es bei einem Vergleich der Grundaussagen der Religionen große Gemeinsamkeiten zwischen den einzelnen Religionen ebenso gibt, wie sehr bemerkenswerte Lehrunterschiede im einzelnen bestehen. Die zu behandelnden Merkmale sind ihrerseits kein Sondergut der Religionen, sondern lassen sich wiederum auch in den Mythen, in der Philosophie und zum Teil in den neuzeitlichen Ideologien nachweisen. Wenn hier – mit Ausnahme von II.1.1. – nur die religiösen Traditionen angesprochen werden, so ist der Grund der, daß die philosophischen und die ideologischen Konzepte in den anderen Kapiteln dieses Buches eigens thematisiert werden und deshalb in diesem Kapitel ausgelassen werden können. Religiös sind in den im folgenden vorgestellten Religionen vor allem die Erklärungen, die deutlich machen, warum die als Merkmale herausgestellten Grundaussagen für die Anhänger der jeweiligen Religionen bindend und wahr sind.

I. Menschenbilder als Glaubensvorstellungen

Viele Menschen heute sagen, daß sie die Frage nach religiösen Menschenbildern für unwichtig halten. Auch die philosophischen Menschenbilder gehören für sie in den Bereich reiner Spekulation und vielleicht sogar in das Feld menschlicher Phantasie. Statt dessen, sagen sie, solle man wissen, daß der Mensch ein Produkt chemischer Prozesse ist, daß es nicht darauf ankommt, sich um all diese Gedankentraditionen der Menschheit zu kümmern, sondern daß es nur darum gehen kann, das relativ kurze Leben zu genießen, bevor alles zu Ende ist. Oft fügen diese Menschen dann noch hinzu, daß sie an die Geschichten von einem Jenseits ohnehin nicht glauben, auch eine Wiedergeburt kommt für sie nicht in Frage. Sie sind Positivisten, die

---

1 Anton Antweiler: Mensch-sein ohne Religion?, Münster 1977, S. 47.

Individualisten

„nichts glauben“, für sie steht fest, daß das Leben mit dem Tode endgültig beendet ist.

Was hier als Positivismus bezeichnet wird, ist seinerseits eine neuzeitliche Weltanschauung, die ihrerseits von Glaubenssätzen nicht ganz frei ist. Woher wissen diese Menschen eigentlich, daß mit dem Tode alles zu Ende ist? Ist dieses Wissen nicht ebenso ein Glaube wie die Aussage, daß das Leben nach dem Tode weitergeht? Wer hat tatsächlich recht: der, der sagt, daß nach dem Tod nichts mehr kommt, oder der, der auf ein Gericht im Jenseits wartet, oder der, der das indische Gesetzbuch für wahr hält, wo es heißt:

„Gleichwie der Mime die Kostüme
Entsprechend seiner Rolle um sich legt,
So auch der Geist, gemäß der Frucht der Taten,
Bald diesen und bald jenen Körper trägt.“[2]?

All diese Positionen sind Glaubensüberzeugungen, die plausibel gemacht werden können. Wenn folglich jemand sagt, mit dem Tode ist alles vorbei, so ist dies kein sicheres Wissen, sondern eine Glaubensaussage, die vielleicht als solche nicht bewußt ist, weil sie selbstverständlich erscheint, es aber nicht ist, denn in Indien leben viele Millionen Menschen, die die Wiedergeburtslehre ebenso selbst-verständlich finden, wie in unseren Breiten die meisten das gegenwärtige Leben für das einzige halten, das sie als Lebewesen je auf dieser Erde leben werden. Zugespitzt kann man deshalb sagen:

„Wenn dein Leben beginnt
ist schon viel geschehen
die Welt hat schon Gestalt
schon gibt es Kultur

Du beginnst nicht am Beginn
du lernst und bekommst Gestalt
du tust was die andern dir zeigen
du sprichst ihre Sprache die sie
wieder von andern gelernt
du denkst und es sind nicht deine Gedanken
du hast sie von deiner Umgebung

Und doch kommt ein Augenblick
da mußt du selbst entscheiden
und du allein gibst die Antwort
auf die Frage nach dem Sinn des Lebens“[3]

Aus dem Glauben an die Wiedergeburt erwachsen Konsequenzen für das jetzige Leben. Während man in unseren Breiten unter der Hektik des möglicherweise bald zu Ende gehenden Lebens vorangetrieben wird, kann man sich im Wissen um die Wiedergeburt mehr Zeit lassen, ja letztlich über mehrere Leben hinweg planen. Das ist ein Grund dafür, daß es in manchen Schulen des Hinduismus wie des Buddhismus z.B. möglich ist zu sagen, daß Frauen die Erlösung nicht erlangen, aber durch entsprechend vorbildliches Verhalten (im Sinne der dort festgelegten Regeln) die Voraussetzungen schaffen können, um im nächsten Leben als Männer wiedergeboren und so erlöst zu werden. Vergleichbares kann es bei der Vorstellung von der Einmaligkeit des Lebens nicht geben. Hier muß alles für alle möglich sein, weil nichts bis zu einer späteren Gelegenheit aufgeschoben werden kann. Aussagen, wie „nur Männer“ oder sogar „nur Bischöfe“ können „erlöst werden“, sind daher im Christentum überhaupt nicht denkbar, da angesichts der Einmaligkeit des Lebens dann alle anderen Menschen vom Heil ausgeschlossen sind.

Das Beispiel von der Einmaligkeit des Lebens im Vergleich mit der Wiedergeburtslehre zeigt, daß alle Menschen irgendwelchen Glaubensvorstellungen anhängen, auch wenn sie sich dessen nicht bewußt sind. Dabei meint Glaube in diesem Zusammenhang nicht automatisch den religiösen Glauben. Daß der Mensch nur ein Produkt chemischer Prozesse ist, gehört auch in den Bereich des Glaubens, hier des wissenschaftlichen Glaubens. Auch die Aussage der Medizin, daß Krankheit als Störung des Funktionssystems des Organismus zu verstehen ist, beruht auf dem Glauben an den Menschen als Maschine. Dieser Glaube wird durch die Psychosomatik darauf hingewiesen, daß diese Funktionsthese des mechanistischen Bildes vom Menschen als Maschine heute nicht mehr als Erklärungsmodell für alle Krankheiten verteidigt werden kann.

Eine noch größere Rolle spielt das Menschenbild als Glaubensvorstellung in der Psychoanalyse. Der Versuch *Sigmund Freuds* (gest. 1939), die Entstehung psychischer Fehlentwicklungen beim Menschen auf ungelöste Ödipus-Komplex-Probleme zurückzuführen, setzt voraus, daß diese Ödipus-Komplex-Situation bei jedem Menschen besteht, somit ein Grundbestandteil der

---

2 Zit. nach Helmuth von Glasenapp: Das Spiel des Unendlichen. Gott, Welt und Mensch in der Dichtung der Hindus, Basel 1953, S. 102.

3 Antworten. Ein Vergleich der großen Weltreligionen in Wort und Bild, hrsg. von J. Sperna-Weiland, Zürich-Köln-Lahr (Benziger/Kaufmann)1977, S. 12.

Entwicklung vom Kleinkind zum Erwachsenen ist. Die Ödipus-Komplex-Situation, der Mensch als Maschine, die Wiedergeburtslehre und die Einmaligkeit des Lebens, all dies sind nämlich nicht empirische Tatsachen, sondern Glaubensvorstellungen, die entweder – wie bei Ödipus – der (griechischen) Mythologie entstammen oder die – wie es die Marxisten mit ihrer Aussage tun, daß letztlich der Klassenunterschied für alle Ungleichheiten unter Menschen verantwortlich ist – Teil einer theoretischen Welterklärung sind oder die – wie in den Religionen – in deren heiligen Schriften zugrunde gelegt sind. Je nachdem, welche Erklärung man heranzieht, kommt man zu völlig anderen Analysen. So kann man beispielsweise – wie im Mittelalter üblich – die Aggression eines kleinen Jungen gegen seinen Vater religiös mit Hilfe des Teufels, der in dem Jungen steckt, erklären, man kann sie aber auch – wie es die Freudianer tun – als Ausdruck der Ödipus-Komplex-Situation des Jungen sehen.

Keiner der hier erwähnten Deutungsversuche ist in seiner Richtigkeit so eindeutig beweisbar, daß nicht auch andere Erklärungsmodelle möglich wären. In allen Menschenbildern sind empirisch nicht beweisbare Voraussetzungen oder Bestandteile enthalten. Wer auf Deutungsversuche überhaupt verzichten will, kann letztlich gar nichts über den Menschen aussagen. Ohne Menschenbilder als Glaubensvorstellungen vom Menschen – seien sie religiös oder nichtreligiös begründet – geht es folglich nicht. Auch Erziehung ist ohne sie nicht möglich, denn jede Erziehung setzt zumindest den Glauben an die Erziehbarkeit des Menschen voraus. Sie wäre völlig sinnlos, wäre der Mensch in allem vorprogrammiert oder einem blinden Schicksal ausgeliefert oder wie eine Marionette, die von einem himmlischen Marionettenspieler so gesteuert wird, daß keinerlei Möglichkeit für eine freie Entscheidung mehr bleibt. Folglich ist der Glaube an die Handlungsfreiheit des Menschen eine Grundvoraussetzung aller Pädagogik und gilt auch dort, wo man sie vielleicht nicht betont in den Vordergrund stellt.

Mit diesem Hinweis auf die Willensfreiheit ist bereits ein wichtiges Merkmal genannt, das den meisten, vornehmlich auch allen religiösen, Menschenbildern gemeinsam ist. Wir wollen uns daher im folgenden – wie angekündigt – den wichtigen Merkmalen der religiösen Menschenbilder zuwenden.

II. Merkmale religiöser Menschenbilder

1. Willensfreiheit

1.1. Die griechische Moira (Schicksals) – Vorstellung

Da durch Freuds Ödipus-Komplex-Lehre die Gestalt des Ödipus sehr bekannt geworden ist, soll in diesem Abschnitt nicht nur die religiöse Problematik der Willensfreiheit zur Sprache kommen, sondern ausnahmsweise einmal die mythologische Vorstellung von der *moira* (Schicksal) der alten Griechen angesprochen werden. Es ist der Glaube daran, daß niemand dem ihm vorherbestimmten Schicksal entfliehen kann. Diese Vorherbestimmung – so scheint es – steht im totalen Widerspruch zur Willens- und Handlungsfreiheit des Menschen, so daß das eigentliche Problem vieler griechischen Tragödien die Frage ist, wie *moira* und die Freiheit des Menschen zusammenpassen. Ein Lehrstück dafür ist die Geschichte des Ödipus.

Die Eltern des Ödipus (König Laios von Theben und Frau Jokaste) holen – wie damals üblich – beim Orakel in Delphi eine Prophezeiung für den Lebensweg ihres gerade geborenen Sohnes Ödipus ein und erfahren, daß dieser seinen Vater töten und seine Mutter heiraten wird. Sie sind entsetzt und beschließen, das Kind aussetzen zu lassen, um durch seinen Tod die Verwirklichung des Orakelspruches unmöglich zu machen. Um dieses zu erreichen, wird der Junge einem Diener übergeben, aber der Diener hat mit dem Kind Mitleid und arrangiert alles so, daß zwar eine Aussetzung erfolgt, das Kind aber gerettet wird. So kommt es, daß der Junge am Hofe des Königs Polybos von Korinth aufwächst, den er für seinen Vater hält. Als Ödipus nun alt genug war, um selbst das Orakel in

Delphi zu befragen, erfährt er dort, was schon seinen wahren Eltern über ihn prophezeit worden war. Auch er ist entsetzt und will das Eintreten dieser schrecklichen Prophezeiung verhindern. Deshalb kehrt er nicht mehr zu seinen vermeintlichen Eltern zurück, sondern macht sich auf den Weg in Richtung Theben. An einem Kreuzweg gerät nun Ödipus als Jüngling mit einem ihm unbekannten alten Mann in einen so heftigen Streit, daß er schließlich diesen Mann erschlägt. Ödipus weiß nicht, daß der von ihm Erschlagene sein leiblicher Vater ist, und zieht nach Theben weiter. Vor der Stadt aber liegt ein Ungeheuer, das jedem Fremdling ein Rätsel vorlegt und dadurch die Fremden von der Stadt abschreckt, weil alle, die des Rätsels Lösung nicht wissen, sofort von diesem Ungeheuer verschlungen werden. Ödipus löst das Rätsel, das Ungeheuer stürzt sich daraufhin in die Tiefe, und als Dank für die Befreiung der Stadt vom Ungeheuer darf er die gerade Witwe gewordene Königin Jokaste heiraten. Dabei wissen weder er noch die Bevölkerung der Stadt, daß er Jokastes Sohn ist und durch diese Eheschließung das Inzestverbot verletzt wird.

Der Verlauf der geschilderten Ereignisse zeigt, wie hier *moira* und Willens- bzw. Handlungsfreiheit zusammenspielen. Sowohl Laios als auch Ödipus wollen das Eintreten der Prophezeiung bewußt verhindern, indem sie genau das tun, was deren Verwirklichung erst ermöglicht. Ödipus wollte – wie diese Zusammenfassung zeigt – nicht seinen Vater umbringen und seine Mutter heiraten[4], im Gegenteil, er kehrte zu seinen vermeintlichen Eltern in Korinth nicht zurück, damit das vorhergesagte Schreckliche nicht Wirklichkeit werde, sondern zog in das ihm bis dahin unbekannte Theben und schuf so die Voraussetzung dafür, daß das Orakel in Delphi in Erfüllung gehen konnte.

Trotz dieser schrecklichen Erfüllung ist sie folglich der Beweis dafür, daß auch hier noch menschliche Willens- und Handlungsfreiheit besteht, wenngleich – und das ist das wirklich Tragische – das vorhergesagte Schicksal unabänderlich ist.

4 Dieter E. Zimmer hat daher recht, wenn er in seinem Buch: Tiefenschwindel, Reinbek bei Hamburg (Rowohlt) 1990, S. 189ff feststellt, daß es sich bei dem Ödipus-Komplex im Sinne Freuds um einen Komplex handelt, „den selbst Ödipus nicht hatte".

1.2. Islam und Judentum

Anders als die *moira* der alten Griechen, die das Schicksal der Menschen und der Götter festlegt, lehren Judentum, Christentum und Islam, daß Gott der Herr der Menschen ist und nichts über ihm steht. Hier entsteht die Problematik der Willens- und Handlungsfreiheit durch die Übermacht Gottes, durch die Vorstellung von der göttlichen Allmacht.

Besonders stark wird die Allmacht Gottes im Koran, dem heiligen Buch der Muslime, betont. Dort heißt es, daß Gott „der Schöpfer von allem" (Koran 39, 62) ist, der einige Menschen vom rechten Weg abirren läßt (vgl. Koran 37, 32) und nicht nur die Menschen erschaffen hat, sondern „euch, und was ihr macht, geschaffen hat" (Koran 37, 96). All dies legt eine Gottesvorstellung nahe, bei der Gott alles macht und in diesem Sinne seine All-macht zeigt. Dem Menschen bliebe folglich nur die Rolle einer Marionette, die Gott nach Belieben für seine Interessen einsetzt, wären da nicht noch andere Verse im Koran, die die Menschen auffordern, das Gute zu tun und Hilfe und Unterstützung nicht zu verweigern (vgl. Koran 107), weil alles Gute und alles Böse, was der Mensch während seines Erdenlebens getan hat, im letzten Gericht aufgewogen und für den Gottespruch über Lohn (Paradies) und Strafe (Hölle) von Bedeutung sein wird (vgl. Koran 99).

Die islamische Theologie lehrt im Anschluß an diese Vorgaben des Koran, daß der Mensch die Möglichkeit hat, das Gute zu wollen und das Böse zu verabscheuen, so daß trotz aller Allmacht Gottes das verantwortliche Tun dem Menschen – zumindest der Absicht nach – zukommt, wie immer im einzelnen Fall diese Tatabsicht in konkrete Handlungen umgesetzt werden mag. So steht menschliches Handeln unter dem göttlichen Gebot, das Gute zu tun und das Böse zu meiden. Die Verwirklichung dieses Anliegens ist daher dem Menschen nach islamischer Vorstellung grundsätzlich möglich.

Eine solche Verwirklichung des göttlichen Gebotes ist auch dem Juden möglich. Der Gott der Hebräischen Bibel (Altes Testament) erweist sich als der einzige Gott, der hilft (vgl. Jesaja 45, 21ff.) und der alles schafft: das Heil und das Unheil (vgl. Jesaja 45, 5ff.), und doch beklagt sich dieser Gott immer wieder darüber, daß die Menschen den Bund mit ihm gebrochen und den Herrn verlassen haben (vgl. Genesis 6, 5ff.; Hosea 1, 2). Die jüdische Tradition erläutert dies dadurch, daß im Menschen ein guter und ein böser Trieb steckt, die zu gegensätzlichem Handeln anstacheln (vgl. oben Kapitel 3, II. 1.2.1.)

Die Lehren des Judentums und des Islam gehen somit von der vollen Willensfreiheit des Menschen aus, die auch durch die Sünde Adams im Paradies nicht geschmälert worden ist. Anders als das Christentum leiten Judentum und Islam aus der Sünde des ersten Menschen (Adam) keine prinzipiell anderen Daseinsbedingungen für die nachfolgende übrige Menschheit her, sondern Judentum und Islam glauben, daß die volle Verwirklichung der göttlichen Ordnung auf Erden möglich ist, wenn die Menschen nur wollen. Daß diese Ordnung bislang – nach jüdischer Vorstellung – noch nie oder – nach islamischer Vorstellung – nur sehr kurz (nämlich in der Urgemeinde von Medina [622-632] und sunnitisch unter den ersten vier Kalifen [632-661] bzw. schiitisch unter dem 4. Kalifen und 1. Imam Ali [656-661]) verwirklicht worden ist, schließt eine dauerhafte Realisierung dieser Ordnung der Gerechtigkeit nicht aus. Im Gegenteil, alle Menschen sind aufgerufen, daran mitzuwirken, daß es zu dieser idealen Welt kommt. Jüdisch stellt sich dabei noch die Frage, ob damit auch das Kommen des Messias mit seinem Reich des Friedens in Verbindung gebracht wird oder nicht. Die einzelnen Schulen des Judentums geben darauf unterschiedliche Antworten, wie dies die Muslime ihrerseits bei der Formulierung der Erwartungen an den verheißenen Mahdi tun.

1.3. Christentum

Judentum und Islam – so wurde gerade festgestellt – bekennen sich zur Willensfreiheit des Menschen und sehen diese prinzipiell in der gleichen Ungebrochenheit wie bei Adam im Paradies. Das Christentum sieht dies anders. Hier wird gelehrt, daß durch die Sünde des Adam in der Welt prinzipiell etwas zerbrochen ist, der Mensch und die ganze Schöpfung nicht mehr heil sind (vgl. Römerbrief 5, 12ff.). Deshalb kann der Mensch nach christlicher Lehre die ursprüngliche Ordnung durch seinen guten Willen allein nicht mehr herstellen, sondern es bedarf einer Intervention von außen, damit Mensch und Welt wieder heil werden. Dieser *Heil*and ist nach dem christlichen Glauben in Jesus Christus gekommen.

Wie Judentum und Islam lehrt auch das Christentum die Willensfreiheit des Menschen, doch anders als die zuerst genannten sieht das Christentum sie nicht mehr in ihrer ursprünglichen Kraft erhalten, sondern glaubt, daß das Böse von vornherein im Menschen wirksam ist und von daher stärker auf den Menschen einwirkt, als dies Judentum und Islam lehren. Die christliche Lehre von der *Erbschuld* oder *Erbsünde* will demnach sagen,

> „daß jeder Mensch, der geboren wird, nicht in eine heile Welt, sondern in eine Welt kommt, die unter den Folgen von Selbstsucht, Egoismus und Habgier leidet, so daß auch er ständig in Gefahr bzw. in der Versuchung steht, sich selbst in dieser Richtung mitreißen zu lassen und so das, was eigentlich seine Bestimmung, sein Heil ist, zu verfehlen."[5]

Die Folgen von Selbstsucht, Egoismus und Habgier, kurz: der Sünde, sind, daß sich die Menschen immer wieder bekriegen im großen wie im kleinen, so daß das doch so simple neue Gesetz Christi: „liebt einander" (Johannes 13, 34), die „Goldene Regel" (Matthäus 7,12: „Alles, was ihr also von anderen erwartet, das tut auch ihnen! Darin besteht das Gesetz und die Propheten"), bis heute noch keine Wirklichkeit für die Menscheit insgesamt geworden ist. Das Christentum betont daher neben dem freien Willen des Menschen zugleich die für die Verwirklichung des Guten ungünstigen Ausgangsbedingungen in der Welt. Obwohl also im Christentum die Lehre vom Heilsweg durch die Liebe ohne Einschränkung verkündet wird, steht der Umsetzung der Liebe in ein weltweit durchführbares Programm die durch die Sünde grundlegend geprägte Welt entgegen, die das ersehnte Paradies als Utopie entlarvt.

1.4. Hinduismus, Buddhismus

Wie Judentum, Christentum und Islam gehen auch Hinduismus und Buddhismus von der Willens- und Handlungsfreiheit des Menschen aus, doch ist ihr Bezugsrahmen ein völlig anderer. Der Mensch ist hier durch die Taten *(karma)* in

5 Peter Antes: Christentum – eine Einführung, Stuttgart (Kohlhammer) 1985, S. 69.

die Daseinsordnung eingebunden (vgl. oben Kapitel 3, II.2.).

Wie immer die Möglichkeit zum Erwerb von gutem und bösem *karma* bei den anderen Lebewesen (z.B. Tieren, Göttern) in den verschiedenen Richtungen des Hinduismus und in den unterschiedlichen Schulen des Buddhismus gedeutet wird, eines ist ihnen allen gemeinsam: der Mensch ist jene Daseinsstufe im Kreislauf der Wiedergeburt, wo die freie Entscheidung zum Erwerb von gutem *karma* und zur Vermeidung des bösen mit Sicherheit gegeben ist. Deshalb ist Menschsein einerseits eine große Chance auf dem Weg zur Erlösung, zugleich aber auch die verantwortungsvolle Position, wo – solange die Erlösung noch aussteht – bewußt die Weichen für eine bessere oder schlechtere Wiedergeburt gestellt werden können.

Auch hier wird eingeräumt, daß bereits massenhaft vorhandenes böses *karma* einen Verstärkungsdrang in dieser Richtung darstellt, doch hat der Mensch in jedem Fall die Möglichkeit, alle inneren Widerstände zu überwinden und sich für das Gute zu entscheiden. Wäre dem nicht so, würde sich die Ethik selbst als überflüssig erweisen.

1.5. Fazit

Die bisherigen Ausführungen zu Judentum, Christentum und Islam einerseits sowie Hinduismus und Buddhismus andererseits haben deren prinzipielles Bekenntnis zur Willensfreiheit deutlich gemacht und zugleich gezeigt, wie unterschiedlich groß die Betonung des Spielraumes der Willensfreiheit in den einzelnen Religionen ist.

Hinzu kommt: Wie immer in den einzelnen Religionen die Wirkmächtigkeit des Bösen eingeschätzt wird, eines ist allen Religionen gemeinsam: sie können nur unter der Voraussetzung praktiziert werden, daß die Menschen irgendwie in die Verantwortung genommen werden können. Bestünde keine Chance zu einer menschlichen Antwort auf die Forderungen der Religionen, so wäre der Mensch der Verantwortung generell enthoben und der religiöse Appell zum ethischen Handeln wäre gegenstandslos.

Eher beiläufig wurde bei diesen Erörterungen zur Willensfreiheit in den genannten Religionen noch ein anderer Aspekt berührt, der Beachtung verdient: die besondere Stellung des Menschen im Ganzen der Welt.

2. Das Zusammenwirken von Göttlichem und Menschlichem beim Menschen

2.1. Judentum – Christentum – Islam

Die Erschaffung des Menschen, so heißt es übereinstimmend in der Bibel und dem Koran, geht auf einen besonderen Akt Gottes zurück, durch den der Mensch vor aller anderen Schöpfung ausgezeichnet ist. Die Auslegung dieses Sonderstatus des Menschen im Gesamt der Schöpfung hat bis heute beispielsweise in christlichen Kreisen der USA zu heftigen Auseinandersetzungen um Darwins Abstammungslehre geführt, weil diese Christen glauben, aus der Bibel eindeutig ableiten zu müssen, daß der Mensch nicht aus einer evolutiven Entwicklung hervorgegangen, sondern unmittelbar von Gott erschaffen worden ist. Andere Christen begnügen sich mit dem Hinweis, daß die menschliche Seele den Sonderstatus begründet, die körperliche Gestalt dagegen einer langen Ahnenreihe mit vielen anderen Primaten angehört. Sicher ist, daß alle genannten monotheistischen Religionen von einem Sonderstatus des Menschen ausgehen, der ihn über die übrigen Lebewesen erhebt. Der Mensch ist danach „nur wenig geringer gemacht als Gott" (Psalm 8,6), er ist der Sachwalter Gottes auf Erden (vgl. Koran 2,30).

Dieser Sonderstatus ist für alle Menschen kennzeichnend. Er gilt folglich für Mann und Frau. Beide sind „aus einem einzigen Wesen geschaffen" (Koran 4,1), bildlich gesprochen: aus demselben Holz geschnitzt, wie es die Erzählung von der Erschaffung der Frau in der Bibel (Genesis 2,21ff.) nahelegt, denn eine Hilfe, die dem Manne (Adam) entsprach, fand Gott unter den übrigen Lebewesen der Schöpfung nicht (vgl. Genesis 2,20).

In der Sprache der abendländischen Theologie ist das Besondere am Menschen die Seele, während in der jüdischen und islamischen Tradition eher vom „Geisthauch" *(hebr.: ruah, arab.: rūh)* Gottes die Rede ist. Gemeint ist damit jener Lebensodem, ohne den der Mensch tot ist und der ihn nicht nur belebt, sondern auch sein persönliches Wesen ausmacht. Dieser Teil des Menschen wird durch die genannten Religionen als etwas angesehen, was nicht irdischer Natur ist, sondern mit Gott und seiner Wirklichkeit etwas zu tun hat.

Modernen Menschen fällt es schwer, sich vorzustellen, daß Körper und Geist (Seele) eine Einheit bilden. Für sie sind Begriffe wie Seele und Geist dann inhaltslos, wenn damit – wie im abendländischen Christentum – die Aussage verbunden wird, daß durch die Trennung der Seele vom Körper der Tod eintritt. Sie können wesentlich mehr mit der altjüdischen Vorstellung anfangen, der zufolge der ganze Mensch stirbt, wobei die meisten Muslime dies ebenso sehen und davon ausgehen, daß die Auferstehung der Toten zum Letzten Gericht in Anlehnung an Koran 36,77ff. eine Art zweite Erschaffung des Menschen sein wird. Eine vom Leib unabhängige Existenz der Seele ist dem semitischen Denken fremd. In zunehmendem Maße haben auch abendländische Christen damit Schwierigkeiten. Für sie ist die Rede von der Seele zu mythisch und die damit gemeinte Realität kaum nachvollziehbar.

Seele (Geist) und Körper als lebendige Einheit und der Tod als das Auseinandertreten der beiden Wesensbestandteile bereiten heutigen Menschen als Denkvorstellung Schwierigkeiten. Diese rühren unter anderem daher, daß die Seele keine empirisch bestimmbare Größe ist. Folglich kann man den genauen Moment des Eintritts des Todes mithilfe der Aussage der Trennung von Leib und Seele nicht bestimmen. Die moderne Medizin aber macht eine genaue Bestimmung notwendig, um entscheiden zu können, ab wann beispielweise ein Herz transplantiert werden kann. Die medizinischen Antworten für die Definition des Todes zeigen, daß man bislang in den Definitionsfragen kaum über recht vage Aussagen hinausgekommen ist, so daß im Vergleich zu manchen Definitionsversuchen heute die klassische Rede von der Trennung von Leib und Seele noch fast präzise ausfällt.

Der Glaube an den Sonderstatus des Menschen im Verhältnis zur übrigen Natur und Schöpfung hat in der Praxis dazu geführt, daß der Mensch sich die Natur untertan gemacht und das Recht beansprucht hat, alles seinem Willen zu unterwerfen, wobei er in zunehmendem Maße im neuzeitlichen Europa den Respekt vor der Unverfügbarkeit der Ordnung (vgl. dazu oben Kapitel 3) verloren hat.

2.2. Hinduismus

Anders als Judentum, Christentum und Islam, die den Menschen seinem Wesen nach von der übrigen Natur ab- und über sie erheben, sieht der Hinduismus das Menschsein als eine Stufe im großen Kreislauf der Wiedergeburt an. Ob die Wiedergeburt nun als Mensch oder als ein anderes Lebewesen erfolgt, hängt – wie bereits gesagt – vom Stand des karma, dem Guthaben an Taten, ab.

Durch die Wiedergeburtslehre ist der Mensch folglich wesentlich stärker mit den anderen Lebewesen verbunden und unterscheidet sich von ihnen nur durch die Stellung innerhalb der Weltordnung, nicht aber vom Wesen her. Damit, so könnte man folgern, entfällt in der hinduistischen Lehre vom Menschen das im Bereich von Judentum, Christentum und Islam festgestellte Zusammenkommen von irdischen Elementen mit solchen der göttlichen Sphäre. Dies ist aber ein voreiliger Schluß.

Alle Richtungen des Hinduismus bringen die Lebewesen auf ihre Weise mit dem göttlichen Urgrund des Seins in Verbindung. Nach der Atman-Brahman-Spekulation steckt in jedem Lebewesen ein guter Kern *(atman* = das Selbst), der mit dem guten Kern der Welt, dem göttlichen Ursprung des Seins *(Brahma)*, identisch ist. Da dieser Atman aber in seinen Entfaltungs- und Entwicklungsmöglichkeiten durch die Auswirkungen des bösen karma eingeengt und gebunden ist, kommt es, daß der eine diesen und ein anderer jenen Körper trägt.

So vertritt auch der Hinduismus ein Zusammenwirken von göttlichem Ursprung und welthafter Existenz, begrenzt dieses aber nicht auf den Bereich des Menschseins allein, sondern läßt alle Lebewesen daran teilhaben. Der besondere Status des Menschseins bezieht sich daher nicht auf das Wesen des Menschen, sondern auf sein Wissen darum und die Möglichkeiten, daraus Konsequenzen zu ziehen. Dem Wissen kommt folglich eine große Bedeutung, ja eine erlösende Kraft zu, wie es dem *Pāndu*-Sohn *Arjuna* in der Bhagavadgita geoffenbart wurde:

„Diese Erkenntnis werden dich jene lehren,
die, selber mit Erkenntnis ausgestattet,
die Wirklichkeit schauen.

Wenn du sie erkannt hast, *Pāndu*-Sohn,
wirst du nie wieder wie jetzt in Verwirrung fallen.
Du wirst durch sie, die allumfassend ist, die
Wesen in dir erschauen, und dann in mir.
Selbst wenn du der größte Übeltäter
unter allen Übeltätern wärest,
die ganze Bosheit wirst du überqueren
mit nur der Erkenntnis als Boot.
So wie ein Feuer, ist es erst entzündet,
den Brennstoff in Asche verwandelt, Arjuna,
so äschert das Feuer der Erkenntnis alle Taten ein.
Denn es findet sich auf dieser Welt
kein Mittel für Läuterung der Erkenntnis gleich;
wenn man im Verlauf der Zeit
im Einungszustand vollendet ist."[6]

2.3. Buddhismus

Mit dem Hinduismus hat der Buddhismus den Glauben an den Kreislauf der Wiedergeburt gemeinsam. Doch erläutert er das, was dabei vor sich geht, ganz anders. Buddhisten glauben nicht an einen Kern *(atman)*, der jeweils, durch karma bedingt, bestimmte Rollen übernimmt und entsprechend verkörpert wird, wie ein Schauspieler (Mime, vgl. oben S. 58) mal als König, dann wieder als Bettler erscheint und damit im Kern derselbe, in der Erscheinungsform jeweils ein anderer ist.

Für viele Buddhisten gibt es diesen Kern nicht. Die Schulen des Theravada *(Hinayana)* – Buddhismus lehren vielmehr, daß alle Wesen selbst-los, d.h. ohne Selbst sind, wie auch der Kreislauf der Wiedergeburt kein göttliches Selbst als letzten Kern hat, der die Welt im Innersten zusammenhält. Was von einer Existenzweise zur anderen übergeht, ist damit lediglich ein karmischer Energieimpuls, der eine neue Existenz auslöst und ihr eine erste Richtung gibt, so wie eine Billardkugel eine andere anstößt und ihr damit ihre Laufrichtung gibt. Diese Wiedergeburtslehre wurde zutreffend von Wilhelm Busch mit folgenden Worten charakterisiert:

„Die Lehre von der Wiederkehr
Ist zweifelhaften Sinns.
Es fragt sich sehr, ob man nachher
Noch sagen kann: Ich bin's."[7]

Diese Wiedergeburtslehre macht deutlich, daß der Mensch im Kern die Selbst- losigkeit mit allen anderen Lebewesen gemeinsam hat, sich aber – wie der Mensch im Hinduismus der Atman-Brahman-Identität – im Buddhismus der Selbst-losigkeit bewußt werden und dadurch erwachen kann. Ein solcher „Erwachter" (sankr.: *Buddha*) war *Siddhartha Gautama*, genannt der Buddha (560-480 v.Chr.?). Ihm folgen die Theravada-Buddhisten nach und versuchen, durch Einhalten seiner Gebote Selbstlosigkeit einzuüben und die karmischen Fesseln so dünn werden zu lassen, daß sie selbst zu „Erwachten" oder „Erlösten" werden können.

Diese strenge Auslegung der Selbst-losigkeit ist allerdings nicht die einzig mögliche. Andere Buddhisten, die dem Mahayana-Buddhismus zugerechnet werden, glauben, daß die Selbstlosigkeit auf ein Prinzip der Leere hinweist, das der Kern allen Daseins ist. In vielen Werken des chinesischen und japanischen Buddhismus wird daher dieses letzte Prinzip der Leere inhaltlich beschrieben. Ein deutscher Schüler dieses Buddhismus faßt die Einsicht in diese Worte:

„Wenn aber einmal der Mensch zu seinem Wesen durchbricht, die Grenzen seines Ichs überspringt und vom Wesen her neu geboren wird, schwindet der Wahn, daß er der Herr ist, dem alles untertan ist. Wenn er zu dem wird, der er im Grunde ist, dann fühlt er sich einem Anderen, einem Höheren zugeordnet, der ihn über alle Not und Bedingtheit der Welt hinweg erhält, richtet und ruft und ihn in einem neuen Sinn frei macht und mächtig gegenüber der Welt. Im Grunde war er das immer und ist es jenseits der Zeit, ist es in seinem Wesen, seinem göttlichen Ursprung, aus dem er nie herausfällt und im Verborgenen seines Welt-Ichs auch bleibt. Die Frage ist nur, wann er sich darin entdeckt, denn als Bewußtseinswesen „ist" er, was er ist, wirklich nur in der Weise und in dem Maße, als er sich seiner selbst inne wird. Mit dem Innewerden des Wesens erkennt der Mensch sich als Bürger zweier Welten: dieser raumzeitlich begrenzten und bedingten Welt und einer anderen, überraumzeitlichen, unbedingten Wirklich-

---

6 Bhagavad-Gita. Wege und Weisungen, übers. und eingeleitet von P. Schreiner. Nachwort von S. Painadath SJ, Zürich 1991 (Reihe: Klassiker der östlichen Meditation. Spiritualität Indiens, hrsg. von M. Kämpchen) Kapitel 4, S. 33ff.

7 Wilhelm Busch: Gedichte, hrsg. von F. Bohne, Zürich (Diogenes) 1974, S. 150 (überschrieben: Tröstlich).

keit. Beide Seiten gehören zur Ganzheit des Menschen."[8]

2.4. Fazit

Die hier vorgetragenen Betrachtungen führen zu dem Schluß, daß – sieht man einmal von der Therava-Version des Buddhismus ab – alle hier vorgestellten Religionen vom doppelten Ursprung des Menschen ausgehen. Während Judentum, Christentum und Islam mit unterschiedlicher Intensität darum bemüht sind, die Grenze zwischen Gott und dem menschlichen Geist zu markieren, gehen der Hinduismus und großenteils der Mahayana-Buddhismus von einer letzten Einheit mit dieser anderen, überraumzeitlichen, unbedingten Wirklichkeit aus und beschränken diese andererseits auch nicht wie ein Privileg auf das Menschsein allein, sondern lehren, daß sie allen Lebewesen eignet. Dennoch gehen auch der Hinduismus und der Buddhismus in beiden hier vorgestellten Richtungen davon aus, daß dem Menschen insofern eine Sonderstellung zukommt, als er als einziges Lebewesen auf Erden Einsicht in diese Zusammenhänge gewinnen und damit bewußt den Weg zur Erlösung beschreiten kann.

Immer wieder wurde dabei auch auf das Verhältnis des Menschen zu seiner Welt und den übrigen Lebewesen hingewiesen, so daß nun abschließend noch ein Wort über die wechselseitige Beziehung von Welt- und Menschenbild vonnöten ist.

3. Die wechselseitige Beziehung von Welt- und Menschenbild

Alle Religionen weisen dem Menschen eine verantwortungsvolle, gestalterische Aufgabe in der Welt zu. Sie tragen ihm auf, die Welt im Sinne der religiösen Idealgebote umzugestalten. Dies ist ein merkwürdiger Befund, denkt man doch landläufig, Religion habe vor allem eine systemerhaltende Funktion, welche alle Religionen zu gewissen Zeiten auch wahrgenommen haben. Dennoch gilt vom Anspruch der Religionen her, daß der Status quo der Welt nicht hingenommen, sondern verändert werden soll.

Die Vorschläge, in welche Richtung eine solche Veränderung vor sich gehen soll, sind je nach Religion verschieden. Zwei Grundausrichtungen lassen sich diesbezüglich ausmachen: die Wiederherstellung der alten Ordnung und die Schaffung einer neuen Welt.

3.1. Die Wiederherstellung der alten Ordnung

3.1.1. Der Hinduismus

Zu den Lehren des Hinduismus gehört unter anderen eine Weltzeitalterlehre, die in verschiedenen Texten der alten Zeit, darunter dem Epos des Mahabharata, überliefert wird. Danach gibt es vier große Zeitalter, die alle unterschiedlich lang sind, das 1. und längste dauert 1.728.000 Menschenjahre, das zweite 1.290.000 Menschenjahre, das dritte 864.000 Menschenjahre und das vierte und letzte nur noch 432.000 Menschenjahre. Das erste dieser Zeitalter ist nicht nur das längste, sondern zugleich auch das beste, eine Art goldenes Zeitalter, in dem alle Menschen tugendsam und glücklich waren und nur einen Gott verehrten. Im zweiten ging es schon weniger ideal zu; Begierden und Besitzstreben setzten unter den Menschen ein, und die Tugend nahm ab. Im dritten nahmen Gier und Betrug zu, und die Menschen begannen, sich zu bekriegen. Das vierte nun ist das schlechteste. Es ist das Zeitalter, in dem die Menschen jetzt leben. Es begann im Jahre 3102 v.Chr. mit dem Tode Krishnas, einer menschlichen Erscheinung Gottes auf Erden. Hier nun droht, das Recht und die Ordnung der Welt *(dharma)* in ihr Gegenteil *(adharma)* umzuschlagen. Alle Hindus sind daher aufgerufen, sich für Recht und Ordnung einzusetzen, um diese drohende Umkehrung aller Werte zu verhindern und der Errichtung des dharma und damit dem Kommen Gottes den Weg zu bereiten.

„Die heiligen Schriften der Hindus halten ahimsa oder Gewaltlosigkeit für die höchste Tugend. Ahimsa ist das Sich-Enthalten von himsa oder Gewalt, der Ursache von Qual oder Leiden bei empfindsamen Geschöpfen, Menschen oder Tieren. Wir können jedoch nicht behaupten, daß die Hinduschriften von uns den vollständigen Verzicht auf Gewalt verlangen. Die Hinduauffassung hält nicht hartnäckig an einem hochgespannten Ideal fest und verwirft nicht jeden Kom-

---

8 Karlfried Graf Dürckheim: Vom doppelten Ursprung des Menschen, Freiburg- Basel-Wien (Herder) [11]1989, S. 24.

promiß mit ihm. Das Göttliche kann uns nicht in der Loslösung vom Gemeinschaftsleben begegnen. Die handgreiflichen Forderungen jeder besonderen Lage werden geprüft, und das Prinzip wird ihr angepaßt. Ein Ideal in den Wolken unterscheidet sich von einem praktisch verwendbaren Programm. Unberechtigte Machtanwendung ist Gewalt. Als die Einsiedler von den nichtarischen Stämmen beunruhigt wurden, litten sie, ohne Vergeltung zu üben; sie erwarteten jedoch, daß die Kshatriyas sie vor den Angriffen der Fremden beschützen würden. Im *Rig-Veda* heißt es: ‚Ich spanne den Bogen Rudras[9] zur Vernichtung aller derer, die Brahmanen heimsuchen. Ich kämpfe für den Schutz des Reinen und ich durchdringe Himmel und Erde.' Während man von uns verlangt, physisches Übel mit der Kraft des Geistes zu überwinden, ist auch körperlicher Widerstand gegen das Böse erlaubt. Obwohl allenthalben Gewicht auf die seelischen Kräfte zur Überwindung des Feindes gelegt wird, wird die Zuflucht zur Gewalt nicht ausgeschlossen. Mögen auch Asketen und Einsiedler, die sich vor der Welt zurückgezogen haben und sich deshalb nicht mehr unmittelbar mit dem Wohl organisierter Gesellschaften zu befassen brauchen, auf Waffen zur Verteidigung von Einzelpersonen oder Gruppen verzichten, die Bürger sind verpflichtet, dem Angriff mit bewaffneter Hand entgegenzutreten, wenn es notwendig und möglich ist."[10]

Was hier der indische Philosoph und frühere Staatspräsident Indiens, Dr. *Sarvepalli Radhakrishnan* (gest. 1975), geschrieben hat, zeigt die Problematik eines Ideals, das unter den konkreten gesellschaftlichen Bedingungen anders ausgelegt werden muß und somit selbst ein Beweis dafür ist, daß das goldene Zeitalter vorüber ist, weshalb offenbar nun mit anderen Methoden die Wahrung der Ordnung und die Wiedererrichtung des Reiches des legendären Königs Rama erreicht werden muß.

9 Rudra ist ein bereits im Rig-Veda erwähnter Gott, der später mit dem Gott Shiva gleichgesetzt wird. (P.A.).

10 Aus Sarvepalli Radhakrishnan: Religion und Gesellschaft, Darmstadt-Genf o. J., S. 227f, zit. nach Hinduismus (zusammengestellt und bearbeitet für den Unterrichtsgebrauch von S. Körber unter Mitwirkung der Verlagsredaktion Ethik, Redakteur: H. Schnierle), Stuttgart 1991 (Reihe: Lesehefte Ethik – Werte und Normen – Philosophie: Reihe Weltreligionen, hrsg. von P. Antes, G. Aslam-Malik, S. Körber, M. Knödler-Weber und M. Pöpperl), S. 68.

3.1.2. Der Islam

Neben dem Hinduismus und dem Konfuzianismus, dessen Ideal in der Einhaltung bzw. Wiederherstellung der Harmonie des Menschen mit Himmel und Erde besteht (vgl. Kapitel 3, II. 3.), kann hier – ungeachtet der islamischen Erwartung des Mahdi sowie des Weltgerichts mit der Schaffung eines neuen Himmels und einer neuen Erde durch Gott – auch der Islam insofern genannt werden, als er danach trachtet, die ideale Zeit der ersten Gemeinde unter Mohammed und sunnitisch den ersten vier Kalifen bzw. schiitisch des vierten Kalifs Ali wieder irdische Wirklichkeit werden zu lassen. Wie diese Gemeinde damals von äußeren Feinden bedroht war, so sehen auch die islamischen Rechtsgelehrten im Mittelalter das „Haus des Islam" als von außen, dem „Haus des Krieges", bedroht und propagieren als probates Mittel zur Verteidigung ihres Gebietes den *„gihad"*. Der Begriff heißt wortwörtlich übersetzt weder „heilig" noch „Krieg", sondern „Anstrengung" und meint eine „besondere Anstrengung um der Sache Gottes willen", worunter bisweilen intensives Beten oder Fasten ebenso verstanden werden kann wie eine Verteidigung des „Hauses des Islam" mit militärischen Mitteln. Es ist von daher unzulässig, den Fachausdruck *„gihad"* im Deutschen einfach durch „Heiligen Krieg" wiederzugeben, weil in jedem Einzelfall geprüft werden muß, um welche Art von Anstrengung es sich dabei handelt. In keinem Falle ist sicher, daß ein Muslim, wenn er von *„gihad"* spricht, tatsächlich an eine kriegerische Auseinandersetzung denkt, andererseits kann dies aber auch ebenso wenig von vornherein ausgeschlossen werden. In einer politisch-religiösen islamischen Grundsatzerklärung heißt es 1980 zum Verteidigungskrieg:

„Die Verteidigungspolitik des Islam und der muslimischen Länder ist die heilige Pflicht aller Muslime. Wenn sich der Islam auch für den Frieden einsetzt, so fordert er doch die Muslime auf, immer bereit zu sein, Angriffe abzuwehren und zurückzuschlagen. Um diese Aufgabe zu erfüllen, sollen die muslimischen Länder:

1. Ihre Verteidigungspolitik maximal entwickeln;
2. danach streben, möglichst rasch durch eine eigene Waffenproduktion von anderen Staaten unabhängig zu werden;

3. auf die größtmögliche Zusammenarbeit auf allen Gebieten der Verteidigungstätigkeit hinarbeiten;

4. einen Angriff auf irgendein muslimisches Land als Angriff auf die ganze muslimische Welt betrachten."[11]

Das Ziel der Wiedereinführung der strengen göttlichen Ordnung, wie sie in den Anfangszeiten des Islam eingehalten wurde und in jedem Muslim die Sehnsucht nach der „guten alten Zeit" wachhält, ist nicht das einzige Modell von Weltveränderung. Die Muslime wissen auch, daß der Mahdi kommen wird und die Ordnung Gottes einsetzen wird. Die Mahdi-Vorstellung ist keineswegs nur auf die Schiiten beschränkt, wenn sie auch bei diesen besonders ausgeprägt und politisch als Sieg der Armen und Rechtlosen über die Reichen und Mächtigen eindeutig besetzt ist. Alle Muslime haben eine Mahdi-Erwartung, und dementsprechend sind in der Vergangenheit unter den Schiiten wie unter den Sunniten ab und zu politische Führer aufgetreten und haben behauptet, der Mahdi zu sein, oder sind von ihren Anhängern als Mahdi bezeichnet worden. Religionsgeschichtlich gehört der Mahdi-Glaube in den Bereich der Endzeitvorstellungen, wie sie sich auch in dem jüdisch-christlichen Messiasglauben finden.

3.2. Die Schaffung einer neuen Welt

Wie der Islam haben auch das Judentum und Christentum das ideale Verhalten des Menschen für den einzelnen und in der Familie und der Gemeinschaft festgelegt (vgl. Kapitel 3, II. 1. und III. 2.), wobei durchaus pragmatische Gesichtspunkte eine Rolle spielten. In diesem Zusammenhang sei als Beispiel noch einmal an die Stellung der Christen zum Militärdienst (vgl. Kapitel 3, III. 2.2) und die damit verbundene Lehre vom „gerechten Krieg" erinnert, die ein ganz anderes Christentum darstellt als das Wort Jesu aus der Bergpredigt des Matthäusevangeliums:

„Leistet dem, der euch etwas Böses antut, keinen Widerstand, sondern wenn dich einer auf die rechte Wange schlägt, dann halt ihm auch die andere hin. Und wenn dich einer vor Gericht bringen will, um dir das Hemd wegzunehmen, dann laß ihm auch den Mantel." (Matthäus 5,39f.)

Die Frage, die sich mit Blick auf das Zitat aus der Bergpredigt stellt, ist, ob es sich hier um eine konkrete Handlungsanweisung Jesu für die Christen im Hier und Jetzt handelt oder um eine Art Vorschau auf den Endzeitzustand nach dem Kommen des Messias bzw. Gottes in Herrlichkeit. Dann nämlich wird die uns bislang bekannte Welt von Menschen und Tieren in ein paradiesisch anmutendes Reich der Harmonie verwandelt, wie es in der Vision des Propheten Jesaia in der Hebräischen Bibel (dem Alten Testament) unter Bezugnahme auf Gottes Geist beschrieben wird:

„Er (Gottes Geist) richtet nicht nach dem Augenschein, und nicht nur nach dem Hörensagen entscheidet er, sondern er richtet die Hilflosen gerecht und entscheidet für die Armen des Landes, wie es recht ist. Er schlägt den Gewalttätigen mit dem Stock seines Wortes und tötet den Schuldigen mit dem Hauch seines Mundes. Gerechtigkeit ist der Gürtel um seine Hüften, Treue der Gürtel um seinen Leib. Dann wohnt der Wolf beim Lamm, der Panther liegt beim Böcklein. Kalb und Löwe weiden zusammen, ein kleiner Knabe kann sie hüten. Kuh und Bärin freunden sich an, ihre Jungen liegen beieinander. Der Löwe frißt Stroh wie das Rind. Der Säugling spielt vor dem Schlupfloch der Natter, das Kind streckt seine Hand in die Höhle der Schlange. Man tut nichts Böses mehr und begeht kein Verbrechen auf meinem ganzen heiligen Berg, denn das Land ist erfüllt von der Erkenntnis des Herrn, so wie das Meer mit Wasser gefüllt ist." (Jesaja 11,3-9)

Bis diese kosmische Harmonie aber durch Gottes unmittelbares Eingreifen von außen Wirklichkeit wird, gelten die Handlungsanweisungen, die im 3. Kapitel beschrieben wurden und die im Judentum, Christentum und Islam ebenso wie im Hinduismus und Buddhismus – was das alltägliche Leben angeht – die Unverfügbarkeit der Ordnung als Grundlage haben.

3.3. Fazit

Durch die voraufgehenden Beobachtungen ist klar geworden, daß die Religionen den Status quo der Umstände gewöhnlich nicht bejahen,

11 Zit. nach Peter Antes: Islamische Ethik, in: ders u.a.: Ethik in nichtchristlichen Kulturen, a.aO., S. 48-81, hier: S. 77.

sondern die Menschen anleiten, die Welt mit dem Ziel zu verändern, die von der Religion grundgelegten idealen Verhaltensnormen in die Tat umzusetzen. Dabei haben sie nicht nur die Interessen des Menschen und die Gestaltung seiner Lebenswirklichkeit im Blick, sondern blikken zugleich auf die Welt als ganze. Dieses Ganze wird durch die Erklärungen der Religionen mit Sinn gefüllt, indem – wie eingangs festgestellt – Religion dem Menschen hilft, „sich als Teil eines Ganzen und nicht als Splitter eines Abfallhaufens anzunehmen und zu betätigen. Religion soll den Menschen dazu anleiten, sich damit abzufinden und dahineinzufinden, Mensch zu sein." Religion soll folglich dem Menschen helfen, seine Rolle als Mensch im Gesamt der Welt richtig zu begreifen, sich weder dabei zu überschätzen noch sich zu unterschätzen.

Anhand der drei wichtigen Merkmale: Willensfreiheit, Zusammenwirken von Göttlichem und Menschlichem beim Menschen und der wechselseitigen Beziehung von Welt- und Menschenbild ist in diesen Ausführungen deutlich geworden, daß die religiösen Menschenbilder in wesentlichen Aussagen – trotz zahlreicher Lehrunterschiede im einzelnen – Gemeinsamkeiten aufweisen. Diese zielen darauf ab, den Menschen in der Welt handlungsfähig und handlungsbewußt zu machen, und sind von daher vor allem erzieherisch gemeint. Damit reihen sie sich ein in die Vielzahl der (religiösen wie der nicht-religiösen) Menschenbilder der Menschheit, die alle dem Menschen helfen wollen, sich als Mensch zu bejahen und entsprechend zu verhalten, denn ohne Menschenbild ist keine Erziehung zum Handeln möglich.

Die versteinerte Demokratie

Kapitel 5

Die Zähmung der Gewalt – Toleranz und Menschenrechte

I. Überblick zur Problematik

Es gibt einige Werte oder Werthaltungen, die heute nicht mehr in Frage gestellt werden. Es handelt sich dabei fast durchgängig um Grundlagen, die sich im England des 17. Jahrhunderts herausgebildet haben. Aufgrund bestimmter sozialer und ökonomischer Voraussetzungen waren damals die dort einander gegenüberstehenden Gruppen in einen Kampf auf Leben oder Tod verfallen, der die physische Vernichtung des jeweils anderen einschloß. Die Auseinandersetzungen erreichten einen Höhepunkt um das Jahr 1650 mit der Hinrichtung des Königs, den Vernichtungsfeldzügen gegen die Puritaner und entsprechenden Auswanderungswellen, Enteignungen und Verbannungen unter *Cromwell*.

Vor dieser Ausgangssituation stellten sich einige Grundsatzfragen, auf die es bis heute noch keine endgültigen Antworten gibt:

- Wie läßt sich angesichts tiefgreifender gedanklicher Gegensätze der Schutz des Lebens verwirklichen?
- Wie läßt sich Gewalt als Mittel der Konfliktbewältigung eingrenzen?
- Welche Rechte darf der einzelne nicht verlieren, ganz gleich welches Regime herrscht?
- Welche Bereiche der Lebenssphäre sollten unantastbar und auch der Auseinandersetzung entzogen sein?
- Wie weit soll die Macht des Staates gehen? Wie läßt sich politische Gewalt zähmen und besonders der Schutz der Minderheiten verwirklichen?
- Welche Maßstäbe sind an den gesellschaftlichen Umgang anzulegen unter der Voraussetzung tiefgreifender Uneinigkeit?

Eines der wichtigsten Ergebnisse der Auseinandersetzungen jener Zeit ist, daß es endgültige Wahrheit nicht gibt. Es muß vielmehr sichergestellt sein, daß „Wahrheiten", die in einer Gesellschaft behauptet und gelebt werden, jederzeit wieder in Frage gestellt werden können. Dies sollte aber nicht dem einzelnen allein überlassen bleiben, sondern die Wahrheitssuche und damit unlöslich verbundene Zweifel am Wahren wurde bestimmten Institutionen in Staat und Politik übertragen, in deren Auftrag seither Juristen, Theologen und Philosophen tätig sind. Sie werden mißtrauisch betrachtet, weil sie das gefährliche Mittel der Macht und der Gewalt handhaben, und die Reflexion gilt auch immer wieder ihren Grenzen.

Dieser Reflexionsprozeß und das unaufhörliche Ringen um grundlegende Werte in der Gesellschaft sollen im folgenden verdeutlicht werden. Die Werte, um die es dabei im besonderen geht, sind Gerechtigkeit und Toleranz.

II. Thomas Hobbes und die Begründung der Gewaltfreiheit – Grundlagen staatlicher Gewalt

Thomas Hobbes' (1588-1679)[1] Gedankengut stellt eine Art Brennpunkt des neuzeitlichen Denkens über Ethik dar. Einerseits mußte er sich mit den bis dahin vorherrschenden Ideen auseinandersetzen, die in kirchlich-christlichen und religiösen Traditionen befangen waren. Andererseits weist seine vorurteilslose und nüchterne Betrachtung weit in die Zukunft. Er hat eine Perspektive eröffnet, die noch heute in der Diskussion ist und deretwegen er an den Pranger gestellt und auf die Gefahren seines Denkens hingewiesen wird.

Hobbes wurde in einer unruhigen Zeit geboren. So stand die Invasion der spanischen Armada in England bevor, und *Hobbes* sagte später einmal, seine Mutter habe eigentlich Zwillinge geboren, nämlich ihn und die Furcht.

Unruhig blieb auch sein weiteres Leben. Sein Vater, Pastor, erschlug im Wutanfall einen „Amtsbruder" vor der Tür seiner Kirche, floh und kam in seinem Versteck um. So konnte *Hobbes* zwar nur Dank der Hilfe eines Onkels studieren[2], der sein Studium finanzierte, doch verabscheute er die damals in Oxford vorherrschende aristotelische Philosophie[3] und hielt sein Studium für völlig unergiebig.

Später, während des englischen Bürgerkrieges, hielt er es mit der königlichen Partei und verbrachte deshalb elf Jahre im Exil in Frankreich. Aber die Königlichen wurden mißtrauisch gegenüber dem Freigeist und fragten sich, ob er wirklich einer der ihren sei. Sie hatten sich von seinem Intellekt eine religiöse Begründung der Königsherrschaft erhofft. So wurde *Hobbes* des Atheismus und des Verrats beschuldigt. Dessen Interesse galt in dieser Zeit dem sozialen Modell der Niederlande, die ohne starke Zentralgewalt von einer modernen Kaufmannsschicht beherrscht wurden. Diese ‚Generalstaaten'[4], wie sie damals hießen, kamen ihm besonders abscheulich vor: Der blanke Egoismus regierte. Glücksritter, gewissenlose Spekulanten, Halsabschneider, religiöse Ideologen: das war die Mischung, die Gesellschaften ins Unglück stürzen konnte, wie ihm das englische Beispiel erwies. Da halfen nur eine starke Zentralmacht mit einer starken Armee und deutliche Gesetze. Am wichtigsten war für *Hobbes* dabei das Problem, wie man unter der Voraussetzung gesellschaftlicher Spannungen innergesellschaftlichen Frieden herstellen konnte. Und wiewohl ihn die meisten unheimlich fanden, wurde *Hobbes* ein geachteter Theoretiker. Seine Arbeiten zeugten von einer analytischen Brillanz, der man sich nicht entziehen konnte.

Die Grundgedanken in *Hobbes* Hauptwerk *Der Leviathan* lassen sich folgendermaßen zusammenfassen[5]:

Die Menschen sind von Natur aus völlig gleich, wenn sie auch verschiedene Talente haben. Die natürliche Gleichheit führt zum Kampf aller gegen alle, denn der Mensch ist egoistisch und in seinen Interessen befangen. Ohne ordnende Hand würde jede menschliche Gemeinschaft auf Mord und Totschlag hinauslaufen.

---

1 Thomas Hobbes: Leviathan, hg. v. I. Fetscher. Frankfurt am Main (Ullstein) o.J. Thomas Hobbes: Behemoth oder das lange Parlament, hg. v. H. Münkler. Frankfurt am Main (Fischer Tb) 1991 – Hier Schilderung zum Leben von Hobbes.

2 Vgl. H. Münkler, in: Behemoth, a.a.O., S. 216ff.

3 Münkler, a.a.O. – Hobbes stand dabei völlig im Gegensatz zu Adam Smith, der eine Art Musterschüler war und mit siebzehn Jahren schon alle Philosophen gelesen hatte.

4 Die Niederlande hatten sich in einem langen Freiheitskampf gegen die katholischen Spanier durchgesetzt. Das niederländische Bürgertum konnte als Modellfall der Modernität in Europa gelten und als Vorreiter der kapitalistischen Wirtschaftsgesinnung, die für ganz Europa heraufdämmerte. Vgl. Wolfgang Schivelbusch: Das Paradies, der Geschmack und die Vernunft. Eine Geschichte der Genußmittel, München (Hanser) 1980. Zum allgemeinen Zusammenhang: Max Weber: Asketischer Protestantismus und kapitalistischer Geist = ders.: Soziologie. Universalgeschichtliche Analysen. Politik, Stuttgart (Kröner) [5]1973.

5 Vgl. Norbert Hoerster (Hg.): Klassische Texte der Staatsphilosophie. München (dtv) 1983, S. 109-132; ansonsten siehe Fußnote 1.

„Die Begierden und andere menschliche Leidenschaften sind an sich keine Sünde. Die aus diesen Leidenschaften entspringenden Handlungen sind es ebenfalls so lange nicht, bis die Menschen ein Gesetz kennen, das sie verbietet: solange keine Gesetze erlassen werden, können sie dieses Gesetz nicht kennen, und es kann kein Gesetz erlassen werden, solange sie sich nicht auf die Person geeinigt haben, die es erlassen soll."[6]

„Die Leidenschaften, die die Menschen friedfertig machen, sind Todesfurcht, das Verlangen nach Dingen, die zu einem angenehmen Leben notwendig sind, und die Hoffnung, sie durch Fleiß erlangen zu können. Und die Vernunft legt die geeigneten Grundsätze des Friedens nahe, auf Grund derer die Menschen zur Übereinstimmung gebracht werden können. Diese Gebote sind das, was sonst auch Gesetze der Natur genannt wird."[7]

Hieraus folgt eine grundlegende Einsicht: Recht und Gerechtigkeit sind keine menschlichen Eigenschaften, sondern sie sind ein historisch-politisches Produkt, das mühselig hergestellt werden und durchgesetzt werden muß. Das geht nicht ohne eine starke staatliche Gewalt.

Die Ethik ist also nicht das Einsichtsvermögen des einzelnen in das Gute und Richtige. Es gibt eigentlich nur einen ethischen Grundsatz: Den Freiraum schaffen, damit der einzelne möglichst intensiv seine egoistischen Interessen verfolgen kann. Zugleich aber ist der Mensch in der Lage einzusehen, daß dies nur unter geregelten Verhältnissen möglich ist.

„Und die Vernunft legt die geeigneten Grundsätze des Friedens nahe, auf Grund derer die Menschen zur Übereinstimmung gebracht werden können. Diese Gebote sind das, was sonst auch Gesetze der Natur genannt wird."[8]

Dieses Naturrecht ist im Kern die Berechtigung, alles zum Selbsterhalt einzusetzen. Die Naturgesetze sind die von der Vernunft ermittelten Regeln, die dem Erhalt des Lebens dienen. – Der Mensch hat daher unendlich viel Rechte, sich durchzusetzen; die Gesetze sind hingegen die verbindlichen Auflagen, die dieses Recht begrenzen.

Hieraus folgen einige *Grundregeln:*

Jedermann hat sich um Frieden zu bemühen, solange dazu Hoffnung besteht. Kann er ihn nicht herstellen, so darf er sich alle Hilfsmittel und Vorteile des Krieges verschaffen und sie benutzen.

Jedermann soll freiwillig, wenn andere ebenfalls dazu bereit sind, auf sein Recht auf alles verzichten, soweit er dies um des Friedens und der Selbstverteidigung willen für notwendig hält, und er soll sich mit soviel Freiheit gegenüber anderen zufriedengeben, wie er anderen gegen sich selbst einräumen würde.

Das ethische Prinzip lautet:

Quod tibi fieri non vis, alteri ne feceris.[9]

Der Zusammenhalt in einer Gesellschaft beruht auf einer wechselseitigen Einräumung von Rechten; durch diesen Vorgang sind die Menschen miteinander verbunden; die Regeln des Umgangs können sie daher ohne Rechtsbruch nicht ändern. Die Furcht vor den Folgen hält die Gesellschaft zusammen. Nicht Moral oder ethisches Einsichtsvermögen garantieren den sozialen Zusammenhalt und die individuelle Entwicklung, sondern die Beachtung der vorgeschriebenen Gesetze.

Allerdings können die Gesetze dermaßen ungerecht werden, daß sie das Ziel des gesellschaftlichen Friedens verfehlen und ihn sogar in Frage stellen. In diesem Falle hat der einzelne *unaufgebbare Rechte.* Das sind:

- das Recht auf Widerstand
- das Recht auf Unversehrtheit der Person
- das Recht auf ausreichende Bedingungen zur Sicherung der Existenz („die Sicherheit der Person hinsichtlich ihres Lebens und der Mittel, das Leben so erhalten zu können, daß man seiner nicht überdrüssig wird").

Die Einhaltung der geschlossenen Verträge wird durch eine übergeordnete Macht sichergestellt. Gerechtigkeit besteht daher vor allem in der Erfüllung eines Vertrages. [10] Gerechtigkeit kann es deswegen auch nur geben, wenn es die zentrale Gewalt gibt, die für die Einhaltung der Verträge[11] sorgt. Ohne diese Voraussetzung hat die Rede von der Gerechtigkeit keinen Sinn.

6 Hoerster, a.a.O., S. 112.
7 Hoerster, a.a.O., S. 113.
8 Ebd.
9 Hoerster, a.a.O., S. 115.
10 Hoerster, a.a.O., S. 117.
11 Zu Verträgen vgl. weiter unten bei III.

Anders gesprochen: Gerechtigkeit kann es ohne Staat nicht geben.

Die Menschen verzichten untereinander auf Gewalt und regeln ihre Verhältnisse durch Verträge. Diese Verträge werden vom Staat und seiner Gewalt garantiert.

„So liegt also das Wesen der Gerechtigkeit im Einhalten gültiger Verträge. Aber die Gültigkeit von Verträgen beginnt erst mit der Errichtung einer bürgerlichen Gewalt, die dazu ausreicht, die Menschen zu ihrer Einhaltung zu zwingen, und mit diesem Zeitpunkt beginnt auch das Eigentum."[12]

Da Frieden im Gegensatz zum Krieg das Leben nie gefährden kann, gehört die Pflicht, Frieden zu halten, zur natürlichen Rechtsordnung.

Die Gedanken *Hobbes'* lassen sich auf folgende Grundlagen und grundsätzliche Annahmen zurückführen:

• *Hobbes* geht aus von einem pessimistischen Menschenbild. Menschen können ihre Angelegenheiten nicht allein regeln, sondern sie sind moralisch und intellektuell schwach. Daher bedarf es einer festen vorgegebenen Ordnung. Allerdings hat der Mensch ein Recht auf Einsicht in die Notwendigkeit von Ordnung, der er sich unterwerfen muß. Damit tut sich ein Abstand zwischen Einsichtsvermögen und Handlungsvermögen auf. Eine solche Spaltung des Menschen hat *Hobbes'* Zeitgnosse *Herbert von Cherbury* (1581–1648) auf den Punkt gebracht: Der Mensch ist insofern rational, als er Geist, Liebe und Freiheit mit Gott teilt, zum anderen teilt er die Geistlosigkeit, das sinnliche Verlangen und die Zwanghaftigkeit des Verhaltens mit den Tieren. Es gibt daher auch keinen allgemein und immer gültigen Wert des Menschen: Was Menschen wert sind, ist das Ergebnis eines rationalen politischen Arrangements.

• Die von dem Philosophen Aristoteles beeinflußte politische Philosophie nimmt dagegen an, daß der Mensch sehr wohl in der Lage sei, das je Gute herauszufinden. Das hat zur Folge, daß die Reflexionsmöglichkeiten des einzelnen ausgebildet und geschult werden müssen. Für *Hobbes* hingegen ist diese individuelle praktische Vernunft ein politischer Unsicherheitsfaktor, den es um jeden Preis zu beherrschen gilt. Das vom Staat Durchgesetzte ist das Gute. Allem Natürlichen ist zu mißtrauen, während das Politische und vom Staat Bewirkte eine höhere Vernunft als die des einzelnen beanspruchen kann.

• Hiermit verbindet sich die allgemeine Weltsicht: Die Dinge laufen schlecht auf der Erde; man kann daher das Übel nur so gering wie möglich halten.

• Als oberstes Gebot politischer Moral bleibt daher für die der Herrschaft Unterworfenen der unbedingte Gehorsam, solange die politische Ordnung garantieren kann, daß der einzelne seine Interessen verwirklichen kann und sein Recht auf Leben nicht auf dem Spiel steht. Die Berufung auf das „Gewissen" kann es in diesem Zusammenhang nicht geben: Sie würde nur bedeuten, daß der einzelne doch das Maß aller Dinge ist. Es kommt aber darauf an, einen vernünftigen Kollektivwillen herzustellen.

• Viele aktuelle Ereignisse und Entwicklungen zeigen, daß *Hobbes* einen Nerv des Zusammenlebens getroffen hat. Seine Gedanken werden immer wieder lebendig, wenn es gilt, eine höhere Einsicht der Gesellschaft gegenüber einzelnen Menschen durchzusetzen, und es lassen sich aus der Gegenwart auch Beispiele beibringen, die diesen Grundgedanken sinnvoll erscheinen lassen. Ebenso aber läßt sich immer wieder zeigen, daß wichtige Anstöße im Namen der übergeordneten kollektiven Vernunft unterdrückt werden.[13]

Daher sollen einige Einwände gegen den *Hobbes*schen Ansatz vorgebracht werden:

• Es kommt nicht darauf an, daß sich ein politischer Apparat mit noch so guten Zielen durchsetzt. Es kommt vielmehr darauf an, in der Politik einen Ausgleich zwischen den verschiedenartigen gesellschaftlichen Interessen zu finden.

• *Hobbes* kommt es zentral darauf an, daß der Machtapparat funktioniert und daß die zentralen gesellschaftlichen Abläufe garantiert bleiben. Demgegenüber ist die ‚Gerechtigkeit' eine Art Stachel, die immer wieder die Unruhe auf-

12 Hoerster, a.a.O., S. 114.

13 Hierzu gehört die Diskussion um das Mehrheitsprinzip. Kann es noch der Einzelvernunft als überlegen gelten? – Cf. Bernd Guggenberger und Claus Offe (Hg.): An den Grenzen des Mehrheitsprinzips, Opladen (Westdeutscher Verlag) 1984; hierzu auch Hans Jonas: Erkenntnis und Verantwortung, Göttingen (Lamuv) 1991, S. 112ff.

kommen läßt, ob die Verhältnisse wirklich optimal geregelt sind. Insofern scheint *Hobbes'* Bild vom Menschen unvollständig.

Einen besonderen Gegensatz wird man zwischen den Auffassungen von *Hobbes* und der Behauptung sehen müssen, daß alle Menschen unverlierbare Rechte hätten. Wie sich aus den vorhergehenden Ausführungen ergibt, sieht *Hobbes* hier allerdings nur sehr wenige Rechte. An diesem Punkte wird das Ärgernis *Hobbes* sehr greifbar: Hat er nicht recht, nur daß wir es nicht wahrhaben wollen?

III. Die Vertragstheorie als Grundlage der Gesellschaft

Hobbes setzte einen Vertrag zwischen dem einzelnen und dem Staate voraus.[14] Das war natürlich kein richtig geschlossener Vertrag, sondern sozusagen ein Denkmodell, das es erlauben sollte, das Verhältnis zwischen Bürger und Staat, dem einzelnen und der Gesellschaft, zu beschreiben. In diesem angenommenen Vertrag verzichtet der einzelne auf eine Fülle seiner individuellen Rechte, weil er einsehen muß, daß es besser für ihn ist. So kann der Staat einen Rahmen festsetzen, innerhalb dessen sich der einzelne halten muß bei der Verfolgung seiner indivuduellen Interessen. Würde es diese staatliche Vorgabe nicht geben, dann würde das reine Faustrecht herrschen und jeder gegen jeden stehen. Wenn der Staat diesen Rahmen nicht mehr garantieren kann, dann, aber erst dann, habe der einzelne das Recht, diesen Vertrag aufzukündigen.

Diese Vertragstheorie formten die Nachfolger *Hobbes'* zu einer Art Ideal um. So formulierte *John Adams* im Entwurf der Verfassung von Massachusetts, die ihrerseits Vorbild für die amerikanische Verfassung wurde:

„Wenn der Zweck einer Regierung nicht mehr erreicht wird, kann das Volk seine Regierung ändern. Die politische Einheit entsteht aus der freiwilligen Vereinigung der Individuen. Sie ist das Resultat eines sozialen Paktes, in welchem die Gesamtheit des Volkes mit jedem Bürger und jeder Bürger mit der Gesamtheit kontrahiert, um nach bestimmten Gesetzen im allgemeinen Interesse regiert zu werden. Es ist also die Pflicht des Volkes, wenn es eine Verfassung einrichtet, sowohl einen gerechten Modus der Gesetzgebung wie unparteiische und zuverlässige Ausübung und Anwendung der Gesetze vorzusehen."[15]

Diese Vorstellung ging über *Hobbes* ' Theorie hinaus, denn daß die Bürger Gemeinschaften von Individuen bildeten und ihre Gemeinwesen quasi automatisch nach Leitwerten ordneten, hätte *Hobbes* für eine Illusion gehalten.

Hinter dieser Vorstellung stand zudem eine noch stärker verallgemeinerbare Idee:[16] Die Gesellschaft sollte auch in sich, in allen Daseinsbereichen, so gestaltet werden, daß die einzelnen unter Verzicht auf Gewalt Verträge miteinander schlossen und auf diese Weise ihre Verhältnisse ordneten. So sollte z.B. jemand seine Arbeitskraft unter Vertragsbedingungen einem anderen überlassen können; war er damit nicht mehr einverstanden, dann sollte er den Vertrag kündigen können.

Diese Vertragsidee zog eine neue Ethik nach sich: Nicht mehr die ganze Person stand hinter dem „Geschäft", sondern es wurden nur noch bestimmte Teile des Menschen durch den Vertrag erfaßt. Im gewählten Beispiel steht das Arbeitsvermögen auf der einen, die Fähigkeit zur angemessenen Bezahlung der Arbeit auf der anderen Seite. Alle anderen möglichen Aspekte – wechselseitiges Interesse füreinander, Mitgliedschaften irgendwelcher Art, besondere Herkunft o.ä. – spielen keine Rolle.

Das mag heute ‚normal' erscheinen; allerdings weisen einige Rechtsverhältnisse darauf

14 Vgl. Wilfried Röhrich: Sozialvertrag und bürgerliche Emanzipation. Von Hobbes bis Hegel, Darmstadt (Wissenschaftliche Buchgesellschaft) 1983.

15 Carl Schmitt: Verfassungslehre, Berlin (Duncker & Humblodt) 1983, S. 62.

16 Darunter sind jene Leitvorstellungen zu verstehen, die für die gesamte Menschheit gelten sollen und für die die historische Aufgabe besteht, sie auf alle Menschen auszudehnen. – Vgl. Jürgen Habermas: Legitimationsprobleme im Spätkapitalismus, Frankfurt am Main (es 623) 1973 u.ö.

Stichwort Vertrag

Als Rechtsinstrument stammt der Gedanke des Vertrages schon aus der römischen Republik: Er sollte dem wirtschaftlichen Leben der Gesellschaft Dauer verleihen und vor allem Besitzverhältnisse eindeutig festlegen. Wenn der Vertrag nach Recht und Ordnung zwischen Privatleuten geschlossen war, dann garantierte die Republik (der Staat), daß diese Verträge auch eingehalten werden mußten und zwang zur Not den Vertragsbrüchigen dazu, die abgemachten Versprechungen zu erfüllen (pacta sunt servanda). Damit sollte Sicherheit in den wirtschaftlichen Geschäften erreicht werden, die während der römischen Republik immer komplizierter wurden und sich nicht mehr auf einfachen Tausch von Gütern bezogen, sondern etwa auf den Tausch von Arbeitskraft und Ernteertrag (ein Eigentümer vermietete das Ernten seiner Olivenanlagen an einen darauf spezialisierten Unternehmer).

Unter bürgerlichem Vorzeichen, seit Mitte des 18. Jahrhundert, wurde aus dem Vertrag eine grundlegende gesellschaftliche Idee: Die Gesellschaft wurde aufgefaßt als ein Konglomerat freier Individuen, die sich gegenseitig durch Vertrag binden. Das Vertragsverhältnis sollte die gesamte Gesellschaft ordnen: Ehe, Arbeitsverhältnis, Wohnen zur Miete, aber auch Beherrschung durch die übergeordnete Staatsgewalt sollten als ein wechselseitiges Versprechen von Gleichen, eben als Vertrag, gestaltet werden. Der eine durfte von dem anderen nur verlangen, was der Vertrag besagte. Jeder Partner hatte seine Rechten und Pflichten; als besonders kompliziert stellte sich heraus, unter welchen Bedingungen der Vertrag gekündigt werden durfte.

Die Vertragsidee ist bis heute eine leitende Vorstellung zur Ordnung der gesellschaftlichen Verhältnisse geblieben. Die Kritiker führen heute vor allem an, daß die Vorstellung, daß Gleiche untereinander die Bedingungen des wechselseitigen Verhältnisses aushandelten, nicht mehr tragfähig sei.

hin, daß es auch ältere Beziehungsschichten gibt: Das Verlöbnis und die Ehe sind solche Verträge, die noch die ganze Person betreffen; auch das Beamtenverhältnis mit der Einrichtung der „Fürsorge" durch den Dienstherrn und der „Mäßigung" des Beamten in der Öffentlichkeit. Ein besonders herausragendes Beispiel für die ganzheitlichen Beziehungen ist der Eid. Es handelt sich hier um vormoderne Elemente einer moderneren Sozialordnung.

Die auf dem Vertrag beruhende Gesellschaft sollte die Menschen in eine rationalere Beziehung zueinander bringen: Die wechselseitige „Verwertbarkeit" sollte die Grundlage der Sozialbeziehungen werden.

Ein normaler Vertrag muß drei Merkmale haben, wenn er der Leitvorstellung vom Vertrag gerecht werden soll:

1. einzelne sich gegenüberstehende Individuen, die alle gleich handlungsfähig sind;
2. genau umschriebene und kündbare Inhalte;
3. keine ganze Erfassung der Person, sondern strikte Beschränkung auf die Vertragsinhalte.

Der Gedanke, daß Verträge dieser Art das gesamte Sozialleben am besten regeln können und zugleich dem Erfordernis der Freiheit eines jeden entsprechen, leuchtete offenbar ein. So wurde der Vertragsgedanke grundlegend. Am Beispiel des Arbeitsvertrages kann man sich allerdings leicht klarmachen, daß in vielen Bereichen die Vertragsidee eine Illusion geblieben ist. Gerade bei Arbeitsverhältnissen zeigt sich, daß die im vorigen Abschnitt genannten drei Leitvorstellungen oftmals nur annäherungsweise erfüllt werden können. Wenn etwa ein Arbeitgeber ein bestimmtes politisches Bekenntnis verlangt, dann ist das in der Juristensprache ‚sittenwidrig'; dennoch kommt es vor, oder zumindest halten Arbeitnehmer mit ihrer politischen Ansicht hinter dem Berge. Aber auch im politischen Raum muß man sich fragen, wie tragfähig die Vertragsidee ist. Der Vertragstheorie zufolge wird ja der Staat als Inhaber einer von der Gesellschaft delegierten Gewalt angesehen[17], da im Rahmen der Volkssouveränität das Volk prinzipiell widerrufbare und begrenzte Befug-

17 Roman Herzog: Allgemeine Staatslehre, Frankfurt am Main (Athenäum) 1971, S. 48ff.

nisse an den Staat überträgt. Der berühmte, allerdings auch umstrittene Verfassungsrechtler *Carl Schmitt* – im übrigen ein *Hobbes*-Anhänger – hält dies für eine „Fiktion"[18]. Ihm zufolge ist die Vertragstheorie nur aus den Kämpfen gegen die Monarchie heraus zu verstehen: Sie war sozusagen das Propagandainstrument der Anhänger der bürgerlichen Herrschaft gegen die Monarchie und sollte dazu beitragen, daß die Verfassung nicht einseitig vom Monarchen aufgezwungen (oktroyiert) wurde, sondern mit den politischen Spitzen des Bürgertums ausgehandelt wurde. Eine Beteiligung des einzelnen und gar einen grundlegenden politischen Vertrag mit jedem einzelnen hat es nie gegeben. Daher bleibt es, *Carl Schmitt* zufolge, bis heute ein ungelöstes Problem, wie sich Beteiligung und Freiheit des einzelnen und Stabilität einer politischen Ordnung miteinander vereinbaren lassen. Mit anderen Worten: Es kann durchaus bezweifelt werden, ob die Vertragstheorie überhaupt eine hinreichende Lösung des von *Hobbes* aufgeworfenen Problems darstellt. Diese Warnung muß man wohl beachten, wenn man sich die auf *Hobbes* folgenden Konzeptionen vor Augen führt. Seine Grundidee, daß die Gesellschaft selber durch einen Vertrag zustandekommt, nahmen auch *Rousseau*[19] und *Kant*[20] auf. Bei ihnen verliert aber – im Gegensatz zu *Hobbes* – der einzelne nichts, alle gewinnen durch den freien Vertrag. Bei *Hegel*[21] hingegen ist es der Staat, der die Gesellschaft in eine Ordnung bringt, aus eigener Kraft gelingt ihr das nicht. Heutige Theorien gehen von einer engen Wechselwirkung von organisierten gesellschaftlichen Kräften und politischer Macht aus, die die Gesellschaften zusammenhalten und dem einzelnen gegenüber ihre Handlungsvorschriften durchsetzen.

IV. Das Problem der Toleranz

Die bisher betrachteten Denkrichtungen sehen den einzelnen Menschen als der Gesamtgesellschaft untergeordnet. Sie fordern deshalb vom einzelnen Verzichte im Interesse einer Ordnung für diese Gesellschaft, die ihm im Gegenzug einen Raum der Sicherheit bietet, in dem er sich entfalten kann.

Gegenüber dieser Sichtweise gibt es aber auch eine Betrachtung, die Gruppen in der Gesellschaft oder sogar einzelnen das Recht einräumt, anders zu sein als die übrigen. Dabei stellt sich jedoch von vornherein die generelle Frage, wieviel Abweichung von der gültigen Ordnung sich eine Gesellschaft leisten kann.

Das Problem der Toleranz wurde schon in der griechischen Antike diskutiert. Der unaufgebbare historische Stand der Diskussion heute läßt sich in der Erfahrung zusammenfassen, daß niemand für sich beanspruchen darf, im Besitze der endgültigen Wahrheit zu sein, sondern daß Menschen zu allen Zeiten nach der für sie gültigen Wahrheit suchen dürfen und müssen. Daher darf eine bestimmte Weltanschauung oder Religion auch nicht mit Gewalt durchgesetzt werden.

Probleme mit dem Toleranzgebot ergeben sich für den einzelnen heute weniger auf dem Gebiet der Weltanschauungen und Religionen im allgemeinen als vielmehr im alltäglichen Leben. Die Grenzen des Duldbaren werden so zum Beispiel an den folgenden Fragestellungen thematisiert:

- Dürfen Frauen abtreiben?
- Haben Aids-Kranke ein Recht auf selbstbestimmte Sexualität?
- Gibt es ein Recht auf freie Wahl der eigenen Todesart und auf Sterbehilfe?
- Dürfen Neonazis offen die Vernichtung ihrer Gegner fordern?
- Dürfen alle Ergebnisse der Wissenschaft weitergegeben werden?
- Sind z.B. Asylbewerber aus Rumänien wirklich politisch Verfolgte? Wo fängt politische Verfolgung an?

18 Carl Schmitt, a.a.O., S. 66.

19 Gesellschaftsvertrag (Viele Ausgaben, z.B. Reclam).

20 Über den Gemeinspruch: Das mag in der Theorie richtig sein, taugt aber nicht für die Praxis. (Viele Ausgaben, z.B. Hirschgraben).

21 Grundlinien einer Philosophie des Rechts, Frankfurt am Main (Ullstein) 1972, bes. S. 182, S. 185.

- Ist Widerstand gegen demokratische Beschlüsse erlaubt?
- Wo liegen die Grenzen von politischem Protest?

Manche meinen, daß der Schutz des Lebens der einzige Wert sei, der in unserer Gesellschaft nicht umstritten sei. Aber die Auflistung zeigt, daß auch dies nicht der Fall ist: Es kommt offenbar darauf an, wie weit man den Schutz des Lebens fassen will. Und wenn schon diese Fundamentalnorm umstritten ist, dann wird man auch nicht erwarten können, daß auf anderen Gebieten die Meinungen übereinstimmen.

Toleranz kann nun nicht heißen, daß alles gesagt oder gedacht werden darf. Toleranz ist vielmehr – die aufgelisteten Fragen zeigen es – ein praktisches Problem: Es geht zunächst darum, inwieweit Minderheiten einen *Anspruch* auf den Beistand von Mehrheiten haben und mit ihm rechnen können.

Letztendlich ist es aber die Frage, inwieweit die Existenz Andersdenkender geduldet bzw. deren Vernichtung gefordert werden darf. Doch auch diese politische Grundfrage ist eher doppelbödig: Neonazis und Rechtsextreme werden wegen ihrer Vernichtungsphantasien heftig angegriffen, aber Industriemanager können weitgehend unbehelligt Giftgas oder Waffen in Krisen- und Kriegsgebiete liefern, gerade weil sie dies ohne jeglichen moralischen Hintergrund tun. Soll man sie deswegen gewähren lassen? – So sagte schon 1945 der Leiter der Wirtschaftsabteilung der britischen Militärregierung, *Sir Percy Mills*, über die deutschen Wirtschaftsführer: „Sie waren keine Nazis, sie waren Geschäftsleute."

Das Gebot der Toleranz allgemein ist unumstritten, während gleichzeitig aber sein Geltungsbereich Gegenstand ständiger gesellschaftlicher Auseinandersetzung ist. Und das ist gut so, wird doch bei der Forderung, jeder solle so leben, wie er wolle, oft vergessen, daß viele so leben müssen, wie sie gerade nicht wollen.

Im Alltagssprachgebrauch wird der Begriff Toleranz häufig mit Gleichgültigkeit übersetzt; der heftigste Feind des Toleranzgebotes aber ist genau diese Gleichsetzung.

„Es müssen Secten (Spaltungen) sein, und das Wort Gottes muß zu Felde liegen und kämpfen ... Man lasse die Geister aufeinander platzen und treffen ... Wo ein Streit und Schlacht ist, da müssen etliche fallen und wund werden."
(Martin Luther)

„oberkeit soll nicht wehren, was jedermann lehren und gläuben will, es sei Evangelium oder Lügen. Ist genug, daß sie Aufruhr und Unfriede lehren wehren."
(Martin Luther)

„Ich halte ihn zwar für einen Schurken und das, was er sagt, für falsch; aber ich bin bereit, mein Leben dafür einzusetzen, daß er seine Meinung sagen kann."
(Voltaire)

Die drei vorangehenden Zitate zeigen auf, daß Haltungen von Toleranz und Gleichgültigkeit weit voneinander entfernt sein können. Zugleich scheinen sie ein Echo aus fernen Zeiten, denn so dramatisch wollen wir heute alles nicht mehr sehen. Der persönlich riskante Einsatz für die Meinung anderer wird allemal weithin für soziale Dummheit gehalten. Der passive Aspekt des Toleranzproblems, nämlich der Gewaltverzicht, verdrängt den aktiven Aspekt, die Forderung nach einem Ringen um das Wahre. Doch die Forderung nach Toleranz bedeutet gerade auch, Bedingungen zu schaffen, die abweichende Auffassungen ermutigen. So gesehen gilt es nicht nur, den erreichten Stand der Toleranz zu bewahren, sondern ihn ständig herzustellen und weiter voranzutreiben. Es gibt auf allen Gebieten eine herrschende Meinung, gegen die man nicht ungestraft verstößt. Mit diesem sozialen Sachverhalt hat jeder seine Erfahrungen. Erreicht ist daher nur der Verzicht auf offene Gewalt im Meinungsstreit (und weltweit gesehen noch nicht einmal das), in Ansätzen die Hinnahme und das Nebeneinanderbestehen unterschiedlicher Lebensformen. Weit ist aber noch der Weg zur Freude der Gesellschaft an abweichenden und widerstreitenden Auffassungen und der freiwilligen Öffnung gegenüber dem Fremden.

Der Umgang mit Minderheiten ist, so gesehen, ein besonderer Prüfstein für den Stand des Toleranzgebotes. Für das staatliche Handeln ist dabei wichtig, daß zwei unvereinbare Sichten aufeinanderprallen, die es notwendig machen, daß einer der Beteiligten im Namen der Toleranz nachgibt: Für das staatliche Handeln liegt die Grenze dort, wo Minderheiten aggressiv auftreten und Regeln verletzen.

Für viele der protestierenden Minderheiten ist diese an sich einsichtige Regel nicht hinnehmbar. Es zeigt sich zugleich, daß Schutz von Minderheiten heute sich nicht auf deren duldsame Inkaufnahme beschränken kann. Aus der Sicht dieser Minderheiten befindet sich nämlich das Gros der Gesellschaft auf einem falschen Wege, dem sie als Minderheiten gezwungermaßen folgen müssen. Für diese Minderheiten stellt sich die Frage in der Regel folgendermaßen: Wie weit können Handlungsweisen oder Vorhaben geduldet werden, die zwar die Mehrheit der Bevölkerung hinnimmt oder gar bejaht, die aber zu akuten Lebensbedrohungen führen (ökologische Probleme, Nord-Süd-Verhältnis, Atomenergie)? Hier geht das Problem der Toleranz über in eine Krise des Mehrheitsprinzips und der demokratischen Institutionen, weil die Minderheit die Gefolgsamkeit aufkündigt.[22] Zugleich kann dieser Fall die Kehrseite der Toleranz noch einmal verdeutlichen: Es gibt auch Fälle, in denen Widerstand und Abwehr geboten erscheinen, wo also bewußt eine andere Auffassung bekämpft wird. Auch das ist notwendig. Toleranz kann also nicht heißen, ein jeder solle alles und jedes dulden oder gar das andere in jedem Falle schützen. Vielmehr rückt gerade heute das Wechselverhältnis in den Mittelpunkt: Abwehr und Bekämpfung des anderen wird nur auf der Grundlage einer überzeugenden Toleranz glaubhaft. Das bedeutet aber für jeden, daß er selber die schwierige Balance herstellen muß zwischen dem für ihn Unaufgebbarem und dem notwendigen Schutz seiner Gegner oder Anderslebender. Es handelt sich um eine prekäre Grenzziehung. Daher gibt es, historisch gesehen, auch keinen Fortschritt in Richtung auf immer mehr Toleranz, sondern auch Zeiten erheblichen Rückschritts.

V. Menschenrechte – Glanz und Elend

> Wir haben es in unserer Macht, die Welt neu zu beginnen.
>
> *Thomas Paine in der Flugschrift ‚Common Sense, 1776*
>
> Novus Ordo seculorum
>
> *Motto auf dem Großen Siegel der USA*

Für *Thomas Hobbes* stand außer Zweifel, daß es keine Friedensfähigkeit des Menschen geben könne. Daher müsse unter Einsatz von politisch kontrollierter Gewalt das Ärgste verhindert werden (vgl. Abschnitt II). Diese Denktradition scheint bis heute ungebrochen. – Aber auch *Hobbes* sah Grenzen für alle noch so legitimierte staatliche Macht. Da es der Sinn politischer Gewalt sein soll, das Leben der Menschen zu garantieren und ihnen Sicherheit für ihre Lebensplanung zu schaffen, ist die Grenze politischer Gewalt und politischen Gehorsams dann erreicht, wenn beides nicht mehr garantiert ist. Dann ist Widerstand geboten.Wie immer wird bei *Hobbes* eine nüchterne Sicht deutlich: Das Recht des einzelnen ist ein Abwehrrecht gegenüber dem Unzumutbaren.[23]

Diese Sicht war den Denkern der *Aufklärung* zu wenig. Sie wollten eine Ära eröffnen, in der alle Menschen die Möglichkeit erhielten, sich hin zu Freiheit und Gleichheit zu entwickeln. So erhob die Französische Nationalversammlung den Anspruch, die Menschenrechte für alle Menschen und alle Zeiten zu erklären. Die Zielvorstellungen legten sie nieder in Erklärungen zu den Menschenrechten.

Die folgenden Textauszüge decken einen Zeitraum ab von der amerikanischen Unabhängigkeitserklärung 1776 und der Französischen Revolution 1789 bis zu UN-Konventionen aus heu-

22 Aufarbeitung aus heutiger Sicht: Robert Paul Wolff u.a.: Kritik der reinen Toleranz, Frankfurt am Main (es 181) 1967; aus psychoanalytischer Sicht: Alexander Mitscherlich: Toleranz – Überprüfung eines Begriffs, Frankfurt am Main (st 213) 1974 – Übersicht zur gesamten Diskussion bei Manon Maren-Grisebach: Stellung beziehen, Göttingen (Vandenhoeck) 1981.

23 Vgl. Anm. 13.

tiger Zeit. Diese Kataloge handeln nicht mehr von *Abwehrrechten* gegenüber der staatlichen Gewalt, sondern von *Mitwirkungsrechten* am politischen Leben der Gemeinschaft und von *Teilhaberechten* am sozialen Leben der Gemeinschaft.

Bill of Rights (12. Juni 1776)

Artikel 1: Alle Menschen sind von Natur gleichermaßen frei und unabhängig und besitzen gewisse angeborene Rechte, deren sie ihre Nachkommenschaft bei der Begründung einer politischen Gemeinschaft in keiner Weise berauben oder zwingen können, sich ihrer zu begeben; nämlich das Recht auf Leben und Freiheit und dazu die Möglichkeit, Eigentum zu erwerben und zu erlangen.

Unabhängigkeitserklärung der Vereinigten Staaten (4.Juli 1776)

Folgende Wahrheiten erachten wir als selbstverständlich: daß alle Menschen gleich geschaffen sind; daß sie von ihrem Schöpfer mit gewissen unveräußerlichen Rechten ausgestattet sind; daß dazu Leben, Freiheit und das Streben nach Glück gehören; daß zur Sicherung dieser Rechte Regierungen unter den Menschen eingesetzt werden, die ihre rechtmäßige Macht aus der Zustimmung der Regierten herleiten; daß, wenn irgendeine Regierungsform sich als diesen Zielen abträglich erweist, es Recht des Volkes ist, sie zu ändern oder abzuschaffen und eine neue Regierung einzusetzen und diese auf solchen Grundsätzen aufzubauen und ihre Gewalten in der Form zu organisieren, wie es ihm zur Gewährleistung seiner Sicherheit und seines Glückes geboten erscheint.

Erklärung der Menschen- und Bürgerrechte vom 26. August 1789

Artikel 1: Die Menschen sind und bleiben von Geburt frei und gleich an Rechten. Soziale Unterschiede dürfen nur im gemeinen Nutzen begründet sein.

Artikel 4: Die Freiheit besteht darin, alles tun zu können, was einem anderen nicht schadet. So hat die Ausübung der natürlichen Rechte eines jeden Menschen nur die Grenzen, die den anderen Gliedern der Gesellschaft den Genuß der gleichen Rechte sichern. Diese Grenzen können allein durch Gesetz festgelegt werden.

Präambel der Erklärung der Menschenrechte durch die Vereinten Nationen vom 10. Dezember 1948

Da die Anerkennung der allen Mitgliedern der menschlichen Familie innewohnenden Würde und ihrer gleichen unveräußerlichen Rechte die Grundlage der Freiheit, der Gerechtigkeit und des Friedes in der Welt bildet,

da Verkennung und Mißachtung der Menschenrechte zu Akten der Barbarei führen, die das Gewissen der Menschheit tief verletzt haben, und da die Schaffung einer Welt, in der den Menschen, frei von Furcht und Not, Rede- und Glaubensfreiheit zuteil wird, als das höchste Bestreben der Menschheit verkündet worden ist,

da es wesentlich ist, die Menschenrechte durch die Herrschaft des Rechts zu schützen, damit der Mensch nicht zum Aufstand gegen Tyrannei und Unterdrückung als letztem Mittel gezwungen wird, ...

verkündet die Generalversammlung die vorliegende allgemeine Erklärung der Menschenrechte als das von allen Völkern und Nationen zu erreichende gemeinsame Ideal ...

In der näheren Betrachtung der Menschenrechte soll zunächst die Behauptung interessieren, diese Rechte seien jedem Menschen als solchem angeboren. Die Vorstellung, daß jeder Mensch eine ihm eigene Würde und damit verbundene Rechte habe, ist in vielen Kulturen entwickelt worden. In den heute grundlegenden Texten herrscht aber der christliche Ursprung dieses Gedankens vor. Hier gilt der Mensch als das Ebenbild Gottes (Genesis 1,26f. u.ö.).

Die denkerischen Anstrengungen richteten sich darauf, das Besondere am Menschen zu finden, und dazu gehört seine freie Entfaltung und Entwicklung. Die Menschenrechte sind in dieser Hinsicht nicht mehr eigens begründbar, sondern sie leuchten unmittelbar als richtig ein. Als Beispiel mag das Recht auf körperliche Unversehrtheit gelten.

Allerdings läßt eine intensivere Betrachtung der Menschenrechte auch Zweifel an ihrem „Ewigkeitscharakter" aufkommen. Liest man z.B. in den frühen amerikanischen Texten vom Recht auf Eigentum als Menschenrecht, dann ist damit nicht die persönliche Habe gemeint. Es ist vielmehr das Eigentum gemeint, das Arbeit schafft, also zum Beispiel der eigene Betrieb oder die eigene Firma.[24] Diese Art von Eigentum macht aber von einer gewissen Größe an andere abhängig und bedarf daher der politischen Kontrolle. Zum Zeitpunkt, als die amerikanischen Freiheitserklärungen das Recht auf Eigentum als Menschenrecht festhielten, war es umgekehrt: Der eigene Besitz, der die Familie ernährte, machte unter den damaligen Umständen unabhängig von jeder übergeordneten politischen Gewalt und konnte sehr wohl als Voraussetzung für den unabhängigen Bürger gelten. Daher war es ein wichtiges politisches Ziel, ihn von der Besteuerung auszunehmen, die in der Vergangenheit – im vorliegenden Falle von der englischen Krone – diesem Besitz auferlegt worden war. Es war aus der Sicht des nordamerikanischen Kleineigentümers nicht einzusehen, zu welchem Zweck die englische Krone, oder wer auch immer, ihm einen Teil seines Arbeitsertrages wegnahm. In diesem Sinne waren für viele der Unterzeichner der Bill of Rights oder der Unabhängigkeitserklärung Menschenrechte nicht etwas Ewiges oder gar Heiliges, sondern unmittelbarer Ausdruck der praktischen und politischen Vernunft. Menschenrechte in diesem Verständnis fixieren nicht viel mehr als den Reflexionsstand über den wünschenswerten Zustand der Gesellschaft, und der war und ist historisch gebunden.

Menschenrechte sind nichts Feststehendes, sondern sie sind sozusagen die Pflichtaufgaben von Politik: Da der Stand der Gültigkeit wie das konkrete Verständnis und die Verwirklichung der Menschenrechte nicht unwesentlich von den jeweiligen historisch-politischen Bedingungen abhängen, können die Menschenrechte nicht als unveränderbar aufgefaßt werden. Sie sind offenbar Grundsätze, die immer wieder kritisch gegenüber der jeweiligen Realität zur Geltung zu bringen sind. So steckt zum Beispiel in der Forderung nach Gleichheit ein ständiger Unruhefaktor, der immer wieder zur Suche nach Gerechtigkeit antreibt.

Der Gebrauch der Menschenrechte ist zudem weitgehend politisch motiviert. So enthalten die Menschenrechtskonventionen der UNO vom 16.12.1966 das Recht auf Arbeit, weil es zentrale Voraussetzung für die Verwirklichung der übrigen Menschenrechte sei. Die ehemalige DDR hatte das Recht auf Arbeit weitgehend verwirklicht, strich aber in der Verfassung von 1968 das bis dahin (Art. 10 der Verfassung von 1949) garantierte Recht auf Auswanderung. (Dies trug wesentlich zum Verfall der Staatsmacht und zum passiven Widerstand bei.) Das Recht auf Auswanderung wurde gegenüber den ehemaligen Ostblockstaaten während der entsprechenden Konferenzen in Helsinki immer wieder eingeklagt. Nach dem Zusammenbruch der sozialistischen Staaten beschloß die EG hingegen Beschränkungen für dieses Recht. – Ein weiterer Gesichtspunkt: Die Einhaltung der Menschenrechte wird von der Führungsmacht der Welt immer stärker zur Rechtfertigung benutzt, ganze Regionen in Trümmer zu legen. Diese Selbstgewißheit, daß nämlich Gewalt angebracht sei, um noch Schlimmeres zu verhüten, begleitet die US-Politik von Anfang an. Die heutige Dynamik begann mit der Vernichtung der Indianer[25], führte über Hiroshima und beinhaltet die Mißachtung des Lebens im Süden. Um der Ausgewogenheit willen muß allerdings angemerkt werden, daß die USA im Augenblick nur deswegen allein am Pranger stehen, weil andere Mächte noch keine Gelegenheit zu ähnlichem Vorgehen hatten. Berufung auf Menschenrechte ist unter diesen politischen Voraussetzungen mit äußerster Vorsicht zu betrachten.

Man wird nicht um die Feststellung herumkommen, daß die Menschenrechtskataloge heute eher ein Minimalprogramm historisch-politischer Entwicklung für Gesellschaften darstellen als ein Programm zum Umbau der Gesellschaft und zur Errichtung einer neuen Weltordnung, als das sie ursprünglich gedacht waren.[26] Es ist sogar die Frage, ob sie in ihrer heutigen Form, wie etwa die UN-Konventionen oder die Europäische Konvention zum Schutz der Menschenrechte und Grundfreiheiten (vom 4.11.1950), den Problemen unserer Zeit überhaupt noch gerecht werden können. Die Beantwortung dieser

---

24 Grundlegende Klärung des Eigentumsbegriffes am Beispiel der Weimarer Reichsverfassung bei Otto Kirchheimer: Funktionen des Staats und der Verfassung, Frankfurt am Main (es 548) 1972, S. 7ff.

25 Ekkehart Krippendorff: Staat und Krieg, Frankfurt am Main (es 1305) 1985, S. 97ff.

26 Marcel Gauchet: Die Erklärung der Menschenrechte. Die Debatte um die bürgerlichen Freiheiten, Reinbek (Rowohlt) 1991.

Frage wird zudem durch die ungleichzeitige Entwicklung auf der Erde erheblich erschwert:

- Ist die in den Menschenrechtskatalogen tragende Freiheit von physischem oder psychischem Leiden für die buddhistisch geprägte Welt gleichermaßen unmittelbar einsichtig?
- Hat das Recht auf körperliche Unversehrtheit noch Gültigkeit in den Industrieländern, z.B. angesichts der Zunahme der Umweltkrankheiten?
- Welcher Wert kommt der Meinungsfreiheit zu angesichts verdummender Massenmedien?
- Warum gibt es immer noch die Folter, und das ohne abnehmende Tendenz? Wieso nimmt weltweit die Zahl der politischen Gefangenen zu?
- Warum ist die Erde überzogen von schleichendem Völkermord?

Die Betrachtung dieses sicherlich zu erweiternden Fragenkatalogs führt zu der Erkenntnis, daß es einerseits immer noch Zustände auf der Erde gibt, wie sie schon *Thomas Hobbes* erfahren hat; hier mag man an die Vorgänge im Sudan, in Somalia oder im ehemaligen Jugoslawien denken. Hier war und ist es notwendig, das Recht auf körperliche Unversehrtheit durchzusetzen. Allerdings handelt es sich dabei nur um eine notwendige, keineswegs aber um eine hinreichende Voraussetzung der gesellschaftlichen Weiterentwicklung. In anderen Regionen der Erde ist die Gewaltfreiheit erreichter und wenig bedrohter Standard. Aber genau in diesen Regionen scheint die Zukunft der Menschheit auf andere Weise gefährdet, nämlich durch wachsende ökologische Probleme im umfassenden Sinne. So wird immer deutlicher, daß die Diskussion um Menschenrechte wohl eher in einen Katalog der verbotenen Maßnahmen münden müßte, der dann aber keine persönlichen Abwehrrechte enthält, sondern Auflagen für Politik und Wirtschaft. In einem mühseligen Prozeß tastet sich die Menschheit an diese Aufgabe heran.

VI. Naturrecht, Recht, Gerechtigkeit

Die Diskussion um *Hobbes* (vgl. Abschnitt II), um das Vertragsrecht (vgl. III) und um die Menschenrechte (vgl. V) hat gezeigt, daß es eine lange und keineswegs abgeschlossene Diskussion darüber gibt, was allgemein Gerechtigkeit sein könnte. Dabei geht es zum einen um einen umfassenden Gerechtigkeitsbegriff. Er umfaßt die Forderung, daß die bestmöglichen Lebensbedingungen für die größte Anzahl der Menschen hergestellt wird. In einer Welt wie der unseren, in der Überentwicklung und Unterentwicklung sich gegenseitig ergänzen, ist die Gerechtigkeit natürlich nicht gewährleistet. – In diesem Sinne ist Gerechtigkeit ein Prinzip gesellschaftlicher Gestaltung.

Dabei wird viel und gern darüber diskutiert, ob Gerechtigkeit für jeden gleich sein müsse oder ob jeder „bekommen“ solle, was er verdiene. Diese Diskussion dient dazu, Vorteile oder Privilegien zu rechtfertigen, weil Gerechtigkeit immer wieder zur Forderung nach Gleichheit führt. So wird vorgebracht, daß die Forderung nach Gleichheit ungerecht sei angesichts der verschiedenartigen Leistung von einzelnen. Diese Diskussion scheint eher „verdächtig“, weil oftmals die eigentlichen Motive nicht offen benannt werden.

In einer anderen Hinsicht herrscht eher Einigkeit: Hinsichtlich der festgelegten Regeln des gesellschaftlichen Zusammenlebens soll ein jeder gleich behandelt werden trotz aller sonstigen Unterschiede. Das gilt vor allem für das staatliche Handeln, denn der Staat ist – so die Theorie seit *Hobbes* – für alle gleichermaßen da. Daher sollen Gesetze „allgemein“ sein; sie sollen einem jeden dieselbe Chance einräumen. In diesem Sinne ist Gerechtigkeit ein formales Prinzip: Regeln sollen für einen jeden gleichermaßen gelten. Also wird vielfach ohne Ansehen der Person gehandelt. Das bedeutet aber oftmals gerade nicht, daß Gesetze oder Regeln stur in derselben Weise auf jede Situation und Person angewendet werden, sondern daß ihr Sinn gewahrt wird, indem sie der Situation und Person angepaßt werden. Aber der Sinn oder besser das Prinzip ist für alle gleich.

Gerechtigkeit im umfassenden Sinne ist daher eine Utopie. Gerechtigkeit, die auf Gleichheit oder Ausgleich von Ungleichheit zielt, unterliegt dem Meinungsstreit. Gerechtigkeit im Sinne formaler oder prinzipieller Gleichbehandlung kann hingegen als anerkannter Standard gelten. Aber die Wirklichkeit bleibt hinter diesem Anspruch zurück.

Im Alltagsdenken werden Recht und Gerechtigkeit einander gegenübergestellt. Die Gerechtigkeit ist das Prinzip, das hinter dem Recht steht. Anders herum: Das Recht ist die konkretisierte Gerechtigkeit. Recht selber kann man als eine politische Erfindung betrachten, um gesellschaftliche Konflikte gewaltfrei zu schlichten. In die Rechtspflege ist der Gedanke eingebaut, daß Menschen fehlbar sind. Daher sind Rechtssprüche prinzipiell anfechtbar. Juristen müssen also mit dem Gedanken leben, daß man ihnen von vornherein unterstellt, sie würden irren. Daher endet ein Rechtsstreit auch nicht mit dem richtigen Urteil, sondern mit dem letzten Urteil: Es stellt den Rechtsfrieden her. Mag es noch so falsch sein, es gilt jetzt als richtig, damit der Streit ein Ende hat. Diese Art von Recht beinhaltet den Verzicht auf richtige Positionen im inhaltlichen Sinne.

Die Diskussion um das Verhältnis von Recht und Gerechtigkeit[27] ist freilich durch die Unschärfe des Gerechtigkeitsbegriffes außerordentlich erschwert. Aus juristischer Sicht gibt es zwei grundlegende Antworten: Die Auffassung des Rechtspositivismus und die naturrechtliche Konzeption.

1. Der Rechtspositivismus

Der rechtspositivistischen Auffassung zufolge kann ein Gesetz und das daraus hervorgehende Recht dann als gerecht gelten, wenn das Gesetz den Willen des Volkssouveräns wiedergibt. Das ist dann anzunehmen, wenn es selber auf rechtmäßige Weise zustande gekommen ist. Wenn es obendrein von der Verwaltung als geltend gehandhabt und von der Rechtsprechung dem Sinne entsprechend ausgelegt wird, das heißt, wenn es Rechtssicherheit garantiert, dann ist es mit der Gerechtigkeit gleichzusetzen, solange es gilt. Diese Position verzichtet also auf übergeordnete Maßstäbe, sondern stellt die vernünftige und jederzeit auch widerrufbare Abrede in den Mittelpunkt dessen, was Recht sein soll.

Dieser Lehre hat man oft vorgeworfen – wohl zu Unrecht –, sie habe die Juristen geistig wehrlos gemacht gegenüber dem Nationalsozialismus, denn dessen Gesetze seien auch auf formal richtigem Wege zustandegekommen. Eher wird man wohl einwenden müssen, daß der Rechtspositivismus auf allzu vielen Fiktionen beruht.

2. Naturrechtliche Auffassung

In der Bundesrepublik herrscht zur Zeit eine andere Lehre vor. Diese geht davon aus, daß es einen gesicherten und unbestreitbaren Bestand von Rechten gebe, der nicht in Frage gestellt werden dürfe. Das sind die sogenannten Grundrechte, die in den Artikeln 1 bis 20 des Grundgesetzes niedergelegt worden sind und von denen in Art. 79.3 GG erklärt wird, daß sie unveränderbar seien. Die Begründung für diese Regelung ist zweitrangig: Die einen sagen, daß es sich um historisch erhärtete Menschenrechte handele (vgl. Abschnitt V.); andere halten sie für sogenanntes Naturrecht, dessen Richtigkeit jeder Mensch von vornherein nicht bestreiten könne.

Diese Rechte sind zwar geltendes Recht, können aber meist vor Gericht nicht unmittelbar eingeklagt werden (Ausnahme z.B. Asylrecht). Sie eröffnen aber jedem Bürger die Möglichkeit, Rechtsentscheidungen oder gesetzliche Regelungen vor dem Bundesverfassungsrecht überprüfen zu lassen, weil die Grundrechte verletzt seien. Sie thronen also gewissermaßen als Prinzipien über dem sonstigen Recht und bilden im konkreten Rechtsstreit den Maßstab zur Beurteilung staatlichen Handelns. Mit der Beachtung dieser Rechte, so die Annahme, werde sich im Recht die Gerechtigkeit durchsetzen lassen.

Aber auch diese Lehre erweist sich recht schnell als Fiktion, und es werden zunehmend Zweifel an ihr laut:

- Viele dieser Rechte enthalten nur einen Anspruch, und es obliegt den gesellschaftlichen Machtverhältnissen, welche konkrete Geltung sie erlangen.
- Diese Rechte gelten nur gegenüber dem Staat, während eine sogenannte Drittwirkung

27 Grundlegend noch immer Gustav Radbruch: Der Mensch im Recht, Göttingen (Vandenhoeck) 1957, bes. 23ff. und 35ff.

juristisch meist verneint wird. Darunter versteht man zum Beispiel, daß diese Rechte nicht gegenüber Privaten gelten. Der wichtigste Bereich sind in diesem Falle die Industrieunternehmen , weil sich hier viele Fragen stellen, welche Rechte dem Arbeitnehmer zukommen. Die Grundrechte werden hier im allgemeinen nicht angewandt.

• Sehr viele dieser Rechte stehen unter einem sogenannten Gesetzesvorbehalt (z.B. durch Formulierungen wie „... das Nähere regelt ein Gesetz")[28]. Daher ist ihre konkrete Wirksamkeit an einfache Gesetze und damit an die jeweilige politische Mehrheit gebunden.

In nüchterner Analyse wird man daher sagen, daß mit den Grundrechten zwar ein zusätzliches Instrument bereitsteht, sich der Gerechtigkeit auf dem Rechtswege zu nähern, daß damit aber das Problem nicht gelöst ist.

Die Gegenüberstellung von Rechtspositivismus und Naturrecht kann mit der Beobachtung nicht erledigt sein, daß sich gegen jede dieser grundlegenden Auffassungen Einwände vorbringen lassen. Daher sei hier kurz auf einige grundlegende Erwägungen eingegangen:

• Im Rechtspositivismus findet sich der Verzicht auf Wahrheit wieder. Es gibt keine übergeordneten Vorstellungen von Recht und Gerechtigkeit, sondern es gibt – bei der prinzipiellen Unerkennbarkeit von Wahrheit – nur den Einigungsprozeß auf die Gültigkeit von bestimmten Prinzipien.

• Die Naturrechtslehre hat in der am häufigsten vertretenen Variante einen religiösen Ursprung: Der Mensch als Geschöpf Gottes hat unveräußerliche Rechte. Wenn ein Regime sie antastet, dann ist der Unrechtscharakter dieses Regimes offenbar, und es darf – zu Recht – bekämpft werden. Hier wird daran festgehalten, daß es eine Wahrheit gibt und daß sie auch erkennbar ist. Die Wahrheit ist keine Sache der Mehrheit, sondern eine Sache der Unbestreitbarkeit der jeweiligen Erkenntnis.

• Der Rechtspositivismus führt zu einer Politisierung der Jurisprudenz, aber auch der Jurisdiktion: Das von der Gesellschaft für richtig Gehaltene soll im Recht und über das Recht durchgesetzt werden. Diese Grundhaltung bedeutet, daß sich die Rechtsordnung – soweit aus praktischen Gründen vertretbar – durchaus im Fluß befindet und dem jeweiligen gesellschaftlichen Stand angepaßt werden kann. Anders gesprochen: Die Bürger sind aufgerufen, über demokratische Verfahren selber für die notwendigen Änderungen der Rechtsordnung zu sorgen, nicht aber sich ihr im Konfliktfalle zu beugen.

• Auf der naturrechtlichen Grundlage wird das Recht ständig von den Richtern und Rechtsgelehrten daraufhin „beäugt", ob es den feststehenden Prinzipien entspricht. Das geschieht in spezialisierten Institutionen, besonders den Bundesgerichtshöfen und dem Bundesverfassungsgericht. Hier werden dann entscheidende Korrekturen oder Präzisierungen an der Rechtsordnung vorgenommen. Diese Korrekturen können zukunftsorientiert ausfallen, aber auch Wandlungsprozesse aufhalten. Die Gesellschaft schafft sich mit diesen höchsten Gerichten ein weiteres relativ unabhängiges Machtzentrum, mit dem sich die anderen Zentren der Macht einigen müssen. Dieser Einigungszwang entspricht demokratischer Grundhaltung. Diese Lösung beruht wiederum auf dem bei uns institutionalisierten Mißtrauen; sie räumt dem „Rechtsstab" sehr viel Macht ein. Dieser Spielraum kann sich tendenziell der demokratischen Kontrolle entziehen und zur Volksfremdheit führen.

Offensichtlich ist Gerechtigkeit im Rahmen des Rechts relativ leicht bestimmbar, wenn die innere Stimmigkeit verletzt oder wenn die Rangordnung der Rechtsgüter lebensfeindlich ist. So lassen sich eine Reihe von grundsätzlichen Prinzipien festlegen, die gelten sollten:

- Forderung nach gleicher Behandlung, insbesondere Gleichbehandlung durch das Gesetz.
- Rechtssicherheit
- Billigkeit (die rechtliche Regelung muß im Verhältnis zum Konfliktfall stehen und dem Zwecke dienlich sein).

Allerdings kann es sich nur um Prinzipien handeln, die im einzelnen außer Kraft gesetzt werden müssen. So kann die Gleichbehandlung mehr Schaden verursachen als Nutzen stiften. – In der Wirtschaftsordnung ist dieser Gedanke im übrigen gang und gäbe: Hier werden Gewinne begünstigt in der Annahme, daß damit der Nutzen

28 Durch jeweilige Gesetze mit einfacher Mehrheit kann bestimmt werden, inwieweit die Grundrechte gelten sollen. Vgl. Kapitel 6.

für die Allgemeinheit höher sei als bei einer hohen Besteuerung von Gewinnen.

Daher bedarf die Rechtsordnung nach wie vor eines kritischen Korrektivs, denn Konflikte zwischen Rechtsordnung und Gerechtigkeit sind alltäglich.

Schon aus rein juristischer Sicht ergeben sich Spannungen: Die Strafbarkeit der Tötung auf Verlangen (§ 216 StGB) ist ein Grenzfall; sie erscheint jedoch nicht eigentlich ungerecht, sondern eher ungerechtfertigt oder falsch. Hingegen erscheint es ungerecht, wenn versuchte Sachbeschädigung (§ 303 II StGB) unter Strafandrohung gestellt wird, nicht aber versuchte Körperverletzung (vgl. § 223 StGB). Hier kommt es also auf die gesellschaftliche Diskussion und die öffentliche Moral an, inwieweit die Gesetze noch Geltung erlangen. Im ersten Falle sind die Dinge erheblich im Fluß.

Trotz aller beharrlichen Rechtspflege und jahrhundertelanger Arbeit an der Rechtsordnung ist sie gerade durch ihre Existenz Quell gesellschaftlicher Spannungen.

Ein intimer Kenner der Rechtspflege schreibt:

„Heute ist die Gewalt domestiziert. Der Staat hat für sich ein Gewaltmonopol errichtet und verwaltet es nach allein von ihm aufgestellten Regeln mit dem Anspruch auf Gerechtigkeit durch seine Abgeordneten, Beamten und Richter. Dieser Anspruch auf Gerechtigkeit aber kann nur selten eingelöst werden. Die Regeln, in ein oft schwer überschaubares System von Gesetzen und Verwaltungsanordnungen eingebaut, sind nicht gerecht und können es nicht sein."[29]

So dürfte es die lebensnähere Haltung sein, nicht von selbst Gerechtigkeit zu erwarten, sondern sich des Rechtssystems zu bedienen wie einer Maschine.

Dennoch hält sich hartnäckig der Anspruch auf Gerechtigkeit durch Anwendung der gültigen Rechtsordnung. Hierzu gibt es aber eine Erfahrung: Menschen, die in Konfliktfällen auf Gerechtigkeit beharren, können zu Außenseitern werden. Das gilt möglicherweise weniger für die Rechtsprechung, mit Sicherheit aber für den Alltag. Allerdings gibt es historisch gesehen einen Trost: Etliche der Gerechtigkeitsfanatiker, die vom gesunden Menschenverstand von heute als krank betrachtet werden, sind die Heroen von morgen und werden in entsprechenden Gedenkreden gefeiert werden.

Es sind also jene fanatischen Halbverrückten, die das Zukunftskapital einer Gesellschaft darstellen. Unter Aufopferung ihrer Existenz setzen sie sich für ein Prinzip ein.

Allerdings sind wir damit am Rande des Zynismus: Allzu viele erliegen und werden Opfer. Der Außenseiter, besonders in der Figur des Querulanten, verliert sich in seine Welt und isoliert sich vom Rest der Gesellschaft. Die sozialen und psychischen Kosten seiner Existenz sind enorm. Nur zwei Dinge gewähren ihm Halt: Der Glaube an eine höhere Idee und der Rückhalt bei wenigen Gleichgesinnten. – Ein bekanntes Beispiel sind die sogenannten Totalverweigerer, die um ihrer pazifistischen Grundhaltung willen auf eine „normale" Zukunft verzichten. Die Gefahren solcher „Abweichung aus moralischen Gründen" sind für die Betroffenen hoch, denn sie befinden sich auf einer gefährlichen Gratwanderung, die hohe Ansprüche an ihr psychisches Gleichgewicht stellt.

Dieser Problemkreis zeigt, wie weit wir noch von echter Toleranz entfernt sind. Denn weltweit muß die Forderung nach mehr Gerechtigkeit mit schweren Beeinträchtigungen, oftmals sogar mit dem Leben, bezahlt werden. Die Angst vor diesem Außenseiterschicksal wirkt in Richtung auf Konformität und Lauheit, so daß viele wider ihre bessere Einsicht weiterleben.

> Viele sind berufen, doch nur wenige sind auserwählt.

Allerdings muß in diesem Zusammenhang auch ein Blick auf die „Normalität" geworfen werden: In der Handhabung des Rechts geht es ja nicht vorrangig um Gerechtigkeit, sondern um die Herstellung des sozialen Friedens. Auch hier kann man von *Hobbes* (Abschnitt II) lernen: Die Menschen streben zuallererst nach Sicherheit und Berechenbarkeit. Gerechtigkeit kommt erst in zweiter Linie. Das kann man sich klarmachen an der Regelung der bindenden Fristen in der Jurisprudenz: Wenn jemand innerhalb der vorgeschriebenen Frist sich nicht äußert, etwa in der Form des Widerspruchs, dann gilt die getroffene Regelung als unumstößlich,

29 Ulrich Vultejus: Die Kunst, kein Querulant zu sein, in: Vorgänge 74 (1985), S. 36-40.

selbst wenn sie sich später als falsch erweist. In diese Regelung geht die Erfahrung ein, daß der sogenannte Rechtsfrieden wichtiger ist als das Streben nach Gerechtigkeit.

Immerhin sollte in diesem Abschnitt vermerkt werden, was man – jenseits des Rechts – unter Gerechtigkeit verstehen könnte:

- Gerechtigkeit ist die Vorbedingung zur Verwirklichung weiterer Werte. Es geht darum, nicht in die Freiheitssphäre anderer einzudringen, sondern ihre Handlungsfähigkeit zu erhalten. (Vgl. Aristoteles; Nikomachische Ethik, 5. Buch). Gerechtigkeit heißt also, den einzelnen in den Stand zu versetzen, seine Ziele verfolgen zu können, solange er anderen nicht schadet. – Dieser umfassenden Vorstellung können Juristen meist wenig abgewinnen, weil sie ihnen zu wenig handhabbar erscheint. Daher finden sich im juristischen Denken sehr viel eingeschränktere Gesichtspunkte, die aber den Vorteil haben, überprüfbar zu sein. Diese Vorstellung von Gerechtigkeit bezieht sich so stärker auf das Verfahren, weniger auf die Inhalte. Gerechtigkeit in diesem Sinne ist gewährleistet, wenn

- Gleichheit in der Behandlung herrscht, Rechtssicherheit herrscht, dh. die Rechtsprechung ausrechenbar ist,
- Billigkeit herrscht, dh. die Möglichkeit besteht, die besonderen Einzelumstände zu berücksichtigen,
- Allgemeinheit herrscht, dh. das Prinzip der Billigkeit wird ausgewogen durch das Prinzip Vergleichbarkeit über den Einzelfall hinaus.

VII. Auseinandersetzung mit der Staatsgewalt heute (1)

Verzicht auf Moral beim Staat und Moralisierung bei den Gegnern

Es kann als Merkmal des modernen Staates gelten, daß er bei sich die Gewalt monopolisieren will. Alles andere gilt als schwere Störung. Daher kann es auch als allgemein akzeptierte Einsicht gelten, daß unter den Mitgliedern einer Gesellschaft Gewaltfreiheit durchgesetzt werden solle.

Allerdings sind zwei Einschränkungen beobachtbar:

- Wenn der Staat selber permanent gegen Recht und Gesetz verstößt oder wenn er die Ausübung durch die Gewalt anderer duldet, dann sehen viele Widerstand mit Gewalt als berechtigt an.
- Wenn Herrschaftsverhältnisse so ungerecht sind, daß sie das Leben der Menschen bedrohen, etwa durch Hunger oder unzumutbare Wohnverhältnisse, dann ist zur Not Gewalt ein politisches Mittel, um Änderungen herbeizuführen.

Beide Positionen sind nicht ohne Widerspruch geblieben. Ihre Gegner vertreten entweder das Ideal des Widerstandes unter völliger Gewaltfreiheit oder halten es für letztendlich besser, wenn die Menschen sich der Staatsgewalt fügen.

Allerdings scheint es zunächst so, daß solche Diskussionen ohnehin auf außereuropäische Gesellschaften in den Entwicklungsländern begrenzt sind, weil bei uns keine dieser Extrembedingungen zuzutreffen scheint. – Das bedeutet aber nicht, daß unsere Gesellschaft so befriedet ist, daß Menschen auf Widerstand gegen die Rechtsordnung und den Staat verzichten wollen.

Diesen Quellen des Protests und der Auflehnung in hochentwickelten und reichen Gesellschaften soll zunächst nachgegangen werden.

Eine Grundsatzposition vertrat *Henry David Thoreau* (1817–1861) während der Auseinandersetzungen um die nordamerikanische Sklavenfrage. Anläßlich des Raubkrieges der USA gegen Mexiko von 1846–1848 verweigerte er die Steuerzahlung:

„... wenn aber das Gesetz so beschaffen ist, daß es notwendigerweise aus dir den Arm des Unrechts an einem anderen macht, dann, sage ich dir, brich das Gesetz." – „Ich weiß ganz genau, wenn nur tausend Menschen, hundert, zehn, ja sogar wenn nur ein Ehrenmann im Staat Massachusetts, weil er keine Sklaven mehr halten will, nicht mehr an dieser Gemeinschaft teilhaben wollte und dafür ins Gefängnis gesperrt würde: es wäre das Ende der Sklaverei in Amerika. Denn es spielt keine Rolle, wie gering die Anfänge zu sein scheinen: was einmal wohlgetan, ist für immer getan." – „Eine Minderheit ist machtlos, wenn sie sich der Mehrheit anpaßt; sie ist dann nicht einmal eine Minderheit; unwiderstehlich aber ist sie, wenn sie ihr ganzes Gewicht einsetzt. Vor der Wahl, ob er alle anständigen Menschen im Gefängnis halten oder Krieg oder Sklaverei aufgeben soll, wird der Staat mit seiner Antwort nicht zögern. Wenn tausend Menschen dieses Jahr keine Steuern bezahlen würden, so wäre das keine brutale und blutige Maßnahme – das wäre es nur, wenn sie zahlten und damit dem Staat erlaubten, Brutalitäten zu begehen und Blut zu vergießen."[30]

Heute, da wir in einer Weltgesellschaft leben, ist diese Grundposition nach wie vor aktuell. Eine entsprechende Überlegung könnte lauten: Wir sind nicht bereit, in einer Gesellschaft zu leben, in der nur ein einziges Mitglied unfrei ist. Denn: Die Unfreiheit auch nur eines einzigen macht alle übrigen auch unfrei. Indem weltweit Menschen die Würde vorenthalten wird und wir das wissen und dulden, enthalten wir uns selber auch unsere Würde vor.

Eine modernere Variante enthält folgende Überlegung: Hat die heutige Generation von Politikern das Recht, Entscheidungen zu treffen, die in Zukunft nie mehr rückgängig gemacht werden können? Rauben sie damit nicht den zukünftigen Generationen ein Stück ihrer Freiheit? Bejaht man diese Frage, ist es richtig, allen noch so demokratischen Entscheidungen zu widerstehen, wenn sie die Zukunft blockieren. Das ist z.B. der Fall, wenn irreparable Umweltschäden hingenommen werden oder wenn Atomwerke eingerichtet werden, deren Folgen den Menschen Zwänge über Tausende von Jahren auferlegen. Dies gilt verschärft dann, wenn die Folgen die jetzige mit der Entscheidung befaßte Generation gar nicht mehr betreffen, sehr wohl aber die nächsten. Hieraus kann auf ein besonderes Widerstandsrecht der jungen Menschen geschlossen werden. Im Sinne *Thoreaus* sollten sie dabei aber nicht allein gelassen werden. Im übrigen deutet sich auf diese Weise eine Grenze des Mehrheitsprinzips an.

„Wir haben nicht das Recht, unseren Nachkommen die Erprobung alternativer Formen gemeinschaftlichen Lebens unmöglich zu machen durch den Einbau nichttransformierbarer Sachzwänge. In diesem Zusammenhang ist auch darauf hinzuweisen, daß der prozentuale Anteil derjenigen, die über die theoretischen Voraussetzungen zur Erkenntnis und zur Bewältigung der genannten Gefahren verfügen, an der Weltbevölkerung ständig sinkt. Eine Wiederholung des zivilisatorischen Niedergangs nach Analogie der Völkerwanderungszeit ist daher nicht ausgeschlossen."[31]

Aus der Bemerkung Spaemanns über die Wirkung von Nichtwissen ist wohl kein Hochmut einer wissenden Elite abzuleiten. Auch sollten die Schuldigen nicht in der Dritten Welt im Gegensatz zu unseren aufgeklärten Breiten gesucht werden. Der amerikanische Soziologie *C. Wright Mills* hat das Problem einmal auf folgenden Nenner gebracht:

„Es ist tatsächlich eine Situation entstanden, in der viele ihren Glauben an bestimmte Bindungen verloren haben, aber noch keine neuen eingegangen sind und daher der Politik überhaupt keine Aufmerksamkeit schenken. Sie sind weder radikal noch liberal, weder konservativ noch reaktionär. Sie sind inaktiv und halten sich aus allem heraus. Wenn man die griechische Definition des ‚Idioten' (Idiotes) als eines völlig privaten Menschen akzeptiert, kommt man zu dem Schluß, daß jetzt viele amerikanische Bürger ‚Idioten' sind. Und obwohl mir darüber nichts bekannt ist, wäre ich nicht überrascht, wenn es sogar in Deutschland einige dieser ‚Idioten' gäbe."[32]

Was bei *Mills* noch wie „privates" Verschulden aussieht, das sich leicht ändern ließe, liest sich bei zwei evangelischen Theologen schon viel schärfer und politischer:

„Es ist schwierig, in der Bundesrepublik zwischen Staatstheologie und Kirchentheologie zu

30 Henry David Thoreau: Über die Pflicht zum zivilen Ungehorsam und andere Essais, Zürich (Diogenes) 1973, S. 19f.

31 Robert Spaemann: Technische Eingriffe in die Natur als Problem der politischen Ethik, in: B. Guggenberger und C. Offe (Hg.), a.a.O., S.240 -254.

32 C. Wright Mills: Die Machtstruktur in der amerikanischen Gesellschaft, in: W. Röhrich (Hg.): Demokratische Elitenherrschaft = Wege der Forschung CCXXIX, Darmstadt (Wissenschaftliche Buchgesellschaft), S. 267-286, hier: S. 268.

unterscheiden. Es gibt eine Staatsideologie, die sich selbst nicht für eine Theologie hält, die aber religiöse Züge hat. Zu ihr gehört die Behauptung, unser Staat sei eine Demokratie. Dabei wird dann ein Idealbild vom demokratischen Willensbildungsprozeß gezeichnet. Diese Staatsideologie gibt sich profan, enthält aber religiöse Züge, denn mit ihr sind ,Bekenntnisse' verbunden, die an die Stelle des Bekenntnisses zum christlichen Glauben treten: das Bekenntnis zum Antikommunismus, zum Wirtschaftswachstum, zur Kernkraft, zur sogenannten ,Verteidigung'. Diese Bekenntnisse sind in weiten Bereichen der Arbeitswelt Eintrittskarten für einen Arbeitsplatz bzw. für den beruflichen Aufstieg."[33]

Es handelt sich bei dieser Äußerung nicht um die private Darlegung von politisierenden Theologen. Vielmehr steht eine theologische Grundsatzposition dahinter: Auf der Grundlage des Alten Testaments betrachten sie die Staatsgewalt als eine Alternative zur „Herrschaft Gottes über sein Volk" (Berufung auf Richter 8,23). Folglich hat für den Christen die Staatsgewalt dort ihre Grenzen, wo es um Fragen des Lebenssinns und der Lebensziele geht. Die oben genannten Staatsziele halten die beiden Theologen für nicht vereinbar mit ihrer christlichen Grundausrichtung und betrachten sie als Beeinträchtigung der Ziele, die sie sich im Leben gesetzt haben. Auch hier kehrt das Problem wieder, wo die Grenzen des Politisierbaren liegen und inwiefern der Staat und die Politik heute diese Grenzen schon lange überschritten haben.

Dieses Aufeinanderprallen von staatsbürgerlicher Moral und Staatsgewalt zeigte sich besonders in den Prozessen gegen Angehörige der Friedensbewegung in den achtziger Jahren. Sie wollten gegen die Stationierung von amerikanischen Mittelstreckenwaffen auf dem Gebiet der Bundesrepublik demonstrieren. Nach Auffassung der Rüstungsgegner stellten diese Waffen eine Bedrohung für den Frieden in Europa dar und dienten der Vorbereitung eines Angriffskrieges. Sie hatten als Mittel der Demonstration die Zufahrt zu dem amerikanischen Stützpunkt Mutlangen durch eine Sitzblockade auf der Straße versperrt, so daß für die Zeit der Blockade der Lastwagenverkehr behindert war. Die Blockierer wurden von der Polizei beiseite geschafft. Vor dem Amtsgericht Schwäbisch-Gmünd wurden sie wegen Nötigung nach § 240 StGB angeklagt und auch verurteilt. In der Tradition der amerikanischen Bürgerrechtsbewegung hatten sich die Demonstranten auf einen völligen Gewaltverzicht festgelegt, den sie auch durchhielten.

Das Gericht ging in seinem Urteil von folgenden Erwägungen aus:

„Daß die Angeklagten durch ihren Aufenthalt auf der Straße ein für die blockierten Fahrer praktisch unüberwindbares körperliches Hindernis bildeten, bedeutete die Anwendung von Gewalt im Sinne des § 240 Absatz 1 StGB. Die Fahrzeuglenker konnten ihretwegen über einen längeren Zeitraum nicht weiterfahren und waren so zu einer Unterlassung genötigt. [...]"

(Die vom § 240 vorausgesetzte Verwerflichkeit des Handelns darf nach Überzeugung des Gerichts nicht aus moralischen Gründen belegt werden, da „in einer verfassungswegen pluralistischen Gesellschaft die insoweit allein maßgebende Sittlichkeit nicht rechtsverbindlich auszumachen ist." Dennoch handelten die Blockierer verwerflich, weil sie gezielt in die Handlungsfreiheit der Blockierten eingegriffen hätten.)

„Hinzu kommt, daß die Angeklagten, denen es mit ihrer Tat jedenfalls auch um die Rücknahme der Nachrüstung ging, damit in einer Weise in den Prozeß politischer Willensbildung eingegriffen haben, wie sie den Vorstellungen des Grundgesetzes hierzu schlechterdings nicht entspricht. Überstimmte Minderheiten mögen Regierung und Parlamentsmehrheit kritisieren und auf veränderte Mehrheitsverhältnisse bei nachfolgenden Wahlen hinarbeiten; Straßenblockaden gehören aber nicht zum Repertoire der ihnen insoweit zustehenden Befugnisse. [...] Wird dieser Grundsatz nachhaltig mißachtet, ist auf Dauer mit Konfrontationen der am politischen Geschehen Beteiligten bis hin zu bürgerkriegsartigen Zuständen und bei verlorengehender Kontrolle des Rechtsstaates über die Ereignisse auch dem Hochkommen autoritärer Staatsformen gleich welchen Zuschnitts samt dem damit verbundenen Verlust politischer Freiheit ernsthaft zu rechnen. [...]"

---

33 Luise und Willy Schottroff: Die Macht der Auferstehung. Sozialgeschichtliche Bibelauslegungen, München (Kaiser) 1988, S. 50.

Die Verurteilten rechtfertigten sich vor Gericht auf verschiedene Weise. Die wichtigsten Typen der Argumentation seien zusammengefaßt:[34]

1. Die Bergpredigt verbiete grundsätzlich die Anwendung von Gewalt. Sie lege den Christen die Verpflichtung auf, mit allen erdenkbaren Möglichkeiten auf den Frieden hinzuarbeiten. – Aber auch politisch gebe es nach Art. 26 GG keine Grundlage für die Planung eines Krieges, der auch die Möglichkeit eines Angriffs beinhalte.

2. Das Beispiel Hiroshimas habe gezeigt, daß grundsätzlich moderne Kriege nicht mehr verantwortbar seien. Daher dürften sie auch nicht geplant werden. Das Argument, die Rüstung diene der Verhinderung von Kriegen, zähle nicht, weil die Rüstungsplanung notwendigerweise den Ernstfall einschließe und außerdem weltweit sehr wohl zu Kriegen führe. Der Schutz des Lebens gebiete die Abrüstung.

In diesen und ähnlichen Fällen wird der Rechtsbruch als geringwertig angesehen, da hohe moralische Güter auf dem Spiele stehen. Es wird eine Art moralischer Notstand in Anspruch genommen. Die Betroffenen können daher zumindest nicht einsehen, „verwerflich" gehandelt zu haben.

Wie die Gegenüberstellung der Begründung des Gerichts und dieser Grundgedanken zeigt, hat die Moralisierung von Positionen die Eigenheit zu polarisieren. Man kann den Positionen nur zustimmen oder sie im Sinne echter Toleranz fördern, solange das praktische Handeln abgetrennt ist. Moralische Positionen dieser Art sind offenbar ein mächtiger Antrieb für die Menschen, die danach handeln, sie machen aber dialogunfähig. – Diesen Gedanken kann man sogar noch weiterführen: Wenn politische Positionen moralisch ausgedrückt werden, dann ist damit automatisch eine Feindansage verbunden: Andersartige Gedanken werden als falsch gebrandmarkt.

Vor demselben Gericht tauchen freilich auch Argumentationen auf, die ebenfalls moralisch getragen sind, aber dennoch anders vorgehen. Hier seien zwei Typen angeführt:

(1) Die Angeklagte *Helga Einsele* wirft die Frage auf, wie heute beurteilt werden müsse, wenn ab 1933 Menschen die Eisenbahnschienen mit den Vernichtungszügen des Dritten Reiches blockiert hätten. Das Gericht hätte in der Tat zu einem ähnlichen Ergebnis kommen müssen. Der Vergleich ist in ihren Augen erlaubt:

„Denn was aus der sicheren Kenntnis des Geschichtsverlaufs nicht als verwerflich bewertet werden kann, das kann auch als – zwangsläufig ungesicherte – Zukunftsprognose und Zukunftssorge nicht anders beurteilt werden."

Und schließlich fügt sie hinzu:

„Und ganz persönlich: Ich gehöre zu der Generation, die es ein Leben lang nicht verwunden hat, daß sie sich nicht auf die Schienen gesetzt hat, als die Züge 1934 ins Rheinland, 1938 nach Österreich und 1939 nach Polen rollten. Judentransporte habe ich nicht gesehen. Das lag daran, daß sich meine Familie und ich, gemaßregelt, weil wir versuchten, den Anfängen zu wehren, in kleine Gebirgsdörfer zurückgezogen hatte. Doch ich habe Bombennächte erlebt, z.B. in der Nacht, nachdem mein Kind in einer städtischen Klinik geboren worden war. Wenige Tage zuvor hatten Bomben einen Flügel der Klinik zerstört. Atomwaffen gab es damals noch nicht. Doch es war schon ohne sie so schrecklich, daß wir uns schworen, wenn wir es überleben würden, dürfe sich das nicht wiederholen. Freilich, massiven Widerstand hätte man damals nicht überlebt. Die Züge wären über uns hinweggerollt. Heute kann man sich Widerstand leisten. Eben dafür haben wir nach 1945 alle Kräfte zum Aufbau eines demokratischen Staates eingesetzt."

Helga Einsele läßt sich mit dieser Replik auf die Ebene des Gerichts ein. Die vom Gericht angeführten allgemeinen politischen Folgen sind nach dieser historischen Erfahrung nicht zu erwarten oder zu befürchten. Es geht also nicht um die moralisch bessere Position, sondern um die politisch klügere. Was politische Klugheit ist, wird aus den Lehren der Vergangenheit begründet. – Eine grundlegende Annahme ist allerdings bemerkenswert: Die Bürger, durchaus auch Minderheiten, sind klüger als der Staat. Hier deckt sich ihre Position mit der oben genannten der beiden *Schottroffs*.

34 Hanne und Klaus Vack (Hg.): Mutlangen – unser Mut wird langen, Sensbachtal o.J. – Hieraus stammen alle Zitate und der Wortlaut des o.a. Urteils.

(2) Der Angeklagte *Klaus Vack* bringt eine weitere Variante ins Spiel:

Der § 240 StGB ist nicht mehr verfassungskonform. Das liegt an der Entwicklung der Rechtsprechung in den siebziger Jahren. Im sogenannten Läpple-Urteil (es ging um die Blockade von Straßenbahnen bei Fahrpreiserhöhungen) hatte der BGH erklärt, daß grundsätzlich die Anwendung von Gewalt verwerflich sei, also die Antriebe des Täters nicht mehr zu prüfen seien. Zugleich wurde der Begriff der Gewalt ständig ausgedehnt. *Vack* sieht daher die Möglichkeit, grundsätzlich jede Demonstration zu kriminalisieren, wenn man nur wolle. Er kann an seinem eigenen Beispiel nachweisen, daß er in völlig identischen Situationen einmal als Demonstrant behandelt worden ist, ein andermal als Straftäter. Damit, so *Vack*, untergrabe die Justiz selber ein wichtiges Grundrecht.

Dieser Gedankengang *Vacks* weist darauf hin, daß die verabredete Grundlage des staatlichen Handelns selber unklar geworden ist. Der „Rechts-stab" hat in den Augen der Minderheit sein Vertrauen verspielt. Mit anderen Worten: Das formell richtige Funktionieren der Institutionen verbürgt nicht deren Güte. Ohne ständige Dialogfähigkeit und Lernbereitschaft, aber auch ohne einsatzbereite Bürger sind sie Fehlern ausgeliefert. – Die Verfassung, in diesem Falle das in ihr verankerte Demonstrationsrecht, ist die Grundlage, der sich alle verpflichten. Aber die Verfassung schreibt nicht vor, wie es sein soll, sondern sie gibt das Prinzip vor, dessen Einlösung erdiskutiert werden muß. Der aufrichtige Wille, das vorgegebene Prinzip optimal umzusetzen, ist die Grundlage einer dialogfähigen Moral, der Wille zur offenen Dialogbereitschaft die ethische Grundlage der Moral.

Wieder erweist sich der Lernprozeß, der hinter dem Denken von *Hobbes* (vgl. II.) steht, als tragfähig trotz aller Fallen im *Hobbes*schen Denken. Am ehesten verhelfen verabredete Verfahren und deren lebendige Ausgestaltung zur innergesellschaftlichen Befriedung. Auch der weitgehende Verzicht auf ethische Letztbegründung und Moralisierung ist eine wichtige historische Erfahrung. Zugleich aber bleibt die bittere Einsicht, daß die Sicherung dieser historischen Einsicht immer wieder durch die Opfer von Minderheiten erkauft werden muß.

VIII. Auseinandersetzung mit der Staatsgewalt heute (2)

Asylrecht und christlich-religiöse Tradition

Die vorhergehende Aufstellung ungelöster Probleme würde mit einer Verharmlosung enden, wenn es bei der Feststellung bliebe, daß der Ordnungsrahmen im großen und ganzen stimme, wenn wir nicht zuviel erwarteten. Die im letzten Teil aufgezeigten Grundsatzpositionen verbinden sich mit einem grundlegend anderen Denken auch und gerade dem Staat und der Machtbildung gegenüber. Als Beispiel für viele sei die Diskussion um das Asylrecht herausgenommen.

In einer christlich-biblischen Perspektive läßt sich folgender Gedankengang aufmachen: Die Israeliten haben das Asylrecht immer besonders gepflegt als spezielle Entwicklung aus dem Gastrecht heraus. Sie richteten in ihrem Herrschaftsgebiet und den späteren Königreichen besondere herrschaftsfreie Gebiete ein, in die sich Asylanten flüchten konnten. Hierbei spielte auch die eigene historische Erfahrung eine Rolle, wie wichtig solche Zuflucht für das Überleben von Ethnien sein kann. – Das Gros der Asylanten wurde im übrigen schon immer von Menschen in unmittelbarer wirtschaftlicher Not gestellt, die in ihrem Herkunftsland keine Existenzgrundlage mehr fanden. – Vom Asyl ausgenommen waren nur Mordverbrechen ganz eindeutiger und schwerer Art. Mit der Herausbildung des modernen Staates und seiner Kalküls erscheinen die Asylanten als eine Bevölkerung, die sich potentiell der Kontrolle entzieht, wie auch das Asylrecht selber ein Fremdkörper im Rahmen staatlicher Herrschaftsinteressen darstellt. Ein früher Beleg findet sich bei *Tacitus* (Annales III.60), wo er das Heer der Wirtschaftsflüchtlinge in Rom beklagt, gegen die offenbar niemand etwas tun wolle.

Die Inhalte der biblischen Orientierung lassen sich an folgenden Stellen ablesen:

• Einen Fremdling sollst du nicht ausbeuten; ihr wißt doch, wie es dem Fremden zumute ist, denn ihr selbst seid Fremde gewesen im Lande Ägypten. (Exodus 23,9)

• Und wenn ein Fremder bei dir in eurem Lande sich aufhält, so sollt ihr ihn nicht bedrükken: wie einer von euch soll euch der Fremdling gelten, der sich bei euch aufhält; du sollst ihn lieben wie dich selbst, denn ihr seid selbst Fremde gewesen im Lande Ägypten. Ich bin Jahwe, euer Gott. (Levitikus 19,33f.)

• Was ihr getan habt einem unter diesen meinen geringsten Brüdern, das habt ihr mir getan (Matthäus 25,31-46, bes. V. 40).

Das zuletzt angeführte Zitat aus dem Neuen Testament erhält noch eine besondere Bedeutung vor dem Hintergrund der folgenden Überlegung:

„Die ungerechten Verhältnisse und die Unrechtsregierungen, durch die Menschen, um ihr nacktes Überleben zu retten, zur Flucht aus ihrer angestammten Heimat veranlaßt werden, sind mittelbar mitbedingt und werden an der Herrschaft erhalten durch unser Interesse an billigen Rohstoffen und anderen Produkten, mit dem wir zwei Drittel der Welt in kolonialer Ausbeutung halten, ferner: durch die Kapital- und Zinsknechtschaft, die wir ihnen auferlegen, und schließlich: durch die Waffenexporte, mit denen wir diese Regierungen unterstützen. Es gibt keinen Weg zur Änderung des weltweiten Flüchtlingselends, der an der Erkenntnis und dem Eingeständnis dieser Schuld vorbeiführte. Als Christinnen und Christen wissen wir aber, daß es einen Weg der Umkehr gibt, der aus der Schuld herausführt. Er fängt bei uns an. Es ist ein Weg der politischen und wirtschaftlichen Buße, der von uns verlangt wird: ein globales Umdenken und eine globale Umorientierung in allen Bereichen unseres Lebens. Wir brauchen eine neue Politik und eine neue Wirtschaft, die nicht mehr um des egoistischen Glückes weniger willen weltweit so viel Tod und Elend produzieren und exportieren.“ [35]

Aus dieser Überlegung folgt dann auch die Forderung, daß von Abschiebung bedrohte Asylanten in Kirchen versteckt werden sollen.

„Es gibt nämlich starke Kräfte, die behaupten, Demokratie sei die Herrschaft der Mehrheit der Bevölkerung auf Kosten der Minderheit und des Restes der Welt. ... Aus dem Gottesverständnis der Bibel ergibt sich, ... daß Konflikte mit dem obrigkeitlichen Denken und Handeln unvermeidlich sind, wie die Geschichte der christlichen Gemeinden im 1. und 2. Jahrhundert gezeigt hat. – Daß diese Konflikte aber nicht den Sinn haben, eine Kraftprobe zwischen Kirche und Staat anzuzetteln, sondern Menschen, die in Not sind, ihr Recht zu verschaffen.“ [36]

Hier erhebt eine Minderheit den Anspruch, aus ihrer Sicht und Tradition heraus das Richtige zu tun. Sie geht dabei von der Voraussetzung aus, daß der Staat und die mit ihm verbundenen Interessen das nicht tun und auch nicht dazu in der Lage sein werden.

Zum besseren Verständnis muß hier an die Grundlage dieser Position erinnert werden. Sie geht davon aus, daß die jüdische und in ihrer Nachfolge die christliche Religion immer Eintreten für die „kleinen Leute“ gewesen sei. Ihr grundlegender Gegner sind die Starken, die das Schicksal anderer Menschen stellvertretend in die Hand nehmen. Es sei an die Reflexion *Nietzsches* erinnert: Moral ist eine Waffe der Schwachen.[37] Sie scheint sich zu bestätigen, wenn auch kaum in *Nietzsches* Sinne. Eine zweite Aussage *Nietzsches* erweist sich als äußerst zweifelhaft: Moral mache unfrei. Die moralisch Angetriebenen scheinen die Freieren. Zugleich müssen sie sich aber von der Mehrheit vorwerfen lassen, sie gefährdeten die Grundlagen des Gemeinwesens (vgl. Urteil des Amtsgerichts in Schwäbisch-Gmünd; Abschnitt VII.). Diese Position geht weit über alles hinaus, was *Hobbes* je dem Staate zubilligte. Sie verweist zugleich auf Grenzen und Möglichkeiten der Toleranz, mit denen wir uns nach wie vor sehr schwer tun.

---

35 L. u. W. Schottroff, a.a.O., S. 106.

36 L. u. W. Schottroff, a.a.O., S. 112f. (Beitrag auf dem Evangelischen Kirchentag 1987).

37 Vgl. Friedrich Nietzsche: Zur Genealogie der Moral, München (Goldmann Tb) 1983.

IX. Moral in der Politik – Verantwortungsethik

Der Ruf nach mehr Moral in der Politik ist in den letzten Jahren lauter geworden. Wie sich aus den letzten beiden Abschnitten ergibt, ist aber eine Remoralisierung der politischen Rede nicht unbedenklich. Die Berufung auf Werte enthält in den meisten Fällen etwas Ausschließliches, eine Kampfansage an den Gegenwert und damit an die Menschen, die ihn vertreten. Daher dient die Berufung auf Werte eher Grenzziehungen und Abgrenzungen. Das widerspricht einer Politik, die auf Kooperation zwischen Verschiedenen aus ist. Moralisierung kann schließlich als eine Komplexreduktion aufgefaßt werden: Die Rückführung auf eine Werteentscheidung erspart die Sachdiskussion.

Am Beispiel der Kriegsdienstverweigerung kann aufzeigt werden, wie schwierig Moraldiskussionen sind.

Ohne daß sich die Gesellschaft dessen wirklich bewußt war, war über Jahrzehnte hinweg das Nachdenken über politische Moral institutionalisiert: Jeder junge Mann hatte die Möglichkeit, aus Gewissensgründen darzulegen, warum er den Wehrdienst verweigern wollte. Diese Reflexion hatte allerdings einige Schönheitsfehler, wurde sie doch z.B. nur Männern abverlangt und obendrein denjenigen erlassen, die Wehrdienst leisten wollten. Im Nachhinein wird man sagen können, daß die Politik und die Gesellschaft insgesamt mit diesem institutionalisierten Zwang zur Reflexion nicht zurechtgekommen sind. Die jahrzehntelang geübte Praxis der Überprüfung von Gewissen erwies sich als undurchführbar. Sie führte zu Willkürlichkeiten, sogar Absonderlichkeiten. So hat ein Ausschuß zur Gewissensprüfung damit argumentiert, daß man Zweifel an der Aufrichtigkeit eines Antragstellers habe, den Wehrdienst zu verweigern, weil er keinen Selbstmordversuch unternommen habe. Der junge Mann war als Verweigerer aus Gewissensgründen abgelehnt worden, war zur Bundeswehr gegangen und hatte erneut verweigert.

In den Verhandlungen vor den Ausschüssen traten immer wieder folgende typische Argumentationen auf:

(1) Ich kann nicht auf Menschen schießen. Wenn ich das tun muß. drehe ich durch.

(2) Ich halte die heutige Art der Rüstung für sinnlos. Sie wird auf die Dauer keinen Krieg verhindern und den Untergang der Menschheit nach sich ziehen.

Die erste Argumentation galt als Gewissensentscheidung, die zweite vielfach nicht. Die Erfahrungen mit den Ausschüssen zur Anerkennung der Wehrdienstverweigerung zeigten eine derartige Unsicherheit über den Gewissensbegriff, daß schließlich die Überprüfung de facto aufgegeben wurde, spiegelte sie doch nur die gesamtgesellschaftliche Unsicherheit wider.

Für moralische Diskussionen in der Politik sowie für den Stand der öffentlichen Moral allgemein sind immer noch die Ausführungen *Max Webers* aus dem Jahre 1919 wegweisend. Dort stellt *Weber* die Moral des Politikers den Anforderungen der Bergpredigt gegenüber. Die Bergpredigt dient ihm als Typus einer religiös bestimmten moralischen Argumentation.[38]

„Das evangelische Gebot ist unbedingt und eindeutig: gib her, was du hast – alles schlechthin. Der Politiker wird sagen: Eine sozial sinnlose Zumutung, solange es nicht für alle durchgesetzt wird."[39]

Jede Ethik läuft, *Weber* zufolge, darauf hinaus, daß sie wirklich durchgesetzt wird. Es kann nicht nur „ein bißchen Wert" geben, sondern entweder gelten Werte oder sie gelten nicht. Dem steht das politische Geschäft diametral gegenüber: Allerverschiedenste Gruppen verlangen dieses und jenes. Zugleich können sie moralische Aussagen zur Begründung anführen, die für sich einsichtig erscheinen, sich aber gegenseitig ausschließen. Daher kann Politik nicht das Ringen um die richtigen Werte sein, denn das würde zu Mord und Totschlag führen. Politik kann daher nur die Abrede von verschiedenen Gruppierungen sein, wie die Zukunft zu gestalten ist.

38 Max Weber: Der Beruf zur Politik = ders.: Soziologie. Universalgeschichtliche Analysen. Politik, Stuttgart (Kröner) 1973, S. 166-185 (zuerst 1920).

39 S. 173.

An Aussagen des Neuen Testaments macht *Weber* den Abstand von politischer und religiös bestimmter Ethik klar:

Der reiche Jüngling (Markus 10,17-22): Der reiche Jüngling soll auf seinen ererbten Reichtum verzichten. In politischer Hinsicht würde man fragen: Wer verzichtet noch? Zu welchem Zwecke? Wer soll überhaupt warum verzichten?

Schließlich das Gebot der Friedfertigkeit (Matthäus 5,5 und 5,38-42): Das ist, *Weber* zufolge, eine Ethik der Würdelosigkeit, wie sie in der Politik niemals ihren Platz haben wird, weil Politik Aushandlung unter Kontrahenten ist. Wenn einer der Kontrahenten von vornherein auf die Wahrnehmung seiner Interessen verzichtet, dann ist auch nicht länger von Politik die Rede.

Wie man es auch betrachtet: Die Ethik des Neuen Testaments kann keine Grundlage für eine politische Moral abgeben. Religiöse Ausrichtung und politische Wahrnehmung von Interessen sind unvereinbar: Der politische Mensch verfolgt seine Interessen, er opfert sich aber nie und nimmer für andere. Das genau aber ist der Kern der christlichen Ethik.

Einen besonderen Konfliktpunkt sieht *Weber* in der Wahrheitspflicht. „Sie ist für die absolute Ethik unbedingt." Doch, so *Weber*, diese Art von Aufrichtigkeit ist unpolitisch, vor allem auf dem Gebiet der internationalen Beziehungen. Ein Politiker würde als dumm gelten, wenn er ein solches Gebot beachtete.

Insgesamt ergeben sich zwei Grundhaltungen: Im Rahmen der Gesinnungsethik, wie sie dem Christentum entspricht, soll die Welt nach moralischen Prinzipien geordnet werden. Dabei zählt der äußerliche Erfolg ebensowenig wie der Mißerfolg, es kommt vielmehr darauf an, das Richtige gewollt zu haben. Die Motive des Handelns zählen, nicht die tatsächlichen Folgen.

Umgekehrt fordert die Verantwortungsethik die Abwägung aller Folgen des Handelns, weniger hingegen die Erforschung der Absichten des Handelnden. Dies setzt – im Gegensatz zur gesinnungsethischen Position – ein hohes Wissen über das jeweilige Handlungsfeld voraussetzt.[40]

„Hier, an diesem Problem der Heiligung der Mittel durch den Zweck, scheint nun auch die Gesinnungsethik überhaupt scheitern zu müssen. Und in der Tat hat sie logischerweise nur die Möglichkeit: jedes Handeln, welches sittlich gefährliche Mittel anwendet, zu verwerfen."[41]

Eine Betrachtung im Sinne der Verantwortungsethik muß daher folgenden Fragestellungen genügen:

1. Kenntnis der Zweck-Mittel-Relationen: Passen die eingesetzten Mittel zum Zweck? Welche Nebenfolgen lösen sie aus? Wie hoch sind die anfallenden Kosten? ...
2. Resultate der Wertediskussion: Welche Werte stehen auf dem Spiel, welche Wertkonflikte (Zielkonflikte) werden eingegangen?
3. Geltungstransfer: Welche Mittel stehen zur Verfügung, Wertentscheidungen gedanklich zu bearbeiten und in einen politischen Dialog einzuführen? Anders gesprochen: Ist überhaupt eine Einigung möglich? Wenn nicht: Soll man trotzdem eine Entscheidung durchsetzen?
4. Respekt vor der Gewissensfreiheit der anderen: Werden fundamentale Werte verletzt?
5. Dialogmöglichkeiten: Welche Möglichkeiten des rationalen Aushandelns gibt es? Werden sie genutzt?

Die gedanklichen Voraussetzungen der Position *Webers* sind die folgenden:

- Jede Politik beruht letztlich auf *Gewaltsamkeit*: Wer die größeren Gewaltpotentiale hat, setzt sich auch durch, da sich Herrschaft letztlich nur durch Zwangsmittel gestalten läßt. Aufbau und Pflege der Gewaltpotentiale sind so Grundlage einer jeden Politik. – Das mag man für abscheulich halten, aber es ist die unausweichliche Vorgabe für den Politiker. Selbst Ruhe, Ordnung oder auch Frieden sind der *Weber*schen Auffassung zufolge der Gewalt zu verdanken. Das liegt daran, daß die irdischen Güter so knapp sind, daß ständig Ungleichheit besteht und Konflikte der Verteilung ausgefochten werden müssen. Politik hat nun den Sinn, gewalt-

40 Der bekannte Philosoph *Hans Jonas* ist daher auch der Meinung, daß diese Art von Ethik eine elitäre Ethik sein müsse, weil sie viel Bildung und Wissen voraussetze. Gleichwohl hält er sie unter den heutigen Umständen für die einzig mögliche. – Vgl. Hans Jonas: Erkenntnis und Verantwortung = Ingo Hermann (Hg.): Zeugen des Jahrhunderts, Göttingen (Lamuv) 1991, S. 112ff.

41 M. Weber, S. 176f.

freie Abläufe bei der Regelung von Konflikten zu ermöglichen. Aber das geht nur vor dem Hintergrund, daß tatsächlich Gewalt eingesetzt werden *könnte*. Vor diesem Hintergrund ist das staatliche Gewaltmonopol folgerichtig, selbst wenn durch die Konzentration von Gewalt beim Staat die Gefahr des Mißbrauchs besteht.

• Die Grunderfahrung, von der ein Politiker ausgehen muß, ist die „fundamentale Schlechtigkeit der Dinge“ und damit das Mißtrauen. Nur wenn er die schlechtesten Absichten beim politischen Gegenüber voraussetzt, kann er sachgerecht handeln. Wenn man davon ausgeht, daß von einem Politiker das Wohl und Wehe vieler Menschen abhängt, dann wäre alles andere geradezu unmoralisch.

• Die entscheidende Eigenschaft des Politikers ist: „die geschulte Rücksichtslosigkeit des Blickes in die Realitäten des Lebens und die Fähigkeit, sie zu ertragen und ihnen innerlich gewachsen zu sein.“[42] Dies setzt zum einen Flexibilität, zum anderen aber Prinzipientreue voraus: Wann immer sich die Einschätzung über mögliche Folgen einer bestimmten Handlung ändert, muß der Politiker seine Ansichten und Handlungen darauf umstellen. Umso mehr kommt es deshalb darauf an, daß er sich selber treu bleibt, daß man sozusagen voraussagen kann, in welcher Weise er sich auf eine neue Lage einstellen wird.

Die zentrale Eigenschaft des Politikers ist daher die Beharrlichkeit, mit der er flexibel seine Ziele verfolgt.

Dabei muß er damit rechnen, daß er das von ihm für richtig Erkannte nicht durchsetzen kann, sondern sich ständig mit Teilerfolgen bescheiden oder gar unerwünschte und nicht vorhersehbare Folgen in Kauf nehmen muß. Im Sinne der Verantwortungsethik kann er sich in solchen Fällen aber nicht damit entschuldigen, daß er Besseres oder anderes gewollt habe, sondern auch in diesem Falle muß er für die Folgen geradestehen.

Es ist aus heutiger Sicht schwer, hinter *Weber*s Überlegungen zurückzugehen, doch müssen auch die Grenzen seiner Betrachtung aufgezeigt werden:

Kernpunkt der Bedenken ist seine Bejahung von Gewalt. Dem steht der Gewaltverzicht gegenüber, wie er sich etwa bei *Gandhi* und *Martin Luther King* findet. Gewaltverzicht ist ihrer Auffassung nach die Möglichkeit, dem politischen Gegner das Gefühl einer Niederlage zu nehmen. Er bleibt im Besitze seiner Gewaltapparate, und damit sind politische Risiken für ihn erträglicher. Das ist besonders wichtig in Auseinandersetzungen um Bürgerrechte oder soziale Verteilung. Schließlich gibt der Gewaltverzicht ein Gefühl der Stärke, weil sich zeigt, daß man sich auch ohne Gewalt durchsetzen kann. Das Beharren auf Gewalt hingegen gibt ein Gefühl der Schwäche.

Wie man sieht, wird in diesen Überlegungen der Politikbegriff *Weber*s in Frage gestellt. Die Begründung für den Gewaltverzicht ist nicht moralisch, sondern unmittelbar politisch-praktisch.

> Für die Politik ist das entscheidende Mittel: die Gewaltsamkeit...
> *Max Weber*

Auch der Verantwortungsbegriff selber muß schärfer gefaßt werden, als *Weber* es tat. Viele Folgen politischer Maßnahmen lassen sich heute nicht mehr tragen. Nuklearunfälle, chemische Gefährdungen, Zerstörung der Atmosphäre gehören dazu. Folglich wird es in den nächsten Jahren darum gehen müssen, solche Vorgänge als jenseits des Verantwortbaren liegend zu identifizieren. Sie müssen unter ein generelles politisches Verbot gestellt werden, also der individuellen Verantwortung von Politikern entzogen werden.

> Herr die Noth ist groß!
> Die ich rief, die Geister,
> Werd' ich nun nicht los.
> *Goethe*

Die letztgenannte Problematik ergibt sich aus der Fähigkeit des Menschen, die Erde zu vernichten. Neben den größer gewordenen und offenbar nicht beherrschten Handlungsmöglichkeiten[43] tritt das Problem des gewachsenen Zusammenhangs: Lösungen für grundlegende Pro-

42 Ebd., S. 184.

43 Zusammfassende Sicht bei Hans Jonas: Das Prinzip Verantwortung. Versuch einer Ethik für die technologische Zivilisation, Frankfurt am Main (Bibliothek Suhrkamp 1005) 1989.

bleme sind oftmals nur noch weltweit zu sehen. So kommt es, daß bestimmte Chemikalien aus der Produktion bei uns verschwunden sind, aber dafür umso intensiver in der Dritten Welt eingesetzt werden. Das regionale Verbot erweist sich hier als unzureichend.

Trotz allem unbestritten sind die Prinzipien einer global gültigen Moral: Überall auf der Erde sind elementare Grundbedürfnisse zu sichern und ein Mindestmaß an Recht zu garantieren. Dies ist der Kern der Menschenrechte. Allerdings wachsen im Moment in dieser Hinsicht die Probleme, anstatt daß sie wenigstens teilweise gelöst würden.

Die angesichts dieser Situation wachsenden moralisierenden Anklagen gegen die Politik und die Anforderungen an die Verantwortlichkeit von Politikern helfen dennoch vermutlich nicht weiter, werden hier doch die Gestaltungsmöglichkeiten durch die Politik weit überschätzt. Politiker können nur die Voraussetzungen schaffen für freies und verantwortliches Handeln[44], dem Irrglauben in die Allmacht von Politikern sollte kein Vorschub geleistet werden. Den Verzicht der Chemiekonzerne auf den Vertrieb bestimmter Mittel tatsächlich durchzusetzen, ist z.B. sicherlich außerhalb ihrer Handlungsmöglichkeiten. Entsprechende Streiks von Arbeitnehmern oder von Konsumenten können sie aber durch Information und öffentliche Unterstützung sehr wohl absichern und stärken.

X. Zusammenfassung
Gefährdete Zukunft und Gefährdung des Lebens

Die Weltgesundheitsorganisation verlangt für *alle* Menschen einen „Zustand des vollständigen körperlichen, geistigen und sozialen Wohlbefindens." Dieser Zustand ist aber nicht einmal in den reichen Gesellschaften durchgesetzt; wichtiger noch: er geht gerade dort zurück. Obendrein wird man den Zustand der Südhalbkugel nicht als vorübergehend auffassen und die Hoffnung hegen können, daß es auch dort langsam aber stetig aufwärts gehe. Das Elend und die nackte politische Gewalt scheinen hier als „Systemmerkmal" festgeschrieben.

> Die entscheidende Einsicht ist: Wir kennen nicht hintergehbare moralische Standards, aber wir wissen auch, daß sie nicht hinreichen.

Man kann es auch so sehen: Mit den gedanklichen Errungenschaften des 17. und 18. Jahrhunderts stagniert die Entwicklung. Das ist allein schon deswegen unbefriedigend, weil sie den Menschen reduziert auf ein *geistiges* Wesen, das Ideen und Freiheiten verwirklicht. Der Mensch muß aber ganzheitlicher gesehen werden. Seine kreatürliche und gattungsmäßige Entwicklung ist umfassender.

Allerdings scheinen hier die Dinge unversöhnlich einander gegenüberzustehen: Die aufklärerische und auf den Verstand gerichtete Tradition geht aus vom Schutz des Lebens und tabuisiert alle Eingriffe ins Leben. Die ganzheitlicheren Ansätze haben dagegen – auf der Grundlage biologischer Einsichten – immer auch die Frage nach der Grenze des Lebens und nach der Normierung des Lebens gestellt. Was zunächst nur als Denkmöglichkeit erschien, eine Art geistiger Spielerei, ist heute Realität, man denke nur an Gentechnik, Sterbehilfe, Verhütung, Abtreibung.

Auch hier zeigt sich eine gespaltene Entwicklung: In den reichen Ländern sind es neuentwickelte technische Möglichkeiten, die solche Eingriffe ermöglichen und sogar nahelegen, in den armen Ländern ist es das nicht beherrschbare soziale Chaos, das Regulierungen verlangt.

> Der Schutz des Lebens ist eine unverzichtbare Grundlage; aber niemand weiß genau, worin er eigentlich besteht.

---

44 Hans Jonas ist der Auffassung, daß dies als Anspruch an die Politik nicht mehr genüge. Zur Not müssen die Menschen dazu gezwungen werden, daß sie sich im Sinne der Sicherung der Zukunft der Erde verhalten, also eine Art Wohlfahrtsdiktatur. – Vgl. Jonas, a.a.O., S. 117.

Es handelt sich bei den genannten Problemen um politische Fragen, die der bewußten Gestaltung bedürfen. Das ist keine Selbstverständlichkeit, da sich doch eigentlich ein gesellschaftlicher Konsens herstellen lassen müßte, wie es mit den Grunddaseins-Problemen gehalten werden soll. Es zeigt sich aber, daß auch die hochentwickelten Gesellschaften nicht über derartige Möglichkeiten verfügen. Zumindest erscheint es weise, die Grenzen für Handeln *politisch* festzulegen, weil es keine hinreichende moralische Substanz in der Gesellschaft selbst gibt. Auch in dieser Hinsicht bewährt sich das Erbe der Aufklärung: Moral muß ersetzt werden durch „strafbewehrte" juristische Norm, sonst sind die moralischen Minima nicht gewährleistet.

> In ihrer Alltagsmoral sind die Menschen den sich stellenden Aufgaben nicht gewachsen.

Aber auch bei der Hoffnung auf politische Regelung ist eine mehrfache Skepsis angebracht: Es ist zum Beispiel nicht vorstellbar, daß weltweit der Verzicht auf bestimmte Insektizide oder Herbizide durchgesetzt wird, wenn der Einsatz eben dieser Mittel die Lösung von Ernährungsproblemen oder Handelsbilanzproblemen in bestimmten Regionen verspricht.

Die Anforderungen an die Politik erhöhen sich bei alledem schon allein durch das Anwachsen der grundlegenden Probleme. Das liegt letztlich daran, daß die Menschheit die Befähigung zur Selbstvernichtung auf den allerverschiedensten Gebieten entwickelt hat. Die erhöhten Anforderungen an das politische System fallen zudem zusammen mit einer Krise des politischen Instrumentariums: Offensichtlich leistet die Politik nicht, was sie müßte. Das „Ozon-Loch" erweist sich zum Beispiel als „zu groß" für die Politiker.

Andererseits geht die Politik oft viel zu weit: Sie billigt Maßnahmen, die das Leben oder die Zukunft bedrohen, statt sie zu schützen, zum Teil bringt sie sie sogar auf den Weg. Hier scheint nur der Weg einer neue politische Ethik der „Selbstbeschränkung" gangbar, die es verbietet, das politisch Mögliche in bestimmten Fällen zu tun.

Gegenüber den pessimistisch stimmenden Einsichten stellt sich auch die Frage nach der zur Verfügung stehenden Zeit. Offensichtlich setzen sich die notwendigen Änderungen im Hinblick auf die längst klaren Zielvorstellungen eines „guten Lebens" nur ungeheuer zäh durch. Es ist wohl die Funktion jener Minderheiten, die immer im Abseits stehen, als das bessere Ich der Menschheit diesen Abstand zwischen Reflexionsvermögen und tatsächlichen politischen und sozialen Zuständen einzuklagen. Es müssen offensichtlich auch keine grundlegend neuen Gedanken entwickelt werden, sondern der gedankliche Vorrat reicht seit langem. Es gehört wohl zu den ärgerlichsten Entwicklungen, daß zumindest bei uns das politische System unaufhörlich Mittel entwickelt, die Einwirkungsmöglichkeiten dieser Gruppen zu beschränken, wo doch das Gegenteil geboten wäre, sowohl im Sinne der zu erhaltenden Tradition als auch angesichts der anwachsenden Probleme. Der Kampf um die notwendige Toleranz ist jeden Tag notwendig, ist aber möglicherweise dadurch erschwert, daß sich die Gesellschaft ohnehin als sehr tolerant empfindet, wiewohl sie Gleichgültigkeit und Toleranz verwechselt.

> Nicht nur die Politiker, sondern wir alle sind gefordert. Es gilt die notwendige Toleranz gegenüber den abweichenden, aber für die Zukunft überlebenswichtigen Auffassungen durchzusetzen.

Allerdings sind Appelle an alle unbefriedigend. Unseren geläufigen Theorien zufolge müßte man annehmen, daß es Aufgabe der Justiz ist, abweichende Gruppen, die unbequeme Auffassungen auf ebenso unbequeme Weise vortragen, vor dem Zugriff der „Oberkeit" (Luther) zu schützen. So will es der Diskussionsstand, der uns aus der Aufklärung überkommen ist. Auch hier liegt die Wahrheit anderswo: Die Justiz erlaubt alles, allerdings im zeitlichen Verzug. Sind die Zeiten auf „konservativ" ausgerichtet, dann ist sie gegen abweichende Meinungen und entwickelt entsprechende Argumentationen. Sind die Zeiten anders, dann findet sie diejenigen Argumente, die das Neue „normal" erscheinen lassen. Die Instanz gesellschaftlicher Reflexion, die sie eigentlich sein soll, ist sie wohl nicht. Manches deutet darauf hin, daß sich die Theologie weit eher zu diesem notwendigen Unruhefaktor mausert.

Kapitel 6

Grundwerte und Grundrechte

I. Stellenwert

Die Grundrechte können in ihrer überwiegenden Zahl zum einen als die Einlösung der Menschenrechte in Deutschland aufgefaßt werden. Sie geben die Zielvorstellungen wieder, die für staatliches und politisches Handeln gelten sollen. Gleichzeitig enthalten sie zum anderen diejenigen Grundsätze, die als grundlegend für das Zusammenleben in der Gesellschaft gelten sollen. An ihnen kann also abgelesen werden, welche Wertüberzeugungen die Grundlage des gesellschaftlichen Lebens bilden.

Darüber hinaus haben die Grundrechte freilich eine viel konkretere Funktion. Sie sind unmittelbar geltendes Recht. Daher kann man am Umgang mit diesen Grundrechten auch sehen, wie ernst Politik und in ihrem Gefolge Gesellschaft diese Grundlagen nehmen.

II. Die Grundrechte als Menschenrechte

Schon die Virginia Bill of Rights (1776) und die französischen Verfassungen des 18. Jahrhunderts (1791, 1793, 1795) wiesen etliche Rechte allen Menschen zu, andere nur den jeweiligen Staatsbürgern. Dieser Gedanke ist in das Grundgesetz der Bundesrepublik Deutschland übernommen worden, indem der Staat eine Reihe von Rechten garantiert, soweit sich sein Herrschaftsgebiet erstreckt. Die Einschränkung ergibt sich aus dem in Art. 25 GG festgeschriebenen Prinzip der Nichteinmischung in die Angelegenheit anderer Staaten.[1]

Die Menschenrechte, die für alle gelten, sind:

- Bewahrung der Menschenwürde (Art. 1.1 GG)
- Recht auf freie Entfaltung der Persönlichkeit (Art. 2.1 GG)
- Recht auf Leben, körperliche Unversehrtheit und Freiheit der Person (Art. 2.2 GG)
- der Anspruch auf Gleichbehandlung (Art. 3 GG)
- Freiheit des Glaubens und Gewissens (Art. 4 GG)
- Meinungsäußerungs- und Informationsfreiheit (Art. 5.1 GG)
- Freiheit von Kunst und Wissenschaft (Art. 5.3 GG)
- Schutz von Ehe und Familie und des Elternrechtes (Art. 6 u. 7.2 GG)
- Brief-, Post- und Fernmeldegeheimnis (Art. 10 GG)
- Unverletzlichkeit der Wohnung (Art. 13 GG)
- Garantie von Eigentum und Erbrecht (Art. 14 GG)
- das Asylrecht (Art. 16.2 Satz 2 GG) – analog dazu für die Deutschen: Recht auf Freizügigkeit (Art. 11 GG)
- Petitionsrecht (Art. 17 GG)
- Recht auf gesetzlichen Richter (Art. 101 GG), rechtliches Gehör, Schutz vor rückwirkenden

1 Als kurzer Überblick eignet sich Wolfgang Perschel: Grundrechte in der Verfassung: Der Einzelne und der Staat, in: Sozialwisenschaftliche Informationen XIII (1984), S. 40-67; hier auch entsprechende weiterführende Literaturangaben.

„Menschenwürde“

Strafgesetzen und Schutz vor Doppelbestrafung (Art. 103 GG)
- Rechtsgarantie bei Freiheitsentziehung (Art. 104).

Andere Rechte stehen hingegen nur allen Deutschen zu, da sie an die deutsche Staatsangehörigkeit gebunden sind. Diese sind:

- Versammlungsfreiheit (Art. 8 GG)
- Vereinigungsfreiheit (Art. 9 GG)
- Berufsfreiheit (Art. 12 GG)
- Schutz vor Verlust der Staatsbürgerschaft und Auslieferungsverbot für Deutsche (Art. 16 GG)
- staatsbürgerliche Gleichheit und gleicher Zugang zu Ämtern (Art. 33.1 – 3 GG)
- Wahlrecht (Art 38 GG)
- Widerstandsrecht (Art. 20.4 GG).

Diese Bürgerrechte schreiben einen Zustand des politischen Gemeinwesens fest, hinter den es kein Zurück gibt, und enthalten politische Handlungsverbote. Es handelt sich um die Mindestvoraussetzungen für eine Demokratie, aber nicht um mehr.

Bei den Menschenrechten handelt es sich hingegen oftmals um Prinzipien. Sie enthalten Aufträge für die Weiterentwicklung der Gesellschaft. Die Aufgabe ihrer Verwirklichung stellt sich dabei ständig neu entsprechend dem Entwicklungszustand der Gesellschaft. Diesen Entwicklungsauftrag für die Gesellschaft schreibt die Verfassung in den Art. 20 und 28 GG ausdrücklich fest.

Grundrechte können in ihrer praktischen Geltung durch den sogenannten Gesetzesvorbehalt nicht nur ausgeweitet, sondern auch eingeschränkt werden. So kann das Recht auf freie Meinungsäußerung eingeschränkt werden, wenn sich Konflikte mit anderen Grundrechten ergeben. – Die Einschränkung durch Gesetze findet aber ihre Grenze, wenn die Grundrechte in ihrem „Wesensgehalt" angetastet werden. Daher können sie auch nicht ganz abgeschafft werden, selbst wenn dies einstimmig geschähe (vgl. Art. 79.3 GG; allerdings nur bezogen auf die Art. 1 – 20 GG). Sollte dies dennoch geschehen, dann steht jedem Deutschen das Recht auf Widerstand zu.

Für die Tatsache, daß diese Rechte nicht in ihrem Kern geändert werden können, gibt es drei Begründungen:

(1) Eine *historisch-pragmatische*: Die nationalsozialistischen Zeit hat gelehrt, daß eine Diktatur völlig gesetzmäßig auf demokratischem Wege zustandekommen kann, denn die Aufhebung der Schutzrechte vor staatlicher Gewalt geschah auf juristisch korrektem Wege im Rahmen der noch gültigen damaligen Weimarer Reichsverfassung. Diese Möglichkeit steht dem Gesetzgeber nun nicht mehr offen.

(2) Eine *historisch-philosophische*: Diese Rechte spiegeln einen Kulturzustand wider, hinter den man nicht zurückfallen darf. Wird nur eines dieser Rechte verletzt, dann bleiben die Gesellschaft und die Lebensmöglichkeiten in ihr hinter dem erreichbaren Optimum zurück.

(3) Eine *rechtsphilosophische*: Diese Rechte sind unverlierbare Merkmale, die ein jeder Mensch mit seiner Geburt verliehen bekommen habe (vgl. Art. 1.2 GG). Es handelt sich sozusagen um unveränderbare Rechte, die dem Willen des einzelnen entzogen sind. Die christliche Herkunft dieser Begründung ist deutlich (vgl. IV. 1).

III. Das Verständnis der Grundrechte als Menschenrechte

1. Problemstellung

Die Menschen- und Grundrechte sind unterschiedlich konkret gefaßt. Daher löst ihre Geltung und Verbindlichkeit eine Reihe von Fragen aus.

Ob das Telefongeheimnis eingehalten wird, läßt sich recht genau sagen. Auch die Einschränkungen lassen sich benennen und in ihrer Berechtigung öffentlich diskutieren. Auch der Schutz der Wohnung ist kontrollierbar und beobachtbar. Es wird sich recht genau sagen lassen, inwiefern er gewährleistet ist und wo er gefährdet erscheint. Dies gilt aber nur, solange dieses Grundrecht als staatliches Abwehrrecht aufgefaßt wird, also als Einschränkung oder Verbot für mögliches staatliches Handeln.

Allerdings gibt es unter den heutigen Bedingungen auch schon in diesem Bereich Probleme: Falls in naher Zukunft z.B. die Wasseruhren über Datenerfassung zentral ablesbar sein sollten, lassen sich jederzeit erhebliche Rückschlüsse über die Intimsphäre eines Menschen ziehen. Hier gibt es zwei Möglichkeiten: Entweder man verzichtet auf diesen technischen Fortschritt aus Gründen der unüberschaubaren Folgen für die Unverletzlichkeit der Wohnung. Oder man legt fest, daß der Staat keinen Zugriff zu den entsprechenden Daten bekommt, daß sie in besonderer Weise geschützt werden. Das Bundesverfassungsgericht hat daher ein wichtiges Prinzip zu den Grundrechten hinzugefügt: Das Recht auf informationelle Selbstbestimmung. Auch hier zeigt sich: Es handelt sich nicht um ein konkretes Recht, sondern um ein Reflexionsprinzip, in dessen Licht Regelungen und gesellschaftliche Umstände zu prüfen sind.

Das Recht auf „Unverletzlichkeit der Wohnung" kann aber noch viel weitergehend diskutiert werden. Gehört es auch zur Unverletzlichkeit der Wohnung, daß sie vor vermeidbaren Umweltgefährdungen geschützt wird? Wird dies bejaht, dann müßte der Staat die Handhabe erhalten, Bürger vor entsprechenden privaten Planungen zu schützen, etwa der Ansiedlung bestimmter Betriebe. Meistens sind es aber die staatlichen Planungen selber, die die Wohnumwelt gefährden. Folglich müßten rechtliche Mittel geschaffen werden, die es dem Bürger erlauben, solche Planungen zu verhindern.

Die Verfassung enthält beide Möglichkeiten, die der Unterlassung des Schutzes und die der Vorantreibung des Grundrechtes auf ökologischem Gebiet entsprechend dem sogenannten „Sozialstaatsgebot" der Artikel 20 u. 28 GG. Dies verschafft ihm die Möglichkeit, die Gesellschaft im Sinne der Geltung der Grundrechte weiterzuentwickeln.

Im nächsten Unterkapitel soll den Fragen nachgegangen werden, inwieweit denn nun die Grundrechte ausgebaut werden sollten, und welche Lücken sich zeigen. Grundrechte, die sich von vornherein auf eine grundsätzlich unabschließbare Aufgabe beziehen, lassen diese Fragen spontan aufkommen. Es handelt sich dabei insbesondere um die Rechte auf Menschenwürde, freie Entfaltung der Persönlichkeit und Gleichheit.

Vorab soll aber kurz die sogenannte *Drittwirkung* der Grundrechte angesprochen werden. Historisch gesehen sind die Grundrechte als Abwehrrechte des einzelnen gegenüber der Staatsgewalt entstanden. Zugleich drücken sie aber Prinzipien aus, die in der gesamten Gesellschaft verwirklicht werden müßten. Das kann man sich am Problem der Gleichstellung von Mann und Frau vergegenwärtigen (Art. 3 GG): Durch die Erziehung in der Schule ist fast eine völlige Gleichberechtigung von Mann und Frau erreicht; Mädchen haben mittlerweile sogar die etwas besseren formalen Abschlüsse.[2] Dennoch zeigen die Statistiken über die Stellung im Beruf nach wie vor dasselbe Bild: Nach Abschluß von Schule und Hochschule bleiben die Frauen zurück, die guten Positionen und schon gar die Führungspositionen gehen an die Männer. Dadurch wird der Erfolg der staatlichen Bemühungen zu einem großen Teil wieder aufgehoben.

So stellt sich die Frage, ob nicht durch weitere Eingriffe des Staates der Vorgabe des Grundgesetzes in der Gesellschaft Geltung verschafft werden müßte. Die Sache ist für den Staat einfach, wenn er selber als Arbeitgeber auftritt, also in der Verwaltung und auch im Hochschulwesen. Hier kann er für Frauen Quoten festlegen; er kann bestimmen, daß bei gleicher Eignung Frauen vorzugsweise einzustellen oder zu befördern sind. Allerdings haben Männer durchaus schon gegen solche Gesetze oder Verordnungen geklagt, weil sie nun ihrerseits ihre Rechte geschmälert sehen.

Das Ende der staatlichen Einwirkung ist aber bei den privaten Arbeitgebern gekommen, also den „normalen" Unternehmen und Betrieben. Hier können keine Quoten auferlegt werden, denn dies würde bedeuten, daß der Arbeitgeber nur noch eingeschränkt über einen Arbeitsplatz bestimmen kann, der ihm gehört. Einem solchen Eingriff des Staates steht der Schutz des Eigentums (Art. 14.1 GG) gegenüber. Dieser Artikel beinhaltet ein klassisches sogenanntes Abwehrrecht, ein Recht des Bürgers, das die Handlungsmöglichkeiten des Staates begrenzen soll.

Das angeführte Beispiel läßt sich verallgemeinern: die Forderung nach einer Drittwir-

2 Weltweit ist die Diskriminierung von Frauen im Schulwesen alles andere als überwunden. Vgl. Ekkehard Launer: Datenhandbuch Süd-Nord, Göttingen (Lamuv) 1992. – Das gesammelte Material zur Benachteiligung der Frau in allen Lebensbereichen ist beeindruckend.

kung der Grundrechte kollidiert in aller Regel mit der Eigentums- und Wirtschaftsordnung. Die Durchsetzung der Grundrechte in der gesamten Gesellchaft ist damit nicht unmöglich, aber erheblich erschwert.

Auch dies zeigt deutlich, daß mit den Grund- oder Menschenrechten kein erreichter Stand von Ethik oder Moral festgeschrieben wurde, sondern daß sich eine Reihe von Problemen und Aufgaben ergeben.

2. Problemfall Menschenwürde

Die Würde des Menschen ist unantastbar. Sie zu achten und zu schützen ist Verpflichtung aller staatlichen Gewalt. – Art. 1.1 GG

Der oberste Leitwert „Menschenwürde“ ist wenig festgelegt. Wie er verstanden wird, ist Angelegenheit des gesellschaftlichen Reflexionsstandes. Daher ist Art. 1.1 keine Seinsaussage, sondern eine Sollensaussage.

Es ist aber unumstritten, daß es so etwas wie Menschenwürde gibt. Vermutlich ist der Begriff auch am ehesten faßbar durch seine Gegenbilder, wenn zum Beispiel „Herrenmenschen“ und „Untermenschen“ im Nationalsozialismus unterschieden worden sind.

Der heutige Reflexionsstand zum Begriff der Menschenwürde läßt sich gut aus den Entscheidungen des Bundesverfassungsgerichts ablesen[3]: Im Urteil aus dem Jahre 1970 (BuVerfGE 30,1) standen sich zwei Auffassungen gegenüber. Laut Mehrheitsmeinung sei die Menschenwürde dann durch staatliches Handeln verletzt, wenn eine deutliche Verachtung des Menschen und seines Wertes im Sinne einer „verächtlichen Behandlung“ hinzukomme. Daß ein Mensch sich einem Gesetze fügen müsse, könne kein Verstoß gegen die Menschenwürde sein, sondern sei normal. – In einem abweichenden Gutachten wandten drei Richter ein: Eine solche Auffassung reduziere Artikel 79.3 GG auf ein Verbot der Folter, des Schandpfahls oder der Methoden des Dritten Reiche. Sie formulierten:

„Alle Staatsgewalt hat den Menschen in seinem Eigenwert, seiner Eigenständigkeit zu achten und zu schützen. Er darf nicht ‚unpersönlich‘, nicht wie ein Gegenstand behandelt werden, auch wenn es nicht aus Mißachtung des Personenwertes, sondern in ‚guter‘ Absicht geschieht.“

In seinem Urteil vom 21. Juni 1977 (BuVerfGE 45,187) hatte das Gericht darüber zu befinden, ob eine lebenslange Freiheitsstrafe für Mord (§ 211.1 StGB) mit dem Grundgesetz vereinbar sei. Das Gericht bejahte dies, weil die lebenslange Haftstrafe nicht zu „zwangsläufig ... irreparablen Schäden psychischer oder geistiger Art“ führe; dann nämlich sei die Würde des Menschen verletzt. Allerdings gehört zu einem menschenwürdigen Strafvollzug nach Auffassung des Gerichts die Möglichkeit, daß jeder Verurteilte die Aussicht haben muß, je wieder freizukommen. Wenn schon Ausnahmen gemacht würden, dann müsse dies auf der Grundlage eines Gesetzes geschehen; dieses ist dann seinerseits wieder prüfbar in juristischen Verfahren.

In eben diesem Urteil formulierte das Gericht folgendes Prinzip:

„Die grundlegenden Voraussetzungen individueller und sozialer Existenz müssen erhalten bleiben. Aus Art. 1 Abs. 1 GG unter Verbindung mit dem Sozialstaatsprinzip ist daher ... die Verpflichtung des Staates herzuleiten, jenes Existenzminimum zu gewähren, das ein menschenwürdiges Dasein überhaupt erst ausmacht.“ (Bu VerfGE 45, 228f.)

Der Vergleich der beiden Entscheidungen zeigt, daß sich das Minderheitenvotum des Jahres 1970 im Jahre 1977 durchgesetzt hatte. Hier ist eine Fortentwicklung deutlich.

Allerdings sollte diese Beobachtung nicht zu der Annahme führen, oberste Gerichte bauten ständig die Grundrechte weiter aus. So zeigt das Beispiel des Supreme Court in den USA – das historische Vorbild des Bundesverfassungsgerichtes –, daß in seiner langen Geschichte die Entscheidungen oftmals den gesellschaftlichen Verhältnissen vorauseilen oder zumindest progressive Auffassungen sich durchsetzen, daß aber auch Urteile weit hinter dem alltäglichen Leben zurückbleiben und konservative Grundhaltungen offenbaren. Dies geschieht freilich nicht nach dem Zufallsprinzip. Vielmehr bildet sich in den Gerichtsentscheidungen langfristig die jeweilige Zeitströmung ab, allerdings meistens mit ein bis zwei Jahrzehnten Verspätung.

---

3 Am besten zugänglich bei Jürgen Schwabe (Hg.): Entscheidungen des Bundesverfassungsgerichts. Studienauswahl, Hamburg (Eigenverlag des Hg.) 1988.

Das erklärt sich daraus, daß Richter für derartig hohe Gerichte viel Zeit für ihre Karriere brauchen und dann diejenigen Grundhaltungen durchsetzen, die ihre Jugend geprägt haben. Bei den oben erwähnten Urteilen des Bundesverfassungsgerichtes kann man auch sehr gut verfolgen, wie sich das Klima der fünfziger und dann der sechziger Jahre in der Argumentation der Richter niederschlägt. Um eine Weiterentwicklung der Rechtsprechung im Sinne eines höheren oder besseren Standes handelt es sich daher wohl kaum, sondern eher um eine Anpassung an den jeweiligen Zeitgeist.[4] Auch in dieser Betrachtung gibt es also kein feststehendes Recht, das man erkennen kann, sondern nur einen an die jeweilige Zeit gebundenen Reflexionsstand.

Noch später formulierte das Gericht (BuVerfGE 49, 298): Geschützt ist das subjektive Empfinden; es kommt darauf an, wie der Mensch sich in seiner Individualität begreift und seiner selbst bewußt ist. – Allerdings sei es – dem Gericht zufolge – zumutbar, daß sich ein Mensch um der Gemeinschaft willen und zeitlich vorübergehend Einschränkungen gefallen läßt: So muß sich jemand Haare und Bart abschneiden lassen zum Zwecke der Gegenüberstellung, wenn dies der Aufklärung einer Straftat dient. Auch die zwangsweise Vorladung zum Verkehrsunterricht ist kein Verstoß gegen die Menschenwürde. – Dies zeigt deutlich, wie abstrakte Leitsätze im Einzelfall nicht durchzuhalten sind, und es beweist noch einmal, daß ein bestimmtes Verständnis von Menschenwürde nur einen historisch-situativen Diskussionsstand widerspiegelt.

Das Verständnis von Menschenwürde muß – wie alle Grund- und Menschenrechte – in dreierlei Hinsicht bedacht werden:

(1) Schutz der Individualsphäre (status negativus)
(2) soziale Leistungen (status positivus)
(3) politische Mitgestaltungrechte (status activus)

Im Sinne des status activus entschied das Bundesverfassungericht, es genüge im politisch sozialen Bereich nicht, daß eine „Obrigkeit" noch so gut für das Wohl von „Untertanen" sorge, sondern der einzelne müsse auch Gelegenheit haben, im möglichst weitem Umfang an den Entscheidungen für die Gesamtheit mitzuwirken (BuVerfGE 5, 204). – Hier hat das Gericht zu relativ früher Zeit einen Leitsatz ausformuliert, der sich nicht durchhalten ließ:

> Der einzelne muß Gelegenheit haben, im möglichst weiten Umfang an den Entscheidungen für die Gesamtheit mitzuwirken.
> *Bundesverfassungsgericht BuVerfGE 5,204*

3. Freiheit und Gleichheit

Freiheit und Gleichheit sind zwei im Streit lebende Schwestern, die seit der Französischen Revolution ständig gegeneinander ausgespielt worden sind. Meistens zog die Gleichheit den kürzeren, aber die Freiheit hatte keinen Nutzen davon.

In einer alten Argumentation wird die These aufgestellt, niemand könne frei sein, wenn dies auf Kosten anderer oder eines anderen geschehe. Er müsse sich nämlich Zwänge und Verhaltensbeschränkungen auferlegen, um das Verhältnis der Ungleichheit aufrecht zu erhalten.[5] Das gilt in konkreten Situationen: Die Kommunikation zwischen Ungleichen ist nie völlig frei und offen, beide haben wechselseitig Hintergedanken, wenn sie miteinander reden. Das gilt aber auch in gesellschaftlichen Strukturen: Eine durch Ungleichheit gekennzeichnete Gesellschaft schafft zum Beispiel Organisationen zur Überwachung der Abhängigen, die aber zugleich auch die Freiheit der Privilegierten einschränken. In dieser Sicht ist Ungleichheit kein naturgegebener Zustand, sondern ein gesellschaftliches Produkt, das seinen Preis – psychischer und auch materieller Art – hat. Gleichheit ist

---

4 Günter Frankenberg und Ulrich Rödel: Von der Volkssouveränität zum Minderheitenschutz. Die Freiheit politischer Kommunikation im Verfassungsstaat. Untersucht am Beispiel der Vereinigten Staaten von Amerika, Frankfurt am Main (EVA) 1981.

5 Vgl. hierzu das berühmte Beispiel von Herr und Knecht bei Hegel. – S. Georg Wilhelm Friedrich Hegel: Phänomenologie des Geistes, hg. Johannes Hoffmeister, Hamburg (Felix Meiner) 1952 u.ö., S. 145-150; Zusammenfassung der Diskussion um Freiheit und Gleichheit bei Giovanni Sartori: Demokratietheorie. Darmstadt (Wissenschaftliche Buchgesellschaft) 1992.

demnach eine notwendige, aber nicht hinreichende Bedingung für Freiheit.

Dagegen stand schon immer die Auffassung, daß die Menschen von Natur aus ungleich seien. Jede Gleichheit widerstrebe ihrer Natur. Eine Politik oder gesellschaftliche Umstände, die Gleichheit hervorbringen wollen, können dies nicht ohne Zwang erreichen. Damit ist Gleichheit eine hinderliche Bedingung von Freiheit, die sie tendenziell auch vernichtet. Eine optimal organisierte Gesellschaft ermögliche daher den Menschen so viel Ungleichheit wie möglich, damit sie ihrer Natur entsprechend leben könnten.

So stehen die Prinzipien von Freiheit und Gleichheit in einem Spannungsverhältnis, und es kommt entscheidend darauf an, in welche Balance sie gebracht werden.

Auch das Grundgesetz geht davon aus, daß nicht Gleichheit der Menschen das Ziel sei. Gleichheit wird vielmehr zentral verstanden als Gleichbehandlungsgebot: Gleiches soll gleich, Ungleiches dagegen seiner Eigenart entsprechend behandelt werden.

Aus dem Gleichheitsgrundsatz folgt zum Beispiel nicht, daß alle gleichmäßig zu besteuern sind. Der Gesetzgeber hat vielmehr ein breites Ermessen zur sozialen Gestaltung. Der allgemeine Gleichheitsgrundsatz führt lediglich zu einem Willkürverbot: wesentlich Gleiches darf nicht willkürlich ungleich, wesentlich Ungleiches nicht willkürlich gleich behandelt werden (BuVerfGE 4, 155). Willkür wird dabei aus der objektiven Sachlage abgeleitet, auf den guten oder bösen Willen kommt es dabei nicht an.[6] Die entscheidenden Kriterien des Gerichtes sind so auch, ob eine Regelung „sachgemäß", „sachlich vertretbar" oder aber „sachfremd" und „sachwidrig" ist. Leitend sind nicht ein „objektiver" Erkenntnisstand oder „objektive Maßstäbe", sondern der Stand der gesellschaftlichen Reflexion, die Frage, ob die meisten der Regelung zustimmen können.

Auch hier steckt der Teufel im Detail. Im Jahre 1959 wies das Bundesverfassungsgericht die Verfassungsbeschwerde einer Hebamme zurück. Sie hatte geltend gemacht, daß sie sich nach Überschreiten der Altersgrenze gezwungenermaßen zur Ruhe setzen müsse, während dieselbe Altersgrenze für Ärzte – die auch Geburtshilfe leisten – nicht gelte. Diesen Einwand erkannte das Gericht nicht an. Der Arztberuf sei immer ein freier Beruf gewesen und müßte besondere Risiken hinsichtlich der Altersversicherung tragen. Daher sei hier eine Altersgrenze schädlich. Hebammen hingegen seien sozialversichert, so daß für sie die Altersgrenze wie für jedermann gelte (BuVerfGE 9, 338). –

Die für den naiven Betrachter am nächsten gelegene Frage wird offensichtlich in dieser Gerichtsentscheidung ausgespart: Nämlich die Frage nach der Leistungsfähigkeit alter Menschen und ob es wirklich geraten ist, Mediziner im hohen Alter noch ihren Beruf ausüben zu lassen. Zwar wird man diese Fragen kaum allgemeingültig beantworten können, sie führen aber zu einer grundlegenden Betrachtung: Verstößt es nicht gegen das Freiheitsgebot, wenn alten Menschen grundsätzlich aus Gründen der gesetzlichen Gleichheit verwehrt wird, weiter zu arbeiten? Bekanntlich wird unsere Gesellschaft immer älter, so daß man absehen kann, wann etwa ein Drittel zu den Alten zählen wird. Damit sind in heutiger Sicht nicht nur unlösbare Probleme der Altersversicherung verbunden, sondern auch soziale und psychische Probleme: Wie wird es sich in einer Gesellschaft leben, in der sich ein hoher Prozentsatz von Alten mit der Frage plagen muß, ob ihr Leben überhaupt zu etwas nütze sei? Auf der anderen Seite ist für sehr viele Arbeitnehmer die gesetzlich vorgeschriebene Altersgrenze ein wichtiger Schutz: Man kann sich leicht diejenigen Notlagen und Zwänge ausmalen, unter denen Menschen zur Weiterarbeit gezwungen werden oder sich gezwungen sehen, obwohl sie dies schon längst nicht mehr wollen oder können. – Das Beispiel ist auf sehr viele Sachverhalte übertragbar und zeigt, daß Freiheit der individuellen Entscheidung und Gleichheit der gesellschaftlichen Regelung nicht ohne weiteres gegeneinander ausgespielt werden können, sondern daß es zwischen beiden nicht lösbare Zielkonflikte gibt.

Der allgemeine Gleichheitsgrundsatz ist im Grundgesetz durch wichtige Gleichheitsgebote und Diskriminierungsverbote spezieller Art ergänzt worden (Geschlecht, Abstammung, Rasse, Glaube, Sprache, Heimat, Unehelichkeit). In

6 Das entspricht dem Prinzip der Verantwortungsethik. Vgl. oben Kapitel 5.

diesem Falle gilt die Formalgleichheit: Ungleichbehandlung darf nicht mit beobachtbarer Ungleichheit begründet werden. Einer Frau darf eine Arbeitschance nicht verwehrt werden, nur weil sie eine Frau ist, sondern Maßstab muß die jeweilige individuelle Befähigung sein. Auf diesen Gebieten liegt viel gesellschaftlicher Zündstoff, der die Forderung nach der sogenannten Drittwirkung einleuchtend erscheinen läßt (vgl. oben III.1).

Es ist deutlich, daß auf dem Wege zur Verwirklichung des Gleichheitsprinzips noch eine Reihe gesellschaftlicher Konflikte verborgen liegt. Dabei geht es gar nicht um den ideologisch so hochgespielten Gegensatz von Freiheit und Gleichheit, sondern darum, daß mit der Entwicklung sozioökonomischer Verhältnisse und mit dem Übergang zur multikulturellen Gesellschaft das Bewußtsein wächst, daß viele Ungleichheiten in der Tat historisch bedingt sind.

Das Freiheitsgebot birgt ähnliche Schwierigkeiten. Es wird zunächst, wie schon angesprochen, durch die Gleichheit in einsichtiger Weise begrenzt. Drei Elemente des Rechts auf Freiheit lassen sich unterscheiden:

(1) Das *Entfaltungsrecht*: Dahinter steht die Vorstellung einer schon im Kern vorhandenen Persönlichkeit, deren volle Entwicklung nicht behindert werden darf.
(2) Das *Autonomierecht*: Selbstbestimmung, ob und in welche Richtung die Entfaltung vor sich gehen soll.
(3) Die *Gemeinschaftsbindung*: Respektierung der gleichgearteten Rechte anderer, zumal der Mensch immer ein gesellschaftliches Wesen ist.

Der zuletzt genannte Gesichtspunkt kehrt als die sogenannte „Schrankentrias“ wieder: Alle aus Art. 2.1 GG ableitbaren Freiheiten werden begrenzt durch

(1) die Rechte anderer
(2) die verfassungsmäßige Ordnung
(3) das Sittengesetz.

Ein besonderes Problem stellt die letzte Schranke dar. Manche meinen, es handele sich dabei um ein allgemeines Gefühl von Moral und Anstand, das gewisse Freiheitsäußerungen verbiete. Dabei wird obendrein oftmals noch behauptet, daß es eine Art von angeborener Moral gebe, die spezifisch menschlich sei. In der beobachtbaren Praxis hat sich jedoch gezeigt, daß es solche Maßstäbe nicht gibt, sondern daß es sich nur um den gesellschaftlichen Konsens hinsichtlich des üblichen Verhaltens handelt, also eine Art Gefühl für das Übliche. Das Problem heute besteht darin, daß diese Maßstäbe sich immer mehr auflösen und höchst verschiedenartigen Auffassungen Platz machen.

Das Ausmaß des Problems könnte man sich an der Erziehung von Kindern überlegen. Hier gibt es höchst unterschiedliche Erziehungsstile; viele scheinen in Abgründe zu führen, wie die Zunahme von Gewalt unter Kindern zeigt. Daher kann man schon darüber nachdenken, ob die Freiheit der Eltern bei der Wahl des Erziehungsstiles heute eine Überforderung darstellt, weil es die Regelung über „das Sittengesetz“ zunehmend nicht mehr gibt.

Anders liegen die Fälle, wo sich die Maßstäbe im Laufe der Zeit geändert haben und einschränkende Bedingungen weggefallen sind. Das klassische Problemfeld für die Beschneidung von Freiheit durch das „Sittengesetz“ ist die Sexualität. – So galt in den fünfziger und sechziger Jahren noch der sogenannte Kuppeleiparagraph: Eltern oder Zimmervermieter konnten angezeigt und bestraft werden, wenn sie Unverheiratete in ihrer Wohnung miteinander schlafen ließen. Über diese Bestimmung ist die Zeit einfach hinweggegangen. Es wäre notwendig geworden, ein Überwachungssystem einzurichten, das mit den grundlegenden bürgerlichen Freiheiten nicht vereinbar ist. Daher wurde diese Art von „Kuppelei“ aus dem Strafgesetzbuch getilgt. Nunmehr steht an, die strafrechtlichen Beschränkungen für Homosexualität abzuschaffen, zumal sie sehr unstimmig sind. Aber hierzu scheint die politische Kraft nicht zu reichen. – Ein weiteres Beispiel aus diesem Problemkreis ist das geforderte Recht der Frau auf Abtreibung. Es liegt jedoch insofern komplizierter, als hier der Schutz des Lebens dazukommt.

Insgesamt macht die Diskussion um die rechtliche Normierung der Sexualität aber deutlich, daß Artikel 2.1 eine Art Auffangrecht für noch unbekannte Freiheitsrechte ist und die Reflexion wachhalten soll, daß im Zweifelsfall für die Freiheit zu entscheiden ist. – Der Rückgriff auf „das Sittengesetz“ ist jedoch zweideutig: Er enthält eigentlich die Aufforderung, die gesellschaftlichen Kräfteverhältnisse zur Grundlage des Freiheitsverständnisses zu machen. Das ist für Minderheiten eine bittere Botschaft, enthält aber auch die Verheißung, daß die Spielräume für Freiheit ausgeweitet werden können.

Die allgemeine Freiheit darf zumindest in mehrfacher Hinsicht nicht eingeschränkt werden: Das *Sozialstaats*prinzip soll verhindern, daß ganze Gruppen der Bevölkerung ihre Lebensmöglichkeiten nicht mehr wahrnehmen können. Das ist in den nächsten Jahren bedeutsam angesichts der Zunahme der Sozialhilfeempfänger und der wachsenden Unterschiede zwischen Arm und Reich. Das *Rechtsstaats*prinzip verbietet die Diskriminierung einzelner Gruppen, und die Wesensgehaltsgarantie (Art. 19.2 GG) untersagt wesentliche Rückschritte. Dieser Artikel ist bedeutsam in der Diskussion um das Asylrecht und dessen Entwicklung in den nächsten Jahren.

Das vorhandene Ausmaß an Freiheit in einer Gesellschaft ergibt sich nicht durch Diskussion und schon gar nicht durch Gerichtsurteil . Änderungen werden in aller Regel zunächst von Minderheiten vorgelebt und setzen sich durch oder werden unterdrückt. Ein Teil der Konflikte taucht aber vor Gericht oder als Gegenstand der Gesetzgebung auf, vor allem als grundlegende Fragen bei der Einlösung von Grundwerten. Hier ist das Vorzeichen aber in aller Regel konservativ, da meistens nur eine schon beobachtbare Praxis nachträglich gebilligt wird. Die Berufung auf die Grundwerte und die Diskussion um Freiheit und Gleichheit kann konservative und progressive Positionen gleichmaßen rechtfertigen. Allerdings beinhalten Freiheit und Gleichheit Prinzipien, die immer wieder zur Reflexion über die Verbesserung der Lebensmöglichkeiten in jeder Gesellschaft anstoßen.

4 . Ein neues Grundrecht – informationelle Selbstbestimmung

Das Grundrecht auf informationelle Selbstbestimmung kann darauf hinweisen, daß die Grundrechte und der Grundrechtekatalog nicht auf alle Ewigkeiten feststehen und sich aus historischen Notwendigkeiten ergeben. – Dieses neue Grundrecht ist nur in den Ländern der Ersten Welt sinnvoll; hier allerdings muß es noch entwickelt werden und ausreifen. Vermutlich wird man sagen können, daß die heutige Ausformulierung und Ausgestaltung dieses Grundrechtes noch zu sehr dem überkommenen Denken verhaftet ist.

Inwiefern hat der Stand der Datenverarbeitung es erzwungen, daß ein solches Recht konzipiert werden muß? Ohne Anspruch auf Vollständigkeit seien die folgenden Probleme aufgelistet:[7]

1. Computer können miteinander vernetzt sein. Das bedeutet, daß sie untereinander Daten austauschen können. Je mehr Computer miteinander vernetzt sind, desto unbestimmbarer wird die sogenannte Datengrenze. Am Ende weiß kein Mensch mehr, welche Daten miteinander in Berührung gebracht und miteinander in Beziehung gesetzt werden und werden könnten.

Hieraus ergeben sich zwei sehr verschiedenartige Unterprobleme:

a) Kein Mensch weiß mehr, welche Daten sich an welcher Stelle befinden. Damit sinkt die Chance, falsche Daten, die Menschen schaden, zu entdecken, sondern diese führen ein Eigenleben, weil sie nicht mehr kontrollierbar sind.

b) Die Kombination der Daten führt zu völlig neuen Gedanken und zu Konstruktionen, die sich von der Realität völlig entfernen.

Hierzu sei ein erfundenes Beispiel angeführt:[8]

Ein Großkonzern holt sich aus dem Computernetz der AOK die Daten über den Krankheitsstand und die Eigenarten der Krankheiten seiner Angestellten. Er will Aufschlüsse gewinnen, welche Angestellten leistungsfähig sind, welche es weniger sind, damit er bei zukünftigen Entlassungen sich auf vorbereitete Listen stützen kann.

Im Rahmen dieses Problems ist zunächst klar, daß es nicht darum geht, daß in einem Computer Daten erhoben werden, sondern daß der Com-

---

7 Als Überblick eignet sich Wilhelm Steinmüller (Hg.): Verdatet und vernetzt. Sozialökologische Handlungsspielräume in der Informationsgesellschaft, Frankfurt am Main (Fischer Tb) 1988.

8 Reale Beispiele und grundlegende Überlegungen zur Arbeitswelt bei Werner Vitt: Der Arbeitnehmer – ein Bürger zweiter Klasse? In:Titus Häussermann und Horst Krautter (Hg.): Gustav-Heinemann-Initiative. Bürgerrechte 1984, Stuttgart (Radius) 1984, S. 25-31.

puter vernetzt ist und daß ein unkontrollierter Datenaustausch stattfindet.

2. Daten werden anders benutzt, als es bei der Erhebung angegeben wird. Wenn dies erst ruchbar wird, setzt eine allgemeine Verunsicherung ein, die die sozialen Beziehungen ruiniert; es kann sogar eintreten, daß sich die alltäglichen Gewohnheiten nachhaltig verändern.

Hierzu ein nur noch teilweise erfundenes Beispiel:

Ein Betrieb kassiert in der Kantine nicht mehr direkt das Geld für das Essen, sondern es wird über Magnetkarte abgerechnet. Aus den gespeicherten Essenspreisen zusammen mit dem Namen des Arbeitnehmers kann er entnehmen, welche Essen bestellt werden. Bei der nächsten Entlassungswelle werden diejenigen Arbeitnehmer entlassen, die Schonkost bevorzugen oder die aufgrund der Essenswahl vermuten lassen, daß sie schwanger sind. Als dies ruchbar wird, bevorzugen alle Arbeitnehmer nur noch Essen wie Eisbein mit Sauerkraut oder Bratkartoffeln.

3. Mit der Verwendung der Daten können sich soziale Sachverhalte verbinden, die dem einzelnen nachhaltig schaden und gegen die er sich nur unter Mühen zur Wehr setzen kann. Das löst einen allgemeinen Zwang zur Verhaltensänderung aus.

Auch hierzu ein Fall:

In der Region G. wird ein Atomendlager aufgebaut. Seit einiger Zeit häufen sich Attentate gegen die Eisenbahn. Die Polizei geht davon aus, daß die Attentäter die Gegend vorher auskundschaften müssen, da sie sehr abgelegen ist. Die Einheimischen gelten als zuverlässig. Also werden alle fremden Kfz-Kennzeichen vor den Gaststätten notiert. Nach einiger Zeit müssen die Gastwirte feststellen, daß ihr Ausflugsgeschäft zusammenbricht.

Im Gegensatz zu den anderen Beispielen ist diesmal entscheidend, daß überhaupt Daten erhoben werden.

Die bisher genannten Fälle sind eindeutig. Das Gros der Fälle ist jedoch zweideutig.

Die Medizinische Hochschule in H. erhebt seit Jahren Fälle, in denen erbbedingte Krankheiten auftreten. Diese Fälle werden zusammen mit den übrigen Sozialdaten kartiert. Die Medizinische Hochschule will nachweisen, daß bei einer rechtzeitigen Beratung der Eltern diese Fälle hätten vermieden werden können bzw. daß man auch Sozialprävention betreiben muß: In bestimmten Milieus wirken sich diese Krankheiten viel stärker aus als in anderen.

Dieses Beispiel hört sich harmlos und sogar wohlwollend an. Was ist aber, wenn die Daten nicht gesichert sind und es Unternehmen gelingt, den Datenpool anzuzapfen? Grundlegender ist aber die Frage nach dem Geist, der hinter diesem Forschungsprojekt steht: Läuft es auf eine genetische Optimierung der Gesellschaft hinaus? Wo liegen eigentlich die Grenzen derartiger Projekte?

Dieses Beispiel führt zu einem wichtigen Gesichtspunkt über die allgemeine Funktion von Grundrechten oder Menschenrechten: Sie sind immer an die Person gebunden. Daher gibt das Recht auf informationelle Selbstbestimmung dem einzelnen die Gelegenheit, gegen diese modernen gesellschaftlichen Entwicklungen zu opponieren. Er muß nicht darauf warten, daß sich in der Gesellschaft insgesamt ein gewisser Erkenntnisstand durchgesetzt hat; falls sich ein solcher durchgesetzt hat, dann muß er ihn nicht hinnehmen. Allerdings werden in diesem Zusammenhang auch die Grenzen rechtlicher Prüfung deutlich: Zum einen ist eine Berufung auf die Grundrechte nur möglich, wenn der einzelne konkret eingeschränkt ist in seinen Interessen; eine allgemeine kritische Sicht reicht nicht. Außerdem schreibt das Gericht am Ende doch einen allgemeinen gesellschaftlichen Reflexionsstand fest und mißt daran die Auffassung des einzelnen (vgl. oben).

Im sogenannten Volkszählungsurteil vom 15. Dezember 1983 hat das Bundesverfassungsgericht etliche Gesichtspunkte für das Recht auf informationelle Selbstbestimmung festgehalten:

„Individuelle Selbstbestimmung setzt aber – auch unter den Bedingungen moderner Informationsverarbeitungstechnologien – voraus, daß dem Einzelnen Entscheidungsfreiheit über vorzunehmende oder zu unterlassende Handlungen einschließlich der Möglichkeit gegeben ist, sich auch entsprechend dieser Entscheidung tatsächlich zu verhalten. Wer nicht mit hinreichender Sicherheit überschauen kann, welche ihn betreffende Informationen in bestimmten Bereichen seiner sozialen Umwelt bekannt sind, und wer das Wissen möglicher Kommunikationspartner nicht einigermaßen abzuschätzen vermag, kann in seiner Freiheit wesentlich gehemmt werden, aus eigener Selbstbestimmung zu planen oder zu entscheiden. [...]

Wer damit rechnet, daß etwa die Teilnahme an einer Versammlung oder einer Bürgerinitiative behördlich registriert wird und daß ihm dadurch Risiken entstehen können, wird möglicherweise auf eine Ausübung seiner Grundrechte (Art. 8,9 GG) verzichten. Dies würde nicht nur die individuellen Entfaltungschancen des einzelnen beeinträchtigen, sondern auch das Gemeinwohl, weil Selbstbestimmung eine elementare Funktionsbedingung eines auf Handlungs- und Mitwirkungsfähigkeit seiner Bürger begründeten freiheitlichen Gemeinwesens ist.

Hieraus folgt: Freie Entfaltung der Persönlichkeit setzt unter den modernen Bedingungen der Datenverarbeitung den Schutz des Einzelnen gegen unbegrenzte Erhebung, Speicherung, Verwendung oder Weitergabe seiner persönlichen Daten voraus. Dieser Schutz ist daher von dem Grundrecht des Art. 2 Abs. 1 in Verbindung mit Art. 1 Abs. 1 GG umfaßt. Das Grundrecht gewährleistet insoweit die Befugnis des Einzelnen, grundsätzlich selbst über die Preisgabe und Verwendung seiner persönlichen Daten zu bestimmen." (BuVerfGE 65,1)

Zwei Dinge bleiben nachzutragen: Das Verfassungsgericht bejaht die Berechtigung des Staates, Daten im Namen des Allgemeinwohles zu erfassen. Diese seien unentbehrliche Grundlage für Sozialpolitik im Namen des Sozialstaatspostulats. Allerdings müsse einem jeden durchsichtig sein, für welche Zwecke diese Daten erhoben werden und wie sie verwendet würden.

Bei konsequenter Weiterführung der Grundsätze stellt sich hier verschärft das Problem der Drittwirkung (vgl. oben): Das Gros der Daten wird gar nicht vom Staat erhoben, sondern von Privaten. Etliche der oben genannten Beispiele werden von den Grundsätzen des Gerichts einfach deswegen nicht erfaßt, weil sie im privaten Bereich nicht gelten. Dies erscheint wenig einsichtig angesichts der allgemein überzeugenden Argumentation des Verfassungsgerichtes. Es mag daher einleuchten, daß die Forderung nach Weiterentwicklung der Grundrechte auf der Tagesordnung steht.

IV. Die Grundlage der Menschen- und Grundrechte

1. Problemstellung

Schon die Darstellung der Grund- und Menschenrechte hat gezeigt, daß ihr Verständnis und ihre Verwirklichung vom gesellschaftlichen Problembewußtsein und vom vorherrschenden politischen Willen abhängig sind.

Dem steht die Auffassung entgegen, es handele sich bei den Grundrechten gewissermaßen um ewige Wahrheiten, die der Menschheit mit auf den Weg gegeben sind.

Grundlegend hierfür ist die christliche Auffassung, daß ein jeder Mensch als Geschöpf Gottes eine ihm eigene Würde habe. Sie kann ihm nicht abgesprochen werden, will man sich nicht gegen Gottes Willen versündigen. Diese Auffassung geht freilich davon aus, daß der Mensch eine Sonderstellung in der Natur habe. Im Gefolge des Darwinismus hat hingegen die Vorstellung um sich gegriffen, daß der Mensch „nur" ein Teil der übrigen Natur sei. Dieser Gedanken ist deswegen von Bedeutung, weil zum Naturrecht des Menschen der Schutz seines Lebens gehört. Hingegen gehört es auch zur natürlichen Existenz des Menschen, daß er die Natur zu seinen Zwecken benutzt, so wie es auch bei allen anderen Lebewesen üblich ist. Hier gibt es also keinen Schutz des Lebens. Ohne die Behauptung der Sonderstellung des Menschen ist also die These, daß er mit natürlichen und unverlierbaren Rechten ausgestattet sei, nicht haltbar.

Ein weiterer Gesichtspunkt kommt hinzu: Viele Sachverhalte, die als naturrechtlich begründet erschienen, haben sich durch die gesellschaftliche Entwicklung aufgelöst. Hierzu gehören besonders das Sexualverhalten und das Leben in der Familie.

Vertreter des Naturrechts haben immer wieder behauptet, daß die Familie die natürlichste Form des menschlichen Zusammenlebens sei und daher eines besonderen Schutzes bedürfe. Sie konnten ihre Behauptung dadurch stützen, daß in allen bekannten Gesellschaften Familien gebildet werden.

Die Zweifel an diesen Aussagen gibt es fast so lange wie die Familie: Schon immer hat es in den Hochkulturen Aussagen gegeben, daß die wahre Vollendung des Menschen nur außerhalb der familiären Bindung in völliger individueller Freiheit zu erlangen sei.[9] Besonders der Buddhismus hat dieses Ideal verkündet; aber auch im viel späteren Christentum findet sich dies wieder; schließlich handelt es sich um den Grundgedanken des Mönchtums. So gibt es auch mindestens seit der Neuzeit (16. Jh.) die Überlegung, daß die Familie mit ihren Zwängen die Selbstentfaltung des Menschen hindere.

Diese Diskussion verstummte nie, und vor allem Intellektuelle und Künstler zogen oftmals das Leben außerhalb der Familie vor. Für die Mehrheit der Gesellschaft bedeutsam wurde die Diskussion durch die Frage, warum uneheliche Kinder anders dastehen sollten als eheliche, und daraus folgend: Bedürfen uneheliche Mütter nicht eines besonderen Schutzes, weil ihre Aufgabe sehr viel schwerer ist als die „normaler“ Mütter? Dabei ging es weniger um den Schutz der Mutter als um die Verbesserung der Zukunft der Kinder. Auch diese Diskussion ist fast überholt: Mittlerweile sind die „normalen Familienverhältnisse“ – worunter man heute die Zweigenerationenfamilie mit meist nur einem Kinde versteht – in die Minderheit geraten. Alle möglichen Formen des Zusammenlebens bestehen nebeneinander her. Es wäre daher absurd, die Familie in traditionellem Sinne als natürliche Einheit zu erklären.

Das ficht aber die Vertreter der Familie nicht an. Sie erklären die neuartigen Formen des Zusammenlebens als Perversion und Irrtum der Menschheit, der sich rächen werde. Die psychischen Probleme der Jugend, besonders die Drogenprobleme, dienen ihnen als Beleg für ihre These.

Die Diskussion um die Familie soll repräsentativ die Brüchigkeit, aber auch die Unabgeschlossenheit um die Behauptung der Existenz eines Naturrechts zeigen.

2. Die Diskussion des Naturrechts in einer multikulturellen Gesellschaft

Die behauptete religiöse Grundlage des Naturrechts muß vor allem in einer multikulturellen Gesellschaft zu Schwierigkeiten führen.[10] Da die christliche Bindung der naturrechtlichen Konstruktion unübersehbar ist, sind Konflikte mit Angehörigen anderer Religionen zwingend.

Dieses Problem läßt sich gut am Verhältnis von Mann und Frau nachverfolgen.

In einem Vortrag vor der Evangelischen Akademie Tutzing stellte der CDU-Politiker Heiner *Geißler* folgende These auf:

„Multikulturelle Gesellschaft bedeutet die Bereitschaft, mit Menschen aus anderen Ländern und Kulturen zusammenzuleben, ihre Eigenart zu respektieren. ohne sie zu germanisieren oder assimilieren zu wollen. Das heißt auf der einen Seite, ihnen, wenn sie es wollen, ihre kulturelle Identität zu lassen, aber gleichzeitig von ihnen zu verlangen, daß sie die universellen Menschenrechte und die Grundwerte der Republik, z.B. die Gleichberechtigung der Frau und die Glaubens- und Gewissensfreiheit, achten und zweitens die deutsche Sprache beherrschen oder beherrschen lernen. Unter diesen Prämissen ist Zusammenarbeit und gegenseitige Akzeptanz möglich.“

In demselben Vortrag führte Geißler aus:

„Der Tschador kann als Ausdruck der kulturellen und religiösen Selbständigkeit und Identität der Menschen betrachtet werden, die sich zum Islam bekennen. Der elterliche und religiöse Zwang, den Schleier zu tragen, kann aber auch ein Instrument der Unterdrückung der Frau durch die islamischen Männer sein. Die kulturelle Identität hat in der multikulturellen Gesellschaft eine Grenze. Muslime, Hindus, Freigeister und Agnostiker, Materialisten, Existentialisten, Sektierer, Polytheisten, Dämonenverehrer, Positivisten, Gottesleugner und Christen, sie alle müssen die universalen Menschenrechte, die der europäischen Geistesgeschichte und damit

9 Auch das frühe Christentum bewertet die Familie durchaus nicht immer positiv, sondern eher als notwendiges Übel. Cf. Régis-Claude Gerest: Als die Christen noch nicht in der Kirche heirateten, in: Jochen Martin und Barbara Quint (Hg.): Christentum und antike Gesellschaft. = Wege der Forschung 649. Darmstadt (Wissenschaftliche Buchgesellschaft) 1990, S. 209-240.

10 Überblick zum Diskussionsstand: Multikulturelle Gesellschaft = Widerspruch. Münchner Zeitschrift für Philosophie. Nr. 21 (1991), München (Münchner Gesellschaft für dialektische Philosophie) 1991.

der europäischen Kultur entsprechen, achten. Folter und Diskriminierung bleiben Verletzungen der Menschenrechte, gleichgültig, ob sie im Namen Allahs oder der Weltrevolution oder der Inquisition praktiziert werden. ... Das hat praktische Konsequenzen: Wenn der Tschador Ausdruck der vom Islam begründeten Minderwertigkeit der Frau gegenüber dem Mann ist – warum läuft der islamische Herr der Schöpfung nicht damit herum? –, dann kann er ebenso wenig geduldet werden wie die Legalisierung des Harems eines Mohammedaners in Bottrop im Wege des Familiennachzuges."[11]

Das kann man – wie folgt – kommentieren:

Geißlers Stellungnahme ist vom Ergebnis her vertretbar und dürfte den Kern der gesellschaftlichen Überzeugungen treffen.

Allerdings läßt sich nicht ausschließen, daß er in unserem abendländischen Denken befangen ist. Theoretiker des Islam behaupten, daß die Sonderstellung der Frau ihrem Schutz dient, weil sich mit dieser Sonderstellung Rechte verbinden. Sie behaupten auch, daß auf dem Gebiet der wirtschaftlichen Tätigkeit die Frau gleichberechtigter sei als bei uns, weil ihr zugebilligt werde, daß sie einen eigenen ökonomischen Bereich habe. Der islamische Mann ist daher eigentlich gehalten, die ökonomische Unabhängigkeit der Frau zu garantieren, indem er die von ihm unabhängige wirtschaftliche Grundlage des Haushaltes sicherstelle.[12] – Das ist sicherlich eine „progressive" Darstellung des Islam, aber schließlich darf man Geißlers Worte auch nicht an der Stellung der Frau in Südtirol messen.

Schließlich fällt in der Argumentation das typische Reden des Politikers auf. Die Zusammenstellung von „Folter und Diskriminierung" verwischt die Erkenntnis: Folter ist in der Tat mißachtet; Diskriminierung ist es nicht, sondern vielmehr alltäglich.

Der „Harem in Bottrop" erscheint schlagend. Was ist aber mit dem verheirateten Sextouristen, der nach Bangkok fährt; das alles möglicherweise steuerbegünstigt? Diese Erscheinung mag aus islamischer Sicht viel befremdlicher erscheinen als ein Harem aus unserer. Und das sogar mit Recht!

Hinter den Äußerungen Geißlers steckt nach wie vor der Hochmut, daß wir auf der Grundlage unserer Kultur „es" besser wüßten als andere. Das ist unwahrscheinlich. – Dieser Einwurf hat nicht zum Ziel, die Herabsetzung der Frau im Islam zu rechtfertigen. Sicherlich müssen spürbare Anstrengungen unternommen werden, um Frauen aus islamischen Familien, die in unserer Gesellschaft aufgewachsen sind, bei ihrem Streben nach Unabhängigkeit zu helfen. Das auch gegen den Willen der Familie, was die Vertreter des Naturrechts – übrigens auch Geißler – sonst nicht anerkennen. Es kann aber den Frauen nicht verordnet werden, anders zu leben.

Schließlich und endlich: Es gibt keine derartigen Selbstverständlichkeiten, wie Geißler sie hinstellt. Dennoch kann man im Endergebnis seiner Argumentation zustimmen.[13]

3. Schlußfolgerungen im Hinblick auf eine Weltkultur

Die westlich geprägte Gesellschaft – genauer die Gesellschaften um den Nordatlantik herum und Japan – nimmt mit einer erstaunlichen Selbstverständlichkeit an, daß die übrige Welt ihren Lebensstil, ihre Moral, sogar ihre Ethik übernehmen müsse, weil sich alle bewährt hätten im Sinne der Sicherung des Glücks der Menschen. Dabei kann sie sich sogar darauf berufen, daß der „American Dream", der sie beherrscht, der Traum der Welt geworden ist. Allerdings hat schon der amerikanische Traum erhebliche Varianten: Martin Luther King hatte einen völlig anderen Traum als die heute in den Staaten Tonangebenden. Es muß freilich verstören, daß der Traum Luther Kings zwar eine sinnvolle weltweite Perspektive enthält, aber die Menschen weiterhin von Coca Cola und Farbfernsehen träumen, was seine Visionen ausschließt nach allem, was wir wissen.[14]

---

11 Heiner Geißler , Unsere Gesellschaft wird multikulturell sein, 1991, S. 17-32; hier S. 18f, S. 22

12 Abdoldjavad Falaturi: Islam als Lehre und gesellschaftliche Wirklichkeit, in: Sozialwissenschaftliche Informationen XX (1981), S. 57-64, hier S. 62 (der Autor ist Professor an der Islamischen Wissenschaftlichen Akademie in Köln).

13 Jürgen Wolf, Originalbeitrag.

14 Überblick zum amerikanischen Selbstverständnis bei Peter Lösche: Amerika in Perspektive, Darmstadt (Wissenschaftliche Buchgesellschaft) 1989, bes. 271ff. – Eine Verarbeitung der amerikanischen Leitvorstellungen aus psychoanalytischer Sicht bietet Erik. H. Erikson: Dimensionen einer neuen Identität. Frankfurt am Main (stw 100) 1975 u.ö. Erikson setzt sich vor allem mit Thomas Jefferson auseinander. – Eine grundlegende Abrechnung mit der heutigen Rolle der USA bietet

„Heute sage ich euch, meine Freunde, trotz der Schwierigkeiten von heute und morgen habe ich einen Traum. Es ist ein Traum, der tief verwurzelt ist im amerikanischen Traum. Ich habe einen Traum, daß eines Tages diese Nation sich erheben wird und der wahren Bedeutung ihres Credos gemäß leben wird: „ Wir halten diese Wahrheit für selbstverständlich: daß alle Menschen gleich erschaffen sind." Ich habe einen Traum, daß eines Tages auf den roten Hügeln von Georgia die Söhne früherer Skalvenhalter miteinander am Tisch der Brüderlichkeit sitzen können. Ich habe einen Traum, daß sich eines Tages selbst der Staat Mississippi, ein Staat, der in der Hitze der Ungerechtigkeit und Unterdrückung verschmachtet, in eine Oase der Freiheit und Gerechtigkeit verwandelt.

Ich habe einen Traum, daß meine vier kleinen Kinder eines Tages in einer Nation leben werden, in der man sie nicht nach ihrer Hautfarbe, sondern nach ihrem Charakter beurteilen wird. ...

Ich habe heute einen Traum. ... Ich habe einen Traum, daß eines Tages jedes Tal erhöht und jeder Hügel und jeder Berg erniedrigt wird. Die rauhen Orte werden geglättet und die unebenen Orte begradigt werden.

Und die Herrlichkeit des Herrn wird offenbar werden, und alles Fleisch wird es sehen. Das ist unsere Hoffnung. Mit diesem Glauben kehre ich in den Süden zurück. Mit diesem Glauben werde ich fähig sein, aus dem Berg der Verzweiflung einen Stein der Hoffnung zu hauen. Mit diesem Glauben werden wir fähig sein, die schrillen Mißklänge in unserer Nation in wunderbare Symbole der Brüderlichkeit zu verwandeln. Mit diesen Gebeten werden wir fähig sein, zusammen zu arbeiten, zusammen zu beten, zusammen zu kämpfen, zusammen ins Gefängnis zu gehen, zusammen für die Freiheit aufzuerstehen, in dem Wissen, daß wir eines Tages frei sein werden."[15]

Auf die Menschenrechte können sich nur „wenige Glückliche" berufen. Entgegen den Verlautbarungen der Politiker ist in mehrfacher Hinsicht daran zu zweifeln, daß es je mehr Menschen sein werden.

Jede Betrachtung kommt nicht an dem Gesichtspunkt vorbei, daß die Gültigkeit und die Ausgestaltung der Menschenrechte von den sozioökonomischen Verhältnissen in einer Gesellschaft abhängen. Es kommt darauf, ob sie sich sozusagen die Menschenrechte leisten kann. Daher wird eine allgemeine Hebung des Wohlstandes als die Voraussetzung für die Geltung der Menschenrechte angesehen. Wirtschaftlicher Wohlstand bis zu einem gewissen Grade (diese Einschränkung bezieht sich vor allem auf ökologische Bedenken gegenüber ungehemmtem Wohlstand), allgemein verbreitete Bildung, demokratisches Regime (dabei ist nicht Demokratisierung der Gesellschaft gemeint, sondern „nur" formale Demokratie) gelten als die unverzichtbaren Voraussetzungen für eine Geltung und Fortentwicklung der Menschenrechte.[16] Diese Voraussetzungen werden in weiten Teilen der Erde in Zukunft nicht gegeben sein.

Mit dieser Feststellung mag man sich resignativ abfinden. Allerdings ist eine derartige Resignation insofern verwerflich, als Theoretiker der Nord-Süd-Beziehungen behaupten, daß der Wohlstand des Nordens zum mindesten teilweise auf Kosten des Südens errungen werde. Dann würde der Stolz eines Heiner Geißler auf unseren unübertrefflichen Stand der Menschenrechte (vgl. oben) nur die Kehrseite eines weltweiten Desasters sein und sogar als eine Art des moralischen Imperialismus aufgefaßt werden müssen.

Das nimmt aber nichts von der Kraft des „Traums": Nichts spricht dagegen, daß die gesellschaftlichen Verhältnisse in Richtung der Menschenrechte fortentwickelt werden. Allerdings bleibt ein Stachel: Es bleibt der Verdacht eines kulturellen Imperialismus. Das läßt sich leicht darlegen im Rahmen der für uns selbstverständlichen und zentralen Wirtschaftsverfassung: Aus der Sicht des Buddhismus ist sie eine Verrücktheit. Selbst hier kann man nicht davon ausgehen, daß Grundüberzeugungen einer weltweit dominierenden Gruppe wirklich von allen geteilt werden. So gibt es wohl doch keine „Wahrheit", sondern nur den Dialog, der Einigung herbeiführt.

Ekkehart Krippendorff: Staat und Krieg. Die historische Logik politischer Unvernunft, Frankfurt am Main (es 1305) 1985.

15 Martin Luther King: Ansprache im Rahmen des Marsches nach Washington, gehalten am 28.8.1963 vor dem Lincoln Memorial in Washington, D.C.

16 Klassisch zusammengefaßt bei Hans Nicklas: Frieden in der Weltgesellschaft? In: Bernhard Claußen u.a. (Hg.): Herausforderungen – Antworten. Politische Bildung in den neunziger Jahren, Opladen (Leske) 1991, S. 31-48.

Kapitel 7

Probleme des Werte- und Normenwandels – Auf dem Weg zu einer globalen Einheitskultur

I. Zum Anliegen und Aufbau des Kapitels

Der Wandel von Normen ist normal und zu allen Zeiten üblich.[1] Das Tempo der Prozesse ist freilich nicht zu allen Zeiten dasselbe. Die Tatsache, daß Normen sich wandeln und andere Werte vordringen oder sich abschwächen, kann daher keine besondere Aufmerksamkeit beanspruchen. Vermutlich ließen sich weitaus mehr und bessere Argumente dafür finden, daß der Wandel des Wertebewußtseins und der damit zusammenhängenden Normen viel zu langsam vor sich geht, so daß der Abstand zwischen dem Ist und dem Soll in unserer Lebensführung und Umwelt immer größer wird. Dieser Gedanke soll hier aber zunächst in den Hintergrund treten. Es ist vielmehr unübersehbar geworden, daß die verschiedenen Kulturen auf der Erde einander sehr nahe gerückt sind und einander durchdringen. In diesem Prozeß erweist sich die sogenannte westliche Industriekultur als besonders überlegen, indem sie andere Kulturen überlagert, ersetzt oder verschüttet. Für uns Angehörige dieses Kulturraumes liegt die Annahme nahe, daß sich auf diese Weise das Bessere durchsetze und daß die konkurrierenden Kulturen wesentliche Wandlungs- und Erneuerungsprozesse versäumt haben, so daß sie heute weichen müssen. Diesen Siegeszug der westlichen Industriekultur kann man aber nicht ganz ungetrübt bejahen. Es mehrt sich der Verdacht, daß es sich auch um eine Fehlentwicklung der Menschheit handeln könne, so daß sich nicht der bessere, sondern der aggressivere Kulturtyp durchsetze. Biologen, die sich auf das Gebiet der Sozialphilosophie vorwagen, sprechen daher auch davon, daß die Menschheit möglicherweise ein Untergangsprogramm verfolge. Es soll daher in diesem Kapitel versucht werden, die Richtung des Wandlungsprozesses zu beschreiben und den Folgen nachzuspüren.

Es folgt zunächst eine verallgemeinernde Untersuchung des Wandels von Werten und Normen auf der Grundlage eines idealtypischen Vorgehens[2]; dann werden exemplarische Pro-

1 Aus soziologischer Sicht ist der Wandel vorauszusetzen; er findet normalerweise immer und ständig statt. Bleibt er aus, dann müssen besondere Faktoren vorliegen, und diese Erscheinung ist Gegenstand wissenschaftlicher Untersuchung. – Vgl. Heinz Steinert (Hg.): Symbolische Interaktion, Stuttgart (Klett) 1973, bes. S. 20ff.

2 Der Idealtypus ist ein Instrument zur Erleichterung der Erkenntnis; er existiert nicht real, sondern wird zu Hilfszwecken konstruiert. Im Idealtypus werden nur diejenigen Eigenschaften zusammengefaßt, die zu den theoretischen Annahmen hinführen, also Annahmen über wechselseitige Zusammenhänge oder Kausalverhältnis-

Die „Opfer“ der Einheitskultur

blemfelder[3] behandelt, von denen man annehmen kann, daß sie in allen Kulturen eine Rolle spielen, etwa die Sexualität oder das Alter. Mit dem Konzept des Fordismus soll versucht werden, die Eigenarten unseres kulturellen Sonderweges zu fassen. Das Fazit kann freilich nur eine höchst begrenzte und vorläufige Auffassung zur Diskussion stellen hinsichtlich der eingangs gekennzeichneten allgemeinen Problematik.

II. Abgrenzungen von Werten und Normen

Unter einer Norm kann man eine nicht unbedingt ausgesprochene Anweisung zum konkreten Handeln verstehen, etwa, daß man mit Messer und Gabel ißt. Normen sind an konkret angebbare Situationen gebunden und äußern sich in beobachtbaren Verhaltensweisen. Sie haben im allgemeinen eine entlastende und sicherheitsstiftende Funktion:

- Normen machen es überflüssig, in jeder Situation erneut Entscheidungen zu treffen, indem sie normierte Verhaltensweisen bereitstellen.
- Normen machen das Zusammenleben berechenbar, da sich in bestimmten Situationen das Verhalten anderer voraussagen läßt.

Daher wird der Großteil der Normen fraglos befolgt und ist oftmals noch nicht einmal bewußt, sondern vorbewußt [4].

Werte hingegen enthalten „Sinnverständnisse". Sie geben an, warum in einer bestimmten Situation nur jeweils diese Normen und keine anderen gelten, oder aber sie ermöglichen eine Verständigung darüber, welche Normen für eine Situation gelten sollen, falls dies aus irgendeinem Grunde zweifelhaft geworden ist. Hierunter sind demnach

> „... verpflichtende Leitideen zu verstehen ..., die konforme Grundhaltungen, also Überzeugungen motivieren. Soziale Werte lassen sich durch Symbole verdeutlichen."[5]

Werte sind bewußt und können auch von handelnden Personen benannt werden. Darauf wird jedoch bei reibungslosen Handlungsabläufen in der Regel verzichtet. Werte sind besonders in folgenden Situationen relevant:

- Die Situation ist offen, d.h. noch nicht normiert. Die Handelnden wollen einander überzeugen, die eigene Handlungsvorstellung oder Handlungsweise zu akzeptieren und einander glauben machen, daß sie guten Absichten entspringen.
- Die früher gültigen Normen werden nicht mehr befolgt (sozialer Wandel). Die neue Verhaltensweise muß gegebenenfalls gerechtfertigt werden.
- Jemand verhält sich falsch, und dies muß ihm begreiflich gemacht werden. Dabei werden seiner Handlungsweise die sozial akzeptierten Motive abgesprochen. Durch einen Rückgriff auf Werte

> „ wird es möglich, ein bestimmtes situationsbezogenes Rollenverhalten zu relativieren, unter Bezug auf übergeordnete Gesichtspunkte zu beurteilen und gegebenenfalls entsprechend abzuwandeln". [6]

---

se enthalten. Zum zweiten wird auf diese Weise ein allgemeiner Begriff geschaffen, dessen Definition den Hintergrund abgibt, vor dem die Besonderheiten des Einzelfalles sich abheben und beschrieben werden können. Die jeweiligen Besonderheiten müssen also ergänzt werden, weil der Idealtypus von ihnen abstrahiert. – Immer noch grundlegend zum Idealtypus Max Weber: Die Objektivität sozialwissenschaftlicher Erkenntnis, in: ders.: Soziologie. Universalgeschichtliche Analysen. Politik, Stuttgart (Kröner) 1973, S. 186ff., bes. 234ff.

3 Exemplarisch heißt mehr als beispielhaft: Betrachtungen im exemplarischen Sinne sollen einen gedanklichen Vorstoß bis zu den Grundsatzfragen erlauben.

4 Die Psychoanalyse unterscheidet zwischen *unbewußt* und *vorbewußt.* Das Unbewußte geht auf prägende Erlebnisse der Kindheit zurück, die das Verhalten bestimmen, also im Bewußtsein sehr wohl ihre Wirkung ausüben. Das Individuum kann aber nicht diese Gründe des Handelns erfassen. Das Vorbewußte kann auf Nachfrage nicht benannt werden, nach längerem Nachdenken ist es aber benennbar, man kann sich also die vorbewußten Beweggründe des Handelns klarmachen.

5 Friedrich Fürstenberg: Soziologie. Berlin und New York (Sammlung Göschen) 1971, S. 23. Grundlegend zum Begriff der Norm Heinrich Popitz: Die normative Konstruktion von Gesellschaft, Tübingen (Mohr) 1980.

6 Fürstenberg, Soziologie, a.a..O., S. 23.

Werte[7] rechtfertigen Handlungsweisen und Normen. Allerdings ist die Zuordnung von Werten zu bestimmten Normen so gut wie willkürlich und keine Frage der Wahrheit, sondern eher eine Frage dessen, was „man" glaubt. Ob Messer und Gabel beim Essen benutzt werden, kann als Zeichen von Selbstbeherrschung gedeutet werden: Es ist unfein, einfach „zuzulangen". Geläufiger ist wohl die Deutung als Erfordernis der Hygiene: Es ist „sauberer". Allen diesen Deutungen steht entgegen, daß im Süden des Globus in der Regel mit den Fingern gegessen wird und daß es mehr Spaß macht, mit den Fingern zu essen. Bei uns werden die beiden genannten Deutungen geglaubt. So gesehen sind die herangezogenen Werte eher Ausweis von sozialen Konventionen als von richtigen Grundhaltungen.

Niemand kann werten, ohne abzuwerten.
Carl Schmitt

Werte haben daher – in der hier gewählten Betrachtungsweise – einen Zwangsaspekt. Sie wollen bestimmte Verhaltensweisen ausschließen und eine soziale Einheitlichkeit herstellen. Daher sind Wertediskussionen in der Regel auch sozial bedenklich, denn sie spalten die Menschen untereinander. Die Betonung eines Wertes hat vor allem dann Sinn, wenn andere Auffassungen als falsch hingestellt werden sollen. *Carl Schmitt* hat daher sogar behauptet, Wertediskussionen seien grundsätzlich eine Feindansage:

„Niemand kann werten, ohne abzuwerten, aufzuwerten und zu verwerten. Wer Werte setzt, hat sich damit gegen Unwerte abgesetzt. Die grenzenlose Toleranz und Neutralität der beliebig auswechselbaren Standpunkte und Gesichtspunkte schlägt sofort in das Gegenteil, in Feindschaft um, sobald es mit der Durchsetzung und der Geltendmachung ernst wird. Der Geltungsdrang des Wertes ist unwiderstehlich und der Streit der Werter, Abwerter, Aufwerter und Verwerter unvermeidlich."[8]

Man mag diese Auffassung in der Ausschließlichkeit ihrer Formulierung bezweifeln, aber sie sollte als Warnung bewußt bleiben vor allem vor dem Hintergrund eines interkulturellen Dialogs, wenn verschiedene Werte aufeinander treffen. Es müssen Verfahren der Einigung entwikkelt werden, die auf Kooperation abzielen und dennoch fundamentale Wertedifferenzen einbeziehen. So führt auch die Diskussion um die sogenannten Grundwerte oder um die Menschenrechte nicht zu einem gesellschaftlichen Konsens, sondern eher zu vermehrten Gegensätzen.

III. Der Wandel von Werten und Normen

Das Zusammenspiel von Werten und Normen ist nicht reibungslos, sondern die Widersprüchlichkeit ist eher ein Normalfall. Das gilt zumindest in Gesellschaften, die sich durch starke Wandlungsprozesse auszeichnen wie die unsere.

Idealtypisch sollen drei Konstellationen aufgezeigt werden für diese Widersprüchlichkeit.

1. Es werden Normen aufgestellt im Namen von Werten, wobei die Verhaltensanforderungen von vornherein so hoch liegen, daß es zwangsläufig zu Normbrüchen kommen muß. Die „Produzenten" dieser Normen handeln zwar nicht bewußt in diesem Sinne, aber sie verschaffen sich damit die Gelegenheit, jederzeit die Gültigkeit der Werte öffentlich bestätigen zu können, indem die Normbrecher im Namen der Werte bestraft werden können. Überspitzt formuliert: Der Normbruch festigt in diesem Falle die Herrschaft der Werte. Beispiele sind: Das Verbot des „Schummelns" in der Schule, die Voraussetzung von Steuerehrlichkeit. Alle Beteiligten wissen, daß hier eher der Normbruch die Regel ist und fast zur sozialen Tüchtigkeit gehört. – Wohl auch zu diesem Typus gehört das Verlangen von Treue in der Liebe. Allerdings ist hier die Bear-

7 In der Folge wird der soziologische Wertbegriff benutzt, während der philosophische in den Hintergrund tritt.

8 Carl Schmitt: Die Tyrannei der Werte. In: Carl Schmitt, Eberhard Jüngel, Sepp Schelz: Die Tyrannei der Werte, Hamburg (Lutherisches Verlagshaus) 1979, S. 35f.

beitung des Normbruchs kompliziert. Das liegt wohl auch daran, daß die gesetzliche Grundlage für diese Norm entfallen ist; mit anderen Worten: Sie befindet sich in der Auflösung. – Ein ebenso kompliziertes Gebiet ist das Verbot von Alkohol am Steuer. Hier sind erhebliche innergesellschaftliche Widersprüche zu beobachten, zumal der Wert des Schutzes von Menschenleben im gesamten Verkehrswesen nicht glaubwürdig vertreten wird.

2. Die „Sinnsysteme“ , d.h. die allgemein akzeptierten Werte und Wertehierarchien, können so angelegt sein, daß sie zwar geglaubt werden, sich aber nicht in Alltagshandeln und Lebensführung übersetzen lassen. Dies führt notwendigerweise zum Verzicht auf „Sinn“, was sich in Apathie und Wertezynismus ausdrückt. – Dieser Typus ist zu finden bei der allgemein vorausgesetzten „Verantwortung“ im Rahmen industrieller Produktion, die im landläufigen Sinne aber gar nicht verantwortet werden kann. Er gilt auch für den Leitwert „Demokratie“, dessen allgemein überzeugende Einlösung bis heute auf sich warten läßt, und er galt für den Leitwert „Sozialismus“. Es muß bedrücken, daß dieser Idealtypus sich auf so gut wie alle zentralen Leitideen anwenden läßt. So läßt sich die Vermutung aufstellen, daß unsere Kultur zwar eine Reihe beeindruckender Wertvorstellungen hervorgebracht hat, daß aber deren Nichtbeachtung auch ein ebenso bestimmender Zug dieser Kultur ist. – Der Abstand von Wertüberzeugung und Lebensführung gilt übrigens auch für die christliche Fundamentalnorm, das Liebesgebot. Die Forderung, seinen Nächsten zu lieben wie sich selber, konnte nie überzeugend verwirklicht werden. Im Gegenteil: die christlich geprägten Gesellschaften haben die Konkurrenz und die Rivalität stark in den Mittelpunkt gestellt. Da immerhin das gesamte Christentum

Stichwort: Werte

In der Theologie und teilweise auch in der Philosophie werden Werte oftmals als absolut „richtige“ bzw. „wahre“, damit zugleich als unumstößlich „letzte“, „höchste“ Ziel- und Bezugsgrößen des sittlich-moralisch geprägten Handelns herausgestellt. Mit der Betonung des vermeintlichen Absolutheitscharakters von Werten wird der Anschein erweckt, als entstammten sie einer eigenständigen Sphäre und seien somit dem Zugriff des autonom gestaltenden Menschen entzogen. – Allerdings nähert sich die Philosophie mehr dem sozialwissenschaftlichen Gebrauch des Wertbegriffes: Neueren Richtungen zufolge werden Werte nicht vorgefunden, sondern sind Ergebnis einer rationalen Argumentation im Rahmen eines konsensfähigen Dialogs.

Andere Wissenschaften hingegen zeigen einen davon abweichenden Gebrauch des Wertbegriffes:

In den Wirtschaftswissenschaften steht die Verwirklichung durch konkrete Güter im Mittelpunkt. Werte werden durch den Maßstab des Geldes und der Kosten vergleichbar, so daß auf diese Weise eine Wertehierarchie entsteht. Alle Werte sind bezogen auf den Bedürfnisbegriff.

Die Psychologie versteht unter Werten Einstellungen zu bestimmten Sachverhalten und Objekten. Maßstab ist dabei der einzelne und ein möglichst ausgeglichenes Verhältnis zur Umwelt, indem die individuellen Bedürfnisse und inneren sowie äußeren Werte in eine Balance gebracht werden.

Für die folgenden Ausführungen ist der Wertegebrauch in den Sozialwissenschaften wichtig: Ein soziokultureller Wert ist ein grundlegender allgemeiner „Standard selektiver Orientierung“, ein basales „Ordnungskonzept als Ordnungsleitlinie“. Werte bilden in diesem Sinne für „zweckgerichtetes Handeln die allgemeinsten Leitlinien“. Sie „lenken“ als „sinnvolle emotionsgeladene Formschemata ... das menschliche Handeln“.

Werte sind kulturell typisiert, d.h. sie haben im Zuge geschichtlicher Entwicklungsprozesse innerhalb einer Kultur eine bestimmte Ausprägung, Eigenart und handlungsbestimmende Kraft gewonnen. In jeder Kultur – vor allem in relativ statisch-geschlossenen Kulturen vergangener Epochen und abseits gelegener Regionen – ergibt sich in bestimmter Weise eine Auswahl von Werten aus dem Reservoir der weltweit gegebenen Werte.[9]

Das Spezifische einer jeden Kultur entspricht dem spezifischen Charakter aller in ihr zusammengefaßten Werte.

9 Karl-Heinz Hillmann: Wertwandel, Darmstadt (Wissenschaftliche Buchgesellschaft), S. 52-54.

zentral auf dem Liebesgebot aufgebaut ist, gewinnt die These an Wahrscheinlichkeit, daß in unserer Kultur von vornherein die Umsetzung der Werte in die Lebensführung einen Schwachpunkt darstellte. Das Christentum ist nun einmal der wichtigste Ausgangspunkt der heutigen industriellen Kultur, so daß dessen zentrale Schwäche sich auch auf uns auswirkt.

3. Durch Produktion von „Weltbildern" sollen Verhaltensänderungen, also neue Normen, erzeugt werden. Dies kann gelingen, wenn die historische Situation tatsächlich konkrete Handlungsmöglichkeiten eröffnet; oftmals handelt es sich aber um Illusionen. – Als Beispiel kann die heraufziehende Öko-Moral gelten.

In allen drei Idealtypen treten Brüche zwischen Normen, Werten und Handeln auf. Diese internen Spannungen sind zugleich der Ansatzpunkt für den Wandel von Normen und Werten.

Zur Erfassung des Problems mag das folgende Schema hilfreich sein:[10]

Determinanten der Persönlichkeit

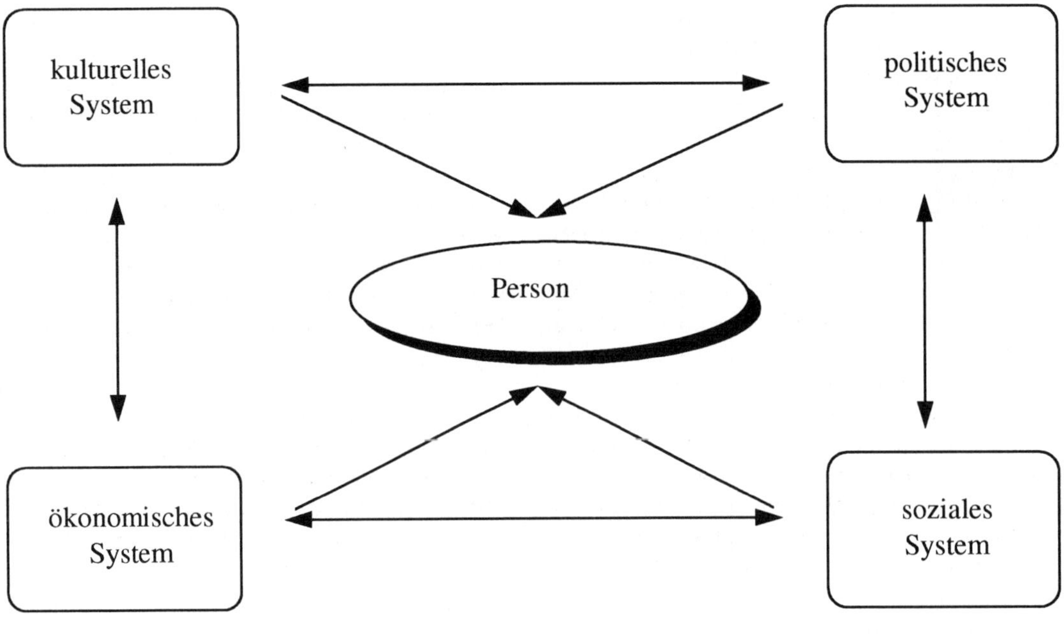

Die im Schema verzeichneten Begriffe existieren natürlich nicht real, sondern sind lediglich Begriffe, mit denen soziale, ökonomische usf. Sachverhalte in eine gedankliche Ordnung gebracht werden. Dem Schema liegt folgende Annahme zugrunde: Eine Person macht Erfahrungen mit jedem dieser Systeme und muß versuchen, diese verschiedenartigen Erfahrungen zu einem Ganzen zu integrieren.

Hierzu ein Beispiel:

Die Person ist zur Werthaltung der Sparsamkeit erzogen, aber infolge ökonomischer und politischer Veränderungen stehen ihr Güter in Überfülle zur Verfügung. Die Erfahrung der ständigen Inflation zeigt überdies, daß gesamtgesellschaftlich der Wert der Sparsamkeit bedroht ist. Die Person muß nun dasjenige, was sie für sinnvoll und erstrebenswert hält, also ihre Werte (kulturelles System), mit den materiellen Lebensumständen (ökonomisches System) und dem Verhalten der anderen Menschen und Organisationen (soziales System) zur Deckung bringen. – Es sei hier abstrakt ein Lösungsversuch durchgespielt, der die Folgen der Widersprüchlichkeit zeigen kann: Die Person kann an ihrer Wertori-

10 In Anlehnung an Günter Wiswede und Thomas Kutsch: Sozialer Wandel, Darmstadt (Wissenschaftliche Buchgesellschaft) 1978, S. 75.

entierung festhalten und im sozialen System die Rolle des Asketen übernehmen, indem sie bewußt und demonstrativ auf möglichen Konsum verzichtet. Je nach dem Grade der asketischen Selbstdarstellung können die Reaktionen der anderen in Spott oder gar Abbruch des Kontakts bestehen (etwa nach etlichen unerfreulichen Diskussionen um Werte). Dies erlebt die Person als Krise. Sie könnte diese Krise überwinden wollen, indem sie sich mit Gleichgesinnten zusammentut und der übrigen Gesellschaft bestreitet, „vernünftig" zu sein. Dies verbessert zwar ihre psychische und zum Teil auch soziale Position, verschlechtert aber möglicherweise ihre politische, denn ihr Verhalten wird nun stärker kontrolliert werden (etwa wenn sie Boykotts organisieren will und die Betroffenen vor Gericht klagen). – Das hier gewählte Beispiel repräsentiert eine Fehlentwicklung wegen der vielen Realitätsverleugnungen, die die skizzierte Lösung nach sich zieht. Diese Urteil dürfte freilich auf Widerspruch stoßen, denn das Beispiel läßt sich auf Vorkämpfer beziehen, die eine notwendige Änderung des öffentlichen Bewußtseins bewirken: z.B. jene Menschen, die bei ihren Stromrechnungen den Anteil für Atomstrom auf ein Sperrkonto überweisen und verklagt werden. Sie nehmen bewußt das soziale Abseits als Dienst an den anderen in Kauf.

Seit *Marx* ist es umstritten, an welchen „Ecken" des Schemas der Wandel einsetzt. Für Marx liegt die Priorität trotz einiger gegenteiliger Aussagen auch in seinen eigenen Werken beim ökonomischen Wandel, der den Anstoß gibt und die Anpassung in den übrigen Systemen auslöst. Allerdings zeigt das gewählte Beispiel, daß die Anpassungsleistungen sehr verschiedenartig ausfallen können. Den Norm- und Wertwandel haben wir aber seiner Auffassung zufolge als Anpassungsleistung von Individuen an gewandelte Lebenslagen zu verstehen. Man kann aber nicht davon ausgehen, daß die Anpassungs- und Integrationsleistung auf der personalen Ebene immer gelingt. Der einzelne lebt dann mit seinen Widersprüchen. Werden sie zu groß, dann sind Apathie und Zynismus die Folge.

> Man kann aber nicht davon ausgehen, daß die Anpassungs- und Integrationsleistung immer gelingt.

Beide Erscheinungen lassen sich heute durchaus beobachten. Sie werden bei Jugendlichen oft auf verfehlte Erziehung durch die Eltern zurückgeführt. Bei Erwachsenen treten sie besonders in der Mitte des Lebens auf und werden als ‚midlife-crisis' eingestuft. In beiden Fällen dürfte die Erklärung zu kurz greifen. Es zeigt sich vielmehr, daß Menschen heutzutage mit allzu großen Widersprüchen leben müssen, die sie überfordern. Es bleibt eine ständige Aufgabe, das Verlangen nach Sinn (kulturelles System), die angebotenen Lebensumstände (ökonomisches System), die Einschätzung der eigenen Handlungsmöglichkeiten (politisches System) und das Widerspiel zwischen Anpassung und Widerstand (soziales System) in einer Balance zu halten. Sehr vielen Menschen scheint diese Balance nicht mehr zu gelingen. Verzicht auf Selbstbestimmung (Apathie) oder Angst vor Engagement und Enttäuschung (Zynismus) sind daher keine Überraschung oder Versagen bestimmter Personen, sondern geradezu zu erwarten.

IV. Der Wandel am Beispiel der Sexualität und des Verhältnisses von Jung und Alt

Die Einstellungen zum Werte- und Normenwandel sind unterschiedlich: Viele Menschen nehmen an, daß das Denken mit der Zeit aufgeklärter und damit auch besser werde. Damit änderten sich auch die Normen und Werte. Je moderner sie seien, desto besser seien sie auch für die Menschen. – Andere wiederum haben eher eine Verfallstheorie im Kopfe: Wir stehen vor einem allgemeinen Sitten- und Werteverfall: daher müssen Änderungen als Auflösungserscheinungen aufgefaßt werden. – In einer dritten Position geht man davon aus, daß eigentlich alles schon einmal dagewesen ist: Die strenge Betonung von Normen und deren Rechtfertigung durch bestimmte Werte sowie der Verfall beider. Auf eine Periode der Strenge folge Laxheit, dann würden die Zügel wieder angezogen. Hinsichtlich der Gedanken gebe es aber nichts eigentlich Neues seit der Antike.

Das Beispiel der Sexualmoral und der damit verbundenen Bewertung jugendlicher Sexualität kann exemplarisch diese Problemstellungen erschließen:

Seit altersher wird der Wandel der Sexualnormen besonders stark beachtet. Liebe vor der Ehe, außereheliche Liebe, Homosexualität, Sexualpraktiken u.a.m. sind zu verschiedenen Zeiten und in verschiedenen Kulturkreisen höchst unterschiedlich normiert worden. – Das antike Griechenland, mehr aber noch das antike Rom kannten sehr großzügige Normierungen aus heutiger Sicht; nach anfänglichem Schwanken lenkte das Christentum mit den Kirchenvätern im Abendland zurück zu großer Strenge und Verengung auf die Sexualität in der Ehe. Heute verbindet sich aber weltweit mit dem christlichen Kulturkreis eher die Auflösung der strengen Sexualnormen. Der Islam, aber auch der vom Hinduismus beherrschte Kulturkreis müssen die westlichen Sexualnormen als Angriff sehen auf die Grundlagen ihrer Kultur. Aber auch innerhalb des Christentums geht die katholische Kirche gegen den Wandel der Sexualmoral an. – In diesen heute beobachtbaren Auseinandersetzungen geht es freilich nicht nur um das Sexualleben im engeren Sinne, sondern an der Normierung des Sexuallebens werden Grundsatzkonflikte um den Normenwandel ausgefochten.

Die heutige weltweite Auseinandersetzung kann sehr gut das folgende Zitat veranschaulichen; der Autor bezieht sich auf die sogenannte iranische Revolution der achtziger Jahre:

„Vor der Revolution wurde die sexuelle Freiheit von der Stadtjugend als Symbol des Fortschritts gefeiert. Jetzt wird ihr gesagt, damit sei sie – wie auf so vielen anderen Gebieten – dem dekadenten Westen auf den Leim gegangen. Dort nämlich habe man sexuelle Freiheit nur gewährt, um von der Suche nach den wirklichen Freiheiten abzulenken; denn: wer, auf seine persönlichen Probleme fixiert, die Freiheit im sexuellen Bereich suche, werde – so lehren die neuen Erzieher – unfähig, die eigentlichen Ursachen der Unfreiheit zu erkennen und zu bekämpfen. So gesehen verhindere die sexuelle die gesellschaftliche Revolution."[12]

Gerade weil die Auseinandersetzung um bestimmte Normierungen und Wertvorstellungen mittlerweile interkulturell geführt wird, ist die Sicht der Ethnologie von Interesse.

Die Kulturanthropologen und Ethnologen sind wenig verwundert über den zentralen Stellenwert der Sexualität für die gesamten Normen und Werte in einer Gesellschaft. Einer grundlegenden ethnologischen Auffassung zufolge hat jede Gesellschaft Schwierigkeiten, das Auftauchen der Jüngeren zu akzeptieren, weil sie zeigen, daß die Herrschaft der Älteren unweigerlich zu Ende gehen muß. Die sexuelle Rivalität zwischen den jungen und älteren Männern ist demzufolge ein traumatisches Thema. Daher sind bei den Riten des Übergangs zum Erwachsenwerden immer quälerische Elemente beobachtbar: Einfach und unmittelbar offen liegt das Beispiel jener afrikanischen Stämme, bei denen die jungen Männer zwischen den Älteren Spießruten laufen müssen, bevor sie als erwachsen anerkannt werden. Unter unseren komplizierteren und abstrakteren Lebensbedingungen ist dieser altmodische Ritus ersetzt worden durch andere Formen, zum Beispiel das Prüfungswesen.

> Jede Gesellschaft hat Schwierigkeiten, das Auftauchen der Jüngeren zu akzeptieren

Folgt man diesen kulturanthropologischen Einsichten, dann hat jede Gesellschaft *Grunddaseinsprobleme* zu bewältigen. Wie sie die Problembewältigung normiert und mit welchen Wertvorstellungen sie sie besetzt, ist sekundär gegenüber der Tatsache, daß diese Probleme bewältigt werden müssen und die Lösung mit Sinn versehen werden muß.

---

12 Gordian Troeller: Kinder der Welt. Erziehung zum Heiligen Krieg. – Fernsehen der ARD, 28.1.1985 – Die Sendung beschäftigt sich mit der sogenannten iranischen Revolution in der ersten Hälfte der achtziger Jahre. Es ging damals darum, die Lehren des Islam zu modernisieren und für die Lebensführung unter modernen Bedingungen umzusetzen. Bezeichnenderweise wird dies im Westen als Rückfall in die Vormoderne'wahrgenommen. – Der Reformversuch blieb nicht auf den Iran beschränkt. Alle fundamentalistischen Bewegungen vertreten ähnliche Prinzipien der Lebensführung. So hat dieses Denken auch besonderen Einfluß in Nordafrika. – Zur Übersicht kann dienen: Monika Tworuschka: Islam, Göttingen (Vandenhoeck) 1982, bes. S. 86ff. Einen Einblick verschafft Roy Mottahedeh: Der Mantel des Propheten oder das Leben eines persischen Mullah zwischen Religion und Politik, München (Beck) 1988.

Die Sinngebung bei den Ritualen sogenannter primitiver Stämme könnte sein, daß die männliche Selbstdarstellung auch unter äußerer Belastung durchgehalten werden soll und daß die neuen Erwachsenen Willen zum Gehorsam zeigen. Die dafür angeführten Gründe sind kontrovers. Vor allem die älteren Anthropologen behaupten, daß dem Mann die schwierigeren Pflichten für den Erhalt des Stammes auferlegt werden; daher gebe es für sie derartige „Proben". Diese Auffassung kann man bestreiten: Fast weltweit liegt die Hauptlast für das alltägliche Überleben der Gesellschaften bei den Frauen. Daher sind die Rituale wohl eher zu verstehen als Erfindung der Männer, um ihre höhere Bedeutung zu demonstrieren.[13]

Solche archaischen Einstellungen sind unserer Gesellschaft überhaupt nicht fremd. Ein Beispiel mag die Welt der Hochschule bieten. Im Prüfungswesen geht es, der offiziell verbreiteten Darstellung zufolge, um das Herausfinden der Fähigsten; die Arbeitspsychologen sehen freilich in der Prüfung eher das Austesten der Belastbarkeit des einzelnen unter Streß. Welches auch die Sinngebung für das Ritual Prüfung sei: Dahinter steckt aber doch, den Ethnologen zufolge, die Bewältigung eines grundlegenden existentiellen Problems: die Angst der Älteren vor den Jüngeren.

Dieses Beispiel führt zu zwei Einsichten: Die Normierungen und ihnen zugeordnete Werte haben un- und vorbewußte Motive. – Zum anderen: Da es keine Änderung bei diesen grundlegenden Daseinsproblemen gibt, ist die These vom ständigen Verfall der Werte und Normen wenig plausibel. Jede Gesellschaft bleibt vielmehr darauf angewiesen, ihre Grunddaseinsprobleme besonders zu normieren und mit Werten zu besetzen. Allerdings wandeln sich im Laufe der Geschichte die Normierungen und Sinnverständnisse, die sich mit den Grunddaseinsproblemen verbinden, ganz nachhaltig.

Stichwort: Grunddaseinsprobleme

Darunter sind zu verstehen: Wichtige Übergangsstufen in der Biographie: Geburt, Erwachsenwerden, Heirat, Alter, Tod. Es handelt sich um Erfahrungen, die in jeder Kultur auftreten, aber sehr verschieden normiert und bewertet werden.

Der Soziologe *Gronemeier* behauptet, daß in unserer Gesellschaft das Problem des Alterns nicht mehr gelöst werden kann, so daß in Zukunft die Alten in bestimmten Pflegeinstitutionen zusammengefaßt und reine Betreuungsobjekte werden.[14]

In diese Richtung weisen die Beobachtungen von Pädagogen und Psychologen in den westlichen Industriestaaten: Immer mehr Eltern imitieren die Lebensweise ihrer Kinder, sobald diese als Jugendliche einen eigenen Lebensstil entfalten. Die Kinder kommen in eine Beraterrolle ihrer Eltern hinsichtlich des Kleidungs- und Verhaltensstils, des Freizeitverhaltens, aber auch hinsichtlich des Umgangs zwischen Mann und Frau. Die ältere Generation hat offensichtlich das Gefühl, Lebensmöglichkeiten verpaßt zu haben, und möchte diese nachholen, indem sie ihre „freieren" Kinder nachmacht.

> Immer mehr Eltern imitieren die Lebensweise ihrer Kinder.

Hier ist der Endpunkt einer kulturellen Entwicklung erreicht, der wohl mit Recht als Abgrenzung gegenüber anderen Kulturen dienen kann. Während wir möglicherweise diesen Vor-

---

13 Siehe Bernhard Streck (Hg.): Wörterbuch der Ethnologie, Köln (Dumont) 1987. – Die These, daß das Überleben von Gesellschaften eher von den Frauen abhängt, könnte folgendermaßen belegt werden: In weiten Gegenden Afrikas zum Beispiel beruht die landwirtschaftliche Produktion auf der Arbeitsleistung der Frauen. Gerade unter den heutigen politischen Umständen wird deutlich, daß sie damit das unmittelbare gesellschaftliche Überleben sichern, während die Männer es eher aufs Spiel setzen. Die den Männern allein vorbehaltenen Tätigkeiten sind Glücksspiel, Kampfspiele oder gar Krieg. Vermutlich wird man die These halten können, daß in allen notleidenden Gesellschaften die Frau weitaus mehr für das Überleben sorgt als der Mann. In Überflußgesellschaften hingegen wird die Frau als Luxusobjekt stilisiert, das ferngehalten werden muß von denjenigen Tätigkeiten, die notwendig sind zum Überleben der Gesellschaft. – Vgl. Ekkehard Launer (Hg.): Datenhandbuch Süd-Nord, Göttingen (Lamuv) 1992, bes. Kapitel 3. Außerdem Norman Myers (Hg.): Der Öko-Atlas unserer Erde, Frankfurt am Main (Fischer Tb) 1985, bes. S. 192f.

14 Die Entfernung vom Wolfsrudel, Frankfurt am Main (Fischer Tb) 1991.

gang als positiv und freiheitsbringend bewerten, zumal im Lichte der ethnologischen Einsichten, bildet er für die Angehörigen anderer Kulturen einen Stein des Anstoßes und wird eher als Zeichen einer abartigen Entwicklung oder des Kulturverfalls gewertet.

Die soziologische Sicht kann aus diesem wenig entscheidbaren Für und Wider herausführen zu einer erweiterten Sichtweise: Die Werbung stellt schon lange den jungen Menschen mit stark normiertem Körperbau und Aussehen in den Mittelpunkt. Über die Mode hinaus sind viele unserer Alltagsgüter so beschaffen, daß sie die physische Verfassung und Beweglichkeit des jungen Menschen voraussetzen. Als Beispiel mag man sich die Einstiege in die öffentlichen Verkehrsmittel vor Augen führen. Der oder die Jugendliche ist sozusagen der Normmensch geworden, nach dem sich alle anderen richten müssen. Auf zwei Folgen kommt es hier an:

1. Diese Erscheinung hat einen schwerwiegenden kulturellen Aspekt: Es fällt immer schwerer, das Alter positiv zu normieren und zu bewerten. Der Tod schließlich paßt überhaupt nicht in dieses Normengefüge. Daher wird er zunehmend verdrängt. Das würde bedeuten, daß unsere Gesellschaft auf Probleme, die sich jedem Menschen stellen, keine sinnvollen Antworten mehr hat. Dies würde sich mit der ethnologischen Sicht decken: Dieser Befund weist auf ein völlig neues kulturelles Defizit.

2. Die Ausrichtung auf einen Normmenschen hat einen ökonomischen Hintergrund: Ohne diese soziale Voraussetzung wäre es schwer möglich, im Bereich sämtlicher Verbrauchsgüter die Produkte zu standardisieren und zu normieren. Das aber ist die Voraussetzung für die Kostensenkung und die möglichst weit gestreute Verteilung dieser Güter (Kleidung) oder Dienstleistungen (etwa: Reisen).

Hieraus ergibt sich folgende These: Die moderne Produktions- und Lebensweise muß sich die Auflösung aller besonderen Werte und Normen zum Ziel setzen, weil sie den möglichst breiten Absatz verhindern. Sie zieht nach sich, daß Menschen ein global einheitliches Norm- und Wertgefüge haben oder nach dem Willen der industriellen Planer zumindest haben sollten.

Werte- und Normwandel wäre demnach unter den heutigen Bedingungen ein weltweiter Vereinheitlichungsprozeß im Sinne des Funktionierens der Ökonomie.

Diese These soll im nächsten Abschnitt näher betrachtet werden.

V. Die Auflösung der überkommenen Kultur und das Vordringen des Fordismus[15]

Die Thematik soll betrachtet werden aus der Sicht eines Japaners, der das Vordringen der westlichen Kultur in seinem Landes durchaus aufgeschlossen beobachtet.

„Die Veränderungen in unserem Wohnstil – Abschaffung der Empfangszimmer mit der Tokonoma-Ecke [16]... und stattdessen das Vordringen von Küche und Wohnzimmer vom Gesichtspunkt der „Benutzung" aus; die Funktionalisierung der Möbel oder die Tendenz, Gasthäuser im japanischen Stil (bekanntlich leitet sich in japanischen Gasthäusern das Recht auf Empfang aus dem Umstand her, daß man Gast in diesem Hause ist; vor allem wenn man dort sehr vertraut ist) in Hotels nach westlicher Art umzuwandeln – haben wohl auf ihre Art einen Sinn. Wie steht es aber z.B. mit der Frage der „Feiertage" oder der „Freizeit"? Für die in den Städten beschäftigten Menschen und die Studenten sind die Feiertage nicht mehr Tage der

15 Der Begriff des Fordismus bezieht sich auf die Motorisierung der Gesellschaft durch Henry Fords Tin-Lizzy. Dieser Vorgang wird mit Recht als der Beginn der heute bestimmenden Lebensform betrachtet. Zum Begriff des Fordismus vgl. Joachim Hirsch und Roland Roth: Das neue Gesicht des Kapitalismus. Vom Fordismus zum Post-Fordismus, Hamburg (VSA) 1986.

16 Die Tokomora-Ecke (Bildnische) diente seit dem 15. Jahrhundert im traditionellen japanischen Wohnraum der ästhetischen Repräsentation eines einzelnen Kunstwerks.

Stichworte:
Fordismus und Konsumorientierung

In der Regel werden die Erscheinungen des Fordismus unter den Stichworten Konsumismus oder Konsumgesellschaft erörtert. Vermutlich greifen diese Bezeichnungen zu kurz, weil sie nur einen Teilaspekt erfassen.

Der Fordismus ist nach dem amerikanischen Industriellen Henry Ford (1863 – 1947) benannt. Mit dem Namen Fords verbindet sich die Entwicklung der Massenproduktion von Autos. Das Auto hat die Lebensbeziehungen in den motorisierten Gesellschaften revolutioniert. – Mit dem Fordismus verbindet sich die Erscheinung, daß industriell erzeugbare „Leitgüter" in einer Gesellschaft Geltung erlangen und unumkehrbar die sozialen Beziehungen und kulturellen Gewohnheiten verändern. An sich ist es nicht einzigartig, daß eine Gesellschaft ihre Werte und Normen und damit das soziale Leben um den Erhalt bestimmter zentraler Güter organisiert. Das läßt sich zum Beispiel leicht erkennen bei Stämmen, die den Erhalt der Viehherde in den Mittelpunkt stellen (z.B. in der Sahelzone). Solche Leitgüter der industriellen Gesellschaften sind Auto, Kühlschrank, Fernseher, Telefon – möglicherweise auch der Computer.

Mit dem Fordismus werden die entscheidenden Elemente der Lebensführung ausnahmslos erwerbbar. Diese Möglichkeit kann sich leicht in einen Zwang verwandeln, weil ihr Nicht-Besitz den weitgehenden Ausschluß vom gesellschaftlichen Leben bedeutet.

Der Fordismus setzt die ständige Ausweitung der Produktion und der Märkte voraus. Das wiederum hat eine Vereinheitlichung des Lebensstils zur Begleiterscheinung. Damit ist der Fordismus gegen alle Normierungen und Lebensgewohnheiten gerichtet, die der Verbreitung der Massengüter entgegenstehen.Hauptfelder der fordistischen Normierung sind:

– Auflösung der Großfamilie zugunsten kleinerer und abhängiger Versorgungseinheiten
– Industrialisierung der Nahrung
– Auflösung von Ortsbeständigkeit
– Entwicklung von normierten Wohnformen
– Standardisierung und Kommerzialisierung der Freizeit
– Vereinheitlichung der kulturellen Gewohnheiten und der Kommunikation.

Von diesen Feldern aus werden allerdings auch die weiteren Daseinsbereiche (vgl. unten) normiert.

Alle genannten Prozesse haben eine positive und negative Seite: Vor allem in seiner Anfangsphase, wenn er sich in einer Gesellschaft durchsetzt, wird er als Befreiung aus überflüssigen Zwängen oder belastenden Traditionen geschätzt und als Zunahme von Freiheit empfunden. Der Eindruck wachsender Freiheit wird zum Beispiel dadurch erreicht, daß lästige Alltagsarbeiten entfallen, weil es alles „fertig" zu kaufen gibt. Nachdem der Fordismus sich durchgesetzt hat, wechselt die Perspektive: Die kulturellen und sozialen Verluste treten nun in den Vordergrund.

Es führt ein wenig in die Irre, wenn man unterstellt, daß die Menschen in der Folge des Fordismus völlig einheitlich normiert werden. Es scheint vielmehr so, daß sich innerhalb und zwischen den Gesellschaften auch Unterschiede herausbilden. Diese drücken sich in einem verschiedenen Gebrauch der Leitgüter im Rahmen einzelner Lebensstile aus. Allerdings ist allen verschiedenen kulturellen Milieus gemeinsam, daß sie von der Versorgung mit fordistischen Gütern abhängig geworden sind.

Der Widerstand gegen diese industrielle Kultur kann verschiedenartig gedeutet werden als

– Abwehr gegen Veränderung und Verteidigung liebgewordener, aber überholter Traditionen
– Vermeiden oder Überwindung eines fremdbestimmten Lebensstils.

In einer dritten Variante kann es sich um Einsicht in Notwendigkeiten handeln, da der Fordismus offenbar auf Dauer die natürlichen Grundlagen des Lebens zerstört.

Ruhe und Erholung, sondern gerade diese freien Tage wandeln sich zu solchen des „Tuns" in Eile und Hast – von der sonntäglichen Arbeit des Reparierens und Ausbesserns im Haus bis zur Fahrt mit dem Nachtzug ins Skigebiet. Vor kurzem sind die Ergebnisse einer Umfrage zum Thema „Wie nützen Sie Ihre freie Zeit?" bekannt geworden. Freizeit (leisure) ist demnach nicht Befreiung vom Tun oder Etwas-leistenmüssen, sondern zum Problem ist die Sorge geworden, die leisure-Zeit möglichst effektiv zu organisieren."[17]

Diesem Staunen des Japaners über den „Fortschritt" seien zwei Betrachtungen hinzugefügt:

- Aus dem Judentum ist der Sabbat bekannt. Dieser Ruhetag diente der Gemeinschaft und sollte obendrein allen Arbeitenden Ruhe und Erholung ermöglichen (Exodus 31,13). Auch bei gläubigen Muslimen wird der Feiertag (hier der Freitag) oftmals in der Großfamilie verbracht; im Mittelpunkt steht ein gemeinsames Essen.
- Ökonomen kommentieren die von Maruyama angeführten Erscheinungen folgendermaßen[18]: Die Herabsetzung der Arbeitszeit im Betrieb oder Geschäft ist nur scheinbar; sie geht einher mit einer Erhöhung derjenigen Arbeitszeit, die man zur Aufrechterhaltung des Alltags investieren muß, z.B. Autopflege, Wäschewaschen, Haus- oder Wohnungsreparaturen bzw. -ausbau. Die Ausdehnung der Beschäftigung in der industriellen Produktion oder in Organisationen hat es mit sich gebracht, daß die „klassischen" Dienstleistungsberufe abgenommen haben. Stattdessen hat sich die Geräteindustrie für die Arbeit rund um die Wohnung und den Haushalt ausgedehnt und diese Dienstleistungen ersetzt. Selbst im besser gestellten Haushalt ist heute die „Perle" eine ausgesprochene Seltenheit; stattdessen ist die Hausfrau im einkommensstarken Haushalt Herrin über einen ausgedehnten und auch komplizierten Maschinenpark, der Hausherr verfügt über komplizierte Handwerksgeräte. Insofern führt *hier* die Rede vom Übergang in die Dienstleistungsgesellschaft in die Irre; es handelt sich eher um ein Vordringen der Do-it-yourself-Gesellschaft, die sich auf industriellem Wege vermarkten läßt. Diesem Vorgang folgt ein Normen- und Wertewandel: Hausarbeit mit standardisierten und spezialisierten Geräten nimmt einen immer größeren Raum ein und wird obendrein positiv bewertet.

> Alle Normen und Werte, die auf Gemeinschaft zielen, werden aufgelöst.

Das Heimwerkertum hat – so könnte man überspitzt sagen – das wöchentliche Gemeinschaftsfest ersetzt, wie es in „primitiveren" Gesellschaften üblich ist. Wichtig ist in unserem Zusammenhang der Auflösungvorgang: Alle Normen und Werte, die auf Gemeinschaft zielen, werden aufgelöst; Ziel ist der einzelne, der alle Daseinsaufgaben allein bewältigen kann, freilich mit industriell gefertigter Hilfestellung.

Das Urteil über diese Entwicklung kann sicherlich nicht eindeutig negativ ausfallen, weil sie Freiheiten und Ausweitung der Befähigungen Raum gibt. Es ist aber auch deutlich, daß sie Vereinseitigungen und Verluste mit sich bringt. Daher ist es auch problematisch, sie als Fortschritt im positiven Sinne zu werten.

Der schwerste Einwand mag aber darin liegen, daß es sich um eine fremdbestimmte und verdeckte Entwicklung handelt, in der Menschen immer mehr Objekte von Moden und Marketingstrategien werden. Nicht zuletzt wird daher das Verständnis von Freiheit immer unschärfer, so daß sich Unsicherheit breitmacht, worin sie eigentlich bestehen könnte und sollte. Viele Menschen verzichten einfach darauf, sich klarzumachen, was sie in ihrem Leben unter Freiheit verstehen wollen, und ob es sich wirklich um eine solche handelt oder ob sie Illusionen aufsitzen.

---

17 Masao Maruyama: Denken in Japan. Frankfurt am Main (es) 1988, S. 153f.

18 Hirsch, Roth, a.a.O., S. 53ff. – In vielen Schriften äußert sich ähnlich Ivan Illich.

VI. Die Wahrnehmung des Werte- und Normenwandels

Neben den Verzicht auf sinnvolle Normierung der Grunddaseinsprobleme tritt als weiteres Problem, daß anscheinend unvermeidbare Entwicklungen als höchst widersprüchlich empfunden werden und gegen noch geglaubte oder vorhandene Werte verstoßen. Diese Entwicklungen stoßen in die allerprivateste Lebensgestaltung vor.

Dabei geht es um folgende Fragen: Welchen Stellenwert hat die physische Gesundheit angesichts einer Lebensweise und Wirtschaftsweise, die mehr und mehr Krankheit hervorbringt? Bekommt der Körper immer mehr Warencharakter? Wird Sexualität zur Selbstbestätigung? Kann man Babys noch mit Muttermilch ernähren?

Vielleicht weniger gravierend, aber ebenso für jeden erfahrbar sind die Erscheinungen der Überentwicklung:

- Was nutzt die Verbreitung des Autos angesichts immer unzuträglicherer Verkehrsverhältnisse?
- Was nutzt die steigende Möglichkeit von Fernreisen, wenn gerade dadurch die Eigenheit der fernen Länder zerstört wird?
- Was nutzt das ausgeweitete Angebot an Information, wenn gerade dadurch die Orientierungslosigkeit steigt?
- Was nutzt das steigende Nahrungsangebot, wenn dadurch die Gefahr der Vergiftung und der dauernden Verödung von Böden wächst?

Alle diese Entwicklungen sind nicht gewollt; die Gefahren und Probleme sind auch erkannt. Dennoch schreiten sie voran. Und selbst derjenige, der sie für falsch hält oder verurteilt, muß teilweise mitmachen als Verbraucher.

Der Soziologe *C. W. Mills* hatte ein gutes Gespür für die Zukunft, als er bereits 1959 schrieb:

„Denn die Menschen spüren, auch wenn sie noch nicht von Panik ergriffen sind, daß zwar ältere Denk- und Empfindungsweisen zusammengebrochen sind, die neuen jedoch, die jetzt sich bilden, in einer Weise zweideutig sind, daß die Moral an ihnen keinen Halt hat."[19]

Mills ist schon damals zu einem zwar einfachen, aber bedenkenswerten Schema gekommen, welche Folgen die Auflösung von Werten und Normen im Rahmen der modernen Lebensweise hat. Er geht aus von folgender Voraussetzung:

Solange die Menschen bestimmte Werte anerkennen und sie nicht bedroht sehen, fühlen sie sich wohl. Sehen sie dagegen ihre Werte bedroht, so empfinden sie das als eine persönliche oder allgemeine Krise. Wenn es um die Werte in ihrer Gesamtheit geht, dann kann das Gefühl der Bedrohung panische Formen annehmen.

Auf dieser Grundlage kommt *Mills* zu folgender Typologie:

„Sofern jedoch die Menschen weder irgendwelche Werte für gültig erachten, noch bedroht sehen, so befinden sie sich in einem Zustand der Gleichgültigkeit, die, sofern sie gegenüber allen Werten bezeugt wird, zur Apathie werden kann. Erkennen Sie dagegen keinerlei Werte an, nehmen sie aber dennoch eine Bedrohung wahr, dann empfinden sie Unbehagen und Angst; und wenn es aufs Ganze geht, eine krankhafte Niedergeschlagenheit. Unsere Zeit ist eine Zeit des Unbehagens und der Indifferenz, die jedoch beide noch nicht so formuliert worden sind, daß Vernunft und Sensibilität zum Zuge kommen können."[20]

Es ist immer schwer, sich unter solchen abstrakten Typen des Verhaltens etwas Konkretes vorzustellen. Immerhin kann man die vielen Fälle unterlassener Hilfeleistung bei Unfällen anführen, die Vernachlässigung von Kindern, den unbemerkten Tod von Alten in ihrer Wohnung, aber auch die Gleichgültigkeit gegenüber dem Schicksal von Arbeitslosen. Allerdings scheint auch deutlich, daß der Text im Jahre 1959 geschrieben worden ist. Das wachsende Bewußtsein über die Gefährdung der Umwelt, die Kenntnis der Probleme der Dritten Welt, die Einsicht in die Untauglichkeit militärischer Lösungen: das alles könnten Zeichen sein, daß sich die gedankliche Kraft wieder sammelt und auf die Wiederherstellung einer sinnvollen Welt richtet.

Allerdings dürfen diese skeptische Grundhaltung gegenüber der gesellschaftlichen Entwicklung und die kritische Einschätzung des

19 Kritik der soziologischen Denkweise, Darmstadt und Neuwied (Luchterhand) 1973, S. 37.

20 Mills, a.a.O., S. 44.

gesellschaftlichen Entwicklungspfades keineswegs allgemein vorausgesetzt werden. Der sogenannte Postmaterialismus, der vor allem diese Einstellungen trägt, findet sich bei einem Viertel der Deutschen; abgeschwächt und versetzt mit anderen Grundhaltungen höchstens bei der Hälfte. Die andere Hälfte verharrt in materialistischen Einstellungen und dem Glauben an den Sinn des Entwicklungsweges, wie er seit 1945 bestimmend war. Obendrein verteilen sich die skeptischen Grundhaltungen auf sehr verschiedenartige gesellschaftliche Milieus, zwischen denen es wenig Kommunikation gibt. Allerdings kann man vielleicht davon ausgeben, daß Verfechter einer grundlegenden Kritik so etwas wie eine Meinungsführerschaft haben, so daß sich die Gesamtgesellschaft in ihre Richtung bewegt, aber mit großer Langsamkeit.[21]

VII. Zusammenfassung: Positive und negative Tendenzen

Unter den oben aufgezeigten Wandlungstendenzen ist das Vorandringen des sogenannten Fordismus der wichtigste Vorgang, der alle beobachtbaren Krisenerscheinungen auslöst. Dieser Vorgang ist auch wichtiger als der Übergang zur Weltzivilisation und zur multikulturellen Gesellschaft, weil der Fordismus sozusagen das Vorzeichen für diesen Übergang darstellt.

Wandlungsprozesse werden oftmals naturwüchsig erlebt, zumal wenn sie weltweit sind wie im Augenblick. Sie scheinen unbeeinflußbar. In ethischer und moralischer Betrachtung ist das weniger der Fall, sondern es eröffnen sich Einsichten in alternative Entwicklungspfade. Hierfür gilt es nach Handlungsmöglichkeiten zu suchen. Allerdings sei an den sogenannten Hysteresiseffekt erinnert, wie er aus der Physik bekannt ist: Es ist unendlich schwieriger, Ergebnisse und einmal eingetretene Entwicklungen rückgängig zu machen, als sie hervorzurufen.

Vor diesem Hintergrund sollten die folgenden Thesen gelesen werden:

Man kann den Übergang zu einer Weltzivilisation als Rückzug der Werte und Zersetzung der verschiedenartigen Ausprägungen von Moral auf der Erde betrachten. Zugleich wird aber durch den Abbau des Selbstverständlichen die Möglichkeit eröffnet, durch Dialog und Verständigungsprozesse zu einer selbstbestimmten Moral zu finden.

Der Übergang zur Welteinheitskultur im Sinne des Fordismus droht, wichtige Entwicklungspotentiale der Menschheit zu verschütten. Zugleich schafft er die Voraussetzungen für den interkulturellen Dialog und für multikulturelles Erleben, aus denen neue Gestaltungsmöglichkeiten der Zukunft erwachsen können.[22]

Die Freiheit von materiellen Zwängen wirkt sich aus als Befreiung von der täglichen Sorge um Nahrung, als Möglichkeit der besseren Nutzung von Zeit und erhöhter Verfügung über Information. Die vermehrte Naturbeherrschung und die vermehrte Verfügung über Güter wirken sich aus als Freiheiten von Zeit und Raum. Es droht aber die Gefahr der Überentwicklung[23], in der es zum Zwang wird, den Wohlstand zu erhalten, und am Ende die gewonnenen Freiheiten verloren gehen. Ab einem gewissen Zeitpunkt wird die Entwicklung zu einer Einbahnstraße ohne Umkehr (way of no return).

Der Abbau von Normen und die Umwertungen setzen bisher nicht entdeckte oder unausgelebte Möglichkeiten der Lebensgestaltung frei. Der Abbau von festen Einbindungen in die Familie heißt auch freie Gestaltung der sozialen Beziehungen, heißt aber auch Zunahme von Gleichgültigkeit und Vereinzelung. Das Entfallen einer festen Normierung des Alters (vgl. Kapitel 12) läßt Alte stärker an den Lebens-

21 Vgl. Hasso von Recum: Schule im sozialkulturellen Wandel, in: Die Deutsche Schule (1992), S. 388-405 – Grundlegend zum Postmaterialismus Ronald Inglehart: Kultureller Umbruch, Frankfurt am Main und New York (Campus) 1989. – Zu den verschiedenen Lebenswelten und Milieus vgl. Gerhard Schulze: Die Erlebnisgesellschaft. Kultursoziologie der Gegenwart, Frankfurt am Main und New York (Campus) 1992.

22 Vgl. besonders Claude Lévi-Strauss: Rasse und Geschichte, Frankfurt am Main (suhrkamp) 1972 u.ö.

23 Zum Konzept der Überentwicklung vgl. Ossip K. Flechtheim: Ist die Zukunft noch zu retten?, Hamburg (Hoffmann und Campe) 1987.

möglichkeiten der Gesellschaft teilhaben und macht sie zugleich tendenziell überflüssig. Die Aufwertung der Jugend begünstigt die Selbstentfaltung und verringert die Chance einer Ausrichtung an vorgelebten Lebensentwürfen.

Folgende Probleme werden vor dem Hintergrund dieser Entwicklung immer akuter und sind vordringlich zu lösen:

- Was heißt Verantwortung? Wer soll für wen Verantwortung tragen und wie sieht sie aus? Das gilt für die individuelle Lebensführung und für die Bewahrung des Lebens auf der Erde.
- Wie sieht ein Lebensstil aus, der die Zielvorstellungen des guten Lebens ermöglicht und die Gefahren der Überentwicklung vermeidet?
- Wie lassen sich realitätsgerechte Elemente der Hoffnung stärken und die dominanten Elemente der Apathie oder gar der Verzweiflung eindämmen?

Streben nach weltweiten Globallösungen oder die Forderung eines allgemeines Bewußtseinswandels helfen hier freilich nicht, sondern es kann nur darum gehen, konkrete Modelle für alternative Lebensformen nebenher zu erproben.

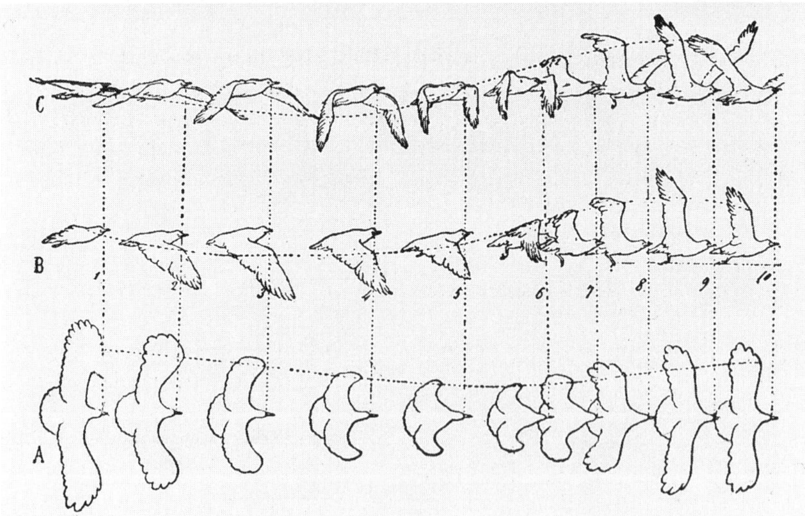

Effektivierung der Natur

Kapitel 8

Die Krise des rationalen Handlungstypus und die Verantwortung

I. Überblick zur Thematik

Für dieses Kapitel leitend ist die Untersuchung der Begriffe „Verantwortung" und „Rationalität". Beide werden zusammen behandelt, weil man davon ausgehen kann, daß jedes rationale Handeln gründlich durchdacht sein und daher dem Kriterium der Verantwortlichkeit besonders genügen müßte. – Da sich die Fragen von Rationalität und Verantwortung besonders mit der Wissenschaft beschäftigen, stehen zwei Beispiele aus diesem Bereich im Mittelpunkt: die Anwendung von Chemie in der Landwirtschaft und die Medizin als besonders rationaler Zugriff des Menschen auf die Natur. Es sollen Anstöße gegeben werden für eine Durchdringung des Rationalitätsbegriffs. Das Beispiel der Medizin kann aufzeigen, wie wir alle damit umgehen, wenn die sogenannte wissenschaftliche Rationalität in den Alltag vordringt und ihn neu organisiert, denn die medizinischen Erkenntnisse bestimmen weithin die alltägliche Lebensführung. Somit können wir am Umgang mit medizinischen Erkenntnissen am ehesten erkennen, was Menschen mit unserer Art von Denken anzufangen vermögen.

II. Beispiel für mangelnde Beherrschung von Folgen

Die Agro-Chemie und ihr Begründer, der berühmte Chemiker Justus von Liebig, stehen im Mittelpunkt des ersten Beispiels.

Der Chemiker *Justus von Liebig* (1803–1873) hatte sehr breite und zum Teil auch ungewöhnliche Interessengebiete. Zu Anfang seiner Laufbahn als Hochschullehrer war er nicht zufrieden mit der Art und Weise, wie Chemie gelehrt wurde. Es mochte ihm nicht in den Kopf, daß eine Wissenschaft, die auf Ausprobieren und konkreter Wahrnehmung beruhte, so ganz und gar theoretisch gelehrt wurde. Auf ihn geht zurück, daß jeder Student der Chemie ein Praktikum machen muß.

Von Liebig war generell darauf bedacht, daß Ergebnisse der Wissenschaft auch Bedeutung für das sonstige Leben haben sollten. So erarbeitete er Vorschriften für Backpulver und Fleischextrakte. Neu war auch, daß *von Liebig* sich im Rahmen der Chemie für das Lebendige interessierte und wissen wollte, welche chemischen Prozesse dem Erhalt und Ablauf des Lebens zugrunde lagen. Daher konzentrierte er sich um 1840 auf die Erforschung des Stoffwechsels bei Tieren und Pflanzen. Seine Forschungen endeten in der Entdeckung der Möglichkeit, über künstliche Düngung das Wachstum von Pflanzen zu beeinflussen.

Mit dieser Entdeckung hatte *Justus von Liebig*

eine der sogenannten Basisinnovationen bereitgestellt. Das sind jene Erfindungen, die das Leben der Nachfahren grundlegend verändern. Es schien nun möglich, das Pflanzenwachstum zu steigern und die Ernährungsprobleme der Erde ein für allemal zu lösen. Allerdings muß man sich auch klarmachen, daß *Justus von Liebig* sich nur für die chemische Seite der Lebensprozesse interessiert hatte. Er selber wußte noch sehr wohl, daß dies nur ein Teilaspekt der Lebensprozesse war. So betonte er immer wieder, daß es in der Natur auf das „ausgewogene Verhältnis" der Wirkstoffe ankomme. Aus heutiger Sicht kann man sagen, *von Liebig* dachte „systemisch": Ihm war bewußt, daß ein Teileingriff in einen ganzheitlichen Lebensprozeß eine Fülle von Folgen nach sich zog.

Die Folgen seiner Entdeckungen entglitten ihm jedoch. So wurde ein Verfahren zur künstlichen Erzeugung von Stickstoff entwickelt.[1] Damit stand der wichtigste Stoff für die künstliche Düngung nahezu unbegrenzt zur Verfügung. Dabei konnte man zunächst von der Regel ausgehen: Je mehr, desto besser! Diese Vorgehensweise wurde von der Agrarwissenschaft verfeinert: In dem Maße, in dem sich der „Stickstoffeintrag" steigert, wächst nicht der Ertrag. Also wurden Forschungen angestellt über die optimale Grenze: Bis zu welchem Punkte lohnt sich der Stickstoffeinsatz, wann sind die Kosten für Dünger höher als der Ertrag? Hierzu gibt es eine unendliche Reihe von Diplom- und Doktorarbeiten.

Die massive Verwendung von Stickstoff trieb das Pflanzenwachstum an. Das war erwünscht. Die Hypertrophie des Wachstums schwächte aber die Immunkräfte der Pflanzen. So traten bald vermehrte Schäden durch Insekten, Pilze u.a.m. auf, gegen die chemische Gegengifte entwickelt wurden. So konnten neue Doktorarbeiten geschrieben werden: Welche Stoffe und wieviel davon konnten dieser Plagen Herr werden?

Vor allem in der Dritten Welt wurden die „neuesten Erkenntnisse" in Form massiven Einsatzes von Chemie ausprobiert. Es ging schließlich darum, den Hunger zu besiegen. Der Effekt wurde ein anderer. Hierzu zwei Beispiele:

„Die größte Bedrohung für die asiatischen Reiskulturen geht von der Reiszikade (braune Pflanzenheuschrecke) aus, die den Reispflanzen den Saft aussaugt, so daß sie braun werden und absterben. Die Erhöhung der Ernten auf zwei bis drei pro Jahr, ermöglicht durch massiven Düngemitteleinsatz, verschafft diesem Schädling eine Nahrungsmittelgrundlage das ganze Jahr hindurch. Die epidemische Ausbreitung der Reiszikade in Asien stellt aufgrund zurückgehender Erträge, verbunden mit einem immer umfangreicheren Pestizideinsatz, zunehmend die materielle Existenzgrundlage der Bauern in Frage – ein Umstand, der die Erfolge der ‚Grünen Revolution' in neuem Licht erscheinen läßt.

Die Auswirkungen des Pestizideinsatzes in Entwicklungsländern lassen sich bis zu den heimischen Rindern in der Bundesrepublik Deutschland verfolgen. Preßkuchen und Extraktionsschrote von Ölfrüchten aus Entwicklungsländern bilden hierzulande die wichtigste Grundlage für die Futtermittelindustrie. So gelangen die toxischen Pestizidrückstände über die Nahrungskette zu den Endverbrauchern in den Industrieländern zurück. Der Sachverständigenrat zur Begutachtung der Umweltentwicklung in der Bundesrepublik Deutschland stellte schon 1978 in einem Bericht fest:

‚Umweltbelastungen in den Entwicklungsländern haben so einen direkten, nicht zu unterschätzenden Einfluß auf die Fremdstoffbelastung der Bürger der westeuropäischen Industriestaaten – insbesondere der Bundesrepublik Deutschland.'"[2]

Der Teufelskreis wird auf diese Weise deutlich: Der Einsatz von Pestiziden führte zur Herausbildung resistenter Insekten, so daß sich nach etlicher Zeit die Schäden vergrößerten, gerade weil chemische Mittel eingesetzt worden waren. Die wissenschaftliche „Antwort" ließ nicht auf sich warten: Solche Detailprobleme konnte man durch ein Mehr an Wissenschaft in den Griff bekommen. Also mußte man neue Mittel entwickeln, um die Folgeschäden aufzufangen. Allerdings mußte man im Rahmen des wissenschaftlichen Denkens selber Zweifel an der Effektivität äußern: Passen Aufwand und Ertrag wirklich noch zusammen?

Wichtiger ist aber, daß die Wirkungen längst der wissenschaftlichen Beherrschbarkeit entglitten sind: Selbst in den Tieren der Antarktis finden sich die

1 Es gehört auch zum Zusammenhang von Gesellschaft und Nutzung von Wissenschaft, daß dieses Verfahren zunächst aus den Notwendigkeiten der Kriegswirtschaft heraus entwickelt wurde, als Deutschland im Ersten Weltkrieg keinen Salpeter mehr aus Chile einführen konnte.

2 Volker Kasch u.a.: Multis und Menschenrechte in der Dritten Welt, Göttingen (Lamuv) 1985, S. 123f.

Mineraldüngerverbrauch je ha landwirtschaftliche Nutzfläche in Deutschland in dz

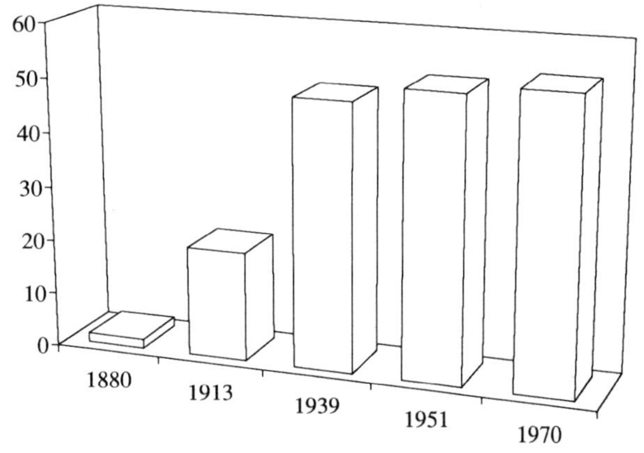

chemischen Gifte[3], die mittlerweile unkontrollierbar in die Nahrungskette eingedrungen sind. Muttermilch ist daher ein als bedenklich einzustufendes Nahrungsmittel für Säuglinge. In ganzen Regionen der vormaligen UdSSR hat der Einsatz von Düngemitteln zur Versalzung des Bodens geführt, die nicht mehr rückgängig zu machen ist. Dasselbe Schicksal droht den besten Böden in den USA. Sie sind vorläufig bestellbar, aber ihre zukünftige Unfruchtbarkeit ist nach heutigem Wissen nicht mehr aufzuhalten. Die Trinkwasservorräte in der Bundesrepublik sind zu einem hohen Teil von den chemischen Stoffen aus der Landwirtschaft verseucht; Gegenmittel sind nicht bekannt, und die Verseuchung wird sich erst voll in den nächsten Jahrzehnten auswirken.

Zu den geschilderten unbeherrschbaren Folgen auf der naturwissenschaftlichen Ebene kommen noch sozioökonomische: Weil in der Anfangsphase die Anwendung von Düngemitteln und Pestiziden die Erträge steigert, sind diejenigen Bauern den anderen überlegen, die sich solche Mittel leisten können oder die deren Einsatz pro Hektar optimieren können. Alle „Forschungen" liefen darauf hinaus, daß der Großbetrieb die effektivste Form sei. Nachdem vor allem die Banken diese Lektion begriffen hatten, wurden durch Kreditvergabe die großen Betriebe begünstigt, weil hier die besseren Erträge und damit Renditen zu erwarten waren. Obendrein setzten die modernen Anbaumethoden einen Maschinenpark voraus. All das lief auf das Ende der kleineren Betriebe hinaus. Landwirtschaft wurde fortan tendenziell eine Industrie. Das zog wieder nach sich, daß Nahrungsmittelproduktion industrialisiert werden konnte. In der Rückkoppelung setzte dieser Prozeß voraus, daß die Nahrungsmittelindustrie sich auf landwirtschaftliche Betriebe stützen konnte, die einen standardisierten und großen Ertrag liefern (z.B. sog. Pfanni-Kartoffeln). Der Verbraucher gewöhnte sich daran, alle Nahrungsmittel in standardisierter Form und gleichmäßiger Fülle zur Verfügung zu haben. So ist ein in sich geschlossenes System entstanden, aus dem eigentlich niemand ausbrechen kann. – Auch hier ist *Justus von Liebig* mit seinen Entdeckungen beteiligt: Der Fleischextrakt zeigte, wie man Nahrungsmittel herstellen kann ohne unmittelbare Abhängigkeit von der Natur. Er ist jederzeit und allerorten verfügbar. Dieses Prinzip sollte für die Nahrungsmittelindustrie leitend werden.

Aus seiner Sicht hat *von Liebig* mit seinem Lebenswerk die Menschheit ein gehöriges Stück vorangebracht. Das können sich die wenigsten Menschen am Ende ihres Lebens sagen. *Justus von Liebig* müßte sich aber aus heutiger Sicht ernsthaft fragen lassen, ob es nicht besser gewesen wäre, wenn die Menschheit seine Erkenntnisse nie erfahren hätte. Die negativen Effekte drohen die positiven bei weitem zu überschreiten, hat sich doch die chemische Düngung im Prinzip als Fehlweg der Entwicklung herausgestellt. Aus heutiger Sicht hat *Justus von Liebig* der Menschheit ein Danaergeschenk gemacht. *Hans Jonas* stellt zu solchen Fortschritten fest:

3 Besonders anzuführen ist hier das DDT. Der Erfinder, H.P. Müller, erhielt im Jahre 1948 dafür den Nobel-Preis.

„Wenn man das so weitergehen läßt, dann stellt sich zweierlei heraus: Erstens, daß die Sache zwangsläufig wird. Der Fortschritt ist dann gar nicht mehr ein freies Unternehmen des Menschen, der seine Lebensbedingungen verbessern will, der es aber auch sein lassen könnte. Er hat gar keine Wahl mehr. Er muß weitergehen, weil der vorige Erfolg eine problematische Lage geschaffen hat, die wieder bewältigt werden muß, und man infolgedessen vom Herren zum Knecht dieses Unternehmens wird."[4]

Es hat sich ein scheinbar nicht zerreißbares Geflecht von wechselseitigen Abhängigkeiten gebildet. Daher muß die Einsicht in die Gefahren heutiger Produktionsweisen und des davon abhängigen Lebensstils zunächst wirkungslos bleiben. Es gibt keine alternativen Handlungsmöglichkeiten.

Folgende Thesen könnten sich aus dem Beispiel ergeben:

- Nach heutigem Erkenntnisstand scheint es nicht sinnvoll, *Justus von Liebig* für die verfahrene Situation verantwortlich zu machen. Es ist aber ebenso klar, daß er daran einen Anteil hat.
- Keinem der Handelnden sind die Folgen seines Tuns noch völlig bewußt. Die Nahrungserzeugung ist dermaßen arbeitsteilig geworden, daß die dort Arbeitenden keinen Überblick mehr haben.
- Die Produktion von Wissen ist einseitig in den Dienst der Effektivierung des Bestehenden gestellt. Damit trägt sie zur Verstärkung des Fehlweges bei. – Die Produktion von Gegenwissen ist in die Gänge gekommen. Insgesamt stehen sich „Wissen" und „Gegenwissen" gegenüber, ohne daß der Laie zwischen ihnen entscheiden könnte. Der Laie ist aber der Betroffene.
- Die Folgen der Eingriffe in die Natur sind nicht beherrschbar, aber die ökonomische Logik erfordert diese Eingriffe.
- Die normale Rationalität erscheint in einem ganz anderen Lichte, wenn sich der Zeitrahmen ändert. Durchaus sinnvolle Maßahmen erweisen sich bei Betrachtung eines längeren Zeitraumes als unverantwortbar. Das Denken in Ertragssteigerung führt bei zeitlich ausgedehnter Betrachtung zu gegenteiligen Schlüssen. Hieraus kann man verallgemeinern: Unser bisheriges Denken greift zu kurz und beruht auf falscher Grundlage.
- Dieser Einsicht müßte die Bereitschaft folgen, die bisherigen Werte und moralischen Standards in Frage zu stellen. Denn eine Revision unseres geläufigen Denkens muß auch zu einer Revision der Moral führen.[5]

Aufgrund solcher und ähnlicher Beobachtungen hat der Philosoph *Hans Jonas* das „Prinzip Verantwortung" entwickelt.[6] *Jonas* stellt fest, daß die Erde und die Umwelt nur noch Gelegenheit zur hemmungslosen Ausbeutung darbiete. Der kategorische Imperativ Kants[7] ist daher neu zu fassen: Die Zukunft der Menschheit darf nicht aufs Spiel gesetzt werden. Das „Das" und das „Wie" der menschlichen Existenz auf der Erde stehen gleichermaßen auf dem Spiel. So kommt Jonas zu folgender Fassung des kategorischen Imperativs: *„Handle so, daß die Wirkungen deiner Handlung verträglich sind mit der Permanenz echten menschlichen Lebens auf Erden."*[8] Hieraus ergeben sich eine Reihe von Forderungen:

- Es muß eine möglichst genaue Vorstellung von den Fernwirkungen einer Maßnahme ausgebildet werden. Das ist der analytische Teil der

---

4 Hans Jonas: Erkenntnis und Verantwortung, in: Ingo Herrmann (Hg.): Zeugen der Zeit, Göttingen (Lamuv) 1991, S. 124.

5 Alle diese Gesichtspunkte müßten eine Rolle spielen bei der sogenannten Technikfolgenabschätzung. Diese greift in der Regel zu kurz, indem technische oder naturwissenschaftliche Folgen bedacht werden, soziale und ökonomische hingegen unberücksichtigt bleiben. Zur Technikfolgenabschätzung am Beispiel der Gentechnik vgl. Stephan Albrecht: Regulierung und Deregulierung bei der Nutzung der modernen Biotechnologien in der EG und der Bundesrepublik, in: Demokratie und Recht XVII (1989), S. 279-293, hier bes. 292f.

6 Das Prinzip Verantwortung, Frankfurt am Main (Suhrkamp) 1979 u.ö. Kürzere Fassungen in: ders., Wissenschaft als persönliches Erlebnis. Göttingen (Vandenhoeck) 1987, bes. S. 32ff. – Ders.: Erkenntnis und Verantwortung, a.a.O., bes. S. 104ff.

7 Es gibt mehrere Fassungen des kategorischen Imperativs:
– Handle nur nach derjenigen Maxime, durch die du zugleich wollen kannst, daß sie ein allgemeines Gesetz werde.
– Handle so, als ob die Maxime deiner Handlung durch deinen Willen zum allgemeinen Naturgesetz werden sollte.
– Handle so, daß du die Menschheit sowohl in deiner Person, als in der Person eines jeden anderen zugleich als Zweck, niemals bloß als Mittel brauchest.

8 Jonas, Das Prinzip Verantwortung, a.a.O., S. 36.

Wahrnehmung. Fernwirkungen sind dabei räumlich und zeitlich zu verstehen.

• Die zweite Pflicht besteht darin, zu dem Vorgestellten ein angemessenes Gefühl zu entwickeln, also nicht bei der bloßen Analyse stehenzubleiben. Es geht um Betroffenheit gegenüber dem möglichen „Heil oder Unheil kommender Geschlechter." [9]

• Da sich die Unsicherheit gegenüber zukünftigen Verläufen nicht überwinden läßt, muß die schlimmste Annahme („worst-case-analysis") gegenüber den positiven zur Richtschnur des Handelns werden. Das läuft auf einen Vorzug des Nichthandelns gegenüber dem Handeln hinaus.

In dem Denken von Jonas werden die Prämissen *Weber*s erneut deutlich :[10]

• Verantwortung konzentriert sich auf eine Folgendiskussion.

• Grundlage der Folgendiskussion ist das zweckrationale Handeln.

• Der grundlegende Wert ist der Schutz des Lebens.

Moral und Ethik beruhen heute nicht mehr darauf, daß ein Mensch in seinem Leben festgesetzte Werte verfolgt. Vielmehr muß ein jeder die Folgen seiner Handlungen abschätzen. Kommt er zu dem Urteil, daß er selber diese Folgen nicht mehr vertreten kann, muß er seine Handlung unterlassen. Diese Abschätzung beruht insofern auf Werten, als die Folgen der Handlung den Werten entsprechend eingeschätzt werden; mehr noch: Es interessieren diejenigen Folgen, die sich auf Werte beziehen, die anderen sind nachgeordnet. Die Folgenabschätzung ist aber nur leistbar auf der Grundlage von Wissen.

> Das Hauptproblem liegt heute weniger darin, daß den Menschen nicht die Werte bekannt wären, sondern daß die Folgenabschätzung unzureichend ist.

Es handelt sich hier um die sogenannte Verantwortungsethik. Sie geht nicht von festen Werten aus, die sie zu verwirklichen trachtet. Sie ist im Grunde eine negative Ethik: Sie geht von der Folgenabschätzung aus und befindet darüber, ob die negativen Wirkungen einer Handlung im Vergleich zum Nutzen vertretbar bleiben. Verantwortungsethisches Denken entscheidet sich nicht auf der Ebene der Werte, sondern auf der Ebene der Folgenabschätzung. Mithin ist das oberste Prinzip der Verantwortungsethik, sich rückhaltlos den wissenschaftlichen Einsichten zu stellen und daraus für das eigene Tun Folgen zu ziehen. Die Werte, in deren Lichte der einzelne entscheidet, sind einem jeden anheim gestellt. Die Folgenabschätzung muß hingegen allgemein verlangt werden. Die Annahme besteht darin, daß es ohnehin einen hinreichenden gemeinsamen Vorrat an Werten gibt, so daß ein jeder auf der Ebene der Folgenabschätzung zu akzeptablen Schlüssen kommen wird.

Es zeigt sich aber, daß dieses Erfordernis verantwortungsethischen Handelns unzureichend funktioniert. Das liegt daran, daß die Reflexion im Sinne der Verantwortungsethik unterbleibt oder aber nicht möglich ist (wie das Eingangsbeispiel zeigt).

III. Zum Begriff Verantwortung

Das Verb *verantworten* kommt aus dem Mittelhochdeutschen. Es bedeutete zunächst *verstärkt antworten*, dann *vor Gericht eine Frage beantworten*, danach *für etwas einstehen, sich rechtfertigen*. Seit dem 15. Jahrhundert schält sich die Bedeutung *für etwas Folgen tragen* heraus. Als moralischer Begriff ist Verantwortung christlichen Ursprungs. Dabei geht es zentral um die Rechtfertigung vor Gott (vgl. 2.Korinther 5,10). Der Mensch muß sich ständig vor Augen halten, daß er die Folgen des eigenen Tuns auf sich nehmen muß. Diese eigene bessere Einsicht sichert ihm ein Korrektiv seines Handelns und schließt die Bereitschaft ein, sich zu verweigern, wenn eine Handlung gegen die eigene bessere Einsicht verstößt.

Das säkularisierte Denken wird bereits deutlich bei *Immanuel Kant*, der – im Zusammenhang mit dem Gewissen – von einem „inneren Gerichtshof" spricht, vor dem der Mensch ste-

9 Jonas, Das Prinzip Verantwortung, a.a.O., S. 65.
10 Vgl. oben, S. 90ff. (Kapitel 5), auch S. 45ff. (Kapitel 2).

he. Kant setzt also voraus, daß ein jeder die Maßstäbe des richtigen Handelns erkennen könne, weil er sie in sich trage. Verantwortung bedeutet in dieser Sicht, ständig vor diesem inneren Gerichtshof bestehen zu können und das Richtige im eigenen Handeln ohne Rücksicht auf die Folgen zu verwirklichen. Damit handelt es sich um einen Handlungstypus im Rahmen der Gesinnungsethik. Die Modernisierung liegt darin, daß niemand mehr Rechenschaft einfordert, sondern daß es eine Frage der Identität ist, Verantwortung wahrzunehmen.[11]

Eine *moderne Fassung aus christlicher Sicht* sieht folgendermaßen aus:

„Als geschöpfliches Gegenüber soll er [der Mensch] Gott entsprechen und die Verantwortung für den Lebensraum wahrnehmen; sie umfaßt die Verantwortung für den Mitmenschen, die kommenden Generationen, die Bewahrung der Erde als Lebenswelt und die Mitkreaturen. Da der Mensch von vornherein auf Gemeinschaft angelegt ist, muß auch der Herrschaftsauftrag über die Erde vor der menschlichen Gemeinschaft verantwortet werden."[12]

Diese Fassung ist insofern modern, als sie die Bereiche der Verantwortung festlegt, also über das individuelle Wohl hinausweisende Verpflichtungen ausspricht; sie ist vormodern, indem sie daran festhält, daß jemand – in diesem Falle Gott – Rechenschaft einfordert.

Das von *Hans Jonas* ausformulierte „Prinzip Verantwortung" kann vielleicht beanspruchen, das zeitgenössische Denken über Verantwortung am deutlichsten zu fassen. Jedenfalls könnte man dies aus der Zustimmung schließen, die Jonas bekommen hat.

Jonas führt keine überzeitlichen oder religiösen Begründungen für die Notwendigkeiten von Verantwortung an. Er stellt fest:

„... die Auszeichnung des Menschen, daß nur er allein Verantwortung *haben* kann, bedeutet zugleich, daß er sie für andere *seinesgleichen* [...] auch haben *muß* und [...] immer schon hat ..."[13]

In seiner näheren Begründung geht *Jonas* aus vom Begriff der kausalen Macht. Darunter ist die Fähigkeit zu verstehen, das Leben anderer verändern zu können:

„Bedingung von Verantwortung ist kausale Macht. [...] Das Wohlergehen, das Interesse, das Schicksal Anderer ist, durch Umstände oder Vereinbarung, in meine Hut genommen, was heißt, daß meine Kontrolle dar*über* zugleich meine Verpflichtung da*für* einschließt. Die Ausübung der Macht ohne die Beobachtung der Pflicht ist dann ‚unverantwortlich', das heißt ein Bruch des Treueverhältnisses der Verantwortung. Eine deutliche Unebenbürtigkeit der Macht gehört zu diesem Verhältnis."[14]

Vor diesem Hintergrund ist es verständlich, wenn *Jonas* in Autorität die Voraussetzung von Verantwortung erblickt. So haben in seinen Augen Politiker und Eltern eine besondere Verantwortung, die aber nicht darauf hinausläuft, andere in Abhängigkeit zu halten, sondern sie zu befähigen, frei zu sein.

In den Mittelpunkt der Betrachtung bei *Jonas* rückt die Macht des Menschen über die Natur. Er hat die Möglichkeit erlangt, unumkehrbare Veränderungen zu bewirken. Vor diesem Hintergrund gilt die Furcht als oberste Maxime. Unter einer Maxime versteht man die Grundlage des subjektiven Handelns und zugleich eine allgemeine Lebensregel, die in jedem Falle angewendet werden soll, auch wenn wissenschaftliche Erkenntnisse oder sogenannte Sachzwänge dagegen stehen. Im Zweifelsfalle müsse daher von der Bedrohung oder Gefahr ausgegangen werden, daher heiße Verantwortung unter heutigen Bedingungen vor allem, Mögliches zu unterlassen und zu verzichten.[15]

Es handelt sich hier um ein Prinzip: Das heißt, es wird lediglich die Fragestellung vorgegeben, während die Antworten von Fall zu Fall zu entwickeln sind. Es bleibt festzustellen, daß wir dann Verantwortung tragen,

- wenn andere von uns abhängig sind,
- wenn die Folgen des eigenen Handelns zu bedenken sind,
- wenn Lebensmöglichkeiten für die Zukunft in Frage gestellt werden.

Prinzip der Verantwortung ist offenbar, daß wir voraussetzen sollen, daß andere genauso leben wollen wie wir.

---

11 Vgl. oben, Kap. 5; zu Kant vgl. die Schrift ‚Über ein vermeintliches Recht, aus Menschenliebe zu lügen.'.

12 Peter Biehl: Verantwortung, in: Erwin Fahlbusch (Hg.), Taschenlexikon für Religion und Theologie, Göttingen (Vandenhoeck) [5]1993, S. 259.

13 Jonas, Das Prinzip Verantwortung, a.a.O., S. 185.

14 Jonas, a.a.O., S. 172. 176.

15 Vgl. Jonas, a.a.O., S. 392.

Noch einmal abweichend zu den bisher geschilderten Positionen ist die der *Ethologie* (der Wissenschaft von den biologischen Grundlagen des menschlichen Verhaltens). Sie nimmt an, daß der Mensch von seiner natürlichen Ausstattung her nur dazu „gemacht" sei, die Folgen in seinem Nahbereich abschätzen zu können. Er lebe daher heute in einer von ihm geschaffenen Kunstwelt, die seine natürliche Ausstattung völlig überfordere. Eine der möglichen Schlußfolgerungen hieraus ist, daß unser Lebensstil insgesamt zu überprüfen ist und daß wir wieder einfacher leben müssen, wenn wir dem Erfordernis der Verantwortung gerecht werden wollen.[16]

Es ergeben sich aus dem bisher Gesagten zwei Hauptprobleme:

Die Frage nach der Verantwortung wird gar nicht erst gestellt, weil das reibungslose Funktionieren und das Weitermachen wie bisher sie scheinbar überflüssig macht. Allerdings ist es auch oft nachweisbar, daß aus ökonomischen Imperativen heraus die Frage danach unterbleibt.

Oder aber die Frage wird gestellt, aber sie ist im Rahmen der vorgegebenen Handlungsbedingungen nicht mehr beantwortbar bzw. es läßt sich nicht mehr konkret sagen, was denn nun anders gemacht werden soll.

Vorherrschend ist unter diesen Bedingungen der Eindruck der Verdrängung: Zwar bekennen sich die meisten Menschen verbal zum Prinzip der Verantwortung, doch wenn sie der als richtig erkannten Einsicht folgen sollen, ist *objektiv* eher eine Tendenz zur wachsenden Verantwortungslosigkeit zu verzeichnen: Entweder wird die Frage nach den Folgen des eigenen Handelns einfach nicht gestellt oder darauf verwiesen, daß für den einzelnen die Folgen des Handelns nicht mehr überblickbar seien.

Die Diskussion über die Geschwindigkeitsbegrenzung im Straßenverkehr zum Beispiel kann das hier Gemeinte verdeutlichen. Es ist unumstritten, daß die Autoabgase zur Vergrößerung des Ozonlochs beitragen. Eine Geschwindigkeitsbegrenzung ist mit Sicherheit ein wirksames Mittel, diese Folgen zu mildern. Sie wird daher auch von der Mehrheit der Autofahrer bejaht. Das Verhalten auf den Autobahnen zeigt ein anderes Bild: Wer sich an verordnete Geschwindigkeitsbegrenzungen hält, behindert in der Regel den Verkehr.

Wenn „Verantwortung wahrnehmen" „abschätzen von Folgen des eigenen Tuns" bedeutet, müßten wissenschaftliche Verfahren eigentlich eine besonders große Hilfestellung bieten können, weil bei ihnen die Folgenabschätzung im Mittelpunkt stehen müßte. Doch hat

„die moderne Technik [...] Handlungen von so neuer Größenordnung, mit so neuartigen Objekten und so neuartigen Folgen eingeführt, daß der Rahmen früherer Ethik sie nicht mehr fassen kann. [...] Man nehme zum Beispiel [...] die kritische *Verletzlichkeit* der Natur durch die technische Intervention des Menschen – eine Verletzlichkeit, die nicht vermutet war, bevor sie sich in schon angerichtetem Schaden zu erkennen gab."[17]

Es gibt, das ist die Schlußfolgerung aus der Bemerkung von *Jonas*, unterschätzte Lücken in unserem Wissen über die Folgen unseres Tuns. Hier müßte stärker geforscht werden. Aber mittlerweile sind die Zweifel groß, ob die Produktion von wissenschaftlichem Wissen überhaupt nützlich ist. Es zeigt sich nämlich, daß Wissenschaftler sehr käuflich sind. Wenn durch wissenschaftliche Erkenntnisse die schädlichen Folgen einer Produktion nachgewiesen werden, dann werden unweigerlich Gegenexpertisen erstellt. Dieser Meinungsstreit dauert in der Regel Jahrzehnte, bis sich die Irrtümer oder das bestellte Wissen als solche herausgestellt haben. Ohne eine *Selbstverpflichtung* zur Wahrheit geht es also wohl nicht. Doch sieht man nicht, wie diese Forderung im "Wissenschaftsbetrieb" durchgesetzt werden soll, weil alle Karrierechancen von Wissenschaftlern von ganz anderen Gesichtspunkten abhängen. Unbestritten ist, daß die Verantwortung von Wissenschaftlern unter den heutigen Bedingungen gewachsen ist, aber Wege zur Stärkung der Verantwortungsbereitschaft werden nicht eröffnet. Dabei soll es nicht um das Ethos oder die Moral des einzelnen Wissenschaftlers gehen. Das Prinzip einer erhöhten Haftung und verschärften Prüfung bei

16 Zusammenfassend Anton-Andreas Guha: Was die Linke hätte tun müssen, in: Vorgänge 119 (1992), S. 93-103, hier S. 101ff. – Ausführlich Bernhard Verbeek: Die Anthropologie der Umweltzerstörung, Darmstadt (Wissenschaftliche Buchgesellschaft) 1990.

17 Jonas, Das Prinzip Verantwortung, a.a.O., S. 26.

der Entwicklung der Weitergabe von Wissen kann nur politisch und auch strafrechtlich durchgesetzt werden. Die Politiker ihrerseits sind aber dabei auf die Beratung von Wissenschaftlern angewiesen, die wiederum die Konsequenzen einer verstärkten Verantwortung nicht aktiv vorantreiben. Ein Kapitel über die Durchsetzung des Prinzips der Verantwortung in der Wissenschaft wird daher erst in den nächsten Jahrzehnten geschrieben werden können.

IV. Der rationale Handlungstypus und die Verantwortung

Handelt ein Mensch rational, dann gelten die Folgen seines Handelns als vertretbar.

Grundlegend für Betrachtungen zur Rationalität sind die Ausführungen des Soziologen *Max Weber*. Der rationale Handlungstypus war für ihn eine Art Leitbild, auf das sich die gesamte Menschheit in Zukunft zubewegte. Alle Menschen würden sich, wenn auch die einen früher oder später als die anderen, auf diesen Typus zubewegen. Obendrein würde dieser Typus nach und nach alle Daseinsbereiche, auch die intimsten, erobern. Das war um das Jahr 1900, als *Weber* seine entscheidenden Einsichten gewann, eine kühne Prognose.

Weber grenzte den rationalen Handlungstypus zunächst von anderen Handlungstypen ab, um dessen Eigenart herauszuarbeiten:

Handlungstypen lassen sich bestimmen als:

„1. *zweckrational:* Durch Erwartungen des Verhaltens von Gegenständen der Außenwelt und von anderen Menschen unter Benutzung dieser Erwartungen als ‚Bedingungen' oder als ‚Mittel' für rational, als Erfolg, erstrebte und abgewogene eigene Zwecke, –

2. *wertrational:* durch bewußten Glauben an den – ethischen, ästhetischen, religiösen oder wie immer sonst zu deutenden – unbedingten Eigenwert eines bestimmten Sichverhaltens als solchem und unabhängig vom Erfolg, –

3. *affektuell,* insbesondere *emotional*: durch aktuelle Affekte und Gefühlslagen, –

4. *traditional:* durch eingelebte Gewohnheit.

1. Das streng traditionale Verhalten steht [...] ganz und gar an der Grenze und oft jenseits dessen, was man ein ‚sinnhaft' orientiertes Handeln nennen kann. Denn es ist sehr oft nur ein dumpfes, in der Richtung der einmal eingelebten Einstellung ablaufendes Reagieren auf gewohnte Reize. Die Masse alles eingelebten Alltagshandelns nähert sich diesem Typus [...].

2. Das streng affektuelle Sichverhalten steht ebenso an der Grenze und oft jenseits dessen, was bewußt ‚sinnhaft' orientiert ist; es kann hemmungsloses Reagieren auf einen außeralltäglichen Reiz sein. Eine Sublimierung ist es, wenn das affektuell bedingte Handeln als bewußte Entladung der Gefühlslage auftritt: es befindet sich dann meist (nicht immer) schon auf dem Wege zur ‚Wertrationalisierung' oder zum Zweckhandeln oder zu beiden.

3. Affektuelle und wertrationale Orientierung des Handelns unterscheiden sich durch die bewußte Herausarbeitung der letzten Richtpunkte des Handelns und durch konsequente planvolle Orientierung daran bei dem letzteren. Sonst haben sie gemeinsam: daß für sie der Sinn des Handelns nicht in dem jenseits seiner liegenden Erfolg, sondern in dem bestimmt gearteten Handeln als solchen liegt. Affektuell handelt, wer sein Bedürfnis nach aktueller Rache, aktuellem Genuß, aktueller Hingabe, aktueller kontemplativer Seligkeit oder nach Abreaktion aktueller Antriebe [...] befriedigt.

Rein wertrational handelt, wer ohne Rücksicht auf die vorauszusehenden Folgen handelt im Dienst seiner Überzeugung von dem, was Pflicht, Würde, Schönheit, religiöse Weisung, Pietät, oder die Wichtigkeit einer ‚Sache' gleichviel welcher Art ihm zu gebieten scheinen. Stets ist [...] wertrationales Handeln ein Handeln nach ‚Geboten' oder gemäß ‚Forderungen', die der Handelnde an sich gestellt glaubt. Nur soweit menschliches Handeln sich an solchen Forderungen orientiert, – was stets nur in einem sehr verschieden großen, meist ziemlich bescheidenen, Bruchteil der Fall ist, wollen wir von Wertrationalität reden. [...]

4. Zweckrational handelt, wer sein Handeln nach Zweck, Mitteln und Nebenfolgen orientiert und dabei sowohl die Mittel gegen die Zwecke, wie die Zwecke gegen die Nebenfolgen, wie endlich auch die verschiedenen möglichen Zwecke gegeneinander rational *abwägt*: also jedenfalls *weder* affektuell (und insbesondere nicht emotional), *noch* traditional handelt. Die Entscheidung zwischen konkurrierenden und kollidierenden Zwecken und Folgen kann dabei

ihrerseits *wert*rational orientiert sein: Dann ist das Handeln nur in seinen Mitteln zweckrational. Oder es kann der Handelnde die konkurrierenden und kollidierenden Zwecke ohne wertrationale Orientierung an „Geboten" und „Forderungen" einfach als gegebene subjektive Bedürfnisregungen in eine Skala ihrer von ihm bewußt *abgewogenen* Dringlichkeit bringen und darnach sein Handeln so orientieren, daß sie in dieser Reihenfolge nach Möglichkeit befriedigt werden (Prinzip des „Grenznutzens"). Die wertrationale Orientierung des Handelns kann also zur zweckrationalen in verschiedenartigen Beziehungen stehen. Vom Standpunkt der Zweckrationalität aus aber ist Wertrationalität immer, und zwar je mehr sie den Wert, an dem das Handeln orientiert wird, zum absoluten Wert steigert, desto mehr: *irrational*, weil sie ja um so weniger auf die Folgen des Handelns reflektiert, je unbedingter allein dessen *Eigenwert* (reine Gesinnung, Schönheit, absolute Güte, absolute Pflichtmäßigkeit) für sie in Betracht kommt. *Absolute* Zweckrationalität des Handelns ist aber auch nur ein im wesentlichen konstruktiver Grenzfall.

5. Sehr selten ist Handeln, insbesondere soziales Handeln, *nur* in der einen oder der andren Art orientiert."[18]

Weber verfaßte seinen Text um die Jahrhundertwende. Damals war schon absehbar, daß dem zweckrationalen Handlungstypus die Zukunft gehören würde. Der Anspruch auf Zweckrationalität wurde Teil des Sozialcharakters in den modernen Industriegesellschaften, an dem sich jedes Handeln kritisch messen lassen muß. – Dabei sollte man beachten, daß sich das zweckrationale Handeln auf die allerverschiedensten Gebiete ausdehnte:

1. Die Naturbeherrschung: hier vor allem in Gestalt des ökonomischen Prinzips, daß Aufwand und Ertrag in einer vernünftigen Relation stehen müssen, aber auch grundlegender, daß die Natur nur Mittel sei, nicht Zweck. Es geht also nicht um Genuß der Natur, sondern um Indienstnahme.

2. Die intrapsychische Problematik: Wie kommt der Mensch möglichst ohne Störungen mit seinem Seelenhaushalt zurecht? So ist die entscheidende Frage für die Lebensführung auf diesem Gebiet, inwiefern der Mensch seine Konflikte als Krankheit verarbeitet oder sie offen auslebt. Die von *Weber* verpönte Emotionalität wird auf diese Weise rehabilitiert, sofern sie einem bestimmten Zwecke dient und bewußt eingesetzt wird. Also: Besser ein Wutanfall als ein Magengeschwür!

3. Das Verhältnis zu anderen in der Kleingruppe: Inwiefern lernt es der Mensch, sich bewußt zu steuern?

4. Der gesamtgesellschaftliche Bereich: Inwiefern lernt es der Mensch, die von der Gesellschaft gesetzten Grenzen bewußt zu handhaben?

5. Das Kontinuitätsbewußtsein: Inwiefern kann der Mensch alle seine Lebensbezüge in einen Zusammenhang bringen und so lange sein Denken verändern, daß er sich glücklich fühlt? Es kommt also nicht auf Wahrheitssuche an, sondern darauf, für sich selber Sinn zu produzieren.

Allerdings wußte *Weber* bereits um die Problematik dieser Entwicklung: Den Übergang zum zweckrationalen Handeln sah er verbunden mit dem Vordringen der Großorganisationen, in denen der Großteil der Menschen in den modernen Gesellschaften arbeiten oder in anderer Weise – etwa über Verwaltung oder Dienstleistungen – zu tun haben würde. Gleichzeitig sah er eine ständig voranschreitende Tendenz zur Versachlichung und Entpersönlichung voraus, die Vorrangstellung der Effektivität der Organisation über ihrem Zweck und Ziel. Dies mußte seiner Meinung nach auf der Ebene der Weltdeutung und der individuellen Lebensführung zum Verzicht auf einen übergeordneten Sinn führen, da es für das Funktionieren der Gesellschaft nicht mehr darauf ankam, was die einzelnen denken. So sah *Weber* eine immer mehr sinnentleerte Welt im Vordringen und in Gegensatz geraten zum Anspruch des Menschen auf Sinn.[19]

> Arbeit ist Zweckhandeln. (Sie ist eine) innerhalb einer Menschengruppe typische Art von wirtschaftlich orientiertem sozialen Handeln.

18 Max Weber: Wirtschaft und Gesellschaft, Tübingen (Mohr) ^{5}1980, S. 12f.

19 Max Weber: Asketischer Protestantismus und kapitalistischer Geist, in: ders.: Soziologie. Universalgeschichtliche Analysen. Politik, Stuttgart (Kröner) 1973, S. 357-381, hier: S. 378 – 380.

Diese Spaltung läßt sich am Prozeß der Arbeit aufzeigen: Die fortschreitende Arbeitsteilung führt dazu, daß der einzelne darauf verzichten muß, den Zweck seiner Arbeit selber zu setzen. Was ihm oftmals bleibt, ist die Gestaltung und Effektivierung seiner Arbeit am Arbeitsplatz. So kann er selber seinen Arbeitsalltag so organisieren, daß er die verlangte Leistung erreicht und die Arbeit so angenehm ist, wie es irgend geht. Zwar stehen diese Räume für Eigengestaltung vielen Arbeitnehmern nicht offen, aber für das Gros der Arbeitsplätze gibt es diesen Spielraum. Wenn aber der Arbeitnehmer seine individuelle Arbeit seinen Bedürfnissen und dem Verlangten entsprechend ausgestaltet hat, dann bleibt ihm ansonsten kein großer Raum mehr für Initiativen. So wird die alltägliche Arbeit allmählich „oft nur ein dumpfes, in der Richtung der einmal eingelebten Einstellung ablaufendes Reagieren auf gewohnte Reize". Gerade in der Arbeitswelt brachte das zweckrationale Handeln das Gegenteil seines Anspruchs hervor, der darin bestanden hatte, den Menschen von unaufgeklärten Verhaltensweisen befreien zu wollen und ihm die Möglichkeiten der Steuerung über den Verstand zu eröffnen. Vermeintlich irrationale Verhaltensweisen lassen sich überall beobachten: Arbeitnehmer fliehen innerlich, indem sie zum Beispiel zum Alkohol greifen. Sie inszenieren im Betrieb persönliche Dramen, um der Erlebnisarmut zu entgehen. Sie gehen in die innere Emigration, indem sie ihre Arbeit für „idiotisch" erklären, oder sie stürzen sich in die Überidentifikation, indem sie in der Tat sinnlose Arbeiten mit ebensolchem Engagement ausführen wie wichtige Bestandteile ihrer Arbeit. In dieser Hinsicht lassen sich noch sehr viel mehr Fälle entwickeln. Sie alle zeigen, daß sehr viele Arbeitnehmer weit davon entfernt sind, ein zweckmäßiges Verhältnis zu ihrer Arbeit zu entwickeln.

Das Gemeinte kann auch am Zusammenwirken von Arbeit und neuen Techniken illustriert werden. Gerade die neuen Techniken führen die Entwicklung noch ein Stück weiter; zugleich kann sich zeigen, wie sie den Begriff der Verantwortung am Arbeitsplatz völlig entleeren:

Der Bankbeamte, der am Bildschirm eine Buchung auf einem Konto durchführt, weiß zwar noch im Prinzip, was dieser Vorgang bewirkt; kompetent, ihn selber wirklich auszuführen, ist er aber schon lange nicht mehr, da das Konto ja letztlich eine völlig unleserliche Sequenz von Nullen und Einsen im Rechner ist. Er verläßt sich auf den DV-Hersteller, daß „das schon richtig läuft". So bleibt ihm auch nur ein Stück Verantwortung: Wenn er offensichtlich am Bildschirm eine falsche Kontonummer eingegeben hat, ist er natürlich zur Rechenschaft zu ziehen, wenn aber „irgendeine Routine" zu einem Übertragungsfehler führt, so bleibt die Verantwortung „im System".

Der Pilot einer Verkehrsmaschine kann aufgrund seiner Ausbildung ein Flugzeug unter vielen Bedingungen fliegen. Was er aber heute in der Routine-Praxis tut, ist die Überwachung und gegebenenfalls Steuerung eines komplexen Systems von Bordcomputern, die Start und Landung auch automatisch durchführen können und den Kurs auf festgelegten Routen halten. Seine Verantwortung ist tief eingebettet in das automatisierte Flug-Navigations- und Überwachungssystem. Er arbeitet als ein Teil des Gesamtsystems, welches große Teile der Verantwortung deswegen übernehmen konnte, weil die zentralen Routinen wohlbeschreibbar sind und deshalb nur recht selten „neues", „aktives" Handeln des Menschen notwendig wird.[20]

Diese Beispiele zeigen zweierlei: Der Begriff der Verantwortung löst sich in der Arbeitswelt zunehmend auf, weil die Zwecke vorgegeben sind. Zugleich hat die persönliche Suche nach Sinn in der modernen zweckrationalen Welt immer weniger Halt. Sie gehört in eine Sphäre des Persönlichen, die in der zweckrationalen Welt keinen Stellenwert hat.

Das krasse Gegenteil der abendländischen Auffassungen zum Zweckhandeln sah Max *Weber* im Buddhismus:

„Jedes rationale Zweckhandeln als solches – außer der inneren Tätigkeit konzentrierter, die Seele vom Weltdurst entleerender Kontemplation – und jede Verbindung mit welchen Interessen der Welt auch immer führt vom Heil ab. Dies Heil zu erreichen, ist aber nur wenigen selbst von denjenigen beschieden, welche sich entschließen, besitzlos, keusch, arbeitslos (denn Arbeit ist Zweckhandeln), also vom Bettel lebend und außer in der großen Regenzeit ewig unstet wandernd, losgelöst von allen persönlichen Banden an Familie und Welt, in Erfüllung der Vorschriften des richtigen Weges (Dharma)

---

20 Klaus Haefner: Die neue Bildungskrise, Reinbek (Rowohlt) 1985, S. 47.

das Ziel der mystischen Erleuchtung zu erstreben. (...) Keinerlei Weg führt von dieser einzigen wirklich konsequent weltflüchtigen Position zu irgendeiner Wirtschafts- oder rationalen Sozialethik. Die universelle, auf alle Kreatur sich erstreckende „Mitleidsstimmung", rational die Konsequenz der durch die gemeinschaftliche Karmankausalität hergestellten Solidarität aller lebenden und daher vergänglichen Wesen und psychologisch der Ausfluß des mystischen, euphorischen, universellen und akosmistischen Liebesempfindens, trägt keinerlei rationales Handeln, sondern führt direkt von ihm ab."[21]

Eine heutige Stimme zu diesem Sachverhalt:

„Die modernen Ideen des Liberalismus und der Aufklärung fanden weder im Buddhismus noch im Hinduismus Eingang, beide Religionen verharren auf einem sehr ursprünglichen „authentischen" Zustand, als sei die Zeit spurlos an ihnen vorübergegangen. Trotz erheblicher Unterschiede, man denke nur an das Kastensystem, sind beide weltlichen Dingen abgewandt, die Brahmanen, die Priesterkaste des Hinduismus, verbannen immer noch politische Tätigkeit auf eine niedrigere Ebene, und den buddhistischen Mönchen gilt politische Macht oder wirtschaftlicher Reichtum ebenfalls als unwichtig, ja schlecht.

Daher gelang es keiner der beiden Großreligionen, politische Institutionen zu schaffen oder eine wie immer geartete Philosophie zu entwikkeln, um ihren Mitgliedern Orientierung im Diesseits, in Staat und Gesellschaft, zu ermöglichen, vor allem nach dem Einbruch der modernen Industriezivilisationen. [...] In beiden Religionen steht tatsächlich das Individuum im Mittelpunkt, seine Selbsterfahrung und seine möglichst optimale Vorbereitung auf ein anderes Dasein oder auf eine entmaterialisierte Existenz. (...) Sie verweigern sich zwar den Einflüssen der Industriezivilisation, aber sie nehmen die dramatisch fortschreitende Verelendung der Massen in den asiatischen Ländern passiv hin, beispielsweise durch die technisierte Großfarmwirtschaft, die Millionen von Menschen landlos, brotlos, rechtlos macht, zum Lumpenproletariat ohne Würde erniedrigt."[22]

V. Probleme mit der Rationalität

Im 15. Jahrhundert konnte man zum Thema Rationalität noch die Auffassung finden, sie umschreibe das vermutete Vermögen des Menschen, das Richtige zu erkennen. Hieraus schlossen die Denker der damaligen Zeit, daß der rationale Mensch an Gott glauben müsse, denn dieser Glaube sei das einzig Richtige. Alles andere, also der Zweifel an der Existenz von Gott, könne nur einem verrückten Gehirn entspringen. – Aber es gab auch Zweifel an der herrschenden Lehre: *Herbert von Cherbury* (1581–1648) hielt den Menschen zwar einerseits für rational, insofern er Geist, Liebe und Freiheit mit Gott teile, doch seien ihm auch die Geistlosigkeit, die sinnlichen Begierden und die Zwanghaftigkeit der Tiere eigen.

Für grundlegende Denker des ausgehenden 17. und 18. Jahrhunderts hatte sich das Problem fast ins Gegenteil gewendet: Rationalität führt zur Überwindung des Widerstands gegen das Wahre. Sie treibt zur Einsicht des Notwendigen. Damit war nicht Gott gemeint, sondern das von allen für richtig Gehaltene. –

Bei *Weber* wird die Annahme aufgegeben, daß es „das Richtige" geben könne. Für ihn ist das Rationale jener Teil der Realität, die der Mensch sich macht und die er für gut hält.

Dabei darf man aber nicht übersehen, daß „rational – irrational" nicht das einzige Gegensatzpaar sind. Ebenso lassen sich rational und emotional gegenüberstellen, nicht zuletzt im Gefolge *Webers*. Der Sozialphilosoph *Theodor W. Adorno* spricht angesichts der heutigen Erfahrungen von „irrationaler Rationalität". Vielmehr beeindrucken die vielen unerwarteten und zerstörerischen Nebenfolgen von rationalem Handeln. Autoren wie *Konrad Lorenz* kommen zu der Auffassung, daß das rationale Denken zu den globalen Gefährdungen durch menschliches Tun gehöre und als Fehlentwicklung der

21 Max Weber, Wirtschaft und Gesellschaft, a.a.O., S. 377.

22 Anton-Andreas Guha: Wider die Götzen der Zivilisation, in: Vorgänge 57 (1982), S. 50-56, hier: S. 53.

Evolution einzustufen sei. Eine Alternative können sie aber auch nicht deutlich machen.[23] – Es führt nichts an der Unerbittlichkeit von *Webers* Einsichten vorbei: Wir sind zur Rationalität verdammt und müssen dem globalen Handlungsprogramm der „Rationalisierung" folgen. Darunter verstand *Weber*, daß die gesamte Welt sich dem rationalen Handlungstypus zu unterwerfen habe, weil es nun einmal die alternativelose Zukunft sei. Das Programm der Rationalisierung und der rationale Handlungstypus enthalten aber ein Selbstkorrektiv: Über die Folgendiskussion im Sinne der Verantwortungsethik ergibt sich immerhin die Möglichkeit, daß die Irrwege des Programms und des Handlungstypus korrigiert werden können. Es handelt sich also nicht notwendigerweise um ein Untergangsprogramm der Menschheit. Was allerdings bedeutet es, daß dieses Selbstkorrektiv nie richtig zum Tragen kommt und am Ende die Verantwortungsethik immer wieder in ihr Gegenteil umschlägt, nämlich die organisierte Verantwortungslosigkeit?

IV. Die Medizin – ein Beispiel für die vorherrschende Rationalität

Die Medizin kann als eine Art Leitwissenschaft für die moderne Welt gelten. Ihre Erkenntnisse prägen weitgehend den Alltag der Menschen und werden auch „populärwissenschaftlich" verbreitet. Zu dieser „Gesundheitswissenschaft" tritt noch die hochspezialisierte Medizin, die immer unanschaulicher wird und nur noch den Kenntnissen weniger Fachleute vorbehalten bleibt. Beide stehen aber in einem Ergänzungsverhältnis: Sie verschaffen der Medizin – je auf ihre Weise – Ansehen und einen großen Rückhalt bei den Nichtmedizinern. So kann man sagen, daß die Medizin die erfolgreichste moderne Wissenschaft darstellt, die am meisten die Menschen zu beeinflussen vermochte.

Die Einstellung zur Medizin ist eigenartig doppeldeutig. So wird der Arzt als ‚Helfer der Menschheit' aufgefaßt; die Erwartungen der Außenstehenden beinhalten auch hohe menschliche und private Ansprüche. Es gilt nahezu als schockierend, wenn ein Mediziner seinen Beruf als reinen Job auffaßt. Dem stehen aber Hohn und Spott gegenüber: Seit *Molière* und schon früher war das Verhalten der Ärzte ein dankbares Thema für Komödien. Zugleich schläft das Mißtrauen nicht ein, daß die Mediziner die Menschen nur als Geschäftsobjekt betrachten könnten, so daß die Diskussionen um „Beutelschneiderei" immer ein beifälliges Publikum haben.

Diese beiden gegensätzlichen Strömungen vereinen sich in der Diskussion um die Kosten im Gesundheitswesen. Mißtrauen gegenüber der tatsächlichen Einstellung der Ärzteschaft zu ihren Patienten und zugleich Angst vor einer Art passiven Widerstands der Ärzte fallen zusammen. – Diese Ambivalenzen könnten grundlegende Haltungen gegenüber dem Vordringen von Wissenschaft in unser Alltagsleben offenbaren. Wissenschaft macht nämlich offenbar nicht nur frei, sondern sie macht auch abhängig. Das sieht man schon daran, daß Ärzte gegenüber dem einzelnen Patienten, aber auch gegenüber der gesamten Gesellschaft die Unvernunft der vorherrschenden Lebensführung geißeln dürfen. Ihre Wissenschaft hat ihnen die Möglichkeit verliehen, eine Art Priesterrolle auszufüllen.

Dementsprechend gibt es durchaus soziale Erscheinungen, wie wir sie aus dem religiösen Zeitalter Europas während der Reformation im 16. Jahrhundert kennen: In der Öffentlichkeit treten Experten und Gegenexperten auf, wobei jeweils von der Gegengruppe behauptet wird, sie führe in Unheil und Verderben. – Grundsätze einer gesunden Lebensführung, der Weg in eine technisierte Apparatemedizin, Nutzen von Heilmitteln u.a.m. sind umstritten. So treten auch – wie ehedem – „Sekten" auf: Naturheilkunde und Homöopathie sind auf dem Vormarsch, werden aber zugleich von der „Schulmedizin" der

---

23 Konrad Lorenz: Das sogenannte Böse, Wien 1963 u.ö. – Auf die Umweltprobleme zugeschnitten Bernhard Verbeek: Die Anthropologie der Umweltzerstörung, Darmstadt (Wissenschaftliche Buchgesellschaft) 1990.

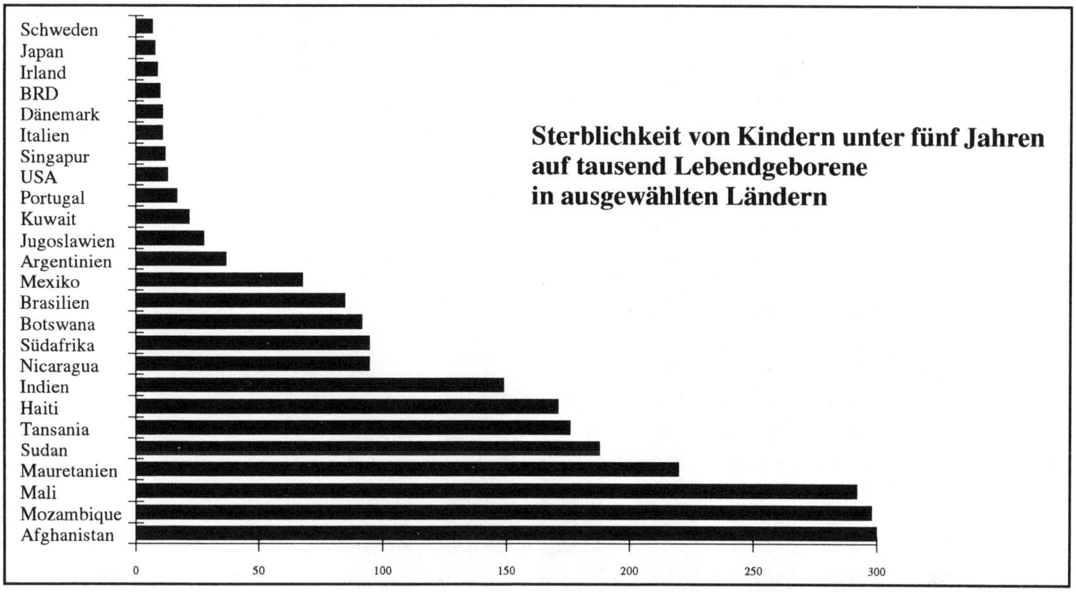

Unwissenschaftlichkeit geziehen. Dieser Streit kann und soll hier nicht entschieden werden, er kann aber als ein Krisenzeichen für die heutige wissenschaftliche Rationalität gelten.[24]

Diese Krisenanzeichen einer Wissenschaft wiederholen sich auf der grundsätzlichen Ebene: Oberster Gegenstand der Medizin ist, Leben zu erhalten und Leiden zu vermindern. Soweit herrscht Einigkeit. Allerdings wird dieses Ziel ganz erheblich eingeschränkt: Es geht nicht um den Erhalt von Leben schlechthin, sondern in erster Linie um Bedrohungen, die im Leben des einzelnen oder in seinem physischen Organismus ihre Ursache haben. Krankheit oder frühzeitiger Tod sind somit individuelles, nicht aber soziales oder politisches Schicksal. Ausgeblendet werden: Kriege, Unfallmöglichkeiten oder krankmachende Zivilisation.

Man kann dennoch nicht sagen, daß die Mediziner nicht erkannt hätten, daß Gesundheit immer weniger ein individuelles Problem darstellt, sondern ein Ergebnis der sozialen und ökonomischen Verhältnisse ist. Daher wächst die Zahl der Ärzte, die sich immer weniger von einer Medizin versprechen, die in den individuellen Organismus eingreift. Sie fordern eine Änderung der Lebensbedingungen, die krank machen. Dabei haben sie recht, denn Krebs und Herz- und Kreislaufkrankheiten als die häufigsten Todesursachen sind mit Sicherheit zivilisatorisch bedingt. – Zugleich begegnen uns wieder die Ambivalenzen: Diejenigen unter den Medizinern, die eine Änderung der Gesellschaft fordern, sind in der Minderzahl. Es herrscht vielmehr die Auffassung vor, daß jeder einzelne sein Leben ändern müsse. Daher blüht diejenige Medizin am meisten, die eine gesunde Lebensführung des einzelnen anempfiehlt. Sie findet immer mehr Aufmerksamkeit, wobei Mediziner für gewisse Risikobereiche Regeln für eine gesunde Lebensführung propagieren. Zugleich zeigt sich aber, daß sie damit eine Art passiven Widerstand entfachen:

- Raucher wollen die Aussagen der Medizin nicht zur Kenntnis nehmen.
- Die Auswirkungen der Fehlernährung nehmen eher zu.
- Alkohol ist trotz der bedenklichen gesundheitlichen Folgen immer mehr eine akzeptierte Droge.

Die Beispiele zeigen, daß Rationalität zwar als Prinzip allgemein anerkannt ist, aber nur zögerlich in die Lebensführung umgesetzt wird.

---

24 Leitend für die folgenden Gedanken M. Rainer Lepsius: Interessen, Ideen und Institutionen, Opladen (Westdeutscher Verlag) 1990, S. 290ff. – Wichtige Beobachtungen zur Normenwelt bei Heinrich Böllinger u.a.: Medizinerwelten, München (Zeitzeichen) 1981. – Aus philosophischer Sicht: Michel Foucault: Die Geburt der Klinik. Eine Archäologie des ärztlichen Blickes, München (Hanser) 1983. Ähnlich und umfassender Jacques Attali: Die kannibalische Ordnung. Von der Magie zur Computermedizin, Frankfurt am Main und New York 1981.

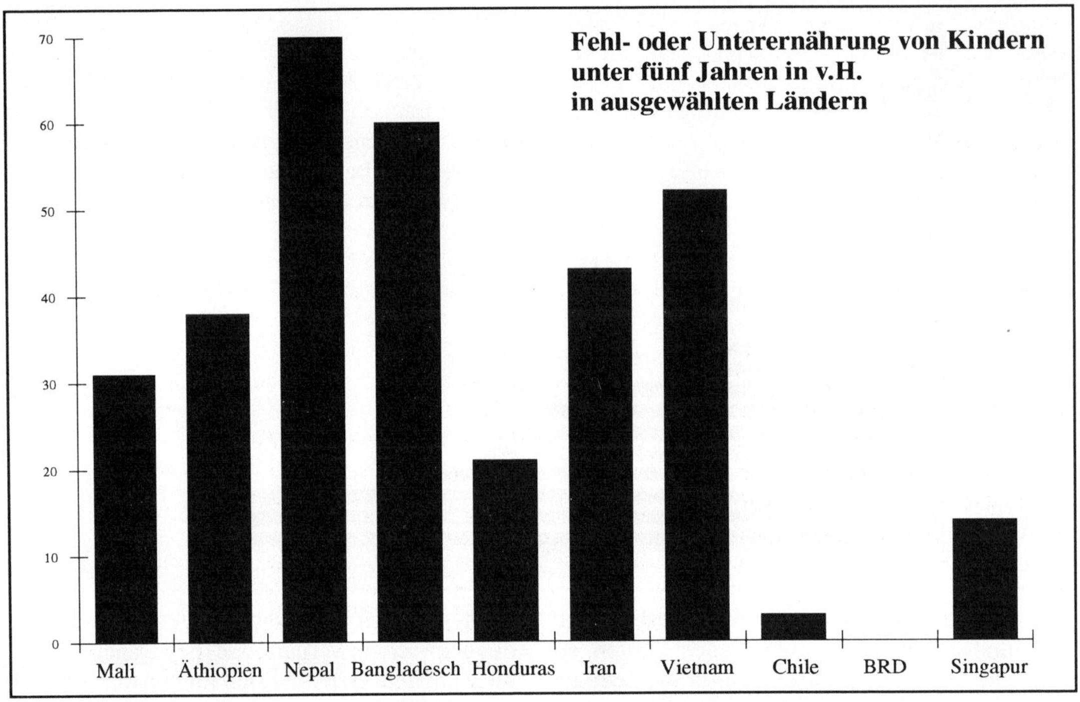

Allerdings fällt bei den genannten Beispielen auch auf, daß die entsprechenden Industrien eine umfangreiche "Bewußtseinsarbeit" betreiben, die den medizinischen Einsichten zuwiderläuft. Erfolge der gesundheitlichen Aufklärung sollen nicht bestritten werden, doch zeigt sich häufig, daß die Verbreitung medizinischer Erkenntnisse nicht von den Medizinern allein abhängt, sondern vor allem dann eine Chance hat, wenn sich die Wirtschaft eine Vermarktung erhofft. So wird z.B. beim Angebot von Jogging-Kleidung, Fahrrädern, Kuren, bestimmten Fetten oder allgemein von Nahrung verstärkt auf medizinisches Wissen zurückgegriffen.

Die vorherrschende Selbstbeschränkung auf physische Grundlagen und der Ansatz im Leben des einzelnen sichern der Medizin eine hohe allgemeine Anerkennnung. Die Ausdehnung der Aussagen auf weitergehende Bereiche und eine allgemeine Kritik unserer krankmachenden Zivilisation zeigen, daß die Leistungsbereiche dieser Wissenschaft sofort unklar werden, weil sich das bekannte Spiel von Expertenaussage und Gegenexpertise unweigerlich einstellt. So würde die Verfolgung von Zielen im Sinne der Definition der Weltgesundheitsorganisation (WHO):

Gesundheit ist der „Zustand des vollständigen körperlichen, geistigen und sozialen Wohlbefindens"

die Leistungsfähigkeit dieser Wissenschaft, so wie sie sich heute darstellt, völlig übersteigen. Mit anderen Worten: Wichtig für die Stellung der Medizin in der Gesellschaft ist die Möglichkeit, umfassende Sinngebungsbedürfnisse ablehnen zu können.

Dazu war es notwendig, den Körper nicht mehr als Teil der göttlichen Schöpfung zu begreifen und als Besonderheit, sondern als Untersuchungs*objekt*. Das Untersuchen und Kennenlernen wurde zum Sinn, nicht aber die Pflege der göttlichen Schöpfung. Dies zeigt sich zum Beispiel auch darin, daß es keine eigens medizinische Antwort zum Sinn des Leidens gibt, die in jeder Religion versucht wird.

Ähnliches gilt für die Auffassung des Todes. Allerdings greift die Medizin in diesem Falle in die gesellschaftliche Sinnproduktion ein, etwa wenn von einem „natürlichen Tode" oder einem „tragischen Tode" die Rede ist. In diesem Sprachgebrauch ist ein tragischer Tod ein unter medizinischen Gesichtspunkten sinnloser Tod, weil er aus medizinischen Gründen nicht eintreten mußte. Typisch dafür ist der tödliche Verkehrsunfall bei jungen Leuten. – Der Tod ist insofern dann auch kein medizinisches Leistungsversagen, als er sich von Vorgängen herleitet, für die sich die Wissenschaft nicht zuständig fühlt. Wenn allerdings Todesfälle auf medizinische Fehler zurückzuführen sind, wird dies gern von den zuständigen Ärzten verschwiegen.

Ein großer Vorteil der Medizin ist es, die zugehörige Wissenschaft monopolisiert zu haben. So kann sie selber bestimmen, was Krankheit ist und wie sie geheilt wird. Das ist auch politisch abgesichert: Die Ärzte haben das alleinige Recht, jemanden für krank zu erklären. – Hinzu kommt die Kompetenzkontrolle: Es werden nur solche Personen als medizinisches Personal zugelassen, die die Maßstäbe des Bereiches verinnerlicht haben. Allerdings findet sich eine Grenze in der Realität: Die Ohnmacht gegenüber tatsächlich auftretenden Leiden erschüttert auf die Dauer das Ansehen.

Der Soziologe *M. Rainer Lepsius* bemerkt zur Stellung der Medizin:

„Die große Autonomie der Medizin, ihre Chance zur Homogenisierung der Problemstellungen und Durchsetzung von Methodenkonsistenz ist insofern das Ergebnis einer besonderen Konfiguration von Legitimitätswerten, Kontrollen über deren Interpretation, Effizienzbeweisen angesichts beschränkter Leistungserwartungen und der Möglichkeit, Deutungsbedürfnisse abzuweisen. Die Legitimierungswerte der Medizin sind in ihrer spezifischen Konkretisierung weitgehend aus der sozial gültigen Wertstruktur isoliert, ohne doch dadurch an allgemeiner und unmittelbarer Schätzung zu verlieren."[25]

Das bedeutet mit anderen Worten: Obwohl wir keine nennenswerten Fortschritte in Richtung auf allgemeine Sicherung oder Verbreitung der Gesundheit erzielen, kann die Medizin ihr Monopol als Wächter über die Gesundheit erhalten. Obwohl die Zweifel zunehmen, daß die Art und der Zugriff des medizinischen Wissens ausreichen, die Probleme der krankmachenden Zivilisation zu lösen, ist sie weiterhin die entscheidende Bezugswissenschaft. Indem sie das vorhandene Wissen kontrolliert, selber bestimmen kann, was möglich oder unmöglich ist, andererseits kontrollierend in das Leben der Menschen eingreift und ihnen Fehler in der Lebensweise glaubhaft machen kann, hat sie sich so gut abgesichert, daß Angriffe auf ihre Stellung am Ende ins Leere gehen.

Die Betrachtung zur Rolle der Medizin soll darauf hinweisen, daß selbst so sichere Grundlagen wie die Wissenschaft sich eher als trügerischer Boden erweisen. Es handelt sich um Realitätsausschnitte, die sich beim Wechsel des Blickwinkels sehr anders ausnehmen und in der Regel, weil es Realitätsausschnitte sind und nicht die ganze Realität, zu unzureichenden Betrachtungen führen. Dasselbe war weiter oben im Hinblick auf die Agrarchemie festzustellen: Alle negativen Folgen haben sich daraus ergeben, daß nur Teile der Realität betrachtet worden sind. Die Wissenschaften selber sind durchaus rational im Sinne der Zweckrationalität, aber dies garantiert offenbar nicht, daß auch sinnvolle Ergebnisse entstehen.

Dennoch kann man aus den vorhergehenden Darlegungen auch nicht schließen, die Medizin habe versagt. Viel eher scheint der Schluß berechtigt, daß auf der Grundlage der vorhandenen Einsichten um ein erweitertes Verständnis von Gesundheit gerungen werden muß. Hierzu kann die Definition der WHO Hinweise geben. Die vorausgegangenen beiden Diagramme (S. 145, 146) können über die möglichen Ansatzpunkte Aufschluß geben.

Damit wären wir wieder beim Ausgangspunkt: Müßte man nicht zunächst die Nahrungsproduktion in den betroffenen Ländern steigern, damit die Sterbeziffern gesenkt werden könnten? – Wir können aber nicht mehr so tun wie zur Mitte der sechziger Jahre, als die „Grüne Revolution" für die zurückgebliebenen Länder als Problemlösung galt. Die Aufgabe ist offensichtlich umfassender zu diskutieren:

- Wie kann der Skrupellosigkeit der Geschäftemacher begegnet werden? – Trauriges Beispiel ist der Ersatz von Muttermilch durch untaugliche Kunstmilch aus der Produktion der Industriestaaten in Ländern der Dritten Welt.
- Wie kann eine Gesundheitsversorgung entwickelt werden, die vor Ort aufklärerisch wirkt und den verbreiteten Krankheiten vorbeugt? – Wie sieht überhaupt ein patientennahes Gesundheitssystem aus?[26]

---

25 Lepsius, Interessen, a.a.O., S. 292f.

26 Vgl. Theodor Leuenberger und Rudolf Schilling: Die Ohnmacht des Bürgers. Plädoyer für eine nachmoderne Gesellschaft, Frankfurt am Main (Fischer) 1977,

- Wie sieht eine verbrauchernahe landwirtschaftliche Produktion aus, die zugleich produktiver ist? Die Orientierung auf den Weltmarkt hat sich allenthalben als wenig sinnvoll herausgestellt.

Die Auflistung derartiger Fragen und Probleme könnte man noch lange fortsetzen. Für die Industrieländer ergäbe sich eine ähnliche Liste mit freilich anderer Gewichtung. Es geht dabei darum, daß wir ganz offensichtlich zu einer umfassenderen Sicht der Probleme vordringen müssen, dem sogenannten vernetzten Denken.

Es zeigt sich, daß wir an einer Grenze unseres Denkens stehen und daß wir uns angewöhnen, in größeren und umfassenderen Zusammenhängen zu denken. Alle Darlegungen in diesem Abschnitt, aber auch im vorhergehenden Kapitel, sind um den Nachweis bemüht, daß mit dieser Art des neuen Denkens auch die Welt der Normen und Werte sich nachhaltig ändern wird.

bes. S. 151ff.; vgl auch Ekkehard Launer (Hg.): Datenhandbuch Süd-Nord, Göttingen (Lamuv) 1992, S. 57ff. und Norman Myers (Hg.): Der Öko-Atlas unserer Erde, Frankfurt am Main (Fischer Tb) 1985, bes. S. 194f.

Kapitel 9

Herausbildung einer ökologischen Moral

I. Grundlegende Betrachtung zur Öko-Moral: Normen – Werte – Lebensführung – Weltbild

Nichts treibt heute die Menschen mehr um als die Angst, die natürlichen Grundlagen des Lebens auf der Erde könnten bedroht sein, weil dann auch die Zukunft der Menschheit in Frage gestellt wäre. Im Zusammenhang mit dieser Befürchtung steht die Entwicklung eines neuen Denkens, aus dem sich eine neue Moral herausbilden könnte, die zugleich grundlegend in das Weltbild der Menschen eingreift und ihre Lebensführung umgestaltet. Schon heute steht fest, daß kein anderer gedanklicher Zusammenhang die Menschen in den letzten Jahren stärker beeinflußt, sie zur Überprüfung ihrer Alltagspraxis angeregt und ihre Phantasien hinsichtlich der Zukunft mehr beschäftigt hat.

Bei der Betrachtung dieser Entwicklung drängen sich Parallelen zu der Entstehung einer Religion auf: Auch hier treten die Gedanken den Menschen gegenüber und zwingen sie in ihren Bann, so daß sich am Ende das Verhalten nach der Kraft der Gedanken ausrichtet. Nicht alle Menschen werden gleichermaßen von diesen Vorstellungen erfaßt, sondern es gibt Unterschiede in der Beherrschung der Religion, des religiösen Virtuosentums, wie *Max Weber* sich ausgedrückt hätte. – So gibt es weltweit beachtete Selbstdarstellungen des Retters aus der Not (Greenpeace, Robin Wood u.ä.), es gibt eine Art Prophetentum, es gibt Erzväter, es werden Ängste mobilisiert und Wege zur Erlösung aufgewiesen. Es gibt die Phase des Eiferns und des Denunzierens des Erzfeindes, etwa wenn die großen Konzerne angeklagt werden, aus Profitstreben heraus das Ende der Menschheit zu bewirken. Und es gibt die Lauheit, etwa wenn Bürgervereine sich aufmachen, Abfälle in Ausflugsgebieten aufzusammeln. Alles dies ähnelt völlig den Erscheinungen beim Herausbilden von neuen Religionen oder Konfessionen.[1]

Allerdings ist die Übersetzung des neuen Denkens in die Lebensweise fortgeschrittener als die Ausbildung des dazugehörigen Weltbildes. Vielen Menschen ist bewußt, daß die Schonung der Umwelt zum heutigen Verhaltenskodex gehört, aber sie kämen deswegen nicht auf die Idee, ihr Weltbild habe sich geändert. Auch dies entspricht der Entwicklung von Religionen: Es gibt nur wenige, die sie bewußt leben, die meisten Menschen folgen ihren Verhaltensvorschriften, ohne sich der tieferen Verankerung in einem Weltbild bewußt zu sein. So war es schon immer.

Und das gilt sowohl für das Verhältnis von

1 Hierzu immer noch klassisch Max Weber: Einleitung in die Wirtschaftsethik der Weltreligionen, in: ders.: Soziologie. Universalgeschichtliche Analysen. Politik, Stuttgart (Kröner) 1973 u.ö., S. 398-440, bes. 420ff. – Vergl. ders.: Wirtschaft und Gesellschaft, Tübingen (Mohr) [5]1980, S. 321ff.

Kulturland

Religion und Moral als auch für das von Ökologie und Moral: Die Grundhaltungen einer zunächst nur kleinen Gruppe von Menschen, die von diesen geradezu fanatisch ausgelebt werden, breiten sich aus, veralltäglichen sich *(Weber)*[2], und es kommt zur Ausbildung einer Moral. So galten beispielsweise in den siebziger Jahren die „Ökopaxe" als kleine verspottete Gruppe, während heute ökologisches Verhalten und ökologische Moral bei einem jeden erwartet werden und Grund für soziale Anerkennung sind.

Dennoch muß es offen bleiben, ob sich mit der Zeit eine Art ökologischer Glaube, ein „ökologisches Bewußtsein", herausbildet. Wie bei jeder Moral, die auf einer Religion oder einem Weltbild beruht, bleiben vielen Menschen die moralischen Regeln äußerlich, indem der Sinn nicht verstanden wird, die Regeln aber sehr wohl befolgt werden.

Trotz solcher Bedenken soll aber hier die Frage weiter verfolgt werden, inwiefern das ökologische Denken die Chance hat, sich zu einem neuen Weltbild zu verfestigen.

II. Einige Fallbetrachtungen zur Öko-Moral

Alle Beispiele aus dem Bereich der Öko-Moral verweisen auf die tiefgehende Krise der Verantwortlichkeit in unserer Kultur (vgl. Kap.8).

Zunächst einige Fälle:

1. Fallgruppe:
Überall in der Landschaft mehren sich die Spuren der Müllgesellschaft. Die Menschen machen sogenannte „wilde Müllkippen" auf.

Plastiktüten und Blechdosen, Lackfarben u.a.m. schaffen eine Müllawine, die Rohstoffe unwiederbringlich vernichtet und die obendrein Stoffe wie Dioxine bei deren Beseitigung entstehen läßt. Zu allen diesen Verpackungen oder Behältnissen gibt es Alternativen, die dasselbe leisten und nicht dieselben Bedenken auslösen, weil sie entweder wiedergewinnbar oder spurlos abbaubar sind.

2. Fallgruppe:
Große Saatzuchtfirmen stellen ertragreicheres Saatgut her (sog. Hybridsorten) und verdrängen damit das herkömmliche Saatgut vom Markt. Das neue Saatgut erweist sich aber als genetisch so verarmt, daß Wildsorten aus noch von diesem Saatgut unberührten Gegenden der Erde eingekreuzt werden müssen.

Die Verteilung des DDT (Insektenbekämpfungsmittel) auf der Erde ist außer Kontrolle geraten. Es ist mittlerweile unverkennbar in der Nahrungskette und löst bei den Menschen und wohl auch Tieren Krebs aus.

Genveränderungen an Pflanzen fallen in dieselbe Gruppe. Die Veränderungen zielen auf ein oder mehrere bestimmte Merkmale ab, aber es bleibt unüberblickbar, wie sich dies auf das Erbgut der Spezies insgesamt auswirkt.[3]

3. Fallgruppe:
Die Benutzung des Autos ist mittlerweile notwendig, wenn man einen normalen Lebensstil aufrechterhalten will. Zugleich sind die Folgen auf die Natur unabsehbar und mit Sicherheit bedenklich, bis dahin, daß sie das globale Ökosystem gefährden (Treibhauseffekt). Zugleich ruiniert das Auto in weiten Landstrichen so gut wie unwiderruflich die Lebensbedingungen der Menschen.[4]

4. Fallgruppe:
Es werden immer mehr Straßen und Autobahnen gebaut; für den bevorzugten Ausbau von Schiene und anderen Verkehrsträgern findet sich keine politische Grundlage. Obwohl die negativen Folgen den

2 Max Weber: Soziologie, Universalgeschichtliche Analysen, Politik, S. 425.

3 Überblick am besten bei Volker Kasch u.a.: Multis und Menschenrechte in der Dritten Welt, Göttingen (Lamuv) 1985; eher positive Bewertung der Gentechnik bei Alphons Studier: Gesundheitsprobleme in der Dritten Welt: Alte und neue Krankheiten, alte und neue Antworten, in: Deutsches Übersee-Institut (Hg.), Jahrbuch Dritte Welt 1992, München (Beck) 1991, S. 126-141.

4 Zur Abhängigkeit vom Auto und zu den Folgen vgl. Christian Leipert: Die heimlichen Kosten des Fortschritts, Frankfurt am Main (Fischer) 1989, bes. S. 252ff.; kritische Gesamtübersicht zum Verkehrssystem, in: Verkehr in der Sackgasse. Kritik und Alternativen, in: Freimut Duve (Hg.), Technologie und Politik 14, Reinbek (Rowohlt) 1979.

meisten bekannt sind, gelingt es nicht wirklich, das Problem wenigstens politikfähig zu machen, weil die Politiker mit einer Kombination von Bekenntnissen und Nichtstun „mauern".

> Nur wenige Politiker sind sich der globalen Natur des anstehenden Problems ausreichend bewußt, und sie haben kaum eine Ahnung von den Wechselwirkungen dieser Probleme.
> *Club of Rome*[5]

5. Fallgruppe:
Am Ok Tedi in Papua-Neuguinea beutet ein deutsches Firmenkonsortium die Bodenschätze aus. Landschaft und Bevölkerung werden in höchstem Maße geschädigt, während die Gewinne, sofern sie denn überhaupt im Lande bleiben, nur einer kleinen Gruppe von Privilegierten zugute kommen. In Deutschland ist dieser Fall so gut wie unbekannt, wobei das Nichtwissen durchaus als Realitätsverleugnung aufgefaßt werden kann.

„In der Kappe des 2100 Meter hohen Mount Fubilan, der sich in einer zu Lande unzugänglichen Regenwald-Region befindet, lagern etwa 100 Tonnen Gold, die allerdings aus schätzungsweise 34 Millionen Tonnen Golderz extrahiert werden müssen. Unter dieser goldenen Haube sollen sich weitere 376 Millionen Tonnen Erze (insbesondere Kupfererze) befinden. Die Erschließung dieser Vorkommen ist geotechnisch allerdings außerordentlich schwierig und finanziell aufwendig. Denn das Gold läuft nur in dünnen Adern durch den Berg und kann nicht einfach abgetragen werden. Materialien müssen per Lastkahn über den Fly River zugeliefert werden, in Zeiten der Dürre auch per Luftbrücke. Gegen die Schaffung einer Infrastruktur eigens für dieses Großprojekt (Straßentrasse durch den Regenwald) wehrt sich die Wildnis nach Kräften. Sollte sie unterliegen und die Straße fertig werden, muß auch noch ein Hafen gebaut werden."[6]

Die genannten Fallgruppen zeigen übereinstimmend, daß sich, obwohl die negativen Folgen bekannt sind, gewisse Entwicklungen nicht stoppen lassen, weil sie vorläufig Nutzen bringen. – Dies läßt sich, um ein weiteres Bespiel zu nennen, auch am Ausbau einer bestimmten Art von Tourismus in Afrika nachweisen, der vorangetrieben wird, obwohl durch ihn ganze Regionen biologisch, geographisch, soziologisch und moralisch ruiniert werden.

Unterschiedlich ist hingegen das Unrechtsbewußtsein der Beteiligten:

- So gibt es eine Gruppe von „Bösen", die wider alles Wissen das Falsche tun.
- Dann gibt es eine Gruppe von Tätern, die wissen, daß ihr Tun nicht gut ist, die Folgen aber für gering halten. So kann sich der einzelne Skifahrer in den Alpen sagen, daß durch seine Abfahrt die Piste nicht ruiniert wird. Dadurch, daß es viele tun, geschieht es dennoch.
- In anderen Fällen scheint die Verstrickung unausweichlich. Ein anderes Verhalten ist zwar vorstellbar, wird aber aus vielen Gründen für undurchführbar gehalten. So geht es vielen zum Beispiel bei der Benutzung eines Autos.

Alle genannten Beispiele zeigen auf, daß die Menschen ihre Verantwortung für Eingriffe in bestehende Lebensverhältnisse nicht mehr hinreichend wahrnehmen. Es ist offensichtlich nicht so, daß sie nur aufgeklärt werden müßten, damit sich ihr Verhalten ändert. Eine solche Bedenkenlosigkeit hinsichtlich des eigenen Tuns weist auf ein beunruhigendes Defizit hin.

Trotz allem erscheint es aber so, als kämen wir mit unserem bisherigen Denkvorrat hin: Ein Mehr an Aufklärung, eine bessere Folgenabschätzung, eine stärkere Aufsicht, eine bessere Politik werden das Problem in den Griff bekommen. In dieser Sicht bedarf es keines „Umdenkens", sondern lediglich eines geschärfteren Denkens. Allerdings läßt diese Auffassung außer acht, wie es überhaupt zur heutigen Situation kommen konnte, und es ist außerdem fraglich, ob ein solches „Weiterdenken" genug Kraft entfaltet, das Handeln der Menschen in Sinne einer Selbststeuerung zu lenken.

---

5 Spiegel-Verlag (Hg.): Die globale Revolution. Bericht des Club of Rome 1991, Hamburg o.J. (1991), S. 69.

6 Werner Olle: Die bundesdeutschen Konzerne in der Dritten Welt, Göttingen (Lamuv) 1988, S. 139f.

III. Was ist ökologisches Denken?

1. Zum Begriff der Ökologie

Den Begriff Ökologie entwickelte der Darwinist *Ernst Haeckel* im Jahre 1886. Wichtig für die Frage des Weltbildes könnte der Grundgedanke *Haeckels* sein, daß alles Leben in einen Kreislauf eingebunden ist: Tiere und Menschen nehmen die Nahrung auf, die Pflanzen wandeln tote Materie aufgrund der Photosynthese in lebendige um, alle Lebewesen enden wieder als Materie, indem sie von den kleinsten Lebewesen, den Bakterien, umgebaut werden. Jeder ist also ein Teil im Gesamthaushalt der Natur und steht in einer Wechselbeziehung, die durch ein Gleichgewicht gekennzeichnet ist. Der Kreislauf der Natur funktioniert von allein. – Störungen sind nicht ausgeschlossen, aber sie werden im Laufe der Zeit korrigiert.

In einer Meditation einer Ökologie-Gruppe wird dieser Gedanke folgendermaßen gefaßt:

Erde
Materie aus Stein und Humus. Auch sie wird vom Mond angezogen, während glutflüssige Masse sich durch das Herz des Planeten wälzt und Wurzeln Moleküle in die Pflanzenwelt ziehen. Erde wandert durch uns hindurch, erneuert alle sieben Jahre jede Zelle in unserem Körper. Asche zu Asche, Staub zu Staub. Wir führen uns Erde zu, nehmen sie auf und scheiden sie wieder aus. Wir sind aus Erde gemacht. Das bin ich. Das bist du.[7]

Etwa hundert Jahre nach *Haeckel* setzt sich die Einsicht durch, daß der Mensch dieses funktionierende und sich selbst steuernde System so grundlegend durcheinander gebracht hat, daß es zunehmend die Fähigkeit zur Selbstkorrektur bei Störungen verliert und der Kollaps droht.

Die bisherige Weltsicht war bis zu diesem Zeitpunkt geprägt durch den unserer Kultur zugrundeliegenden *Anthropozentrismus*. Darunter versteht man die Überzeugung, daß die Natur für den Menschen da sei und ihm zu dienen habe. Der Mensch ist das zentrale Wesen auf der Erde, und auf seine Sicht und Bedürfnisse werden nach und nach alle Lebensverhältnisse ausgerichtet. Der Mensch selber nimmt sich auch nicht als Teil der Natur wahr, sondern glaubt, außerhalb von ihr oder über ihr zu stehen, indem er sich eine Sonderstellung zuschreibt. Das gilt sogar für die Wahrnehmung des eigenen Körpers.

2. Die anthropozentrische Denkweise als Gegenpol zur ökologischen Denkweise

2.1. Die entscheidenden Denkschritte in der Neuzeit

Den entscheidenden Durchbruch erzielte der Anthropozentrismus mit dem Beginn der Neuzeit in Europa (ab ca. 1500). Die Naturwissenschaft war bis dahin eine Art Spiel und Ausprobieren gewesen; nunmehr wurde sie ein strenges Regelsystem, das darauf hinauslief, die Natur nachmachen und gegebenenfalls verändern zu können, etwa im kontrollierten Experiment. Die Naturwissenschaft verband sich schnell mit der Technik und wurde auf diese Weise ein Wirtschaftsfaktor.

Aber auch der Charakter des Wirtschaftens veränderte sich: Seit dem Altertum war Wirtschaften entweder Alltagsroutine, indem man die eigene Nahrung und möglichst etwas mehr erzeugte. Oder es war ein aufregendes Spiel in Form von Fernhandel, der aber auf Luxusbedürfnisse beschränkt blieb. Nun wurde Wirtschaften etwas anderes[8]: Die Früchte des wirtschaftlichen Erfolges wurden nicht mehr unmittelbar verbraucht, sondern dazu verwendet, noch erfolgreicher zu werden, indem der Betrieb modernisiert oder rationalisiert wurde.

Das rationale Denken setzte sich durch: Das Verhältnis von Zweck und Mittel wurde ständig verbessert, und dazu gehörte der Ausbau der Wirtschaftskraft. So arbeiteten politökonomische Verhältnisse und Entwicklung der Wissenschaft einander zu, denn der ökonomische Fortschritt war vor allem durch die Verwendung von Wissenschaft im Betrieb zu erzielen, und das hieß Umgestaltung der Natur.

Mit den bürgerlichen Revolutionen gewann die neue Richtung endgültig die Oberhand. *Marx*

---

7 John Seed u.a.: Denken wie ein Berg. Ganzheitliche Ökologie. Konferenz des Lebens, Freiburg (Hermann Bauer) 1989, S. 60.

8 Vgl. Kapitel 8.

und Engels konnten daher im *Kommunistischen Manifest* erklären:

„Die Bourgeoisie hat in ihrer kaum hundertjährigen Klassenherrschaft massenhaftere und kolossalere Produktionskräfte geschaffen als alle vergangenen Generationen zusammen. Unterjochung der Naturkräfte, Maschinerie, Anwendung der Chemie auf Industrie und Ackerbau, Dampfschiffahrt, Eisenbahnen, elektrische Telegraphen, Urbarmachung ganzer Weltteile, Schiffbarmachung der Flüsse, ganze aus dem Boden hervorgestampfte Bevölkerungen – welches frühere Jahrhundert ahnte, daß solche Produktionskräfte im Schoß der gesellschaftlichen Arbeit schlummerten." [9]

Das ganzheitliche Denken, die Übersicht über die natürlichen Kreisläufe ging dabei verloren. Das läßt sich am vorherrschenden Denken jener Zeit nachweisen, das bis heute nachwirkt. – Der Denker, der besonders die neue Richtung auf den Begriff brachte, war *Adam Smith* (1723–1790). Er entwickelte zwei sich ergänzende Denkfiguren:[10]

– Die wirtschaftlichen Abläufe dürfen nicht geplant werden, sondern sollen sich selbst überlassen bleiben. „Eine unsichtbare Hand" steuert sie und bringt das denkbar beste Ergebnis hervor.

  Diese Ansicht begründete Smith aus den Gesetzlichkeiten des Marktes und dem Widerspiel von Angebot und Nachfrage. In unserem Zusammenhang bedeutet dies, daß der Verzicht auf eine durchdachte Gesamtgestaltung der Zukunft zur Tugend erklärt wurde.

– Der Mensch ist ein Wesen, das seinen Nutzen maximiert. Das bedeutet, daß er versucht, seine Umwelt möglichst weitgehend seinem Willen zu unterwerfen. Daraus wird der ökonomische Fortschritt erwachsen, denn jeder wird von sich aus für den Ausbau der Wirtschaftskraft sorgen. (Leitfigur des „homo oeconomicus")

Dieses Denken wirkt bis heute nach. Im Sinne der Problemstellung führt es aber immer mehr in allerschwerste Funktionsstörungen, so daß es zu einer Fallsammlung wie der oben zitierten kommen konnte.

2.2. *Die jüdisch-christliche Grundlage*

Ein Denken wie das der Neuzeit kommt nicht von ungefähr. Es ist angelegt in der jüdisch-christlichen Tradition. Das läßt sich an der Debatte um den Schöpfungsauftrag nachvollziehen. Ausgangspunkt ist folgende Aussage der Bibel:

Und Gott schuf den Menschen ihm zum Bilde, zum Bilde Gottes schuf er ihn; und schuf sie, einen Mann und ein Weib. Und Gott segnete sie und sprach zu ihnen: Seid fruchtbar und mehret euch und füllet die Erde und machet sie euch untertan und herrschet über die Fische im Meer und über die Vögel unter dem Himmel und über alles Getier, das auf Erden kriecht. [Genesis 1,27f.]

Die biblische Tradition ist zwar nicht ganz eindeutig – mit der Geschichte vom Turmbau zu Babel wird eine Warnung ausgesprochen vor der Annahme grenzenloser Machbarkeit –, insgesamt aber ist aus der Bibel ein Auftrag zur aktiven Umgestaltung der Erde ablesbar.

Dem steht die Ehrfurcht vor der Schöpfung gegenüber. Ein Zeugnis hierfür können die Ausführungen des Reformators *Calvin* (1509–1564) sein:

„Daraus (aus der Schöpfungsgeschichte) lernen wir dann, daß Gott mit der Kraft seines Wortes und seines Geistes Himmel und Erde aus nichts geschaffen, danach allerlei Tiere und auch leblose Wesen hervorgebracht, die unendliche Vielgestaltigkeit der Dinge in wundersamer Ordnung unterschieden, jedem Geschlecht sein Wesen eingesenkt, seinen Dienst zugewiesen und seinen Ort und seine Wohnstatt geschenkt hat, damit alle Arten bis zum Jüngsten Tage unversehrt bleiben! So erhält er [...] die eine Art auf geheimnisvolle Weise und läßt zu Zeiten neue Lebenskraft in sie überströmen und anderen hat er wieder die Kraft der Fortpflanzung gegeben, damit mit dem Ende des einzelnen nicht die Gattung aussterbe! Deshalb hat er Himmel und Erde mit der denkbar größten Fülle, Verschiedenheit und Schönheit aller Dinge ausgestattet und wie ein weites und herrliches Haus, mit erlesenstem und wundersamstem Gerät versehen und ausgerüstet, herrlich geschmückt. Schließlich hat er – so lernen wir – den Menschen gebildet, ihn mit köstlicher Zier, so vielen

9 Vgl. Karl Marx, Friedrich Engels: Werke, Berlin (Dietz) 1971 u.ö.; Band 4, S. 467.
10 Adam Smith: Eine Untersuchung über Natur und Wesen des Volkswohlstandes. 2 Teile, Giessen (Andreas Achenbach) 1973.

und so herrlichen Gaben ausgezeichnet und aus ihm auf solche Weise das Meisterstück unter seinen Werken gemacht."[11]

Der Text *Calvins* ist ambivalent. Zum einen enthält er das Lob der Schöpfung, zum anderen ist unübersehbar, daß die Welt als eine Art Betrieb aufgefaßt wird. Vor diesem Hintergrund ist es verständlich, daß das ökonomische Prinzip auf den Umgang mit der Schöpfung übergreifen konnte.

2.3. Problemdefinition aus heutiger Sicht

So ergibt sich eine weitere Problemdefinition: Wie kann der „Abendländer" dem zerstörerischen Denken entrinnen, das ihn geprägt hat? – Diese Frage stellt sich umso dringlicher, als der „Abendländer" nicht irgendwer ist, sondern zu jener Minderheit der Menschheit gehört, die das Schicksal der übrigen Menschen bestimmt.

Insofern ist die Suche nach neuen Weltsichten verständlich. Dabei steht die These im Mittelpunkt, daß es ohne religiöse Begründung eine ökologisch fundierte Beziehung zur Umwelt nicht geben könne. Vor dem Hintergrund einer „globalen Revolution" stellt so z.B. der *Club of Rome* fest:

„Tatsächlich ist ein weiterer Faktor des großen Übergangs das offenkundige Bedürfnis, zu religiösen Prinzipien wie denen des Islam oder des Katholizismus zurückzukehren oder in Kulten oder Pseudoreligionen Trost zu finden. Es handelt sich im Grunde um die so vielen Menschen gemeinsame Suche nach dem Absoluten."[12]

Allerdings ist im säkularisierten Europa die Wiederbelebung der alten Religionen kein gangbarer Weg. Daher werden möglicherweise so starke Hoffnungen auf das neue ökologische Denken gesetzt.

John Seed:
Jenseits des Anthropozentrismus

Kein Zweifel, es kommt eine Zeit
Da auch die Sonne stirbt und die Planeten erfrieren.
Die Lufthülle wird erstarren, gefrorene Gase
weiße Flocken aus Luft, ein Staub, den kein Wind je bewegt: derselbe Staub, der im Sternenlicht flirrt,
Ist erstorbener Wind, weißer Leichnam des Windes.
Auch die Galaxie wird sterben, die glitzernde Milchstraße, unser Weltall, alle die Sterne,
die wir bei Namen kennen, werden tot sein.
Die Nacht ist steil. Wie bist du gewachsen, Nacht,
erhaben auf deinem Gang durch die leeren Welträume.[13]

IV. Grundlagen einer Öko-Moral

1. Wiederbelebung animistischer Haltungen

Zunächst könnte der Rückgriff auf Naturreligionen naheliegen. Sie sehen den Menschen als Teil der Natur; er ist ihrem Geschehen unterworfen und kann sie nur begrenzt beeinflussen.

Dies ist nicht abwegig, wie moderne Verschlüsselungen zeigen:

„Nun ist die heutige Situation der Menschheit [...] eine gigantische Bestätigung der animistischen Weltauffassung, daß die außermenschliche Natur sich an uns rächen wird, wenn wir sie unmenschlich behandeln."[14]

Zwar ist eine solche Rückkehr heute unmöglich, doch kann die Meditation einer ökologischen Gruppe in Australien die Kraft des animistischen Denkens begreiflich machen:

„Schon bevor ich mich still in den warmen Sand neben dem Fluß setze, habe ich das Gefühl für das ‚Wesen', das darauf wartet, in mir aufzutauchen. Es ist ein Berg.

Ich entspanne mich und atme tief ein. Atme

11 Johannes Calvin: Unterricht in der christlichen Religion = Institutio christianae religionis, Neukirchen-Vluyn (Neukirchener Verlag) 1984, S. 91 (I,14,20).

12 Spiegel-Verlag (Hg.), Club of Rome, a.a.O., S. 71.

13 John Seed, Denken, a.a.O., S. 53.

14 Klaus M. Meyer-Abich: Die Zukunft des Menschen in der Natur, in: ders. (Hg.): Frieden mit der Natur, Freiburg (Herder) 1979.

den Berg tief ein ... Ich spüre, daß mein Gestein ganz unten in der Tiefe wurzelt, im glutflüssigen Inneren des Planeten. Ich ruhe auf einer breiten Basis, breit und fest. Stürme kommen und gehen über meine Oberfläche, lassen kaum ein Kräuseln auf meiner Haut aus Bäumen zurück. Selbst wenn die Erde gelegentlich bebt, läßt mich das nur zittern und meine Vitalität besser spüren. Ich bin uralt. Ich bin mir der vorbeiziehenden Jahrhunderte, vieler Jahreszeiten und Zyklen von Veränderung bewußt. Ich fühle mich sehr stark, habe viel Widerstandskraft. Aus dieser Stärke heraus biete ich vielen Lebensformen Schutz und Schirm. Ich biete auch Inspiration und Herausforderung: den Ruf, zu kommen und mich kennenzulernen, meine Felsen, Täler und baumgesäumten Bäche. Ich fühle großen Frieden in mir – unbeweglich, jenseits von Zeit. Das biete ich allen, die sich auf mir ausruhen. Aber Menschen können, wie Ameisen auf meinen Flanken, so zudringlich, so verletzend sein. Sie höhlen meine Gebeine aus, zerfetzen mein Fleisch, bringen meine Bewohner in Gefahr. [...]"[15]

2. Ostasiatische Naturphilosophie

Die Tao-Priester leisteten im niedergehenden chinesischen Kaiserreich dem Vorandringen der Industrialisierung erbitterten Widerstand. So vermerkt der Soziologe *Max Weber* um 1920:

„Alle ökonomische Rationalität scheitert dann am Widerspruch der Geister: keine Eisenbahn- oder Fabrikanlage, die nicht auf Schritt und Tritt mit ihnen in Konflikt geriete. Erst der Kapitalismus in seiner Vollkraft hat es vermocht, mit diesem Widerstand fertig zu werden".[16]

Die Entstehungszeit der Tradition des *Taoismus* ist nicht ganz klar, aber sie liegt wohl um 300 v. Chr. in China. Wie in asiatischen Religionen üblich, gibt es auch beim Taoismus keinen personalisierten Gott, sondern eher einen abstrakten Tugendpfad, auf dem der einzelne wandeln soll. Aus den Bedürfnissen der Volksreligion heraus hat sich dies jedoch nicht durchhalten lassen; so gab es später Tempel mit einer Reihe von Gottheiten. Die im folgenden vorgetragenen Prinzipien lassen dies außer acht.

Unter dem Tao wird ein ewiges Gesetz verstanden, das allen Lebensbewegungen gemeinsam ist. Es geht um die universelle Harmonie, die natürliche und moralische Einheit der Ordnung. Ziel des Menschen ist es, sich dieser Harmonie bewußt zu werden und sich in ihr wiederzufinden. Das geht nur über mystische Versenkung, die verlangt, das zweckrationale Handeln hinter sich zu lassen. Nicht-Wissen und vor allem Nicht-Handeln sind die Voraussetzung für diesen mystischen Einklang mit dem Universum. Nicht-Handeln heißt nicht, gar nichts zu tun, sondern sich auf eine Tätigkeit zu beschränken, die sich im Einklang mit der Natur befindet, so daß nichts in seinen natürlichen Abläufen gestört wird.

Die Nichttat bricht den Kreis der Gewalt und den Bann der Macht. Daher sind Schweige-Runden, Meditationen u.a. geeignet, aus dem Bannkreis des Handelnmüssens auszubrechen.

Die Welt bleibt in Bewegung durch das Widerspiel von zwei Prinzipien:

Yin: Schattenseite des Berges
Abstoßung, Entropie, Raum –
weiblich, bewahrend, kooperativ, intuitiv

Yang: Sonnenseite des Berges
Attraktion, Ordnung, Zeit
männlich, fordernd, wettbewerbsorientiert, rational

Aus dieser Gegenüberstellung folgt: Unsere Kultur hat das Prinzip des Yang überbetont. Eine ökologische Moral muß daher der Überbetonung der Yang-Werte entgegentreten.

Zur Weltsicht der ostasiatischen Philosophie gehört auch ein zyklisches Geschichtsbild: Die Geschichte kennt kein Ziel, schon gar nicht einen Fortschritt, sondern sie stellt ein langfristiges Hin- und Herwogen zwischen Yin und Yang dar.

Hieraus ergeben sich Schlußfolgerungen für das ökologische Weltbild, die sich wiederum auf die Öko-Moral auswirken. Bausteine dieser Art von Öko-Moral sind: Empfindung universeller Harmonie, Aufforderung zum „Nicht-Handeln" und das zyklische Geschichtsbild.

Eine moderne Version dieses Denkens begegnet bei dem japanischen Soziologen *Maruyama*. Schon in den siebziger Jahren wies er darauf hin, daß weltweit ein neues Denken einset-

15 Joanna Macy, in: John Seed, Denken, a.a.O., S. 103.
16 Max Weber, Wirtschaft und Gesellschaft, a.a.O., S. 262.

zen müsse. In der Auseinandersetzung mit dem abendländischen Denken kommt er zu folgender Gegenüberstellung:

Logik des industriellen Zeitalters	*Logik des nachindustriellen Zeitalters*
Normung	– Entnormung
Homogenität	– Heterogenität
Wettbewerb	– Symbiose
Hierarchie	– Wechselbeziehung
Naturbeherrschung	– Einklang mit der Natur
Materielle Befriedigung	– Kulturelle Befriedigung
Effizienz	– Ästhetik und Ethik
Denken in Kategorien	– Denken in sozialen Zusammenhängen[17]

Das Problem liegt sicherlich bei der Umsetzung in eine moderne Lebensführung. Zudem fällt bei der Zusammenstellung *Marayumas* auf, daß sie einen recht hohen Bildungsstand voraussetzt, der wiederum als Voraussetzung eine hohe wirtschaftliche Entwicklung der Gesellschaft benötigt. Insofern kann es sich wohl nur um eine Moral der Reichen handeln.

Nebenbei bemerkt kann diese Art von Weltbild auf einen personalisierten Gott verzichten. Dies ist eine wichtige Abgrenzung zu den entsprechenden Gedanken in den Hochreligionen.

3. Christliche und islamische Ansätze

Die christliche Tradition plagt sich auf dem Weg zu neuen Auffassungen gewissermaßen mit einer Altlast herum, muß sich doch jeder Christ als „Mitarbeiter der Schöpfung" verstehen.[18]

„So ist nun weder der da pflanzt noch der da begießt, etwas, sondern Gott, der das Gedeihen gibt. Der aber pflanzt und der da begießt, ist einer wie der andere. Ein jeglicher aber wird seinen Lohn empfangen nach seiner Arbeit. Denn wir sind Gottes Mitarbeiter; ihr seid Gottes Akkerwerk und Gottes Bau." (1. Korinther 3, 7–9)

17 Magoroh Maruyama: Wir brauchen eine nach-industrielle Logik, in: Brennpunkte 2 (1986), S. 111-121, hier S. 112.

18 Vgl. Kapitel 8, III.

Die zitierte Bibelstelle ist zwar bildlich gemeint und gilt allgemein für alle Aufbauleistungen des Menschen. Sie läßt sich aber auch auf den Umgang mit der gesamten Schöpfung übertragen. Hieraus ergibt sich als christliche Position: Der biblisch-göttliche Herrschaftsauftrag, der „Ur-Wille des Schöpfers", forderte vom Menschen, ebenso aufbauend und pfleglich mit der Schöpfung umzugehen wie Gott selbst. Diesen Auftrag aber hat der Mensch vergessen, und er hat versucht, sich zum Herrn aller Dinge zu machen. Ein solches Abweichen vom ursprünglichen Willen Gottes symbolisiert die christliche Religion durch den sogenannten Sündenfall (vgl. Genesis 3).

Eines der Ergebnisse der Neubesinnung der letzten Jahrzehnte ist das Konzept der *Stewardship.* Unter einem Steward wird hier in alter englischer Tradition jemand verstanden, der stellvertretend als Verwalter für einen anderen sein Amt ausübt. Die Figur des Verwalters, der treuhänderisch über den Besitz waltet, durchzieht das Alte und Neue Testament. Ihm gehört der Besitz nicht, aber es wird von ihm verlangt, daß er sich damit identifiziert und daß er strikt im Geiste des abwesenden Herrn handelt. Besonders in den Gleichnissen des Neuen Testaments ist der Besitz anzusehen als das kommende Reich Gottes; daher ist mit der Treuhänderschaft ein hoher Anspruch verbunden (vgl. Matthäus 18,23–34; Gleichnis vom Schalksknecht). Der Treuhänder ist „über andere gesetzt", er hat einen besonderen Auftrag. Zugleich erfüllt er aber diesen Auftrag nicht um der Sache willen, sondern um des vorübergehend abwesenden Herren willen. Der Mensch ist also nicht gegenüber der Schöpfung verantwortlich, sondern gegenüber dem Herren. Zugleich hat er während der Abwesenheit des Herrn eine Vorzugsstellung, die allerdings erhöhte Verantwortlichkeit verlangt. So ergibt sich eine Stellung des Menschen zwischen Gott und der Natur: Gott gegenüber ist er ein Knecht, der Natur gegenüber ein Herr.

Eine offene Frage im Rahmen der Stewardship ist es, ob der Auftrag des Bebauens, Erhaltens und Pflegens nicht auch ein Element der Fortentwicklung der Natur enthält, solange dies nicht zu Störungen führt. Das Konzept der Stewardship trägt der Alltagserfahrung Rechnung, daß der Mensch mit der Natur machen kann, was er will, daß es mithin eine hierarchische

Beziehung unter den Lebensformen gibt. Insofern ergibt sich ein Gegensatz zu den animistischen oder taoistischen Auffassungen.

Dieser Denkansatz hält an der Tradition fest, daß der Mensch die Krone der Schöpfung sei. Der Mensch soll aber die ihm übertragene Macht nicht zum eigenen Vorteil gebrauchen und sich der Grenzen dieser Macht bewußt sein, wie es von jeder Herrschaft verlangt wird.

In diesem Zusammenhang werden sehr altertümliche Vorstellungen wieder lebendig: Eine solche Machtfülle setzt wie jede Herrschaft ein geschärftes Gerechtigkeitsbewußtsein gegenüber den Unterlegenen voraus. Es mag zunächst überraschen, daß gegenüber Sachen und Dingen, also der Natur, von Gerechtigkeit die Rede ist. In der Tradition des römischen Rechts ist das für uns ein ungewöhnlicher Gedanke.

Die Konzeptionen der Brüderlichkeit und Mitgeschöpflichkeit kommen besonders zum Ausdruck bei *Franz von Assisi* (1186–1221), der sogar den Tieren Predigten hielt, weil sie als Geschöpfe Gottes Anrecht auf die Offenbarung von Gottes Wort hätten. Der an sich paradoxe Versuch des mittelalterlichen Heiligen führt immerhin zu der Frage, wie ein Dialog des Menschen mit der Schöpfung aussieht. Offensichtlich muß der Mensch dazu seine Wahrnehmungen und Empfindungen verstärken. So ist wohl auch der oben dokumentierte Versuch der Meditation zu verstehen.

Bei den christlichen Versuchen wird insgesamt die Befangenheit in der Tradition deutlich; der Anthropozentrismus bleibt unübersehbar. Schon deswegen kann nicht vorausgesetzt werden, daß sie für die Menschheit oder wenigstens nur im Abendland ein allgemeines neues Denken hervorbringen.

Allerdings ist in diesem Zusammenhang die Gemeinsamkeit der großen monotheistischen Religionen beachtenswert. Auch der Islam öffnet sich Gedanken, wie sie im Rahmen der Stewardship geäußert werden. So fordert Gott die Menschen zu seiner Stellvertreterschaft auf Erden auf.

Und als dein Herr zu den Engeln sprach: „Siehe, ich will auf der Erde einen Nachfolger (chalif) einsetzen", da sprachen sie: „Willst du auf ihr einen einsetzen, der auf ihr Verderben anstiftet und Blut vergießt? Und wir verkünden dein Lob und heiligen dich." Er sprach: „Siehe, ich weiß, was ihr nicht wisset"... (2. Sure, 30)[19]

4. Ehrfurcht vor dem Leben

Einen besonderen Traditionsstrang im Christentum drückt *Albert Schweitzers* (1875–1965) Konzept der Ehrfurcht vor dem Leben aus. Es strahlt weit über den christlichen Bereich hinweg aus, ist aber im Rahmen des Christentums nicht die beherrschende Variante. Im übrigen war *Franz von Assisi* das große Vorbild Schweitzers.

Schweitzer geht aus von folgender Einsicht: „Ich bin Leben, das leben will, inmitten von Leben, das leben will."[20] Der Wille zum Leben treibt alle Wesen an und ist grundlegendes Prinzip unserer Wirklichkeit. Auch Schweitzer sieht in diesem Zusammenhang eine Sonderstellung des Menschen:

„Die übrige Natur geht gnadenlos miteinander um und vernichtet sich gegenseitig. Der Mensch hingegen ist in der Lage, mit allen Lebewesen Erbarmen zu empfinden und fremdes Leid zu mildern. Hierin besteht auch der besondere Auftrag der Mitarbeit an der Schöpfung.

Die Welt, dem unwissenden Egoismus überantwortet, ist wie ein Tal, das im Finstern liegt. Alle müssen in dem Dunkel leben, nur eines darf hinaus, das Licht schauen: Das höchste, der Mensch. Er darf zu der Erkenntnis der Ehrfurcht vor dem Leben gelangen, er darf zu der Erkenntnis des Miterlebens und Leidens gelangen, aus der Unwissenheit heraustreten, in der die übrige Kreatur schmachtet."[21]

Der Mensch hat damit die Sonderstellung wie auch sonst in der christlich-jüdischen Tradition, aber er ist nicht Herr, sondern hat eine besondere Verantwortung. Er muß sich bewußt machen, was der Respekt vor dem Lebenswillen der übrigen Natur ihm abverlangt.

„Er – der Mensch – fragt nicht, inwiefern dieses oder jenes Leben als wertvoll Anteilnahme ver-

19 Weiterführend zu den folgenden Darlegungen Gotthard M. Teutsch: Lexikon der Umweltethik, Göttingen (Vandenhoeck) 1985.

20 Albert Schweitzer: Gesammelte Werke. München (Beck) o.J., Band 2, S. 377.

21 Albert Schweitzer: Was sollen wir tun? Zwölf Predigten über ethische Probleme, Heidelberg (Lambert Schneider) 1974, S. 34.

dient, und auch nicht, ob und inwiefern es noch empfindungsfähig ist. Das Leben als solches ist ihm heilig. Er reißt kein Blatt vom Baume ab, bricht keine Blume und hat acht, daß er kein Insekt zertritt. Wenn er im Sommer nachts bei der Lampe arbeitet, hält er lieber das Fenster geschlossen und atmet dumpfe Luft, als daß er Insekt um Insekt mit versengten Flügeln auf seinen Tisch fallen sieht."[22]

Schweitzer sieht durchaus die Problematik in dieser Anforderung: Auch der Mensch kann nicht leben, ohne Leben zu vernichten. Die Balance, die der Mensch einhalten muß, wird in folgendem Beispiel deutlich:

„Der Landmann, der auf seiner Wiese tausend Blumen zur Nahrung seiner Kühe hingemäht hat, soll sich hüten, auf dem Heimweg in geistlosem Zeitvertreib eine Blume am Rande der Landstraße zu köpfen, denn damit vergeht er sich am Leben, ohne unter der Gewalt der Notwendigkeit zu stehen."[23]

Die Ausführungen Schweitzers sind wahrscheinlich nur vor dem allgemeinen protestantischen Hintergrund zu verstehen: Jedes Lebewesen kann nur auf Kosten der anderen bestehen und ist daher auch von vornherein schuldbeladen. Es ist eine protestantische Grundüberzeugung, daß der Mensch der Schuld nicht entfliehen kann, aber das entlastet ihn nicht davon, alle Kreaturen vor Schaden zu bewahren.

Die Überzeugungen Schweitzers führen zu einer radikalen Änderung in der Lebensführung. Aber selbst damit wäre noch keine stimmige Existenzform erreicht, wie das soeben zitierte Beispiel vom Landmann zeigt. Der Anspruch ist dermaßen hoch angesetzt, daß er nur schwer erfüllbar erscheint. Der hohe Anspruch an die Verantwortlichkeit trifft überdies wohl kaum das Lebensgefühl der Menschen in unserer Gesellschaft. Insofern muß bezweifelt werden, ob es sich um eine Leitlinie für das künftige Leben handeln kann. Gegen das Denkgebäude selber sind freilich keine Einwände zu erheben.

V. Ein typisch abendländischer Lösungsversuch

Gegen die bisher vorgebrachten Lösungsversuche ist insgesamt einzuwenden, daß sie zwar von einzelnen Gruppen stark bejaht, aber von der Mehrzahl der Menschen bei uns nicht geteilt werden. Daher sind auch keine Überzeugungsprozesse denkbar, in deren Verlauf sie sich durchsetzen. Es wird zwar immer von der notwendigen „Bewußtseinsänderung" der Menschen gesprochen im Verhältnis gegenüber der Umwelt, aber gerade diese Forderung zeigt die Ohnmacht: Wer sollte sie wie ins Werk setzen? Trotzdem ist eine allgemein getragene ökologische Moral notwendig, weil sich die Anzeichen dafür mehren, daß das Überleben der Menschheit auf dem Spiele steht.

Vor diesem Hintergrund hat *Meyer-Abich* überlegt, wie die Öko-Moral in eine verpflichtende Form gebracht werden kann. Bei seinem Versuch greift er auf geläufige Rechtsformen zurück. Dabei steht die Überzeugung im Vordergrund, daß Rechtsformen nicht der Beliebigkeit individuellen Glaubens anheimgestellt sind, sondern von jedem akzeptiert werden müssen, gleichgültig, wie es mit der inneren Zustimmung aussieht.

Meyer-Abich[24] bringt den Gedanken einer „Rechtsgemeinschaft Natur" vor. Jeder hat, seinem Grundgedanken zufolge, einen Anspruch auf ein gleiches Recht, auch wenn er von anderen verschieden ist. Wie die Menschen ihre Rechtsverhältnisse untereinander geregelt haben, so muß auch das Rechtsverhältnis gegenüber der Natur geregelt werden. Daher muß die Frage nach den Interessen und den Rechten der Natur gestellt werden. Da der Grundgedanke unseres Rechts eher darin besteht, Extremgefahren zu vermeiden, nicht aber Veränderungen zu begünstigen, ergibt sich ein einfacher Rechtsgrundsatz: Wir dürfen nichts Seiendes unbeachtet lassen. Das bedeutet vor allem, daß wir, da wir zu wenig über die Abläufe wissen, unübersehbare bzw. nicht vorhersehbare Folgen in un-

22 Schweitzer, Werke, Band 2, a.a.O., S. 378f.

23 Schweitzer, Predigten, a.a.O., S. 44f.

24 Klaus M. Meyer-Abich: Vom bürgerlichen Rechtsstaat zur Rechtsgemeinschaft mit der Natur. Bedingungen einer verfassungsgemäßen Ordnung der menschlichen Herrschaft in der Naturgeschichte, in: Scheidewege 12 (1982), S. 581-605.

ser Denken einbeziehen müssen. Tauchen Bedenken irgendwelcher Art auf, dann sollte man gar nichts tun.

Auf der Grundlage dieses Gedankens muß überlegt werden, welche Anwälte die Natur findet und mit welchen Einspruchsrechten diese Anwälte ausgestattet werden. Das könnte so aussehen, daß der BUND (Bund für Umwelt- und Naturschutz Deutschland) oder andere Organisationen mit dem Recht ausgestattet werden, im Namen der Natur gegen bestimmte Maßnahmen zu klagen. Diese Klagen liefen immer auf Unterlassung hinaus, nicht auf die Gestaltung in dem einen oder anderen Sinne. Eine Konsequenz dieses Vorschlages wäre damit, daß bestimmte Minderheiten unserer Gesellschaft, unter Berufung auf bestimmte festgelegte Prinzipien, die Entwicklung aufhalten könnten.

Bei dieser Lösung sind eine tragende Öko-Moral und als Hintergrund ein ökologisches Weltbild verzichtbar: Das gesellschaftlich verabredete Verfahren ersetzt das Bewußtsein um das Richtige. Um dieses Bewußtsein muß auch nicht gerungen werden, sondern es kommt nur darauf an, daß im Rahmen der gesellschaftlichen Arbeitsteilung die beauftragten Gruppen ihr Anwaltsamt zugunsten der Natur in der verabredeten Form wahrnehmen. Diese Lösung verzichtet auch auf eine verbindliche Gesamtlinie: Die bloße Drohung eines Gerichtsverfahrens bringt die Akteure dazu, sich lange zu überlegen, ob sie eine Maßnahme durchsetzen oder nicht.

Bei dieser Überlegung handelt es sich nicht nur um die Gedanken eines Philosophen. In Japan gibt es wesentliche Schritte in diese Richtung. So wurden bestimmte Rechtsgrundsätze unter der Last der Umweltverseuchung umgewandelt: Einem Unternehmen muß nicht die Schädlichkeit seiner Produktionsweise oder Produkte nachgewiesen werden, sondern auf Anfrage muß das Unternehmen die Unbedenklichkeit nachweisen. Schärfer dürfte greifen, daß es für Regreßansprüche genügt, daß ein statistisch gesicherter Nachweis zwischen dem Auftreten einer Krankheit und bestimmten Emissionen erbracht wird. – Würde dieser Grundsatz im Falle von Sellafield und der Irischen See angewendet, würde dies weitgehend das Ende der europäischen Atomindustrie bedeuten. – Es entspricht freilich dem vorherrschenden Rechtsdenken, daß dieser Nachweis im Sinne des sogenannten gesunden Menschenverstandes aufgeweicht ist. So kann im japanischen Umweltrecht der Nachweis der Ungefährlichkeit von Emissionen durch den Beleg der Einhaltung einer allgemeinen Sorgfaltspflicht ersetzt werden.

Recht erhebt keinen Anspruch auf Wahrheit, sondern schreibt fest, was in der Gesellschaft im Augenblick üblich ist. Insofern kann von jeder Rechtsregelung nur begrenzt erwartet werden, daß sie den gesellschaftlichen Erkenntnisstand wiedergibt. Sie legt in der Regel ein nicht hintergehbares Minimum fest. Ein Teilproblem allerdings ist vorentschieden: Jede wie auch immer geartete Rechtsordnung kann nicht den Eigenwillen der Menschen ersetzen. Rechtliche Regelungen zeigen immer auf, daß etwas von außen erzwungen werden soll, nicht aber notwendigerweise, daß die Menschen Einsicht in die Notwendigkeit einer bestimten Regelung haben. Andererseits zeigt die Erfahrung mit dem Recht und den Gesetzen, daß sie wirkungslos bleiben, wenn die Gesellschaft nicht hinter ihnen steht. So überzeugt denn diese Lösung wegen ihrer „Machbarkeit“, aber sie macht skeptisch hinsichtlich ihrer Wirksamkeit.

Mit dem Vorschlag von *Meyer-Abich* verbindet sich noch einmal die Frage, ob wir auf der Grundlage des abendländischen Denkens in der Lage sind, das Problem in den Griff zu bekommen, oder ob es wirklich eines neuen Denkens bedarf. Die von *Meyer-Abich* vorgeschlagene Lösung nimmt ersichtlich die Anstöße aus fremden Kulturen auf. Das wird vor allem daran sichtbar, daß der Natur Rechte eingeräumt werden und daß der Verfügbarkeit über die Natur Grenzen gesetzt werden sollen. Das sind Ansätze, die zum Beispiel in indianischen Kulturen als völlige Selbstverständlichkeit gelten. Diese Selbstverständlichkeit fehlt in unserer Kultur, so daß nach einem Mittel gesucht werden muß, den Menschen das Notwendige dergestalt einsichtig zu machen, daß es sich auch in ihrem Handeln niederschlägt. Dies soll durch die Verrechtlichung und die Angst vor Strafe erreicht werden. Früher und in anderen Kulturkreisen wurde dieses Problem zumeist durch die Religion gelöst. Indem sich die Weltdeutungen und Weltbilder der Religion mit bestimmten Verhaltensregeln, zum Beispiel Tabus, verbanden, wurden die Einsichten in das Denken und Verhalten des einzelnen umgesetzt und ihm zu einem inneren Anliegen. Religion ist in dieser Funktion ein Mittel, um Einsichten in Motivation zu übersetzen. Diese Möglichkeit steht uns nicht mehr offen, weil eine wirkungsmächtige Religion fehlt. Daher bleibt nur der Zwang von außen durch die Staatsgewalt in Form des Rechtes. Es gehört zum abendländischen Denken, daß wir auf einen übergeordneten Glauben oder eine leitende Ideologie verzichten müssen; an die Stelle tritt der *Leviathan,* der politisch verabredete und kontrollierte Zwang (vgl. Kapitel 5). Moral wird ersetzt durch Macht, Vernunft durch verabredete Übereinkunft, wie es sein soll.

„Todesbuben“

Kapitel 10

Brennpunkte der politischen Moral

I. Überblick

Im folgenden geht es nicht um eine systematische Abhandlung, vielmehr sollen Probleme aus heutiger Sicht mit dem Ziel aufgegriffen werden, den Problemstand und besondere Brennpunkte deutlich zu machen. Da das politische Denken in der Vergangenheit sehr stark von der Religion geprägt war, finden sich in den einzelnen Abschnitten auch Auseinandersetzungen mit dieser Tradition.

Neben der allgemeinen Klärung des Stellenwertes der Ethik im politischen Handeln soll am Beispiel verschiedener Problemfelder untersucht werden, ob es verpflichtende Grundlagen politischer Moral oder zumindest gesicherte Erkenntnisse politischer Ethik gibt. Es wird sich erweisen, daß diese Frage weitaus schwieriger zu beantworten ist, als es die Debatte um Menschenrechte oder sogenannte Grundwerte glauben macht. Gerade die Grundlagen der politischen Moral, die noch im Vorfeld der Menschenrechte liegen, scheinen auf eigenartige Weise gefährdet. Dabei geht es weniger um das Bewußtsein vom Rechten; es ist in der Regel vorhanden. Es geht vielmehr darum, daß sich ganz fundamentale Werte vor dem Hintergrund der heutigen Bedingungen nicht mehr überzeugend umsetzen lassen.

Die Wirrnis, die um sich gegriffen hat, soll am Beispiel von Krieg und Frieden exemplarisch aufgeschlüsselt werden; dabei soll auch deutlich werden, welche Rolle der Traditionsbestand im Denken spielt. Dieser Problembereich zeigt, daß sich die gegensätzlichsten Haltungen gleichermaßen rechtfertigen lassen. Obendrein können die Vertreter der Gewalt für sich die sogenannte „Vernunft“ anführen, während den Friedfertigen eher ein Hauch des Unrealistischen anhaftet. Das wirft auch die Frage nach der Rolle von Rationalität und Irrationalität im politischen Handeln und in den jeweiligen moralischen Argumentationen auf. Sodann soll in mehreren Zugriffen versucht werden, den moralischen Zustand unseres Gemeinwesens zu beleuchten. Einen Schwerpunkt wird dabei die veröffentlichte Meinung und die Darstellung von Politik in der Öffentlichkeit bilden, weil beide für demokratisches Handeln ausschlaggebend sind. Die Schlußbetrachtung gilt der Frage, inwiefern jeder einzelne politische Moral in seiner Lebensführung zur Geltung bringen muß.[1]

1 Vgl. Kapitel 9 zur Herausbildung einer ökologischen Moral.

II. Abgrenzung von politischer Ethik und Moral

Es gibt ein ausgedehntes Schrifttum zur Ethik in der Politik. Allerdings kann man angesichts der tatsächlichen politischen Moral seine Wirksamkeit bezweifeln.[2]

Die politische Ethik hat es umso schwerer, sich durchzusetzen und zu einer Art politischen Gewissens zu werden, als es seit dem florentinischen Denker *Niccolò Macchiavelli* (1469–1527) zum Bestandteil des politischen Denkens gehört, daß Moral bestenfalls ein politisches Mittel darstellt, das zur Herrschaft eingesetzt werden kann. Der oberste Zweck ist aber immer der Erhalt des politischen Kollektivs, und dazu sind alle Mittel recht. Es ist natürlich nicht die Schuld Macchiavellis, daß seine Gedanken auf fruchtbaren Boden fielen. Es muß vielmehr erstaunen, daß die politische Gedankenwelt nicht nennenswert über ihn hinausgekommen ist. Diese Beobachtung deutet für sich allein schon darauf, daß wir mit der Welt der Politik ein eigenartig unterentwickeltes Gebiet vor uns haben. Bei näherer Betrachtung tut sich eine archaische Welt auf. Macchiavellis Einsichten sind daher auch denkbar einfach:

„Man muß die Menschen entweder für sich einnehmen oder vernichten, denn für leichte Kränkungen nehmen sie Rache, für schwere können sie es nicht. Wer also jemand schädigt, muß es so gründlich tun, daß er keine Rache zu fürchten hat."

„Denn zwischen dem Leben, wie es ist und wie es sein sollte, ist ein so gewaltiger Unterschied, daß, wer das, was man tut, aufgibt für das, was man tun sollte, eher seinen Untergang als seine Erhaltung bewirkt; ein Mensch, der immer nur das Gute tun wollte, muß zugrunde gehen unter so vielen, die nicht gut sind. Daher muß ein Fürst, der sich behaupten will, auch imstande sein, nicht gut zu handeln und das Gute zu tun und zu lassen, wie es die Umstände erfordern."[3]

Skrupellose Gewaltpolitik kann daher als politischer Wert gelten. Dies umso mehr, als die Gewaltpolitik damit gerechtfertigt werden kann, daß sie eingesetzt werde, um Schlimmeres zu verhüten. So schwankt die Betrachtung der Politik zwischen Amoralismus und Immoralismus.

Stichworte:

Amoralismus: Es wird geleugnet, daß es überhaupt eine Verbindlichkeit von Moral gebe und daß sie einen besonderen Sinn habe. – So wird vom amerikanischen Präsidenten *Truman* berichtet, daß er sagte, als die Nachricht vom „geglückten" Atombombenabwurf eintraf: „Now I have a hammer on those boys." Mit den „boys" meinte er die Sowjets, mit denen sich 1945 die ersten politischen Schwierigkeiten anbahnten.

Immoralismus: Die Verbindlichkeit von moralischen Grundsätzen und Vorschriften wird geleugnet. Es wird aber nicht abgestritten, daß es eine übergeordnete Moral gibt. Insofern kann der Erhalt des Kollektivs als oberster Wert gesetzt werden, der die vorfindliche Moral zeitweise außer Kraft setzt. – Vor diesem Hintergrund mußte der Präsident *Truman* keine Bedenken haben, den Abwurf der Atombombe auf japanische Städte zu befehlen, wiewohl der Krieg so gut wie gewonnen war. Es konnte angeführt werden, daß dieser Akt die Kriegsdauer verkürze und damit amerikanische Menschenleben rette.

Das gewählte Beispiel soll zeigen, daß beide Haltungen durchaus zusammengehen können.

2 Zum Verhältnis von Moral und Ethik vgl. Kapitel 1.

3 Niccolo Macchiavelli: Der Fürst. Hg. v. Rudolf Zorn, Stuttgart (Kröner). – Das hier wiedergegebene Zitat ist entnommen aus Norbert Hoerster (Hg.): Klassische Texte der Staatsphilosophie, München (dtv) 1976 u.ö., S. 100f.

Stichwort: Okzidentales oder abendländisches Denken

Wie alles heutige Denken in allen Kulturkreisen entwickelte sich auch das abendländische Denken aus dem mythologischen Denken und löste sich allmählich von ihm ab.
Das abendländische Denken begann mit der griechischen Antike und kann als deren wichtigster Beitrag zur Grundlegung des Okzidents aufgefaßt werden.

Hinter dem griechischen Denken der ältesten Philosophen, etwa der miletischen Schule um 500 v. Chr., stand die Überzeugung, daß alles eine Ursache haben müsse und daß man sie durch Denken aufdecken könne.

Dieses auf Ursachen und Entwicklung von Schlußfolgerungen gerichtete Denken bezog sich auf drei verschiedene Bereiche:

Die Physiologie: Die Lehre von der Natur. Hier entwickelte sich allmählich die Lehre heraus, daß es für jede Ursache eine Wirkung geben müsse, also die Kausalität. Umgekehrt ließ sich vermuten, daß eine Ursache eine bestimmte (Aus)wirkung habe, so daß Verläufe in der Natur vorhersagbar waren und auch nach bestimmten Gesetzen abliefen (Determinismus).

Die Theologie: Die mythische Vorstellung, daß der Himmel von mehreren Göttern bewohnt sei, erschien den Philosophen zunehmend absurd. Sie gelangten zu der Annahme, daß der Kosmos eine Ursache habe, die auch hinter dem gesamten kosmischen Geschehen stehe. Die Beschreibung dieser einen Ursache nahm freilich sehr verschiedenartige Formen an und löste sich nur langsam vom mythischen Gedankengut.

Die Anthropologie: Hier ging es um die Überzeugung, daß es ein Wesen des Menschen gebe und daß sozusagen das Kernelement dieses Wesens "die Weisheit" sei. Darunter war die Befähigung zu verstehen, durch Denken und innere Anschauung hinter das Wahre zu kommen.

Alle drei großen Themen der griechischen Philosophie wurden bis heute variiert und vorangetrieben. Einen besonderen Schub gab es während der sogenannten Neuzeit im 15. und 16. Jahrhundert. Die griechischen Philosophen wurden sozusagen neuentdeckt, und ihre Forschungen wurden konsequent fortgesetzt.

Es entwickelte sich, besonders von Galilei vorangebracht, die moderne Naturwissenschaft. Sie ging von der allgemeinen Annahme einer Kausalität aus und versuchte, die Gesetze der Natur zu erforschen. Damit die Gesetze nachvollziehbar wurden, wurde die Natur zergliedert und in künstlichen Experimenten ihre Wirkungsweise studiert.

Die Theologie blieb stark an die Kirche gebunden. Sie wurde aber zunehmend vom mythischen Beiwerk gereinigt, wobei es sich als Kern des Streites erwies, ob es einen persönlichen Gott gebe oder nicht. Der Gegensatz zum naturwissenschaftlichen Denken wurde dabei immer stärker. Da die Theologie daran festhielt, daß im Kern der Glaube nicht rational erschließbar, sondern Gott uneinsehbar sei, konnte der Gegensatz nicht überwunden werden.

Die Anthropologie nahm die Form einer allgemeinen Geschichtswissenschaft an, etwa bei Niccolò Macchiavelli. Wie die Naturwissenschaftler vom Prinzip der Uniformität und Homogenität der Natur ausgingen, so ging er davon aus, daß alle Zeitalter dieselbe grundsätzliche Struktur haben. Daher konnte man aus der Geschichte lernen, wie Menschen sich verhalten, und konnte aus ihrer Betrachtung Regeln für das eigene Verhalten entwickeln. Auch diese Art von Denken geriet bald in Gegensatz zur überlieferten christlichen Tradition.

Das wurde schon deutlich bei Macchiavelli, der versuchte, eine Art Technik zur Ausübung von Macht zu entwickeln. Da er die Gesetze menschlichen Handelns finden wollte, scherte er sich nicht sonderlich um Moral. Sie war sozusagen nur ein Lenkungsmittel unter vielen, also ein Werkzeug der Macht. – Macchiavelli konnte eine Frage theoretisch nicht lösen: Die Erfahrung – besonders in der Politik – lehrt, daß das beste Wissen nichts nutzt, sondern die Dinge gehen ihren eigenen Weg. Die Ungewißheit im menschlichen Handeln scheint eine Wissenschaft unmöglich zu machen. Dieses Problem löste Macchiavelli, indem er das „Glück“ als die allgemeine Beherrscherin aller Dinge einsetzte. Ohne Glück ist Erfolg nicht möglich, aber auf die Dauer ist Glück nicht möglich, sondern Glück und Unglück folgen aufeinander, wobei das eine das andere hervorbringt. Nicht umsonst glaubte Macchiavelli wie alle seine Zeitgenossen an die Astrologie.

Mit der Annahme eines unberechenbaren Glücksfaktors, der letzten Endes die Dinge bestimme, hatte Macchiavelli dem Determinismus der Naturwissenschaften nicht folgen können. Auch in den folgenden Jahrhunderten wurden die Sozialwissenschaften durch die Frage bestimmt, inwieweit im menschlichen Verhalten ein Determinismus angenommen werden könne oder nicht. Zugleich aber war Macchiavelli mit dieser Annahme in das mythologische Denken zurückgefallen. Auch hier wird ein Grundstreit im okzidentalen Denken offenbar: Läßt sich auf rationalem Wege alles ergründen oder sind intuitive und gefühlsgeleitete Einsichten gleichberechtigt? – Vor allem im Bereich des politischen Denkens scheinen die gefühlsbestimmten Antriebskräfte immer wieder als die wirkungsmächtigeren.

Von den drei Schwestern des abendländischen Denkens erscheint daher nur die Naturwissenschaft als die eigentlich erfolgreiche, während die beiden anderen sich nie ganz aus den mythischen Fesseln befreien konnten. Die Naturwissenschaften sind nun aber auch in die Kritik geraten: Ihnen wird vorgehalten, eine Kunstwelt in ihren Experimenten zu konstruieren, daraus Schlußfolgerungen abzuleiten, diese auf die Natur anzuwenden und sie damit zu zerstören. Auch hier meldet sich das mythische Denken zurück (vgl. Kapitel 9). – Der berühmte französische Ethnologe Claude Lévi-Strauss kennzeichnet die Einseitigkeit des okzidentalen Denkens mit der Feststellung, daß diese Zivilisation nur zwei Ziele kenne, denen sie alles unterordne: die Erhöhung der zur Verfügung stehenden Energiemenge pro Kopf und die Verlängerung des physischen Lebens. Beide Ziele sind vor allem durch Experimentalwissenschaft und Mathematisierung erreichbar, so daß beide sich als der „harte Kern" des abendländischen Denkens erweisen (Carl Friedrich v. Weizsäcker). Die restlichen Bereiche – religiöses und soziales Denken – müssen folglich als defizitär gelten.

Bezeichnenderweise unter jüdischem Einfluß gibt es zwei grundlegende Ansätze im Bereich des sozialwissenschaftlichen Denkens, die, wiewohl okzidental, über die Begrenztheit des Denkens hinausweisen:

Das Denken von Karl Marx weist darauf hin, daß das Denken und das Finden von „Wahrheiten" begleitet sein muß von einer Untersuchung der Umstände, unter denen dieses Denken zustandekommt. Die „Wahrheiten von heute" sind nicht diejenigen von morgen; vereinfachte Kausalmodelle sind nicht brauchbar, sondern nur komplexe Wirkungsanalysen, die aber je nach Entwicklungsstand der Gesellschaft und der damit verbundenen Lebensumstände revidiert werden müssen. Mithin lassen sich keine Gesetze oder Wahrheiten finden, sondern nur Handlungsanleitungen, die dem augenblicklichen Stand der Einsicht entsprechen. Entscheidend ist aber, daß der Mensch sich außerhalb seiner selbst stellen kann und die Frage zu beantworten sucht, wo die Kräfte sind, die die Zukunft gestalten. Er ist dabei nicht ungebunden, sondern kann nur unternehmen, was die Voraussetzungen aus der Vergangenheit zulassen.

Sigmund Freud geht vom einzelnen Menschen aus: Sein Denken ist gebunden an ihm meist nicht bekannte Fesseln in seinem Innenleben. Er muß sie überwinden zugunsten einer freien Gestaltung seines Schicksals, das freilich nicht völlig ungebunden ist, sondern durch die Vergangenheit des einzelnen Menschen, vor allem seine Kindheit, gebunden (determiniert) ist.

Beide greifen eine Einsicht auf, die sich bereits bei Macchiavelli, aber auch bei den alten Griechen findet: Die Zukunft ist immer eine Antwort auf die Vergangenheit. Sie ist daher nie völlig frei und unbestimmt, denn sie richtet sich aus am Vorhergehenden. Es gibt aber Alternativen, die erkannt sein wollen.

Okzidentales Denken ist das Ringen um wenige grundlegende Einsichten. Daß dieses Ringen fortdauert und damit doch noch zu besseren Ergebnissen führen kann, garantiert die vielleicht beste Errungenschaft des abendländischen Denkens: Der sogenannte methodische Zweifel oder Skeptizismus, nämlich der Verdacht, daß das eigene Denken völlig falsch sein könnte und daher immer wieder in Frage gestellt werden muß. Der Skeptizismus hat seinen Hauptfeind im mythischen Denken, das davon ausgehen muß, daß das intuitiv Erkannte das Richtige ist, weil es so empfunden wird. Man wird nicht umhin können festzustellen, daß die zuletzt genannte Grundhaltung stärker die Lebensführung der Menschen bestimmt als der fortdauernde Zweifel.

III. Krieg und Frieden

Internationale Politik gehorcht anderen Gesichtspunkten als die Innenpolitik. In der Innenpolitik müssen die Machthaber sich mit vielen Interessengruppen auseinandersetzen und sich mit diesen einigen. Hieraus erwächst ein moralisches Minimum: Nämlich Glaubwürdigkeit in bestimmten Momenten und der Wille, andere Interessen gelten zu lassen.

Auf dem Gebiet der internationalen Politik muß ein Politiker, meist Staatsmann genannt, nicht den Einwand fürchten, das Leben von Menschen aufs Spiel gesetzt zu haben. Das wird nur ein Vorwurf bei offensichtlichem politischen Versagen. Vielmehr kann der Einsatz von Menschenleben als hoch moralisch hingestellt werden. Das veranlaßt den Politikwissenschaftler *Ekkehart Krippendorff* von der „historischen Logik politischer Unvernunft"[4] zu sprechen. Denn dieses Merkmal zieht sich zumindest durch die gesamte Geschichte des Okzidents.

Dies kann man sich leicht daran klarmachen, wofür Herrscher den Beinamen „der Große" von der okzidentalen Geschichtsschreibung verliehen bekommen haben.

Daher seien drei Punkte festgehalten:

1. Eine politische Ethik kann sich besonders schwer in politische Moral verwandeln, weil das politische Denken Moral als Zweck nicht anerkennt.
2. Politik benutzt Moral als Mittel.
3. Es gibt in der politischen Klasse, das sind die national und international führenden Politiker, einen entmoralisierten Begriff von „Größe".[5]

Bis vor nicht allzu langer Zeit war es unter den besonderen politischen Bedingungen in Mittel- und Osteuropa eher unvorstellbar, daß Krieg als Mittel der Politik gelten konnte. Das ist mit den politischen Veränderungen zum Ausgang der achtziger Jahre anders geworden. – Wie in der ganzen Welt sind lokale und regionale Kriege wieder ein Normalfall: So gab es seit 1945 nur wenige Tage keinen Krieg auf dem gesamten Erdball. Allerdings ist in diesem Zusammenhang festzustellen, daß sich die Form der Kriege geändert hat: Es handelt sich nicht mehr um Kämpfe von Armeen verschiedener Staaten, sondern eher um Bürgerkriege. Dabei tritt die staatliche Armee gegen organisierte Untergrundkämpfer oder Guerillas an.

Einen Sonderfall bildet das ehemalige Jugoslawien. Der zerfallene jugoslawische Bund hatte neben der regulären und festen Armee immer eine sogenannte Milizarmee. Sie war aus den Partisanenverbänden hervorgegangen, die sich im Kampf gegen die deutsche Wehrmacht während des Zweiten Weltkrieges bewährt hatten. Die militärischen Planungen des ehemaligen jugoslawischen Bundes sahen daher vor, daß ein Krieg gegen einen erneuten Angreifer von außen von vornherein sozusagen als staatlicher Guerillakrieg geführt werden sollte. Diese an sich hochmoderne Konzeption stellte sich beim Zerfall des jugoslawischen Bundes als wichtige Voraussetzung für die Verschärfung der Kämpfe dar: Jede der Kriegsparteien hatte auf Anhieb eine – wenn auch verschieden starke – Armee. Da infolge des Konzeptes der Partisanenarmee Zivilbevölkerung und Milizen nicht unterschieden werden konnten, wandelten sich die Kämpfe auch sofort in organisierte Vernichtungsfeldzüge gegen die gesamte Bevölkerung.

Dieses Beispiel ist in mehrfacher Hinsicht lehrreich: Sobald eine gesellschaftliche Gruppe einen Staat gründet, schafft sie sich eine Armee. Ohne Armee ist ein Staat nach außen nicht anerkannt. Zu dieser unverzüglichen Militarisierung der Politik trägt auch die Politik der etablierten Staaten wie die Deutschlands bei: Kroatien wurde nach der Spaltung als unabhängiger Staat anerkannt, sobald klar wurde, daß seine Armee die Unabhängigkeit des Landes durchsetzen konnte. In anderen Fällen innerhalb der ehemaligen GuS-Staaten stehen sich hingegen nach wie vor zentralstaatliche und aufständische Verbände gegenüber, etwa in Georgien oder in Armenien. In diesem Falle läßt die Anerkennung auf sich warten, obwohl sich

4 Ekkehart Krippendorff: Staat und Krieg. Die historische Logik politischer Unvernunft, Frankfurt am Main (es 1305) 1985.

5 Vgl. hierzu Ekkehart Krippendorff: Krieg und Staat in der Dritten Welt, in: Klaus Jürgen Gantzel (Hg.), Krieg in der Dritten Welt, Baden-Baden (Nomos) 1988, S. 83-122; hier wird vor allem Friedrich der Große betrachtet.

möglicherweise ein Genozid wie in Armenien abzeichnet.

Die Genozide, also die Vernichtung von Völkern oder Rassen, führen nochmals in eine neue Dimension. Sie waren schon immer üblich. Dabei gibt es einen gleitenden Übergang zwischen Genoziden, also der bewaffneten Ausrottung ganzer Völkerschaften, und den Ethnoziden. Der Ethnozid führt auch zur Ausrottung von Völkern oder Rassen, ist oftmals aber noch nicht einmal als solcher geplant. In der modernen Variante geht er einher mit einer ökologischen Kriegsführung: Die Lebensgrundlagen von Rassen oder Völkern werden systematisch vernichtet. Das bekannteste Beispiel sind sicherlich die Amazonas-Indianer, aber es gibt weltweit zahllose andere. Dabei muß der schleichende Übergang bekümmern: Kann man die Vernichtung des Lebensraums für Rentierherden in Nordeuropa bei den Samen darunter zählen oder nicht? Nach unserer Wahrnehmung handelt es sich hier weniger um einen Ethnozid als um die bedauerlichen Folgen der Modernisierung. Wir, als Unbetroffene, nehmen in der Regel kein moralisches Problem wahr. Alle diese Ethnozide können aber auch nur vor sich gehen, weil der staatliche Gewaltapparat die Vorgänge absichert und eine Gegenwehr der Betroffenen verhindert. Hierfür und für die Mischformen zwischen Ethnozid und Genozid ist sicherlich die Vernichtung der Indianer in den USA das bekannteste Beispiel. Die Vernichtung von Völkern ist also nicht nur die Angelegenheit sowieso zweifelhafter Regimes, sondern sie gehört von Anfang an zum modernen Staat, zu dem ebenso von Anfang an der Einsatz von Gewalt gehört; das ist auch eine Seite des Leviathan (vgl. Kapitel 5, II).

Das Beispiel Jugoslawien ist auch aufschlußreich für die geistige Verarbeitung von Völkermord. Bei uns werden die Kämpfe meistens wahrgenommen als Kämpfe von Völkern oder Nationen um ihre Unabhängigkeit. Wenn sich der Aufstand oder Kampf zugleich mit unseren politischen Interessen oder Wünschen verbindet, dann wird er mit Sympathie begleitet. Mit dem Kampfgeschehen geht bei uns oftmals eine selektive Wahrnehmung einher, indem die Grausamkeiten der einen Seite in einem schärferen Lichte erscheinen als die der anderen. So läßt sich im Falle Jugoslawien eine Wahrnehmungsverzerrung zu Lasten der Serben nicht leugnen. – Vor Ort liegen die Dinge anders: Hier kämpft der sich zivilisatorisch überlegen fühlende kroatische Westen gegen den als rückständig empfundenen serbischen Osten; der noch im Rahmen der abendländischen Kultur sich empfindende serbische Nordosten kämpft wiederum gegen den als fremdartig empfundenen muslimischen Süden. Die bosnischen Muslime empfinden sich als Vorposten einer wiederum anderen Kultur. Nicht zuletzt deutet die Türkei den Kampf gegen die Bosnier als einen der weltweiten Angriffe gegen den Islam. Kulturelle Gemengelage und das Nebeneinander verschiedener Kulturen müssen also überhaupt nicht zu einem Mehr an Offenheit oder Toleranz führen, sondern können in einer gegebenen historisch-politischen Lage vielmehr als Katalysator von Spannungen wirken. Die Kriegführenden können sich einbilden, für eine wichtige Sache zu stehen. Der politischen Phantasie sind bei der Ausformulierung solcher Leitvorstellungen keine Grenzen gesetzt; der Realitätsgehalt ist nie hoch. Die Sache, für die jeweils angeblich gekämpft wird, dient lediglich dazu, die gängige Alltagsmoral während des Kampfes außer Kraft zu setzen.

Diese ideologischen oder religiösen Verschlüsselungen machen es uns leicht, diese Kriege als irregeleitetes oder rückständiges Denken der Kämpfenden abzutun und wiederum für uns eine zivilisatorische Überlegenheit in Anspruch zu nehmen. Es gehört aber zu den Merkmalen unserer politischen Kultur, daß die realen, insbesondere ökonomischen, Hintergründe für diese Konflikte unaufgeklärt bleiben. Es handelt sich nur allzu oft um die politischen Folgen von ökonomischen Zwängen, die der Weltmarkt in die betroffenen Gesellschaften hineinträgt und die sich in starken sozialen Gegensätzen auswirken. Das zerrissene Jugoslawien zerfällt nicht umsonst in einen entwickelten Westen, der als Billiglohnland für die EG brauchbar ist, und einen agrarisch bestimmten Osten, der innerhalb der EG keinen Platz beanspruchen kann. So ist es auch nicht zufällig, daß der Westen des Landes die europäische Sympathie hat, der Osten hingegen die Abneigung. Man wird behaupten können, daß im Vorfeld der bewaffneten Auseinandersetzungen die Gegensätze von denjenigen geschürt worden sind, die heute ihr Unverständnis über die Grausamkeit und Härte des Krieges bekunden. Es ist freilich auch richtig, daß der Krieg Eigendynamik entfaltet hat, als er einmal ausgebrochen war. In dieser Form hat ihn sicherlich niemand gewollt.

Unverstandene historisch-politische Gegenwart, selektive Wahrnehmung, Harmoniebedürfnis tragen dazu bei, daß wir den Krieg auf der Erde nach wie vor als Sonderfall empfinden. Er ist aber in Wirklichkeit der Normalfall.

„<Es> wurden ... in den 32 Jahren zwischen 1945 und 1976 120 Kriege geführt. ... Die Gesamtdauer der Kriege betrug 369 Jahre, das bedeutet, daß im Schnitt jeder Krieg länger als drei Jahre dauerte und an jedem ‚durchschnittlichen Tag' dieser 32 Jahre wurden elfeinhalb Kriege auf der Welt geführt. In der Tat gab es nicht mehr als 26 Tage in den 32 Jahren, an denen nicht irgendwo auf der Welt ein Krieg stattfand ..."[6]

Dieser Formwandel von Kriegen hat für die moralische Wahrnehmung und ethische Beurteilung wichtige Konsequenzen. Es gehört nämlich auch dazu, daß große zentralisierte und hochtechnisierte Militärapparate solche „Volkskriege" nicht gewinnen können. Das mußten die Kolonialmächte England und besonders Frankreich erfahren, die USA lernten es in Vietnam und die vormalige UdSSR in Afghanistan. Die Israeli, in der Rolle der regionalen Vormacht, machen täglich dieselbe Erfahrung. Diese Beobachtungen haben die Militärs zu einer geänderten Art des Krieges geführt; es bietet sich dasselbe Bild wie bereits bei Jugoslawien: Auch die Kriegsführung der großen Mächte bewegt sich heute auf den Genozid (vgl. oben) zu. Dieses moderne Kriegsbild war im zweiten Golfkrieg gut zu studieren. Eine neue Variante – als Antwort – ist der Öko-Krieg, wie ihn die Iraker gegen die USA anwandten, indem sie die Ölquellen in Brand setzten. Als drittes Moment kommt hinzu, daß sich die Verbreitung der Atomwaffen und deren Verwahrung endgültig nicht mehr kontrollieren lassen. Es muß vor dem Hintergrund dieser Erfahrungen schon verwundern, wenn militärische Einsätze als „humanitäre" Aktionen dargestellt werden.

Angesichts dieser beunruhigenden Feststellungen sollte man sich fragen, ob es die Aussicht auf gegenläufige Entwicklungen gibt. Die entsprechenden Hoffnungen auf die zukünftige Vermeidung von Kriegen und den Abbau von Gewalt gehen davon aus, daß mit wirtschaftlichem Wohlstand, der Verbreitung von Bildung und der Ausformung der Demokratie die Neigung zum Krieg abnimmt. Dieser Theorie zufolge wird man Kriege in Zukunft vor allem deswegen in der Dritten Welt und wohl auch in Osteuropa finden, weil die Gesellschaften noch nicht die kriegsverhindernden Bedingungen ausbilden konnten. Demzufolge kommt es auf die Ausbreitung der drei genannten Faktoren an, damit die Kriegsneigung weltweit zurückgeht. Es handelt sich sozusagen um einen Wettlauf mit der Zeit.[7] Allerdings gewinnt demgegenüber mittlerweile eine andere Denkschule an Boden. Sie nimmt den Krieg als unvermeidlich an und setzt voraus, daß Kriege geradezu etwas Gutes bedeuten, weil sie – im rechten Sinne geführt – in bestimmten Regionen der Erde den Fortschritt in Richtung auf ein Mehr an Kultur und Entwicklung voranbringen. Die entwickelten Nationen werden sich nicht der Verpflichtung entziehen können, derartige Kriege zu führen.[8]

Diese Auffassung kann sich auf den griechischen Philosophen *Heraklit* (um 500 v. Chr.) berufen. Grundsätze Heraklits waren unter anderen:

„Krankheit macht Gesundheit angenehm und gut, Hunger Sättigung, Ermüdung das Ausruhen.

Kampf ist der Vater von allem, der König von allem; die einen macht er zu Göttern, die anderen zu Menschen, die einen zu Sklaven, die anderen zu Freien.

Dies Weltgesetz (Logos), das doch ewig ist, begreifen die Menschen nicht, weder bevor sie davon gehört noch sobald sie davon gehört haben. Denn obgleich alles nach diesem Gesetz geschieht, machen sie den Eindruck, als ob sie nichts davon ahnten ..."[9]

---

6 Istvan Kende: Die Entwicklung der Kriege, des Waffenhandels und der Militärausgaben in der Dritten Welt 1945-1976, in: Vorgänge 39 (1979), S. 107-112.

7 Zusammenfassung dieser Denkrichtung bei Hans Nicklas: Frieden in der Weltgesellschaft? Der schwierige Weg zur Eindämmung der Gewalt, in: Berhard Claußen u.a. (Hg.): Herausforderungen, Antworten, Opladen (Leske) 1991, S. 31ff., hier: S. 38f.

8 Vgl. Karl Otto Hondrich: Lehrmeister Krieg, Reinbek (Rowohlt) 1992.

9 Zitiert nach Wilhelm Capelle (Hg.): Die Vorsokratiker, Stuttgart (Kröner)1968 u.ö., S. 131 ff.

Andere Betrachter haben freilich den Verdacht, daß unsere Kulturentwicklung generell friedensfeindlich sei. Der Zusammenhang zwischen Entwicklung zur Demokratie und Friedfertigkeit ist dieser Betrachtung zufolge eher Wunschdenken. Vielmehr baue unsere Gesellschaft insgesamt in den Menschen ein Aggressionspotential auf.

So äußerte schon *Sigmund Freud* in seiner Schrift „Das Unbehagen in der Kultur" (1929)[10] diesen Verdacht. Freud ging davon aus, daß die moderne Kulturentwicklung dem Menschen so viel Zwänge auferlege, daß sich sein natürliches Erleben und seine Triebhaftigkeit dagegen wehrten. Dies äußere sich in einer ständigen Gewaltbereitschaft, die zum Teil nur noch in der Phantasie oder im Sport ausgelebt werden könne. Je regulierter und normierter die Kultur werde, desto sicherer werde es periodisch zu kollektiven Gewaltausbrüchen kommen. Die Einsichten Freuds müssen auch und gerade für die Demokratie gelten, denn sie verlangt, daß sich der einzelne Zwang und Zurückhaltung auferlegt bei der Durchsetzung seines Willens zugunsten der Absprache mit anderen.

Diese Theorie blieb natürlich nicht unwidersprochen. Sie scheint aber bei Betrachtung der historisch-politischen Entwicklung nicht völlig abwegig. Mit den USA und den europäischen Staaten gibt es Beispiele dafür, daß hohe Entwicklung sehr wohl mit Kriegsbereitschaft einhergeht. Außerdem weisen die Indikatoren in der Dritten Welt ohnehin nicht auf ein Voranschreiten von Wohlstand, Bildung und Demokratie.

> Die Entwicklung von Wohlstand, Bildung und Demokratie entscheidet über die Zukunft des Krieges.

Vermutlich wird der Abendländer sich zu der Einsicht bereit erklären müssen, daß die denkerische Bereitschaft zum Krieg ein besonderer okzidentaler Exportartikel ist. Das läßt sich aus dem abendländischen Denken zum Krieg ableiten. Es scheint weltweit eine Besonderheit darzustellen, indem es den Krieg als sinnvolles Mittel ansieht, zum Teil sogar als Notwendigkeit.[11]

Als Gegensatz zum abendländischen Denken in diesem Punkte mag der *Buddhismus* gelten. Hier findet sich keine besondere Ächtung des Krieges, sondern eher die Auffassung, daß Krieg ein Bestandteil des normalen Lebens sei, das durch die Begierden der Menschen ohnehin schwer zu ertragen sei. Er gehört daher zum nomalen Leiden dieser Welt. Diese Hinnahme ist nicht dasselbe wie die Rechtfertigung des Krieges, der wir im abendländischen Denken begegnen.

„Beim Tod ist für mich keine Furcht; es gibt (auch) keine Lust am Leben. Den Körper werde ich ablegen, vollkommen weise und gedankenvoll." (Teragatha, Nr. 20, Ajita)[12]

In der allgemeinen Verhaltensregel für Mönche legt der Buddha fest:

„Mönche sollen keine Heerschauen ansehen, sie sollen sich nicht in der Armee aufhalten, sie sollen nicht an Kampfeshandlungen teilnehmen." (Pacittiya Dhamma: Regeln über Vergehen, die eine Buße erfordern, 48 – 50)[13]

Es gibt in der gesamten Geschichte des Okzidents zwei Denktraditionen gegenüber dem Krieg. Auf den ersten Blick erscheinen sie widersprüchlich, historisch gesehen haben sie sich ergänzt. Im Rahmen der einen Tradition wird der Krieg zum normal und kalkuliert einsetzbaren Mittel erklärt. Im Rahmen der anderen Tradition gilt er als unbegreifbares Geschehen, das geheimnisvolle Kräfte entbindet. Diese zweite Tradition ist allerdings doppeldeutig: Zum einen wird der Krieg zum Nachweis des Abgründigen und unheilbar Bösen im Menschen, zum anderen wird der Krieg zum Jungbrunnen, der den Menschen in der Rolle des Kämpfers umwandelt und alle positiven Kräfte des Menschen – gedacht ist hier freilich nur an den Mann – herausfordert (siehe hierzu *Heraklit*).

> Krieg ist von allem der Vater.
> *Heraklit, 544 – 483 v. Chr.*

10 Viele Ausgaben. – Sigmund Freud: Kulturtheoretische Schriften, Frankfurt am Main (Fischer) 1974 u.ö., S. 191ff.

11 Vgl. Reimer Gronemeyer: Intergesellschaftliche Konflikte und Ethik. Hunger und Krieg – Brot und Frieden, in: Franz Neumann (Hg.): Politische Ethik, Baden-Baden (Signal) 1985, S. 152-188.

12 Zitiert nach Gautama Buddha: Die vier edlen Wahrheiten, hg. von Klaus Mylius, München (dtv) 1991.

13 Ebd.

Diese doppelt gespaltene Tradition wird im Judentum und in der entsprechenden biblischen Überlieferung sehr deutlich faßbar.

In der Anfangsphase ihrer Geschichte waren die Israeliten ein nomadisierendes Viehzüchtervolk, das allmählich in Palästina einsickerte. Ihre Lebensform hatte es mit sich gebracht, daß sie in einem lockeren Bund verschiedener Sippen und Großsippen, dann in Stämmen organisiert waren. Der Krieg war für die Israeliten zunächst normal, weil sie sich bei ihrer Landnahme gegen die Einwohnerschaft Palästinas durchsetzen mußten. Daher wird Krieg auch nicht moralisiert, sondern gehört zum menschlichen Leben. Neben diesen alltäglichen gewaltmäßigen Auseinandersetzungen um Weideplätze gab es den seltenen Sonderfall, daß ein Feind ansetzte, die Israeliten oder einen der Stämme überhaupt zu vertreiben. Wenn sich diese Bestandsfrage stellte, dann gab es den alten Brauch des Heiligen Krieges, in dem die Stämme Israels gemeinsam auf das Schlachtfeld zogen und das Land verteidigten. Es war eine Art spontaner Selbstorganisation. Nachdem die Israeliten sich dauerhaft festgesetzt hatten, bildete sich allmählich eine festere politische Organisation heraus. Dies ging nicht ohne innere Auseinandersetzungen vor sich. Lange wehrten sich die Stämme und Stammesführer dagegen, daß es ein zentrales Königtum geben sollte, weil sie darin ein Ende ihrer Autonomie heraufkommen sahen. Die dauernden Abwehrkämpfe und Auseinandersetzungen mit den übrigen Völkern in der Region begünstigten aber den Aufstieg einer zentralen Macht, die zugleich den Schutz vor Feinden garantieren konnte. Mit dem Aufkommen des Königtums unter Saul und David wird Ordnung in die politische Organisation gebracht: Die Menschen werden gezählt, es werden Führer als Träger von Verantwortung (sprich: möglicher Bestrafung) ernannt, die königlichen Finanzen werden auf den Ernstfall des Krieges eingestellt.

Unter *Salomo* erreichte die permanente Rüstung einen Höhepunkt. Sie wurde zum historischen Vorbild im jüdischen Denken. Allerdings war die Blütezeit des jüdischen Königreiches sehr bald vorbei. Schon ab ca. 700 v. Chr. erwies sich dieser Staat als viel zu klein und wurde ständig zwischen den aufkommenden Großmächten, die den Raum beherrschten, erdrückt. So tauchten

> So machte sich David einen Namen. Und als er von dem Sieg über die Syrer zurückkam, schlug er die Edomiter im Salztale, 18000 Mann ... denn der Herr half David überall, wo er hinzog.
> 2. Samuel 8,13f.

Ägypter, Assyrer, Perser, Griechen und endlich Römer als Fremdherren auf. Der eigenständige Staat Israel ging schließlich unter und wurde in die verschiedenen Weltreiche als Provinz einverleibt. Es setzte als Gegenreaktion gegen die ständige Fremdherrschaft eine gedankliche Überhöhung der eigenen Machtträume ein. In den endzeitlichen Vorstellungen der Propheten kommen entsprechende Bilder vor: „Ein Schwert führt der Herr, das voll ist von Blut" (Jesaja 34), oder es werden stinkende Leichenberge angekündigt, natürlich die der Heiden (Jesaja 34,3).

Allerdings wäre es ein Irrtum, die alttestamentarischen Vorstellungen auf diese kriegerischen Bilder zu begrenzen. Sondern es gibt eine zweite, ebenso alte Tradition. Mit der Vorstellung des Schalom wird eine politisch untermauerte Friedensvision entwickelt. Die Befreiung aus wirtschaftlicher Versklavung und politischer Rechtlosigkeit wird als notwendige Voraussetzung für Friedfertigkeit begriffen. Das führt zu ausgesprochen antimilitaristischen Bildern, die sich bei eben denselben Propheten finden:

> „Denn jeder Schuh, der mit Gedröhn einherschreitet, und der Mantel, der im Blut geschleift ist, der wird verbrannt, ein Fraß des Feuers" (Jesaja 9,5).

Diese Bilder der Abneigung gegen den Krieg finden sich in derselben Schrift wie die blutrünstigen Visionen. Die Kleinheit und Schwäche Israels führte im Laufe der Zeit zu einer Art Einkehr der Vernunft: Nicht mehr Hochrüstung wie zur Zeit des Königtums, sondern die Sehnsucht nach einem friedlichen Miteinander bestimmt die Visionen.

Die Abneigung gegen das Königtum und seine große Politik, die den Menschen nicht nutzt, hat folgende Fabel des Alten Testaments bewahrt. Sie gehört in die Zeit der Richter, also vor dem Königtum, als den Stammesführern klar wurde, daß mit dieser neuen Herrschaftsform gravierende politische Änderungen verbunden waren:

„Einst kamen die Bäume zusammen, um sich einen König zu wählen. Sie sagten zum Ölbaum: ‚Sei du unser König!' Aber der Ölbaum erwiderte: ‚Soll ich vielleicht aufhören, kostbares Öl zu spenden, mit dem man Götter und Menschen ehrt? Soll ich über den Bäumen thronen?' Da sagten die Bäume zum Feigenbaum. ‚Sei du es!' Doch der Feigenbaum erwiderte: ‚Soll ich vielleicht aufhören, süße Feigen zu tragen? Soll ich über den Bäumen thronen?' Da sagten sie zum Weinstock: ‚Sei du es!' Doch der erwiderte: ‚Soll ich aufhören, Wein zu spenden, der Götter und Menschen erfreut? Soll ich über den Bäumen thronen?' Schließlich sagten sie zum Dornstrauch: ‚Sei du unser König!' Und der Dornstrauch erwiderte: ‚Wenn ihr mich wirklich zu eurem König machen wollt, dann bückt euch und sucht Schutz unter meinem Schatten! Sonst wird Feuer von meinen Dornen ausgehen, das sogar die Zedern Libanons verbrennt.'" (Buch der Richter 9,7–15)

Diese Tradition des Mißtrauens gegenüber historischer Größe und der damit verbundenen Bereitschaft, das Leben von Menschen aufs Spiel zu setzen, blieb zwar unvergessen, aber sie wurde nicht bestimmend. Mit den Vorstellungen von politischer Größe und einem effizienten politischen Gemeinwesen verbindet sich vielmehr die Überzeugung, daß man zur Not auch in der Lage sein müsse, das Instrument des Krieges mit kühler Berechnung zu handhaben. Das wurde eine okzidentale Besonderheit, denn außerordentliche Bedingungen kamen zusammen: das griechische und römische Denken, also die Ursprünge des Abendlandes neben der jüdischen Religion, wirkten in dieselbe Richtung. Es sei nur an den bekannten römischen Spruch erinnert: *Si vis pacem para bellum (wenn du den Frieden willst, dann bereite dich auf den Krieg vor).*

Die bekannteste „Rationalisierung"[14] des Krieges findet man bei dem preußischen Denker *von Clausewitz.*

Was ist der Krieg?

„Definition:
Wir wollen hier nicht erst in eine schwerfällige publizistische Definition des Krieges hineinsteigen, sondern uns an das Element desselben halten, an den Zweikampf. Der Krieg ist nichts anderes als ein erweiterter Zweikampf. Wollen wir uns die Unzahl der erweiterten Zweikämpfe, aus denen er besteht, als Einheit denken, so tun wir besser, uns zwei Ringende vorzustellen. Jeder sucht den anderen durch physische Gewalt zur Erfüllung seines Willens zu zwingen; sein nächster Zweck ist, den Gegner niederzuwerfen und dadurch zu jedem ferneren Widerstand unfähig zu machen. Der Krieg ist also ein Akt der Gewalt, um den Gegner zur Erfüllung unseres Willens zu zwingen. Die Gewalt rüstet sich mit den Erfindungen der Künste und Wissenschaften aus, um der Gewalt zu begegnen. Unmerkliche, kaum nennenswerte Beschränkungen, die sie sich selbst setzt unter dem Namen völkerrechtlicher Sitte, begleiten sie, ohne ihre Kraft wesentlich zu schwächen. Gewalt, d.h. die physische Gewalt (denn eine moralische gibt es außer dem Begriffe des Staates und Gesetzes nicht) ist also das Mittel; dem Feinde unseren Willen aufzudrängen, der Zweck. Um diesen Zweck sicher zu erreichen, müssen wir den Feind wehrlos machen, und dies ist dem Begriff nach das eigentliche Ziel der kriegerischen Handlung. Es vertritt den Zweck und verdrängt ihn gewissermaßen als etwas nicht zum Kriege selbst Gehöriges."[15]

Bekanntermaßen kommt *v. Clausewitz* zu dem Schluß: „Der Krieg ist eine bloße Fortsetzung der Politik mit andern Mitteln" (I.24). In den achtziger Jahren dieses Jahrhunderts hatte Clausewitz eine Renaissance. Die Militärs sannen darüber nach, wie der Krieg wieder führbar gemacht werden könne, nachdem die Atomrüstung zunächst in eine Sackgasse geführt hatte. Dieser Zustand ist heute wieder überwunden und Krieg ein „normales" Mittel der Politik, wie der Golfkrieg gezeigt hat. Dabei wurden Clausewitzsche Lehren beherzigt. So hatte der alte Preuße schon festgestellt, daß Verteidigung leichter sei als Offensive. Daß Ermattung eher zum Ziele führe als verlustreiches Niederwerfen. Daß Nichtstun sich mehr auszahle als Aktivität. Daß es kein globales Kriegsziel gebe, sondern daß man im einzelnen genau wissen müsse, worauf man hinauswolle. – Dieser Lernprozeß der Militärs wurde im zweiten Golfkrieg vorgeführt.

---

14 Unter Rationalisierung wird hier verstanden, daß eine ursprünglich gefühlsmäßige Einsicht mit verstandesgemäßen Gründen gerechtfertigt wird. Allerdings verbergen die genannten Gründe die eigentlichen Motive.

15 Viele Ausgaben. Hier zitiert nach Carl von Clausewitz: Vom Kriege, hg. von Ulrich Marwedel, Stuttgart (Reclam) 1980, S. 17f.

Modernes „operationelles Denken", wie es Konzernplaner pflegen, wird sich in Zukunft sehr leicht mit der „Kriegskunst" verbinden können. Der Krieg wird daher ein Mittel der Politik bleiben, das auch von den Staaten angewendet wird, die am höchsten entwickelt sind. Daher sprechen manche Analytiker auch von der „organisierten Friedlosigkeit". Immerhin gibt zu hoffen, daß immer mehr Menschen davon überzeugt sind, daß der Krieg seinen behaupteten Zweck nicht erfüllt. Insofern wiederholt sich möglicherweise der oben angeführte Lernprozeß des alten Israel.[16]

Diese Betrachtung über das kriegerische Denken führt zu dem Ergebnis, daß die politischen Beteuerungen, man suche den Frieden, als wenig aussagekräftig gelten müssen. Die Haltung zum Kriege ist gespalten; die Position der grundsätzlichen Abneigung ist die schwächere. Das vorherrschende politische Denken ist ohnehin skeptisch gegenüber einer Friedensethik. – Die konkreten historisch-politischen Verläufe verweisen auch darauf, daß der Krieg weiterhin ein normales Mittel der Politik bleibt.

Mit dem Golfkrieg hat sich eine neue Problematik ergeben: Zum ersten Male sahen sich Soldaten der deutschen Armee ernsthaft der Möglichkeit gegenüber, kämpfen zu müssen. Eine nicht unbeträchtliche Anzahl reagierte mit einer nachträglichen Verweigerung des Kriegsdienstes aus Gewissensgründen. Die Verweigerungszahlen schnellten in die Höhe und sanken nicht mehr auf das alte Niveau ab. Man mag geteilter Meinung über diese Erscheinung sein, aber sie zeigt recht genau an, daß viele Menschen die Aussicht auf die Teilnahme Deutschlands an einem zukünftigen Krieg für realistisch halten.

In diesem Zusammenhang müssen wohl folgende Punkte bedacht werden, wobei deren moralische Bewertung offenbleiben soll:

- Kriegsgründe werden nicht offen und zutreffend dargelegt. So sagte auch die deutsche Regierung im Golfkrieg, daß die Demokratie in Kuwait hergestellt werden müsse. Das Regime in Kuwait hat sich hernach als Folterregime erwiesen; das war aber schon vorher bekannt.
- Moderner Krieg ist gegen die Zivilbevölkerung gerichtet. Das galt für die amerikanischen Bombardierungen im Irak und für die irakischen Raketenangriffe auf Israel. In den Auswirkungen läuft er auf einen potentiellen Völkermord hinaus auch ohne Einsatz von Atomwaffen.
- Das bloße Vorhandensein militärischer Mittel führt unter den heutigen Bedingungen auch zu ihrem Einsatz. Im Falle des Golfkrieges wurden politische Mittel wie Sanktionen nicht ausgeschöpft, weil die kriegerische Lösung effektiver erschien.

Diese Beobachtungen am Beispiel des Golfkrieges sind verallgemeinerbar und müssen wohl für die eigene Haltung gegenüber Kriegen einbezogen werden. Mit anderen Worten: Die moralische Beurteilung des Krieges hängt nicht nur von allgemeinen ethischen Grundsätzen ab, sondern von konkreten historisch-politischen Bedingungen. Unter den obwaltenden Zeitumständen läßt sich zumindest nicht eindeutig sagen, inwiefern ein Krieg gerechtfertigt ist oder nicht.

Entwicklung der Kriegsdienstverweigerungszahlen

	Januar 90	Februar 90	März 90	Januar 91	Februar 91	März 91
Soldaten	288	144	89	994	1032	240
Einberufene	203	373	548		3107	1911
Reservisten	490	405	441	9256	13647	3412
Ungediente	7883	6573	5432	11045	13349	8375

16 Grundlegende Übersicht zur gesamten Diskussion bei Wolfgang R.Vogt: Militärlogik gegen Zivillogik. Sind Kriege abschaffbar?, in: Jahrbuch Frieden 1992, München (Beck) 1991, S. 39 – 53.

Exkurs: Der Krieg in der Religion

1. Problemstellung

Im folgenden sollen die Traditionen des religiösen Denkens zum Krieg am Beispiel von Islam und Christentum untersucht werden.

Die Tradition des Heiligen Krieges (Djihad) im Islam ist bei uns bekannt und wird meistens als Zeichen einer besonderen Militanz dieser Religion und rückständigen Denkens bei deren Anhängern bewertet.

In Europa und auch in Nordamerika herrscht hingegen das Denken über den Gerechten Krieg (bellum iustum) vor. Im heutigen Verständnis geht es um die Frage, unter welchen Umständen die Kriegführung aus christlicher Sicht erlaubt ist.

Im katholischen Denken wurde – mit allerdings wichtigen Ausnahmen – die Lehre vom Gerechten Krieg überhaupt nicht aufgegeben, im protestantischen hingegen gewann die Überlegung an Boden, daß Krieg überhaupt nicht gerechtfertigt werden kann.

Dabei stand allerdings die Auseinandersetzung mit dem Atomkrieg im Vordergrund. – Nun scheint es so, daß ein Atomkrieg als Vernichtungskrieg zwischen den Supermächten nicht geführt werden muß, daß aber sehr wohl die Kriege nicht verschwinden und daß vor dem Hintergrund der veränderten Umstände auch die Deutschen über die Ethik des Krieges nachdenken müssen.

Das führt einen Kriegsgegner wie den Theologen *U. Finckh* zu folgender Überlegung:

„Nachträglich (nach dem Golfkrieg von 1991) wird uns bewußt, wie töricht es war und ist, die alte Lehre, wann Verteidigungskrieg ausnahmsweise erlaubt sein kann – und nur darum geht es beim ‚bellum iustum' – aufzukündigen. Nun kam gar der ‚heilige Krieg' wieder hervor – bei Saddam Hussein und bei George Bush!"[17]

Auf diesen aktuellen Hintergrund hin soll die Tradition aufgearbeitet werden.

17 Referat bei der Konferenz der Synodalbeauftragten der evangelischen Kirche im Rheinland am 22.5.91, in: Junge Kirche 8/91, S. 489ff. – Finckh ist Pastor im Ruhestand und leitete bis Ende der achtziger Jahre eine zentrale kirchliche Betreuungsstelle für Wehrdienstverweigerer. – Saddam Hussein und der amerikanische Präsident Bush hatten beide gleichermaßen erklärt, es handele sich um einen heiligen Krieg.

2. Der Heilige Krieg

Der Heilige Krieg ist eine Erscheinung, die aus den alten Zeiten bei den Juden oder Hellenen bekannt ist. Er wurde dann ausgerufen, wenn ein Gegner tatsächlich vernichtet werden sollte, während normalerweise das Ende des Krieges in der Unterwerfung oder gar nur aus Symbolakten bestand. – Für den Soziologen *Max Weber* stellt sich die Entwicklung so dar, daß dieser religiös motivierte Vernichtungskrieg in der Geschichte immer mehr außer Gebrauch kam und durch zweckmäßigere Formen ersetzt wurde.[18]

Schon bei den Juden der Königszeit wurden in den Eroberungskriegen die Kriegsziele umgewandelt zur Oberherrschaft und Bestätigung des Gottesvolkes, das die anderen Völker dazu bringen sollte, dereinst Jahve zu dienen. Im Islam wurde sogar die Schonung des Gegners verlangt, denn die Unterworfenen sollten der politischen Herrschaft dienen und Tribute zahlen.

Der Heilige Krieg des Islam war für *Weber* das zweckrationale Ende dieses Entwicklungsprozesses. Dieser zivilisatorische Fortschritt ist Weber zufolge durch das Christentum spätestens in den Kreuzzügen wieder zunichte gemacht worden; es ging erneut um Ausrottung. Der Islam zog dann nach.

Diese Sichtweise des berühmten Soziologen läßt sich zwar durch historische Vorgänge belegen, aber sie dürfte doch nicht den Kern treffen, wie sich noch zeigen wird.

Es hat im Islam und auch im Christentum immer wieder Versuche gegeben, den Heiligen Krieg als Aufforderung zur Vernichtung des Gegners zu benutzen. Der letzte bekannte Versuch im Christentum ist die Rede des katholischen Kardinals *Spellmann* anläßlich des Vietnamkrieges 1966. – Insgesamt ist diese Art Heiliger Krieg aber eine überwundene Erscheinung und trifft in beiden Kulturkreisen nur auf eingeschränktes Gehör.

Djihad und bellum iustum sind hingegen anders zu bewerten.

18 Vgl. Max Weber: Richtungen und Stufen religiöser Weltablehnung, in: ders.: Soziologie. Universalgeschichtliche Analysen. Politik, Stuttgart (Kröner) 1973 u.ö., S. 441ff., hier S. 454ff.

3. Die Tradition des Djihad im Islam[19]

Wie in der Bibel finden sich auch im Koran Aufforderungen zur Vernichtung und Mahnungen zur Begrenzung von Gewalt gleichermaßen:

„Und wenn ihr die Ungläubigen trefft, dann herunter mit dem Haupt, bis ihr ein Gemetzel unter ihnen angerichtet habt ... ." (Sure 47,4)

„Vorgeschrieben ist euch der Kampf, doch er ist euch ein Abscheu. Aber vielleicht verabscheut ihr ein Ding, das gut für euch ist, und vielleicht liebt ihr ein Ding, das schlecht für euch ist." (Sure 2,212 f.)

„Und bekämpft sie (die Ungläubigen), bis die Verführung (zu Unglauben oder Untaten) aufgehört hat, und der Glauben an Allah da ist. Und so sie ablassen, so sei keine Feindschaft außer wider die Ungerechten." (Sure 2, 188 u. 189)

In einer stark zusammengefaßten Sicht stellt sich der Djihad aus der Tradition heraus folgendermaßen dar: Die Vorstellung wurde entwikkelt, als das Kerngebiet des Islam um Medina und Mekka noch von anderen arabischen Stämmen bedroht war. Der Djihad diente der Bewahrung dieses Kerngebietes der Rechtgläubigen (Muslime) und damit der Existenz der Religion überhaupt. Der Djihad erforderte den aktiven Einsatz eines jeden Gläubigen.

Mit der sehr starken und vorwiegend militärischen Expansion der dem Islam anhängenden Stämme wandelte sich der ursprünglich rein defensive Charakter. Die Ausbreitung des Glaubens über die gesamte bekannte Welt schien möglich. Die Endvorstellung bestand darin, daß es dann nur noch Gläubige geben würde und somit Gerechtigkeit auf der ganzen Erde herrschen würde. Dann aber waren Kriege nicht mehr notwendig. – Wichtig ist in diesem Zusammenhang, daß es nach den islamischen Leitvorstellungen keine Regierung oder einen Staat gibt, der den Djihad befehlen kann. Der Islam kennt überhaupt nicht den politischen Staat im europäischen Sinne, sondern nur einen lockeren Verbund gleichberechtigter Gemeinden, die politisch gleichgestellt sind (Umma). Wenn daher jemand dem Djihad folgte, dann war das ein persönlicher Akt, der durch den Tod gekrönt werden sollte und als Glaubenszeugnis verstanden wurde. Daher fanden sich bei den Heeren auch immer Freiwillige aus völlig anderen Regionen, die den jeweiligen Krieg als ihren Djihad auffaßten, in dem sie sich vervollkommneten und zum Märtyrer wurden.

Mit dem 8. Jahrhundert waren die Expansionsmöglichkeiten der Araber sichtlich erschöpft. Die Leitvorstellung der einen islamischen Welt war nicht mehr erreichbar. Nunmehr wandelte sich erneut die Vorstellung vom Djihad: Sie wurde sozusagen wieder defensiv. Es gab die Welt der Muslime, dann gab es die Welt der anderen, zum Teil bewohnt von politisch abhängigen und tributpflichtigen Völkern. Djihad diente wieder der Verteidigung bei Bedrohung des Islam, d.h. seines Kerngebietes.

Die defensive Grundidee wurde die wirkungsmächtigere. Dazwischen gab es noch eine Reihe von Versuchen – vor allem bei der Expansion des Osmanischen Reiches – den Djihad aggressiv nach außen zu wenden als allgemeine Eroberung nicht-islamischen Gebietes. Aber spätestens seit den ersten Verträgen mit Frankreich – schon im 16. Jahrhundert – war für die islamische Welt klar, daß sie nicht weltbeherrschend sein würde, sondern mit anderen zusammenleben mußte. Vielmehr vollzog sich bis in das 20. Jahrhundert hinein die Auflösung der Selbständigkeit der politischen Gebiete des Islam und ihre wachsende Kolonialisierung.

Unter dem Eindruck der europäischen, dann bald US-amerikanischen Vorherrschaft entstanden islamische Erneuerungsbewegungen. Sie gingen nun davon aus, daß die Ungläubigen mittlerweile in das Herz des Islam vorgedrungen seien und vor allem seine kulturelle Zersetzung betrieben. Die Stunde der höchsten Not und der Bestandsbedrohung waren aus dieser Sicht da. Djihad konnte und kann politisch heißen: Abschüttelung der Fremdherrschaft und Beendigung kolonialer und quasi-kolonialer Regimes. Djihad konnte und kann heißen: Überwindung der Bedrohungen durch das westliche Zivilisationsmodell im Gläubigen selber durch Besinnung auf die Grundlagen des Islam und Änderung der Lebensführung. Hier wird die Tradition des individuellen Opfers wieder lebendig, vor allem im Schiismus.

Einen besonderen Stellenwert hat in diesem Zusammenhang die Existenz Israels: Juden gehören zu den sogenannten Buchreligionen, die

19 Die Darstellung folgt Christiane Rajewsky: Der gerechte Krieg im Islam, in: Friedensanalysen 12, Frankfurt am Main (es) 1980, S. 13ff.

normalerweise nicht vernichtet werden dürfen, dem Koran zufolge also nicht als Ungläubige, sondern als Andersgläubige gelten. Im Falle Israels geht es aber darum, daß im islamischen Kerngebiet der Versuch unternommen wird, den Islam politisch und kulturell aufzulösen, was sich vor allem am Handeln der Israelis gegenüber den Palästinensern zeige. Die Israelis haben also einen ganz anderen Stellenwert als das historisch überkommene Judentum, zu dem immer sehr tolerante Beziehungen während der islamischen Blütezeit unterhalten wurden.

Unter den heutigen Bedingungen ist Djihad also ein historisch-politisches und kulturelles Mittel der Selbstbehauptung des Islam und gilt eigentlich mehr der Abwehr gegenüber dem westlichen Zivilisationsmodell.

Stichwort: Bergpredigt[20]

Matthäus 5,1 – 7,29 – Es handelt sich bei dieser Bibelstelle um eine ausführliche Zusammenstellung von ethischem Überlieferungsgut im Matthäus-Evangelium, das Jesus als mit göttlicher Vollmacht ausgestatteten Lehrer zeigen soll. Es wird die Vision einer besseren und gerechteren Welt gekennzeichnet. Die Christen in der Nachfolge Jesu sind aufgerufen, diesem Idealzustand nachzueifern. – Allerdings blieb immer umstritten, ob die Bergpredigt lediglich ein Ideal kennzeichne oder einen herzustellenden Gesellschaftszustand. – Vor allem im Hinblick auf die Friedensethik und die Nord-Süd-Probleme ist die Bergpredigt aktuell und wird als christliches Leitbild zur Gestaltung des Zusammenlebens genutzt.

Einen typischen Bezug auf die Bergpredigt zeigt folgendes Zitat:

„Auf der Gewalt liegt kein Segen, und Kriege führen nur tiefer in Bitterkeit, Haß, Elend und Verwahrlosung hinein. Die Welt braucht Liebe, nicht Gewalt. Sie braucht Frieden, nicht Krieg. Die Heilige Schrift sagt: ‚Durch Stillesein und Hoffen werdet ihr stark sein!' Und unser Herr Jesus Christus spricht: ‚Selig sind die Sanftmütigen, denn sie werden das Himmelreich besitzen. Selig sind die Friedfertigen, denn sie werden Gottes Kinder heißen.'"[21]

4. Der Gerechte Krieg in der Tradition des Christentums

Das Christentum war ursprünglich eine pazifistische Bewegung, wie es in der Bergpredigt exemplarisch zum Ausdruck kommt.

Als das Christentum am Ende des vierten Jahrhunderts zur Staatsreligion wurde, sahen sich die Kirchenväter gezwungen, Grundsätze zum Gebrauch der politischen Gewalt auszuformulieren. Wenn der Krieg schon nicht vermeidbar war, dann sollten wenigstens Mindestgebote gelten. Allerdings gibt es dabei auch wie im Islam Perioden und Äußerungen, die sich eher als Ermutigung zur Gewalt verstehen lassen.

Die Lehre vom Gerechten Krieg wurde aus dem Liebesgebot heraus formuliert: Man könne nicht zusehen, wenn ein anderer Opfer von Gewalt werde. Folglich müsse der Gebrauch von Gewalt gestattet sein, um Schlimmeres zu verhüten. Der Kirchenvater *Augustin* (345–430) formulierte die bis heute gültigen Grundzüge der Lehre vom Gerechten Krieg. Drei Bedingungen waren wesentlich: 1. Die Erklärung durch eine rechtmäßige Obrigkeit (Regierung); 2. das Vorhandensein eines gerechten Grundes; 3. die Abwesenheit von niedrigen Motiven oder Gewaltbereitschaft. – Der für das Mittelalter prägende Gelehrte *Isidor von Sevilla* (560–636) formulierte in seiner Enzyklopädie:

„Gerecht ist ein Krieg, der auf Grund einer autoritativen Anordnung geführt wird, um Güter zurückzuerlangen oder um Feinde zurückzuschlagen."

Der Gelehrte aus Sevilla setzte dabei als Normalfall voraus, daß ein solcher Krieg gegen Nichtchristen geführt werden mußte. Davon war seit altersher die sogenannte Fehde unterschieden; sie war ein „Privatstreit" und zählte sozusagen nicht als Krieg. Die mittelalterliche Sicht ließ sich in dieser Einfachheit nicht durchhalten. Spätestens mit dem Spätmittelalter tauchten konkurrierende Städte oder Staaten auf, die miteinander einen erklärten Krieg führten. Mithin kämpften Christen gegen Christen, so daß man nicht mehr recht sagen konnte, wer denn nun recht habe. Hinzu kam zwei Jahrhunderte später während der kolonialen Eroberungen die offensichtliche Vermengung von angeblich

20 Die Bergpredigt aus der Sicht Webers und als Beispiel für Gesinnungsethik: vgl. weiter oben (Kapitel 5, Abschnitt 8).

21 Kirchenversammlung der EKD in Eisenach vom 13.7.1948.

christlichem Anliegen und offenkundigem Raubzug.

Der Gelehrte *Hugo Grotius* (1583–1645), der Begründer des Völkerrechts, nahm im Jahre 1625 die gesamte Diskussion auf, indem er einerseits die Moral betonte: Man dürfe niemanden töten, der sich nicht eines Verbrechens schuldig gemacht hat oder ein solches vorhat. Dies sei im Kriege allerdings nicht durchzuhalten. Daraus folge aber, daß die Opfer strikt auf ein Minimum zu begrenzen seien. Das eigentlich Neue bei Grotius ist die Überlegung, daß ein Krieg von beiden Seiten subjektiv gerecht sein könne. Ein Krieg ist daher gerecht, wenn er in aller Form von einer ordentlichen Regierung und unter Respektierung aller Regeln auf allen Seiten geführt wird. Ihm ging es also darum, das Kriegsgeschehen durch ein Mindestmaß an Regeln zu kanalisieren, die Reflexion um die Berechtigung und die Rückführung auf höhere Gründe aber auszuschalten.

Diesen Weg der Juristen ging die Theologie nicht. Der Moraltheologe *Paul Stratmann* (1883–1971) stellte nach dem Ersten Weltkrieg folgende Regeln für den Gerechten Krieg auf:

1. Schweres Unrecht auf einer und nur einer der beiden Seiten;
2. schwere formelle Schuld auf einer der beiden Seiten;
3. zweifelsfreier Nachweis dieser Schuld;
4. Unvermeidbarkeit der kriegerischen Auseinandersetzung;
5. Verhältnis zwischen Schuld und Strafmittel;
6. moralische Gewißheit, daß bei einem Sieg sich die gerechte Sache durchsetzt;
7. Absicht, durch den Krieg das Gute zu fördern und das Böse zu meiden;
8. rechte Art der Kriegsführung, Einhaltung der Schranken der Liebe;
9. Vermeidung von Erschütterungen in nicht beteiligten Staaten und der Christenheit;
10. Kriegserklärung durch eine dadurch autorisierte Obrigkeit.

Für mich ist das ein Job und sonst nichts: möglichst große Zerstörungen anrichten, ohne was abzubekommen.
US-Major der Luftwaffe über seinen Einsatz im Golf-Krieg[22]

Das Zweite Vatikanische Konzil hielt trotz einiger Einschränkungen auch angesichts von Atomkriegen an der Lehre vom Gerechten Krieg fest. Allerdings waren die nordamerikanischen Bischöfe anderer Auffassung: Atomkriege seien die Zerstörung der Schöpfung und eine Förderung des Chaos; sie könnten nicht gerecht sein. – Die Protestanten konnten – bis auf die Reformierten, die wie die katholischen Bischöfe votierten – keine Leitformel mehr entwickeln, sich aber auch nicht eindeutig für den Gerechten Krieg aussprechen. Die deutschen Protestanten gewöhnten sich an die Rede vom „Friedensdienst mit oder ohne Waffen". Sie richteten ihr Augenmerk darauf, daß es gelte, die Ursachen von Kriegen zu bekämpfen. Dies müsse durch weltweite Durchsetzung der Menschenrechte und Hinwirken auf Gerechtigkeit geschehen.

Unter den sich abzeichnenden neuen Kriegsbildern sind neue „kleine" Kriege, vor allem auf der Südhalbkugel, wahrscheinlich geworden. Sie finden fern von den zivilisierten Zentren der Macht oder allenfalls an den Rändern der mächtigen politischen Gebilde statt, können also nicht mehr das Überleben der großen Gesellschaften bedrohen. Allerdings ist in diese Betrachtung nicht das Atomarsenal der ehemaligen UdSSR einbezogen. Es ist nicht vorhersagbar, welches politische Schicksal es nehmen wird.

Den sozusagen überlieferten, aber nunmehr überholten Diskussionsstand kann man folgenden Fragen des Pastors Ulrich Finkh im Jahre 1991 entnehmen:

„Wie halten wir es mit der Friedensverpflichtung des Grundgesetzes? Mit der Sozialethik in der alten Form der Lehre vom bellum iustum? Mit der Verpflichtung, internationale Gerichtsbarkeit (den Haag) und UN-Friedensregelungen zu unterstützen?"[23]

22 Zit. nach Stern 5/92, S. 76.

23 Referat bei der Konferenz der Synodalbeauftragten der evangelischen Kirche im Rheinland am 22.5.91, in: Junge Kirche 8/91, S. 490.

IV. Wahrhaftigkeit als Grundlage politischer Moral

Die Frage nach den Grundlagen politischer Moral im Rahmen von Demokratien wird meist mit dem Hinweis auf die Grundwerte beantwortet. Dieser Auffassung zufolge gibt es bestimmte Werte, die eine jede Politik zu respektieren habe. Darunter werden entweder die Menschenrechte verstanden oder – im deutschen Zusammenhang – die Grundrechte, wie sie in der Verfassung festgelegt sind. So ist die Würde des Menschen unverzichtbarer Grundsatz einer jeglichen Politik. Diese Grundrechte sind auch nicht abschaffbar oder in ihrem Kern veränderbar. Sie sind das einigende Band, das die Menschen in einer Gesellschaft zusammenhält, die zunehmend verschiedenartiger wird (vgl. Kapitel 6).

Dies führt u.a. zu der These, daß z.B. Anhänger des Islam von ihrer Haltung gegen die Gleichberechtigung der Frau ablassen müßten, wenn sie in unserer Gesellschaft leben wollen. Täten sie dies nicht, dann wäre eine der wesentlichen tragenden Grundlagen der Gemeinsamkeit in dieser Gesellschaft verletzt. Es wird also kein Bekenntnis zum Deutschen oder Deutschtum verlangt, sehr wohl aber die aktive Respektierung der Grundwerte, wenn man zur deutschen Gesellschaft gehören will. Dementsprechend ist die Politik auch auf Beachtung dieser Grundwerte verpflichtet.[24]

Diese Position ist sehr klar. Aber bei näherer Betrachtung löst sie mehr Fragen als Antworten aus. Um bei dem Beispiel zu bleiben: Die Vorstellungen darüber, wie die Gleichstellung der Geschlechter aussehen soll, führt zu fundamental unvereinbaren Positionen, so daß man nicht davon sprechen kann, daß sich die Gesellschaft darin einig weiß. Jeder der sogenannten Grundwerte ist an sich nicht umstritten, aber seine Einlösung führt in tiefgreifende politische Uneinigkeit.

Daher wird man den Grundwerten nicht den Stellenwert einer gelebten politischen Moral zuschreiben können. Es handelt sich vielmehr um Prinzipien, die die geltende Moral in Frage stellen und die Aufforderung enthalten, diese Grundsätze ständig neu zu verwirklichen.

Vermutlich führen die sogenannten Un-Werte eher auf die Spur, weil sie zeigen, daß in fundamentalen Sachverhalten bei der Ablehnung des Nicht-Gewollten Einigkeit besteht: Solche Unwerte sind Unwahrheit, Unfriede, Unglück, Ungerechtigkeit, Unordnung, Unfreiheit, Unmenschlichkeit. Sie zu vermeiden, könnte eher eine Grundlage der politischen Moral abgeben.

Allerdings ragt in der Reihung der Unwerte einer heraus: Die Unwahrheit gilt als anerkanntes politisches Mittel und erfreut sich einer gewissen Wertschätzung. Es ist geradezu ein Spiel, die Worte eines Politikers auf ihren eigentlichen Wahrheitsgehalt hin zu enträtseln. Doch genau dieses Spiel ist in seinen Auswirkungen verheerend: Unter demokratischen Bedingungen ist die Politik die verabredete Gestaltung der Zukunft. Diese Abrede kann aber nicht mehr funktionieren, wenn der allgemeine Verdacht besteht, daß das politische Gegenüber die Unwahrheit als Mittel benutzt, um Vorteile zu erlangen. Anders gesprochen, die Wahrhaftigkeit ist die unverzichtbare Grundlage einer jeden Politik, die sich demokratisch nennen will.

> Dagegen ist die Lüge als ‚geistige Dorfbrunnenvergiftung' gerade eine so fundamentale Störung der Gemeinschaft, weil durch sie das Mittel der Gemeinschaftsstiftung, die Rede, verfälscht wird.
> *O.K. Flechtheim*[25]

Der Minimalkonsens für eine politische Moral – jedenfalls unter demokratischen Bedingungen – sollte daher in der Verpflichtung auf die Wahrhaftigkeit gesucht werden. Dieses Prinzip ist den Grundwerten noch vorgeordnet, weil es die Grundbedingung eines demokratischen politischen Lebens schlechthin beschreibt. Wiewohl dieses Prinzip so einfach zu fassen ist, zeigt sich, daß es in der Realität nicht eingehalten wird. Dies allerdings um den Preis eines allgemeinen Mißtrauens gegenüber der Politik.

24 Heiner Geißler: Unsere Gesellschaft wird multikulturell sein. Vortrag in der Evangelischen Akademie Tutzing am 18.1.1991.

25 Ossip K. Flechtheim: Das politische Engagement des politologischen Publizisten, in: Vorgänge 64/65 (1983), S. 34-42, hier: S. 36.

Nun ist allerdings die Unwahrheit ein sehr schwieriges Gebilde geworden. Auch hier verschwimmen die Grenzen:

- Wenn die langsamere Zunahme von Arbeitslosigkeit als Erfolg bei deren Bekämpfung hingestellt wird, dann ist das zumindest ein Verwirrung stiftendes Sprachspiel.
- Wenn die Beseitigung radioaktiver Abfälle als Entsorgung bezeichnet wird, dann führt das nicht nur gefühlsmäßig in die Irre, sondern soll potentiell darüber hinwegtäuschen, daß diese Abfälle nicht zu beseitigen sind. Noch mehr gilt das für das Wort „Wiederaufbereitung".
- Wenn mit „Aufschwung-xy" oder aufwärtsweisenden Pfeilen eine Entwicklung „herbeigeredet" werden soll, wie sich Politiker ausdrücken, dann ist Sprache kein Verständigungsmittel mehr unter Gleichen, sondern ein Steuerungsinstrument.

Man wird sich bei den aufgelisteten Fällen fragen müssen, ob es sich um Unwahrheit und Lüge handelt. Zumindest zeigen sie aber eines: Die Menschen, auf die derart eingeredet wird, werden als Objekt der sprachlichen Botschaft betrachtet. Das fördert die Vorstellung, daß man mit Menschen machen könne, was man wolle. Diese Allmächtigkeitsphantasien verbinden sich sehr leicht mit modernen Bewußtseinsapparaten (etwa Marketingspezialisten) und Medien.

In diesem Zusammenhang ist an eine der Fassungen des kategorischen Imperativs bei Immanuel Kant zu erinnern:

> „Handle so, daß du die Menschheit sowohl in deiner Person als in der Person eines jeden andern jederzeit zugleich als Zweck, niemals zugleich als Mittel brauchest."[27]

Wenn allerdings Wahrhaftigkeit als unverzichtbare Grundlage einer jeglichen demokratischen Politik gefordert wird, dann ist auch an die Denkvoraussetzungen zu erinnern. Diese Forderung hat nur Sinn, wenn man davon ausgeht, daß die Menschen verschieden sind und diese Unterschiede auch nicht aufgehoben werden sollen. Politik ist daher immer die Abgleichung von sehr verschiedenartigen Einzelwillen, bis ein Kollektivwille hergestellt ist. – Wenn oben im negativen Sinne die Rechtfertigung und Überhöhung des Krieges als Eigenart des abendländischen Denkens hingestellt werden mußte, so muß hier zum Positiven gesagt werden, daß im abendländischen Denken die Überzeugung entwickelt wurde, daß es nicht gut tut, Menschen auf einen Nenner zu bringen, sondern daß die Verschiedenheit vorzuziehen ist. Von dieser Grundüberzeugung lebt jegliche Politik im guten Sinne (vgl. Kapitel 5).

Dein Körper ist vollkommen golden;
alle Himmelsrichtungen erstrahlen
davon.
Dein Mund ist aber eben wie der
eines Schweines.
Welche Tat hast du vormals begangen?

Mit dem Körper war ich gezügelt,
mit der Rede aber war ich ungezügelt.
Dadurch bin ich von solchem Aussehen,
wie du es schaust, o Narada!

So sage ich dir, o Narada,
was von dir selbst hier erblickt wurde:
Nicht begehe mit dem Munde Böses,
damit du kein Schweinsmaul wirst.
Petavatthu I,2[26]

26 Gautama Buddha: Die Vier edlen Wahrheiten; vgl. Fußnote 12.

27 Immanuel Kant: Gesammelte Schriften, hg. von der deutschen Akademie der Wissenschaften, Bd. IV, Berlin (de Gruyter) 1902 u.ö., S. 428f.

V. Moral der Kommunikation und Massenkommunikation

Bei der Ausformulierung von moralischen Ansprüchen an die Politik muß genau unterschieden werden, auf welche Politikebene man sich beziehen will. Politik ist nämlich nicht gleich Politik.

Wir müssen vielmehr davon ausgehen, daß sich im Bereich des Politischen mittlerweile zwei Welten herausgebildet haben. Auf der einen Seite steht die Welt der öffentlich dargestellten Politik, der Politikvermittlung, wie die Fachleute sagen. Auf der anderen Seite steht die Welt der realen politischen Vorgänge, also der tatsächlichen Entscheidungen und Handlungen. Dabei ist die Darstellung von Politik – wiewohl sie getrennt werden muß von der eigentlichen Politik – auch schon wieder ein politischer Akt: Sie schafft eine ihr eigene Welt mit eigenen Gesetzlichkeiten, die wiederum eine ganz bestimmte Rolle des Zuschauers und Politikers voraussetzt, die der Journalist geschaffen hat und ständig stabilisiert.

Diese Formulierung könnte eine Unabhängigkeit des Journalismus im Sinne einer Vierten Gewalt voraussetzen. Das ist jedoch nicht der Fall. Vielmehr muß man von einer Art Symbiose zwischen Journalismus und Politik ausgehen. Der Politiker versorgt den Journalisten mit exklusiven Informationen; in diesem Falle gilt der Journalist viel in seinem Berufsmilieu. Der Journalist hingegen bringt die Information so an die Menschen, wie es die Public Relations-Stäbe des Politikers wünschen. Andernfalls würde er sich seine exklusive Quelle verstopfen. Umgedreht kann der Journalist verlangen, daß ihm die Dinge mediengerecht vorgelegt werden. Das beeinflußt wieder das Verhalten der Politiker. Als Bindeglied zwischen Journalist und Politiker fungieren die PR-Stäbe. Sie sind meistens mit ehemaligen Journalisten, ergänzt durch Marketing-Fachleute, besetzt. Hier wird ausgearbeitet, wie ein Sachverhalt „verkauft" werden soll. Der Journalismus ist wiederum gestuft organisiert: Es gibt „Leitmedien" mit bestimmten Journalisten, die den Ton angeben. Die anderen schreiben sozusagen ab. – Die demokratische Vielfalt ist dadurch gewahrt, daß es konkurrierende Leitmedien gibt. Das ändert aber nichts an der „Spielregel": Die Sprachregelung wird in Symbiose gemacht und hernach verbreitet.[28] Diese sogenannte Medienverfassung macht deutlich, daß es nicht um das Ethos eines einzelnen Journalisten gehen kann. Jeder, der dieses System stört, wird zum beruflichen Außenseiter.

Diese These ist insofern überzogen, als es Medien gibt, die sich eine Berichterstattung leisten können, die in der Tat die Politiker gefährdet und damit kontrolliert. Allerdings sind das nur sehr wenige Medien in Deutschland. Sie gelten als Domäne für sogenannten Top-Journalismus und können nicht die Alltagsrealität in Zeitungen und Rundfunk prägen.

Das journalistische Denken und das der sogenannten Medienrezipienten wird vom Begriff der „Objektivität" beherrscht, wenn es um moralische Ansprüche geht. Dahinter steckt der Anspruch, daß ein jeder die Chance erhalten möge, sich selber ein Urteil über Vorgänge zu bilden, daß es ihm auf keinen Fall auf vor- oder gar unbewußte Weise nahegelegt werden dürfe. Dies gilt als zentraler Verstoß gegen das journalistische Ethos.

> Ich danke meinem Schöpfer, daß ich nicht weiß, was objektiv ist.
> *Hermann Göring*
>
> Was aber tatsächlich geschah in dem Kriege, erlaubte ich mir nicht nach Auskünften des ersten besten aufzuschreiben, auch nicht nach meinem Dafürhalten, sondern bin Selbsterlebtem und Nachrichten von anderen mit aller erreichbaren Genauigkeit bis ins einzelne nachgegangen. Mühsam war diese Forschung, weil die Zeugen der einzelnen Ereignisse nicht dasselbe über dasselbe aussagten, sondern je nach Gunst und Gedächtnis.
> *Thukydides*[29]

28 Ulrich Sarcinelli: Mediatisierung und Wertewandel: Politik zwischen Entscheidungsprozeß und politischer Regiekunst, in: Franz E. Böckelmann (Hg.), Medienmacht und Politik, Berlin (Wissenschaftsverlag Volker Spiess) 1989, S. 16-164. – Auch zahlreiche weitere Schriften des Autors sind einschlägig.

29 Thukydides: Geschichte des Peloponnesischen Krieges I.22. – Zitiert nach Georg Peter Landmann (Hg.), Reinbek (Rowohlt) 1964 u.ö.

Allerdings meinte schon *Goethe* vor dieser Art von Selbstverpflichtung zur Objektivität warnen zu müssen:

„Kommt, laßt uns alles drucken und walten für und für; nur sollte keiner mucken, der nicht so denkt wie wir." (Goethe, Zahme Xenien)

Damit bringt Goethe die Gegenauffassung zum Ausdruck: die profilierte Meinung und Sichtweise solle vorherrschen, sofern die Konkurrenz unter den Verschiedenartigkeiten sichergestellt ist. Daher müßte gelten: Nicht objektiv wahr kann ein Medium sein, wohl aber subjektiv wahrhaftig.

Diese beiden Auffassungen sollten betrachtet werden vor dem Hintergrund der heute vorherrschenden Realität bei der Produktion von Informationen:[30]

- Die Medienforschung hebt die sogenannte „Gate-Keeper-Funktion" hervor: Die Menge der möglichen Nachrichten ist ungleich höher als die Möglichkeit ihrer Veröffentlichung. Also müssen die Nachrichtenmacher auswählen. Dabei wählen sie nicht nach eigenem Geschmack aus, sondern in der Politik werden die Sichtweisen bestimmter Kräfte und Politiker erkennbar bevorzugt. Das mögliche Spektrum ist von vornherein eingeschränkt.
- Der Journalist ist nicht nur Nachrichtenmacher, sondern auch ein Mensch, der Erfolg haben will. Den hat er am ehesten, wenn er die Ansichten der Erfolgreichen an den gewöhnlichen Mann bringt. Er schließt sich selber in seinem Beruf vom Erfolg aus, wenn er die Mächtigen allzu stark kritisiert. Daher ist der Zugang zur veröffentlichten Meinung für die meisten Gruppen und Personen sehr schwierig, wenn sie im Gegensatz zur vorherrschenden Auffassung stehen.
- In der Aufbereitung von Informationen herrscht eine Art von Eigengesetzlichkeit vor. Die Nachrichten müssen irgendwie anrühren. Daher ist die Alltäglichkeit zu langweilig und uninteressant, um Emotionen zu wecken. Das bedeutet, daß Ereignisse dramatisiert werden und auf überspitzte Entscheidungen zugerichtet werden, obwohl es sich um langfristige Entwicklungsprozesse handelt. In der Darstellung der Politik heißt dies, daß Prozesse, die vorhersehbar waren, als dramatische Überraschungen auftauchen. Zugleich werden diese Prozesse als Angsterreger aufgemacht: Es könnten völlig unvorhersehbare Dinge eintreten. Diese Situation gibt wieder die Gelegenheit, Politiker als Bösewichte oder Retter in der höchsten Not darzustellen, obwohl sie keines von beiden sind, sondern wie alle Menschen handeln.

Diese wenigen Beobachtungen mögen genügen, um klarzustellen, daß es sich bei der sogenannten Politikvermittlung um eine Kunstwelt handelt, die im wesentlichen von Journalisten oder darauf spezialisierten Fachleuten konstruiert wird und die ihre Eigengesetzlichkeiten hat. Die Frage von Objektivität oder Wahrheit gleitet an dieser Realität ab. Moralischer Maßstab der Beurteilung muß allerdings sein, ob die dem „Rezipienten" zugedachte Rolle dessen Unabhängigkeit respektiert oder ob er als Objekt betrachtet wird.

> Moralischer Maßstab muß sein, ob der Rezipient als unabhängig respektiert wird oder ob er Objekt von Meinungsmache ist.

Im Lichte dieses Erfordernisses gewinnt die Beobachtung an Bedeutung, daß es zwei verschiedene Arten der politischen Rede gibt, die auf fundamental entgegengesetzte Weltsichten zurückgehen.[31]

Für die Betrachtung ist folgende Feststellung grundlegend: politische Vorgänge können nicht erzählt oder dargestellt werden, sondern sie müssen in Symbole verschlüsselt werden, die die eigentlichen Vorgänge faßbar machen. So ist das Leid in den Slums Südamerikas nicht direkt mitteilbar, kann aber sehr wohl über die Sterblichkeitsraten vermittelt werden. Bei dieser Verschlüsselung der Vorgänge gibt es einen verschiedenartigen Symbolgebrauch:

a) die sogenannten *Verweisungssymbole*: Sie versuchen, den Vorgang bedenkbar zu machen, indem er dokumentarisch hingestellt wird. Ein typisches Verweisungssymbol kann die Statistik sein; es kann sich aber auch um eine als

30 Überblick bei Michael Kunczik: Journalismus als Beruf, Köln und Wien (Böhlau) 1988.

31 Grundlegende philosophische Aufarbeitung bei Ernst Cassirer: Der Mythus des Staates, Frankfurt am Main (Fischer) 1985 – politologische Bearbeitung bei Murray Edelman: Politik als Ritual, Frankfurt am Main und New York (Campus) 1976.

typisch empfundene Szene handeln, die zunächst getrennt vom Kommentar hingestellt wird; es kann sich um eine Auflistung möglicher Folgen handeln, die in der Form denkbarer Szenarien oder Prozesse dargestellt werden. Immer sind Präsentation des Sachverhaltes und Schlußfolgerung auf zwei getrennte Gedankenschritte aufgeteilt, so daß der „Rezipient" die Möglichkeit hat, den Gedankengang kritisch an seiner eigenen Erfahrung zu prüfen. – Überhaupt nicht ausgeschlossen ist in diesem Vorgehen die Willkür bei der Auswahl der Informationen.

b) die *Verdichtungssymbole*: hier befindet sich der „Rezipient" in einer Welt der Gefühle. Die Welt wird aufgeteilt in Gut und Böse, dementsprechend ist sie bevölkert von Feinden und Freunden, weniger personenbezogen ausgedrückt: von Ränken und günstigen Zufällen; es gibt Daseinsgrunderfahrungen in Form von Mythen: in höchster Not wird man durch ein Wunder errettet; es gibt überzeitliche Mythen: das Kleine und Schwache setzt sich unerwartet durch wie einst David gegen Goliath. Gegen die Wahrheit oder Falschheit dieser Sichtweise kann man in der Regel nicht viel sagen: Man kann diese Sicht nur teilen oder ihr widersprechen. Es ist also eine polarisierende Wahrnehmung der Realität, die den Wahrnehmenden auffordert, sich zu bekennen zu richtig oder falsch. Es liegt auf der Hand, daß sie der oben geschilderten kritischen Position widersteht.

Dieser Denkstil kann für sich beanspruchen, daß er sich leicht in die Gefühlswelt des einzelnen und seine Phantasien einordnen läßt. Er ist auf diese Weise höchst wirkungsvoll und bleibt nicht nur angelerntes Gedankengut.

Stichwort: Kritik
Unter Kritik ist nicht zu verstehen, daß ständig Gegengesichtspunkte vorgebracht werden. Die kritische Denkhaltung geht vom sogenannten methodischen Zweifel aus. Es wird angenommen, daß der Mensch ein irrendes Wesen ist und daß seine bisherigen Auffassungen zu allen möglichen Sachverhalten falsch sein könnten. Die kritische Grundhaltung verlangt also einen Menschen, der Lust daran empfindet, seine eigenen bisherigen Überzeugungen immer wieder erneut in Frage zu stellen und damit zu neuen Erkenntnissen vorzudringen. – Dem kritischen Geist steht ein anderer gegenüber: Dieser möchte sich in seinen Auffassungen, die er sowieso schon hat, bestätigt sehen. Diese zweite Haltung ist die mehrheitliche.

Ein besonderes Feld der Redeweise in Verdichtungssymbolen ist der Umgang mit der Geschichte in der veröffentlichten Meinung. Er ist fast völlig davon durchsetzt. – Ein immer wieder auftauchendes Beispiel ist das der Appeasement(Beschwichtigungs)-Politik. In der geläufigen Verwendung enthält dieses Symbol eine ganz einfache Einsicht: Wenn man in der Außenpolitik gegenüber machtbesessenen Politikern zuviel nachgibt, dann muß man gegenüber skrupellosen Diktatoren früher oder später einen an Menschenleben kostspieligen Krieg führen. Also ist es richtiger, rechtzeitig loszuschlagen. Ein Nachweis für diese Lehre kann nicht erbracht werden, sondern man muß an sie glauben. – Als Beleg für die Richtigkeit der These wird immer die Politik des englischen Premiers Chamberlain gegenüber Hitler bei der Besetzung der damaligen Tschechoslowakei angeführt. Chamberlain verzichtete auf die Eröffnung eines Krieges und ließ die Deutschen die Tschechoslowakei besetzen. In München ließ er sich von Hitler versichern, daß es bei dieser Besetzung bleiben werde und daß Deutschland keine weiteren Erweiterungswünsche habe. Chamberlain ließ sich also von einem Bösewicht betrügen. – Bei näherer historischer Betrachtung löst sich diese einfache Verschlüsselung der Appeasement-Politik in viel kompliziertere Betrachtungen auf: Die Macht Englands reichte schon damals nicht, die deutschen Ziele zu durchkreuzen. Also lag der Schlüssel bei Roosevelt in den USA, der sich nicht entscheiden mochte. Außerdem war die englische Rüstung nicht hinreichend für einen derartigen Konflikt. Schließlich mußte Chamberlain aufgrund seiner Sicht wählen zwischen Finanzierung der Rüstung oder Ausbau des Sozialstaates. Da lag die Hoffnung nahe, ihm würde durch Nachgeben diese Wahl erspart bleiben. Hieraus folgt: Die Anwendung von Verdichtungssymbolen führt in aller Regel zu einer verfälschenden und lebensfernen Sichtweise, wiewohl sie doch besonders einleuchtend erscheint. – In diesem Zusammenhang ist es bedenklich, daß der Gebrauch von Verdichtungssymbolen in der politischen Rede als effektiv oder mitreißend aufgefaßt wird.

Die Medien bevorzugen eindeutig die Verschlüsselung in die Verdichtungssymbole. Das hängt mit den oben erwähnten Eigengesetzlichkeiten der Medien zusammen, die auf Spannung und heftige Gefühle hindrängen. Unter moralischer Hinsicht wäre es freilich falsch, nur die Journalisten und Politiker für diesen Zustand verantwortlich zu machen. Beide können schließlich behaupten, die Menschen wollten das. Sie haben damit sogar recht, denn Menschen müssen sich die Bereitschaft zur kritischen und vorbehaltlosen Sichtweise abringen; sie ist nicht „natürlich“.

An dieser Stelle scheint ein kurzer Ausflug in die politische Psychologie angebracht. Die innere Verarbeitung von politischen Wahrnehmungen wird wie jedes Bewußtsein in der frühen Kindheit aufgebaut. Es handelt sich dabei um Prägungen, mit denen sich der Jugendliche und der Erwachsene später ständig auseinandersetzen muß, die nicht vergessen werden. Zu den Erlebnissen der frühen Kindheit gehört, daß Ängste oder „Unglücksfälle" auftauchen, mit denen das Kind nicht fertig wird, die aber von den Eltern oder anderen Erwachsenen beseitigt oder „repariert" werden. Hieraus erwächst die Erfahrung, daß stets „alles wieder gut werden kann" und daß diese Wende zum Guten von einem Starken und Überlegenen bewirkt wird. Früher oder später setzt freilich die Erfahrung ein, daß die Starken und Überlegenen doch nicht alles können oder uns im Stich lassen. Aber die Sehnsucht nach der heilen Welt, in der alles in Ordnung ist, bleibt in jedem Menschen wach. Das Erlebnis der Enttäuschung kann diese Sehnsucht sogar noch verstärken, indem ständig das Erlebnis gesucht wird, das beweisen soll, daß dieses Versagen und die Ohnmacht doch nicht wahr sind. Diese oftmals unerkannten oder uneingestandenen Wünsche der Kindheit sind besonders in der mythischen Welt der Verdichtungssymbole aufgehoben und werden später, unter Benutzung dieser Symbole, in die politische Welt hineinverlegt. Verdichtungssymbole haben eine starke gefühlsmäßige Besetzung, weil sie auf den Grundlagen der Weltsicht einer Person beruhen.

Das Reden in Verdichtungssymbolen löst daher starke Gefühle aus, die mobilisieren können. Und es hat seine Schwächen: Da die Welt präsentiert wird als eine Art Chaos, in dem immer wieder große Gefahr droht oder unerwartete Hoffnung verwirklicht wird, können Politiker die Rolle des Retters oder Heilsbringers („Hoffnungsträger“ in der Sprache der Medien) erfüllen. Die „Rezipienten“ sind dann die zu Schützenden oder zu Erlösenden. Beides verträgt sich nicht mit dem Menschenbild, das wir vom freien Menschen haben. Daher hat uns die „Politikvermittlung“ auf einen Fehlweg geführt, der moralischer Betrachtung nicht standhält.

Es sei angemerkt, daß im Rahmen einer politologischen Betrachtung diese moralische Sicht ergänzt werden müßte um die Untersuchung des Realitätsverlustes, der mit dieser Darstellung von Politik verbunden ist. Er kann sich als schwere Zukunftsgefährdung erweisen. Die Krise der Medien kann sich daher als tiefgreifende Krise der Demokratie herausstellen.

VI. Rationalität und Irrationalität im politischen Handeln

Im folgenden sollen Eigenarten des politischen Handelns untersucht werden. Dabei ist die These leitend, daß wir in unseren Auffassungen vom politischen Handeln und den damit verbundenen Moralansprüchen von falschen Voraussetzungen ausgehen. Daher muten Äußerungen zur politischen Moral auch oftmals wirklichkeitsfern an.

Es gehört zu den Irrwegen der politischen Alltagsphilosophie, das rationale Handeln in der Politik als oberstes Ziel zu propagieren. Der rationale Handlungstypus gilt als Grundlage einer verantwortlichen Politik, also als der einzig zu vertretende. So kann man es auch in allen Erziehungszielen zur politischen Bildung nachlesen. – Die Feststellung, daß es sich um einen Irrweg handeln könnte, ergibt sich weniger aus der Zielvorstellung als aus den mangelnden anthropologischen Voraussetzungen für diesen Handlungstyp in der Politik. Zum Verständnis dieses Urteils müssen die Denkvoraussetzungen dargestellt werden.[32]

1. Mißtrauen gegen die „Massen“

Die bürgerliche Demokratie des 18. Jahrhundert und der folgenden Zeit war schon immer durch einen Zwiespalt gekennzeichnet: Einerseits sollte Demokratie beinhalten, daß alle Bürger gleich seien; andererseits wurde zumindest in der Praxis die Macht nur einigen Wenigen zugeteilt. Allerdings wurden diese Wenigen unter den Druck gesetzt, periodisch die Zustimmung der Vielen zu suchen. Insgesamt verschwand die politische Macht aber hinter den Mauern der Parlamente und der Regierungssitze. Diese Konzentration der Macht und damit der Befähigung, Gewalt auszuüben, wurde immer damit gerechtfertigt, daß Menschen in der Masse unberechenbar und damit auch gewalttätig seien.

Der französische Arzt *Gustave Le Bon* (1841–1931) versuchte als erster die „Massenpsychologie“ wissenschaftlich zu erfassen. Seine These läuft darauf hinaus, daß Menschen „in der Masse“ sozusagen eine andere Natur ausprägen. Sie sind nicht mehr für sich verantwortlich, und ihre Selbststeuerung versagt. Daher können sie zu Handlungen gebracht werden, die sie allein niemals vollbringen, vor denen ihnen hinterher bei ruhiger Überlegung schaudert oder über die sie sich wundern. Der Aggregatzustand der Masse verändert den Menschen. Wegen des Steuerungsausfalls wird er empfänglich für Fremdsteuerung. *Le Bon* hielt die „Masse“ an sich nicht für handlungsfähig, sondern sie bedarf der Führung. Daher konzentrierte sich seine Untersuchung auf die Lenkung von Massen durch ihre Führer. Er nahm eine magische Beziehung zwischen Führer und Geführten an.

Der rationale Handlungstypus hingegen setzt einen Menschen voraus, der sich Kosten und Nutzen ausrechnet und versucht, eingesetzte Mittel auf den Zweck hin zu optimieren. Dabei wird vorausgesetzt, daß ein gesunder Egoismus den Menschen beherrscht: er wird nichts unternehmen, was ihm schadet.

Für Massenaktionen kann diese Berechenbarkeit nicht gelten. Deswegen muß man sie nicht grundsätzlich verurteilen. Ohne Massenbewegung wären *Martin Luther King* oder *Gandhi* belächelte Einzelkämpfer geblieben. Ohne die Marktfrauen, die nach Versailles zogen und den König nach Paris holten, wäre die Französische Revolution womöglich in den Diskussionen der Nationalversammlung erstarrt. Ohne den Druck der Masse hätte Danton freilich auch nicht den Terror der Französischen Revolution durchsetzen können.

Das Absingen des Deutschlandliedes am Ende von politischen Veranstaltungen, symbolische Betriebsbesetzungen, Mahnwachen, auch noch das ritualisierte Abbrennen einer amerikanischen Flagge am Ende des öffentlichen Freitagsgebetes in Teheran sind harmlose Beispiele. Aus der Geschichte sind freilich ganz andere Vorgänge bekannt, etwa die sogenannte „Reichskristallnacht“. Trotz der unterschiedlichen Bewertung wird jedoch ein gemeinsames Merkmal deutlich: Menschen verlangen nicht unbedingt nach Eigennutz, sondern diese Veranstaltungen haben für sie eine andere Erlebnistiefe und gefühlsmäßige Qualität als die sogenannten rationalen politischen Diskussionen.

Mussolini erkannte das Problem sehr klar:

> „Die Masse ist nichts für mich als eine Herde Schafe, solange sie nicht organisiert ist. Ich bin keineswegs gegen sie. Ich negiere nur, daß sie sich selbst regieren kann. Führt man sie aber, muß man sie an zwei Zügeln führen: Enthusiasmus und Interesse. Die mystische und die politische Seite bedingen einander. Das eine ohne das andere ist trocken, das andere ohne das eine zerblättert im Winde der Fahnen.“[33]

Man sollte das Zeugnis Mussolinis nicht als faschistisch abtun. Er hat vielmehr eine wichtige Einsicht ausgesprochen: Es gibt sozusagen eine doppelte Seite in politischen Vorgängen. Die „mystische“ Seite kann nicht straflos vernachlässigt werden. Die Gegenauffassung liest sich folgendermaßen:.

> „... ist die Vermassung hauptsächlich ein menschliches, von modernen Staaten gerne geduldetes, oft auch vorsätzlich gefördertes, Machwerk, das von der Entpersönlichung, Nivellierung und Entwurzelung der Einzelnen und ihrer Lebensformen im industriellen Zeitalter ermöglicht wurde. Die daraus resultierende, herabge-

32 Zum rationalen Handlungstypus vgl. Kapitel 8.

33 Mussolinis Gespräche mit Emil Ludwig, Berlin 1932, S. 123f.

setzte Individualität sowie Unsicherheit und Anonymität unter Gleichartigen führen zur kollektiven Passivität, die es erleichtert, daß gleichgerichtete Interessen – von Neugierde und spielerischen Spannungen angefangen bis zu wirtschaftlichen Aufstiegsbestrebungen... auf pragmatisch typisierte Interessen und Lebensformen gesteuert werden. Massenveranstaltungen (insbesondere sportlicher Art), Massenkonsum, Massentourismus, Konsumglück, kommerzielle Steuerbarkeit des Kunstempfindens u.a. sowie moderne Massenmedien und Werbung sind heute die sichtbaren Erscheinungen ... Wesentlich für die Haltung des einzelnen in der Vermassung ist seine Unfähigkeit, sich dem ‚Dazugehören' und ‚Schritthalten' aus *innerer* Freiheit zu entziehen zugunsten eines ‚Zu-sich-Selbst-Finden' in individueller Lebensgestaltung."[34]

Die Botschaft ist deutlich: Der Mensch muß es vermeiden, sich solchen Massenaktionen zu stellen. Politik ist die Angelegenheit kleiner aufgeklärter Zirkel oder von Fachleuten. Es ist aber die Frage, ob die „individuelle Lebensgestaltung", wie sie in dem Lexikon hervorgehoben wird, im Rahmen der Politik tragfähig ist. Politik hat es immer mit gemeinschaftlicher Abrede zu tun. Mithin gehören auch „Massenprozesse" zum politischen Geschäft. Es ist aber auch die Frage, ob individuelle Nutzenoptimierung wirklich den Kern der politischen Tätigkeit ausmachen sollte.

2. Irrationale Bedürfnisse in der Politik

Immer wieder stellt sich heraus, daß Massenaktionen oder aber spontane politische Aktionen von Gruppen auf mißachtete Gemeinschaftsbedürfnisse hinweisen.

- Die politische Diskussion mit rechtsradikalen Jugendlichen oder Skinheads ist vergeblich. Ihre Argumente sind keine, sondern es sind Bekenntnisse. Bei Befragungen stellt sich heraus, daß für sie das Erlebnis einer verschworenen Gemeinschaft das zentrale politische Ereignis ist.[35]

- Auch bei christlich orientierten Menschen ist oftmals das Erlebnis der Gemeinschaft während der Jugendzeit so wichtig gewesen, daß es sich hinterher zum dauerhaften Engagement in kirchlichen Gruppen wandelt. Anders als bei den Rechtsradikalen äußert sich der Wille zur Gemeinschaft aber nicht in alleiniger Aggression gegen Gegner.

Der Hinweis auf die christlichen Gruppen ist nicht zufällig. Es ist schon oft bemerkt worden, daß in der Politik dieselben Bedürfnisse des Menschen tragend sind wie in religiösen Aktivitäten. Zwei Erlebnisse sind in diesem Zusammenhang bestimmend:

(1) Die Erfahrung, daß unsere Welt nur scheinbar sicher ist. Die westliche Zivilisation hat auf allen erdenklichen Wegen versucht, das Leben zu verlängern und vor Bedrohungen zu schützen. Die aus vergangenen Jahrhunderten bekannten Lebensbedrohungen sind gebannt worden, etwa Seuchen, Hungersnöte. Aber es sind neue Gefährdungen und Einbrüche aufgetreten: Der Fall ins Nichts durch ökonomische Einbrüche, Verkehrstod, Herztod, Umweltkatastrophe. Religion und Politik haben gemeinsam, daß sie diese grundlegende Unsicherheit und die damit verbundene unbestimmte Angst bearbeiten.

(2) Die Erfahrung der Unüberblickbarkeit. Wir stehen vor einer Welt, die zunehmend wirrer wird, weil immer mehr „Angebote" an Lebensstilen, an Sinngebungen, an „Wahrheiten" auf uns einströmen. Diese Komplexität und vor allem diese Widersprüchlichkeit halten Menschen nicht aus, weil sie in ihrem Leben Sicherheit suchen. Religion und Politik geben gleichermaßen die Möglichkeit, in der allgemeinen Wirrnis einen „Weg des Richtigen" zu entwerfen. Andere Möglichkeiten werden abgewertet und als falsch aufgefaßt, so daß sich die Wahlmöglichkeiten für die Lebensgestaltung verringern und damit wieder überschaubar werden.[36]

> Die Erfahrung von Unsicherheit und Unüberschaubarkeit löst religiöse Ansprüche an die Politik aus.

34 Georgi Schischkoff: Philosophisches Wörterbuch, Stuttgart (Kröner) 1978, Stichwort Vermassung.

35 Vgl. Gerhard Paul: Zur Sozialpsychologie des jugendlichen Rechtsextremismus heute, in: Gerhard Paul und Bernhard Schoßig (Hg.): Jugend und Neofaschismus, Frankfurt am Main (EVA) 1979.

36 Volker Drehsen und Horst Jürgen Helle: Religiosität und Bewußtsein. Ansätze zu einer wissenssoziologischen Typologie von Sinnsystemen, in: Wolfram Fischer und Wolfgang Marhold (Hg.): Religionssoziologie und Wissenssoziologie, Stuttgart (Kohlhammer) 1978, S. 38ff., hier S. 46ff.

Es steht auf einem anderen Blatt, daß die von Religion und Politik angebotenen „Lösungen" möglicherweise hoch problematisch sind und in Irrtümer führen. Wichtig ist, daß es ein Bedürfnis von Menschen gibt, Ängste zu bannen und die Welt übersichtlich zu halten. – Man kann denselben Sachverhalt auch viel positiver ausdrücken: Der Mensch möchte seine Welt verstehen, und Religion und Politik stellen gleichermaßen Denkmöglichkeiten bereit, die das

Stichwort
Wahrnehmung und Bewußtsein

Die Wahrnehmung der Wirklichkeit ist für die Menschen vielfach gefiltert. Daher werden dieselben Vorgänge in der Außenwelt sehr verschiedenartig von Betrachtern in ihrer Innenwelt wahrgenommen.

Jede Wahrnehmung ist mit einer Selektionsleistung verbunden; jeder Mensch hat die ihm spezifischen Filter, die nur ausgewählte Dinge in einer bestimmten Weise an ihn heranlassen. Mit der Wahrnehmung ist zugleich die innere Verarbeitung verbunden, also auch die Deutung von aufgefaßten Objekten, Ereignissen oder Personen. Die Zuordnung oder Deutung, aber auch schon die vorgeschaltete Wahrnehmung im konkreten Bereich, hängen wiederum stark ab von Mustern, die die einzelne Person von vornherein anwendet. Auf diese Weise ergibt sich ein Kreis der Selbstverstärkung: Menschen nehmen bevorzugt wahr, was ihrer inneren Verfaßtheit entspricht, und sie fühlen sich von ihrer Wahrnehmung in dem bestärkt, was sie ohnehin dachten.

Ein häufiger Fall der Wahrnehmung politischer Vorgänge besteht in der Dichotomisierung. Darunter versteht man, daß Dinge in zwei Datenmengen eingeteilt werden oder in Deutungsmuster gebracht werden, die einander ausschließen. Das eine kann nicht das andere sein. Die Dichotomisierung tritt in aller Regel auf, wenn Verdichtungssymbole aus Bezugsrahmen und Wahrnehmungsraster benutzt werden. – So heißt es bei den neuen Techniken oft, es ginge um Segen oder Fluch. Dementsprechend werden Beobachtungen in einer zweiteilig-gegensätzlichen Struktur aufgelistet. Die Alternative besteht zum Beispiel darin, daß vermutet wird, daß es bei der Verwendung der neuen Techniken unterschiedliche Verwendungsmöglichkeiten gebe. Dementsprechend ist zu untersuchen, welche Zielkonflikte sich mit unterschiedlichen Einsatzstrategien der neuen Techniken verbinden.

Wahrnehmungsvorgänge sind für Menschen nicht völlig durchschaubar. In psychoanalytischer Sicht beinhalten sie einen bewußten Teil, in den aber vorbewußte und unbewußte Bestandteile eingegangen sind. Die vorbewußten Elemente entziehen sich dem unmittelbaren Bewußtsein, können aber nach einer Phase des Nachdenkens aufgespürt und benannt werden. Die Vorurteile gehören in der Regel hierzu. Die unbewußten Elemente sind auf die prägenden Vorgänge der Kindheit zurückzuführen und in ihren Einzelheiten dem bewußten geistigen Zugriff verschlossen. Hierzu gehört zum Beispiel, ob ein Mensch Ereignisse oder Sachverhalte grundsätzlich optimistisch oder pessimistisch gestimmt wahrnimmt. – Solche Prägungen sind freilich durch bewußte Denkarbeit steuerbar: So kann sich auch der grundlegend optimistisch Gestimmte klarmachen, welche Risiken bestimmte Situationen oder Sachverhalte enthalten.

Es mag daher bei einem Wahrnehmungsvorgang hilfreich sein, folgende Ebenen des Bewußtseins zu unterscheiden:

1. das Außenwelt- oder Gegenstandsbewußtsein;
2. das Innenweltbewußtsein – die Gedanken, Vorstellungen, Vermutungen, Hoffnungen usw.
3. das Selbst-Bewußtsein – die Wahrnehmung und Deutung der eigenen Person.

Alle drei wirken im Wahrnehmungsvorgang zusammen. Das jeweils spezifische Zusammenwirken beim einzelnen macht die Unterschiedlichkeit der Wahrnehmung aus.

Politik besteht nicht zuletzt darin, sich darauf zu einigen, welche Aspekte der jeweiligen Wahrnehmung als allgemein verbindlich, welche hingegen als je besondere zu gelten haben. Die Benutzung von Verdichtungssymbolen vereinfacht diesen Vorgang, da in der Regel nur Zustimmung oder Ablehnung erforderlich ist.

potentielle Chaos, das allenthalben droht, in eine Ordnung zurückverwandeln.

Hier ist auf den weiter oben dargestellten Symbolgebrauch zu verweisen. Verdichtungssymbole, Rituale und Mythen prägen die politische Kultur. – Exemplarisch könnte folgendes Beispiel sein: Im Jahre 1968 verbrannte sich der Student *Jan Pallach* in Prag, als sowjetische Truppen die Stadt besetzten und damit den Bestrebungen zur Reform des Kommunismus ein Ende setzten. Aus nachmaliger Sicht war der fürchterliche Tod des Studenten sinnvoll: Sein Opfer blieb den Menschen im Gedächtnis, stärkte die Widerstandskräfte und führte zur Überwindung des Regimes. Es ist wie zwischen David und Goliath: das Schwache setzt sich durch, weil hinter ihm das Richtige steht. Es ist uns Menschen verwehrt, in die Zukunft zu sehen, so daß wir auch nicht wissen können, auf welchem Wege sich das Richtige durchsetzt. – In einer entgegengesetzten Sichtweise muß der Tod des Studenten überflüssig und unsinnig erscheinen: In dem Maße, in dem sich die wirtschaftliche Ineffizienz und der Mangel an Innovation des sowjetischen Modells erwiesen, mußte historisch die Möglichkeit erwachsen, diese Herrschaftsform zu beseitigen. Es bedurfte also nicht des Opfers, sondern der Geduld. – Es zeigt sich an diesem Beispiel, wie das politische Denken in zwei Welten zerfällt, die nicht mehr zueinander kommen können.

> Das politische Denken zerfällt in zwei unvereinbare Welten.

Die Feststellung, daß es zwei Welten des politischen Denkens gibt, wird dadurch verkompliziert, daß jeder Mensch beides in sich hat. Das bringt eine Reihe von Problemen mit sich. Normalerweise neigt eine Minderheit zum rationalen Denktypus, in dem Verweisungssymbole (vgl. oben) und das Denken in Verläufen vorherrschend sind. Die Mehrheit neigt in der Politik zum gemeinschaftsorientierten Typus, in dem Verdichtungssymbole (vgl. oben) prägend sind. Diese Neigung wird von Medien und Politikern ausgenutzt, indem sie die Sehnsüchte der Menschen für ihre Zwecke einspannen (vgl. vorhergehenden Abschnitt). Diese Beobachtung kann aber nicht zu einer Verdammung der sogenannten irrationalen Bedürfnisse führen: Sie zeigen vielmehr einen Mangel im Gemeinschaftsleben an.

Die Lösungen, die für das Problem angeboten werden, sind aber auch nicht überzeugend: Nationalismen im Osten, Überlegenheitsgefühle im Westen: Sie alle können nicht leben ohne Feindansage oder eine Kennzeichnung des Unwerten. Daher sind beide nicht akzeptierbar.

Abschließend sei in einem Zitat die Problematik zusammengefaßt:

> „Ihrer destruktiven Intentionalität zum Trotz hat die Masse ihrer Emotionalität nach schöpferische Werte, sofern sie wesenwillige Gemeinschaft vollzieht, im Protest gegen eine Ära des Gemeinschaftsverfalls. Man hat in solchem Sinn auch viel vom religiösen Zug der Masse gesprochen."[37]

3. Gemeinschaft und Gesellschaft

Das Leben in der Gemeinschaft ist seit dem 19. Jahrhundert zunehmend zurückgedrängt worden. Vorher war es eigentlich eine Selbstverständlichkeit: der Mensch wurde in eine überschaubare Gemeinschaft hineingeboren und blieb in ihr. Es gab allerdings auch interessante Ausnahmen, die die Phantasien der Menschen damals immer sehr beschäftigten. Da waren die Schauspieler; im Handwerk setzte sich das Institut der Wanderschaft durch; fahrende Gesellen hatten daher einen besonderen Status. Auch die Klöster gehörten zu einem Teil zu dieser Randwelt, verließen doch die Nonne und der Mönch ihre bisherigen sozialen Bezüge. Die feste Gemeinschaft als das Normale, die anderen als Gegenstand von Phantasie und Träumen: Das weist darauf hin, wie die Menschen schwanken: Die feste Gemeinschaft gibt Halt und Sicherheit, aber es gibt immer den Traum von der Freiheit. Er verbindet sich mit der Auflösung von Zwangsgemeinschaften oder festen Bindungen. Mit dem ausgehenden 19. und dem 20. Jahrhundert verband sich der Traum von Freiheit zunächst mit der großstädtischen Lebensweise. Der Mensch bewährte sich hier auf einem anonymen Markt, auf dem er seine Arbeitskraft darbot. Zugleich konnte er aus sich machen, was er wollte und konnte. Diese Befreiung vom zwingenden Le-

---

37 Theodor Geiger: Die Masse und ihre Aktion, Darmstadt (Wissenschaftliche Buchgesellschaft) 1967, S. 169.

bensstil hatte aber ihre Verlustseite. Sie wurde von Anfang an thematisiert.[38]

Das Leben in der Gemeinschaft war – in positiver Hinsicht – geprägt von Nähe, Gefühlstiefe, Solidarität und Hilfsbereitschaft. Von Reisenden in die traditionalen Gesellschaften – so schon im Mittelmeerraum, mehr noch auf anderen Kontinenten – werden diese Eigenschaften als ein Mehr gegenüber unserer Gesellschaft hervorgehoben.

Unter den modernen Bedingungen mußten diese ursprünglichen Tugenden ersetzt werden, denn der Mensch lebte – zumindest eine gewisse Zeit in seinem Leben – für sich allein oder in der Zweigenerationenfamilie. Ansonsten traten an die Stelle der Gemeinschaft oftmals hierarchisierte Organisationen wie Großbetrieb, Behörden, Kirchen, Banken. In der Gemeinschaft herrschten Eintracht, Sitte und Religion (verstanden als religiöses Brauchtum) vor, in der „Gesellschaft" traten an ihre Stelle Konvention, Politik und öffentliche Meinung.

Gemeinschaft	–	Gesellschaft
Eintracht	–	Konvention
Sitte	–	Politik
Religion	–	öffentliche Meinung

Mit diesen sehr verschiedenartigen Prinzipien ist ein Bedeutungsverlust des einzelnen verbunden, obwohl damit ein Prozeß der Individualisierung einhergeht. Man verlangt vom einzelnen, daß er in vielen Bereichen persönliche Auffassungen hat, aber zugleich ist es unwichtig, was der einzelne denkt. Es kommt vielmehr darauf an, wie sich die Auffassungen der einzelnen zusammenschließen zu herrschenden Auffassungen. – So gibt es eine herrschende Auffassung, wie ein Betrieb im Prinzip zu führen sei. In der Vergangenheit kreisten die Gedanken darum, wie der Chef am besten seine Autorität zum Gelten bringt. Dementsprechend wurden verschiedene Führungsstile entwickelt. Heute spielt – zumindest in größeren Betrieben – die Figur des Chefs eine weniger zentrale Rolle, sondern es geht um das sogenannte japanische Modell: Es sollen Gruppen eingerichtet werden, die von selber das Erforderliche tun. Das Beispiel soll zeigen, daß es nichts Richtiges oder Wahres gibt, sondern nur einen jeweils als „vernünftig" erkannten Diskussionsstand. – Auch hier ist aber das Beispiel nicht zufällig gewählt: Es mußte anerkannt werden, daß die Vereinzelung einen schweren Fehler in der Betriebsführung darstellt, so daß heute Gruppenprozesse in den Mittelpunkt gerückt sind. Das bedeutet eine Aufwertung der lange mißachteten Gemeinschaftlichkeit.

So wird im Bereich des Wirtschaftens ein Defizit gefüllt, das in der politischen Kultur ebenso vorliegt. Die Runden Tische hätten vielleicht ein Versuch sein können, zu einem gemeinschaftlicheren Politikstil zu gelangen. Aber gerade ihr Schicksal zeigt, daß es bisher keine Ansätze zu einer Änderung gibt. So bleibt von einer anderen Warte aus festzustellen, daß das rationale und zugleich individualistische Handlungsmodell für die Politik nicht hinreicht.

4. Alternativen

Nicht umsonst sind daher Alternativen zum herkömmlichen Politikbegriff entwickelt worden. Sie alle gehen aber davon aus, daß Politik nicht in großen Kollektiven stattfinden kann. Politik als vernünftige Abrede unter Verschiedenartigen setzt die kleine politische Einheit voraus, weil sonst der notwendige Diskussionsprozeß nicht stattfinden kann und durch die Kunstwelt der Medien ersetzt werden muß (vgl. oben). Zugleich ist der Umgang mit der gefühlsmäßigen Komponente eine weitere Reflexion wert: Die Welt der Politiker mit ihren Ängsten und Bedrohungen versetzt die Menschen immer wieder in Bestürzung. Demzufolge sind sie dankbar, wenn sie von einem Politiker errettet werden. Im krassen Gegensatz zu diesem Vertrauen und dieser Abhängigkeit stehen die Erfahrungen in Notsituationen, die meistens aufgrund des Versagens von Politikern entstehen: Wie die Bombennächte des Zweiten Weltkrieges gelehrt haben, tun Menschen in schwierigen Situationen das Notwendige und wachsen sogar über sich hinaus. Menschen sind in Situationen, die sie überschauen, sehr wohl in der Lage, ihre eigenen Angelegenheiten zu handhaben. Auch diese Überlegung bestärkt die Überzeugung, daß Nationalstaaten und noch größere Einheiten die unguten Merk-

38 Typisch dafür der französische Schriftsteller Maurice Barrès. Er galt nachmals als einer der Vorläufer des Faschismus in Europa.

male von Politik verstärken. Die bessere Qualität von Politik scheint in den Regionen aufgehoben.

Es ist daher eine immer wieder anzutreffende Feststellung, daß das politische Leben in kleineren Gemeinwesen eine höhere Qualität aufweist als in großen. Das liegt nicht zuletzt an der Möglichkeit, Konflikte durch eigene Beteiligung mit zu lösen und sie nicht von anderen, sprich: Politikern, lösen zu lassen.[39]

VII. Letzte Werte in der Politik

Es gibt vermutlich Einigkeit, daß der Schutz des Lebens in der Politik nicht in Frage gestellt werden dürfe. Die Schonung des Lebens hat höher zu stehen als Abstrakta wie Nation oder Freiheit.

Zum einen ist noch nicht einmal dieses Prinzip weltweit durchgesetzt. Zum anderen muß es sich zahlreiche Einschränkungen gefallen lassen:

- Es wird über europäische Eingreiftruppen diskutiert, die in anderen Erdteilen die Wirtschaftsordnung verteidigen sollen.
- Es wird eine Wirtschaftsentwicklung hingenommen, die langfristig über Umweltschäden Leben vernichtet.
- Es werden ganze Regionen dem Hunger preisgegeben, während bei uns die Landwirtschaft stillgelegt wird, um Überflußproduktion zu verhindern.

> Der Schutz des Lebens ist unumstritten, aber nicht gewährleistet.

Wenn schon der Wert des Lebens so wenig ernst genommen wird, dann fühlen sich – vor allem jüngere – Teile der Bevölkerung berechtigt, der offiziellen Politik den Gehorsam aufzukündigen und durch Verweigerungsaktionen und Protestaktionen zu bezeugen, daß sie „nicht mehr mitmachen“. Die Formen sind vielfältig:

- Straßenblockaden und ungenehmigte Demonstrationen wegen Verkehrsgefahren.
- Sabotage gegen die Eisenbahn bei gefährlichen Transporten.
- Verweigerung von Gebührenzahlungen bei Atomstrom.[40]

Neben diesen spektakulären Aktionen gibt es die abgestufte und unauffällige Verweigerung, etwa durch Fortzug aus ökologisch bedrohten Gebieten, oder den bloßen Zynismus.

Es muß auch nicht immer um den Schutz bzw. die Gefährdung des Lebens gehen. Die Zweifel am ökonomischen Fortschritt und seine Folgen, der Verfall der Gemeinschaften und das unbefriedigende Sozialleben, der Orientierungsverlust hinsichtlich der Zukunft, das alles führt zur Aufkündigung der inneren Bejahung von Politik.

In den Kern der Auseinandersetzungen rückt dabei das Mehrheitsprinzip. Minderheiten bestreiten der jeweiligen Mehrheit das Recht, über fundamentale Fragen der Lebensgestaltung Beschlüsse zu fassen. Das Interesse der Mehrheit hat dann ihr Recht verloren, wenn sie den Lebensstil oder die Lebensweise der Minderheit in Frage stellt. Das kann mit der Einflugschneise über einem Wohngebiet beginnen und mit der Veränderung einer Landschaft durch Autobahnbau enden; aber auch der Mehrheitsbeschluß zum Schwangerschaftsabbruch gehört dazu.

> Das Mehrheitsprinzip ist in der Krise

Diesem Zweifel am Mehrheitsprinzip seien die grundlegenden Überlegungen zu dessen Verteidigung gegenübergestellt:

Die Aufgabe des Mehrheitsprinzips und die Orientierung der Politik an Wertentscheidungen führen zu einer Fundamentalpolarisierung, die langfristig die Bürgerrechte gefährdet.

- Die Kompromißfähigkeit ist der Kern der politischen Tugenden in einer Gesellschaft, die aus verschiedenartigen Gruppen besteht und diese Verschiedenartigkeit als Vorzug empfindet.
- Mehrheit und nicht Wahrheit kann die einzige Verbindlichkeit schaffen. Denn die Wahrheit gibt es in der Regel nicht, sondern es gibt nur Wahrheiten. – Das heißt nicht, daß die Wahrheit und das Richtige keine Rolle spielen sollen,

---

39 Vgl. Flechtheim; cf. Abschnitt 7 und Fußnote 25.

40 Das Thema der Verweigerung und des passiven Widerstandes wird ausführlich behandelt in Kapitel 5, Abschnitt 6.

aber sie sollen nur durch gute Argumente in freier Rede vorgebracht werden. Diese muß in einem Entscheidungsprozeß enden, in dem Stimmen nicht mehr wiegen, sondern zählen.

- Wahrheit und Gültigkeit (besser Geltung) eines Argumentes müssen strikt getrennt werden. Davon hängen die Freiheit der Individuen und der Schutz von Minderheiten ab. Minderheiten werden zu Feinden, wenn es um die Wahrheit geht, sie bleiben Gegner, wenn es um die Geltung von Gedanken geht.
- Die Suche nach Wahrheit in der Politik überanstrengt die politischen Möglichkeiten. Glück und Lebenssinn, geistige Orientierung sind anderswo zu suchen, aber nicht in der Politik. Praktische Fragen dürfen nicht zu heilsgeschichtlichen Fragen stilisiert werden. Hieraus ergeben sich Ansprüche an die politische Kultur: Die Entwicklung einer Streitkultur ist nicht nur ein Auftrag, sondern sie wird im Augenblick durch die Politik selber gefährdet.[41]

> Das Streben nach Wahrheit darf keine Grundlage der Politik sein.

Politik sollte immer von der Korrekturmöglichkeit für Irrtümer ausgehen. Daher ist auch das Prinzip der Opposition unverzichtbar. Allerdings ergibt sich durch diesen Gedanken auch die Grenze des Mehrheitsprinzips. Es gehört zum Selbstverständnis des Systems, daß die Minderheit von heute die Mehrheit von morgen sein wird. Sie hat dann die Möglichkeit, die Irrtümer der alten Mehrheit zu beseitigen. Das setzt aber voraus, daß Beschlüsse überhaupt revidierbar und umkehrbar sind. Das ist nicht der Fall bei unumkehrbaren Eingriffen in die Natur oder übergroßen Belastungen der Zukunft. So erfordert zum Beispiel ein Atomendlager über Jahrtausende hinweg Sicherheitsvorkehrungen und Bewachung. Es läßt sich nicht garantieren, ob es hierzu immer in solch fernen Zeiten die gesellschaftlichen Voraussetzungen geben wird. Derartige Maßnahmen bringen zukünftige Generationen um ihre Freiheit, weil sie die Zwänge der Vergangenheit beachten müssen. Daher richten sich die Gedanken auch darauf, welche Grenzen der Mehrheit sinnvollerweise durch Gesetz zu ziehen sind und welche politischen Hürden für einen Mehrheitsbeschluß errichtet werden sollten, um solche Beschlüsse zu erschweren, wenn sie doch notwendig werden sollten. – Allerdings muß man zugeben, daß es auch politische Bestrebungen gibt, die Grenzen für Mehrheitsbeschlüsse zu beseitigen, etwa im Asylrecht oder im Straßenbau.

> Die Politik selber gefährdet die notwendige Entwicklung einer hinreichenden Streitkultur.

Der Versuch, das Mehrheitsprinzip politisch im Sinne einer Beschränkung zu umhegen, liegt auf der Linie der bewährten Tradition: Verfahrensregeln und Verfassungen sollen zwar nicht für mehr Gerechtigkeit sorgen, aber das Unrecht erschweren. Beschlüsse sollen also langsamer und erschwerter vor sich gehen, wenn sie Grundsatzfragen berühren.

Diese an sich einfachen Regeln sollten aber nicht über die Probleme hinwegtäuschen und zu der Auffassung führen, man müsse sich nur auf die althergebrachten Prinzipien besinnen. Vielmehr haben sich eine Reihe ungelöster Grundsatzprobleme angesammelt:

- Eine demokratische Überprüfung von Grundsatzentscheidungen gibt es nicht. Sie fallen meist in kleinen Schritten und ergeben sich mit der Zeit als eine Art Zwang. – Ein Beispiel für die Folgen eines nicht diskutierten und politisch beschlossenen Sachverhalts: Die Priorität für das Auto führt bei den heutigen Verkehrsverhältnissen zwingend zum Autobahnbau und zur Zerstörung der Landschaft.
- Irreversibilität der wichtigsten Entscheidungen, abnehmende Handlungsfreiheit durch Verflechtung, sachliche Kompliziertheit wirken entpolitisierend. Sie führen auch zu einer strukturellen Verantwortungslosigkeit: Jeder deutsche Verkehrsminister muß sich nicht mehr die Frage nach dem Vorrang des Autos stellen, selbst wenn er weiß, daß es am Ende das Überleben der Gesellschaft in Frage stellen könnte. Er kann nur noch die Folgen der einmal eingeleiteten Entwicklung gestalten.
- Die strukturelle Verantwortungslosigkeit wird verschärft durch die zunehmende Tendenz zur Vergrößerung der politischen Einheiten. Die Verantwortlichen nehmen die Folgen ihres Tuns nicht mehr wahr, die „Opfer" wissen nicht mehr, woher eigentlich die Maßnahmen kommen. – In den siebziger Jahren ist in Brüssel das Ende für

41 Vgl. Fußnote 25.

zahlreiche Landwirte besiegelt worden, ohne daß die Bürokraten oder die Betroffenen dies gewußt hätten. Schon gar nicht konnten die sogenannten Eurokraten wissen, daß ihre Beschlüsse eines Tages die Existenz von Landwirten in der damaligen DDR vernichten würden.

• Der zunehmende Rückgriff auf die Moraldiskussion zeigt eine politische Hilflosigkeit an, die Probleme noch richtig zu benennen und zur Entscheidung zu stellen. Die Frage, wie Konsens und Überzeugung zu bilden sind, wird zunehmend unlösbarer. – Die Forderung nach Durchsetzung der Menschenrechte richtet sich an viele Regimes in der Dritten Welt. Zugleich sind diese Gewaltregimes zurückzuführen auf ökonomische Zwänge, etwa wenn diese Länder ihre Schulden zurückzahlen müssen infolge einer verfehlten Entwicklungspolitik. Dabei ist auch die Bundesrepublik mit Lieferungen auf Kredit beteiligt oder mit ausbeuterischen Bedingungen gegenüber der Exportlandwirtschaft (z.B. Kaffee oder Tee).[42]

Die politische Tradition der USA kann bei diesen Problemen immerhin eine gewisse Orientierung bieten. Die US-Verfassung ist davon ausgegangen, daß das Land aus einer Anhäufung von Minderheiten besteht. Daher hat sie ihr System von Checks und Balances eingeführt, das die Bundesmacht lähmt und ihr Konkurrenz an die Seite stellt. Die eigentliche Stärke des politischen Lebens der USA liegt aber in den Gemeinden. Daher kann man aus der Bundespolitik auch nur bedingt auf den Zustand des Gemeinwesens in den USA schließen. So müssen wir uns auch fragen, wie kleinere, vor allem regional bestimmte Einheiten wieder mehr Handlungsmöglichkeiten erlangen. Diesen Weg verlegt im Augenblick die „große Politik“. Zentralisierung, Hierarchisierung innerhalb der großen Einheiten, Verrechtlichung und Ökonomisierung des Gesellschaftslebens, zugleich Aufteilung der Gesamtprobleme in eine Fülle von am Ende unübersichtlichen Einzelproblemen kennzeichnen nach wie vor die Entwicklung. Vor diesem Hintergrund verläuft die Entwicklung in Europa höchst widersprüchlich: Während die einen die Entwicklung der Zentralbehörde für ein Glück halten, weil sie ihnen vermeintlich den Weg ins wirtschaftliche Paradies öffnet, sinnen andere schon darüber nach, wie sie die größten Schäden auf diesem Wege zumindest für ihre Region abwenden können.

Ein Beispiel hierfür mag die Zukunft unserer Landwirte sein. Während sich im Nordwesten Europas die Industrialisierung beim Wirtschaften mit Pflanze und Tier vollzieht – mit allen bekannten negativen Folgen – , müssen wir andernorts (z.B. in Ostdeutschland) die Versteppung der Landschaft befürchten, weil die pflegende Hand der Bauern fehlen wird, die über Jahrhunderte die Kulturräume geschaffen haben. Zugleich wird aber die Zukunft der Landwirtschaft nicht als ein Gesamtproblem unserer Gesellschaft gesehen, sondern es geht um Richtlinien für Nahrungsmittel, hier wieder um nationale Ausnahmen; es geht um die Bewältigung der Abfälle aus der industrialisierten Landwirtschaft, das sogenannte Gülleproblem; es geht um die Zukunft des Naturschutzes und der Landschaftspflege in Ostdeutschland. Das eigentlich politische Problem ist aber die Industrialisierung der Landwirtschaft und die damit verbundene Überproduktion. Sie werden politisch nicht zur Diskussion gestellt. Quasi naturwüchsige und sich verselbständigende Prozesse sind an die Stelle der bewußten Gestaltung getreten. Dies meinte *Max Weber*, als ihm vor den Folgen der okzidentalen Rationalisierung (vgl. Kapitel 8) schauderte: Alles wird effektiver und zugleich unsinniger.

Die Realität der Politik verbietet es daher, daß wir einen hohen moralischen Anspruch stellen können. Selbst sehr fundamentale Werte wie Schutz des Lebens oder Sicherung der Zukunft für einen jeden lassen sich nicht gewährleisten, weil der vorherrschende Politiktypus es verbietet, daß die Folgen noch überschaubar sind. Daher ist die These nicht hergesucht, daß wir uns auf eine strukturelle Verantwortungslosigkeit zubewegen.[43] Der Ausweg kann nur darin bestehen, dem US-Vorbild folgend, den Minderheiten und den politischen Einheiten vor Ort wieder mehr Rechte einzuräumen. Allerdings wird es sich im wesentlichen um Veto-Rechte handeln müssen. Eine Wiederbelebung oder eine Verstärkung von Moral kann die Probleme nicht lösen.

42 Vgl. Günter Neuberger: Zum Beispiel Tee, Göttingen (Lamuv) 1989.

43 Ulrich Beck: Gegengifte. Die organisierte Unverantwortlichkeit, Frankfurt am Main (Suhrkamp) 1988.

VIII. Zukunftssicherung

Die Aufgabe der Zukunftssicherung ist nicht umstritten, wohl aber der Weg dorthin. Selbst wenn man ihn wüßte, dann bleibt die Frage, um welche Zukunft es gehen soll. – Jedes Regime und jede Politik kann sich in der Regel gesichert fühlen, wenn seinen Untergebenen eine sichere Zukunft offensteht. Entgegen dem politischen Alltagsleben kommt es dabei nicht auf den Wohlstand oder das äußere Wohlergehen an. Menschen ertragen auch sehr mäßige und deprimierende Lebensumstände, wenn sie das Gefühl behalten, sie können morgen noch so weiterleben wie heute.[44] Insofern ist die Garantie der Zukunft im Sinne einer Unveränderbarkeit der Lebensverhältnisse das Minimalerfordernis von Politik, wenn sie angenommen werden soll. Allerdings wird die Gestaltung der Zukunft in der Regel nicht daran gemessen, inwiefern sie moralischen Maßstäben genügt und inwiefern Leitwerte besser eingelöst werden. Vielmehr ist die Absicherung des einmal vorhandenen Lebensstils im Zentrum der Sorgen und Hoffnungen der Menschen. Dieser sehr platte Sachverhalt wird allerdings durchaus moralisch überhöht und mit hohen politischen Werten versehen.

> Erst kommt das Fressen,
> dann kommt die Moral.
> *Bertolt Brecht*

Die Abwehr von Bedrohungen wird meistens als Verteidigung der Freiheit „verkauft". Das ließ sich im Golf-Krieg beobachten, als das undemokratische Folterregime Kuwaits herhalten mußte als Symbol von Freiheit, die es am Golf zu retten gelte. Allerdings war sehr allgemein das Bewußtsein verbreitet, es gehe um Öl und um billige Energie, die nun einmal die Grundlage unseres Lebensstils bilden.

Insofern sieht sich die Politik in der Regel nur mit einem niedrigen Moralanspruch konfrontiert; es sind eher Minderheiten, die weitergehende Werte verwirklicht sehen wollen.

Zur von vielen geglaubten Moral gehört auch die Hoffnung, daß es gelingen werde, unsere Modernität und unseren Lebensstil früher oder später auf die gesamte Erde auszudehnen. Dabei besagt eine unlängst aufgestellte Rechnung, daß die Vorräte der gesamten Erde binnen drei Tagen aufgebraucht wären, wenn alle Menschen so lebten wie die Bevölkerungen in den reichen Ländern um den Nordatlantik herum. Wir leben daher in einer Gegenwart, die nur eine begrenzte Zukunft hat.

Folgende Bedrohungen zeichnen sich ab:

- der voranschreitende Zusammenbruch der ökonomischen, sozialen, kulturellen Systeme in der Dritten Welt; wahrscheinlich endgültig vermittelt über ökologische Katastrophen
- die nachhaltige Verschlechterung der eigenen Umwelt, möglicherweise auch mit Katastrophengebieten, Teilzusammenbrüchen (z.B schleichende Vergiftung des Wassers)
- die Bereitschaft zur Ausübung von Gewalt, wobei sich die Einsicht bestätigt, wer bereit ist, Gewalt gegen sich auszuüben in Form von Selbstzwängen und für selbstverständlich gehaltenem Leid, der ist gleichgültig gegenüber anderen und nimmt die Ausübung von Gewalt hin.

Wenn man einen gewagten Vergleich nicht scheut, kann man sagen:

> „In der Risikoproduktion hat der entwickelte Kapitalismus die Zerstörungskraft des Krieges absorbiert, generalisiert und normalisiert"[45]

Die Hauptgefahr mag aber darin bestehen, daß dieses düstere Zukunftsszenario als schicksalhaft hingenommen wird, da man ohnehin nichts machen könne. Daher haben abweichende Gruppen, die sich gegen den Hauptstrom stellen, eine ungeheuer wichtige Funktion bekommen. Als Beispiel mögen kirchliche Gruppen dienen, die Asylbewerber aufnehmen oder verbergen. Dabei verkehren sich in der Regel öffentlich wahrgenommene Vernunft und Unvernunft: Meistens gelten solche Aktionen als „unvernünftig" und verweisen vielleicht doch eher darauf, daß insgesamt die Unvernunft unserer Gesellschaft korrigiert werden muß.

---

44 Zur Sicherung der Anerkennung einer Ordnung grundlegend Heinrich Popitz: Prozesse der Machtbildung, in. Heinz Steinert (Hg.): Symbolische Interaktion. Arbeiten zu einer reflexiven Soziologie, Stuttgart (Klett) 1973, S. 139-150.

45 Ulrich Beck: Risikogesellschaft. Auf dem Weg in eine andere Moderne, Frankfurt am Main (Suhrkamp) 1986, S. 74.

Diese Korrektur kann man nicht von den Politikern erwarten; dies ist noch nicht einmal wünschenswert. Wir brauchen eine politische Ethik, die danach trachtet, konkret zu sein und sich in Handeln umsetzen zu lassen, also keine Moralnachhilfe für Politiker. Politiker werden obendrein nicht gerade die Ersten sein auf dem Wege zu einer solchen neuen Ethik, denn sie können sich wohl nur schwer den Zwängen ihrer selbstgeschaffenen Welt entziehen. Aber ohnehin kann es nicht angehen, ethisches Verhalten von Politikern zu fordern und selber nur Konsument von Politik zu bleiben.

> Wir erben die Welt nicht von unseren Vätern, wir leihen sie von unseren Kindern.

Es kann daher auch nicht damit getan sein, die Abneigung gegen den Staat und seine Politik zu pflegen. Vielmehr zeigt sich, daß unsere Probleme gesellschaftliche Probleme sind. Wenn es überhaupt einen Vorwurf gegen „die" Politiker gibt, dann den, daß sie sich halt darauf eingerichtet haben, die von uns geschaffenen Probleme mehr recht als schlecht zu verwalten, statt sie offen zu benennen und Umkehr zu fordern. Es ist die wesentliche Aufgabe des einzelnen, die Spaltung von Privatmann und Bürger (Citoyen) in sich zu überwinden. So gesehen ist der Citoyen der Mensch, der sich einmischt und die Probleme der Allgemeinheit zu seinen Privatproblemen macht.[46]

So mag es einleuchten, daß die kritische Überprüfung der privaten Lebensführung – eigene Verschwendung, Energieverbrauch, Umgang mit der Umwelt, Protest gegen das unnötige Leid anderer anzeigen kann, inwiefern der einzelne feststehende Einsichten der politischen Ethik in seine Lebensführung aufnehmen konnte. Allerdings kann es damit nicht sein Bewenden haben. Sondern solche Aktionen müssen öffentlichkeitswirksam werden, wenn sie politisch werden sollen. Dabei steht auch das geläufige Freiheitsverständnis zur Debatte:

„Noch Goethe konnte sagen: ‚Daß wir uns in ihr zerstreuen, deshalb ist die Welt so groß.' Jetzt ist nichts mehr da, zum Sich-Zerstreuen. Die kleine blaue Kugel, die die Astronauten erblicken, ist alles, was uns bleibt. Die Politik der Zukunft muß daher, zunächst, auf das bare Überleben der Menschheit als solcher gerichtet sein, danach auf die Planung der Benutzung der Biosphäre, in der sich menschliches Leben abspielt. Damit befinden wir uns zum ersten Male in der Geschichte der Menschheit in der Situation, in der im Interesse aller (gegenwärtiger wie künftiger) Geschlechter geplant, gehandelt, regiert werden muß. Das ganz Neue besteht darin, daß ‚zivilisiertes' Leben, ja, minimalste Bedürfnisbefriedigung und physisches Überleben aller nunmehr global und futural bestimmt sind."[47]

Dieses Erfordernis einer globalen Ethik steht bei uns noch in den Anfängen. Zugleich kann das Zitat aber aufzeigen, daß Freiheit nicht sein kann, alles zu tun, „was machbar ist". Ethik heißt heute Aufzeigen von Grenzen.

Ein zweiter Gesichtspunkt steckt noch in dem Zitat: Es legt die Errichtung eines weltweiten Öko-Regimes nahe, zumindest entsprechender Behörden. Es zeigt sich aber in historisch-politischer Sicht, daß mit der Ferne und Größe solcher Behörden die Verantwortungslosigkeit wächst. Daher mag die oben angeführte Forderung verständlich sein, daß die politischen Einheiten klein sein müssen, weil sie allein die Diskussion erlauben, die die Menschen zum Vernünftigen führt. Die Ergebnisse der Diskussion werden sich freilich am Erfordernis der globalen Ethik messen lassen müssen.

Zum Abschluß sei eine soziale Utopie angeführt, die aufzeigen kann, daß Ethik nicht allein eine Frage des richtigen Bewußtseins ist, sondern gelebte Ethik aus bewußter Gestaltung der gesellschaftlichen Rahmenbedingungen hervorgeht, also selber ein Ergebnis von Politik ist. Es ist allerdings die Frage, ob wir die politische Kraft hierzu noch haben.

„Am weitesten fortgeschritten ... ist wohl das kleine Island. Diese älteste Demokratie der Welt hat die ursprünglichen und demokratischen Ideale nicht preisgegeben, obwohl sie ihre Gesellschaft und Wirtschaft modernisiert hat. Das Bildungsniveau ihrer Einwohner ist das höchste

46 Vgl. Klaus Eder: Kollektive Identität, historisches Bewußtsein und politische Bildung, in: Will Cremer und Ansgar Klein (Hg.): Umbrüche in der Industriegesellschaft, Opladen (Leske) 1990, S. 351-368.

47 John H. Herz: Gedanken über Legitimität, Gewalt und Zukunft des Staates, in: Christian Fenner u.a. (Hg): Systemwandel und Demokratisierung, Köln (EVA) 1975, S. 30ff., hier S. 44.

der Welt. Die Wirtschaft ist zwar in privaten Händen, doch kennt man kaum Klassenunterschiede. Ein Arzt oder der Ministerpräsident verdient etwa dreimal so viel wie ein Fischer oder Arbeiter. Weit über 90 Prozent der Haushalte verfügen über ein Monatseinkommen zwischen umgerechnet 5000 und 6000 DM. ... Kapitalzusammenballungen gibt es in Island nicht. Die vielen kleinen Unternehmen sind zum großen Teil in Genossenschaften zusammengeschlossen. Island ist total abgerüstet, und das einzige Gefängnis im Lande steht wie sonst nur in Liechtenstein oder Sansibar meist leer. Trotz Alkoholismus sind Gewaltverbrecher ganz selten. Die Haustüren werden normalerweise nicht zugesperrt. ... An der Spitze des Staates steht eine Frau. ..."[48]

Es kommt hier nicht darauf an, inwieweit die Verhältnisse des Staates und dieser Gesellschaft wirklich getroffen sind. Es sollte deutlich werden, daß bestimmte sozioökonomische Voraussetzungen unabdingbar sind für ein neues Denken. Die Schilderung löst die Frage aus, warum die sozialpolitischen Leitvorstellungen so stark den bei uns vorherrschenden widerstreben.

Es muß als offene Frage stehenbleiben, ob wir eine Gesellschaft ohne die Möglichkeit der Umkehr sind. Das aber ist die Aufgabe der politischen Ethik: Das Denken offenzuhalten für diese Kritik und ständig die Motivation für die Suche nach besseren Wegen zu erhalten.

---

48 Ossip K. Flechtheim: Ist die Zukunft noch zu retten?, Hamburg (Hoffmann & Campe) 1987, S. 220.

Kapitel 11

Sexualität und Liebe – Mann und Frau

I. Überblick

Das Verhältnis von Mann und Frau umfaßt weitaus mehr als Liebe und Sexualität, schließlich bilden beide seit alters her eine Arbeits- und Überlebensgemeinschaft. Die Art und Weise, wie Sexualität und Liebe erlebt und ausgelebt werden konnten, war aber immer grundlegend für die gesellschaftliche Ausprägung des Menschen. Die Normierung der Sexualität läßt sich nicht trennen vom jeweiligen Bilde, das die Frau vom Mann und umgekehrt der Mann von der Frau hat. Vermutlich handelt es sich hier um die tiefsten Schichten der Normierung und der Ausprägung des Sozialcharakters, auf dem alle übrigen Ausformungen von Ethik und Moral in einer Gesellschaft aufbauen müssen.

Für die in diesem Kapitel vorherrschende Blickrichtung möge folgendes Zitat kennzeichnend sein:

„Das Mannesalter hat man dann erreicht", wird ein kenianischer Schüler in der einheimischen Presse zitiert, „wenn Männer erwachsen genug sind, mit Frauen zu reden, mit ihnen Sex zu haben und sie zu schlagen." Bei einer Massenvergewaltigung in einer Oberschule im Meru-Distrikt kamen im Juli 1991 insgesamt 19 Mädchen ums Leben. Rund 300 Schüler hatten die Schlafsäle der Mädchen gestürmt und 71 der Schülerinnen vergewaltigt. 19 Mädchen wurden dabei zu Tode getrampelt oder erstickten. Der stellvertretende Schulleiter zu Journalisten: „Die Jungens wollten den Mädchen nichts Böses antun. Sie wollten sie nur vergewaltigen."

(Nach ‚Christian Science Monitor', 9. August 1991)[1]

Fast keine der Hochkulturen begegnet Sexualität und Liebe ohne Mißtrauen, und die in ihnen angesiedelten Religionen haben daher immer besonderen Wert auf die Einhegung und Normierung beider gelegt. In hoher Zahl wurden die unterschiedlichsten Verbote und Gebote entwickelt, ausgesprochen, und meist vergebliche Versuche ihrer Durchsetzung unternommen. Aber so verschiedenartig die religiöse Normierung sich auch darstellt, ein Grundzug scheint durchgängig: die Bevorzugung des Mannes und die Geringschätzung der Frau.[2] Die folgende Zusammenstellung kann dies belegen[3]:

1 Zit. nach Ekkehard Launer: Datenhandbuch Süd-Nord, Göttingen (Lamuv) 1992, S. 43.

2 Vgl. oben Kapitel 3 und 4.

3 Launer, Datenhandbuch, a.a.O., S. 42.

„Dein ist mein ganzes Herz,
du bist mein Reim auf Schmerz ...“

„Die Frauen seien untertan ihren Männern als dem Herrn. Denn der Mann ist des Weibes Haupt. ... Aber wie nun die Gemeinde ist Christus untertan, so seien es auch die Frauen ihren Männern in allen Dingen." (Bibel: Epheser 5, 22 -24)

„Die Männer stehen über den Frauen, weil Allah einem Teil (der Menschen) einen Vorzug vor den anderen gegeben hat. ... Die Frauen aber, deren Widerspenstigkeit ihr befürchtet, ermahnt, meidet sie im Ehebett und straft sie." (Koran: Sure 4, Vers 34)

„In ihrer Kindheit muß eine Frau ihrem Vater untertan sein, in ihrer Jugend dem Ehemann und als Witwe ihren Söhnen. Eine Frau darf niemals Unabhängigkeit genießen." (Hinduismus: Gesetzbuch des Manu)

„Hundert Mädchen sind nicht so viel wert wie ein Junge." (Konfuzius)

Da Normen der Sexualmoral für uns sehr stark vom Christentum geprägt worden sind, steht im folgenden Kapitel zunächst die christliche Sichtweise im Mittelpunkt. Dabei soll die Auseinandersetzung mit der römisch-katholischen Auffassung nicht zu kurz kommen, weil sie heute noch am stärksten die Öffentlichkeit prägt. Allerdings wird zu zeigen sein, daß in der jüdisch-christlichen Tradition auch ganz andere Auffassungen ihren Platz hatten. – Hin und wieder wird der Vergleich mit nichtchristlichen Traditionen notwendig sein; aber auch die Verbindung zu philosophischen Traditionen soll untersucht werden.

Für die Betrachtung von Liebe und Sexualität ist es notwendig zu sehen, in welchen Sozialformen sie ausgelebt werden. Als ein wichtiger Bestandteil unserer heutigen Probleme mit der Sexualmoral kann der noch nicht bewältigte Wandel der Familie gelten. Im Zusammenhang mit den Entwicklungstendenzen der Familie wird auch das Problem des Verhältnisses der Geschlechter heute aufgegriffen.

Schließlich verbinden sich Liebe und damit auch Sexualität sehr stark mit den Lebensplänen und Hoffnungen der Menschen. Vor allem die Vorstellungen von Glück werden an Liebe und Sexualität gebunden.

Vermutlich erwarten die meisten Menschen hier viel zu viel. Das hat mehrere Gründe:

- Die Vorstellungen sind von vornherein unrealistisch. Vor allem die Risiken werden totgeschwiegen.
- Wir sind zu sehr befangen in der eigenen Geschlechtsrolle, verkennen die Bedürfnisse der anderen und verfehlen damit unser Glück.
- Die Alltagsphilosophien beinhalten gefährliche Fehlwege.

So kommt der Verhaltensforscher *Eibl-Eibesfeldt* zu dem Schluß:

„Die moralisierende Mißdeutung des Geschlechtlichen, insbesondere seitens der christlichen Ethik, bringt die Gefahr einer Verflachung der zwischengeschlechtlichen Beziehungen mit sich, die bei einer Verdrängung des Sexuellen ihrer spezifisch menschlichen Werte beraubt werden."[4]

Man muß der Ansicht des Verhaltensforschers nicht folgen, sie zeigt aber das Problem an, daß die Vorstellungen über Liebe und Sexualität bei uns in eine Krise geraten sind. Deshalb soll auch nach tragfähigen grundlegenden Konzepten und Perspektiven gefragt werden. Das Thema bringt es überdies mit sich, daß historische Erfahrungen uns darüber belehren können, wie unendlich vielgestaltig der Mensch ist, selbst wenn es darum geht, seine Natur und Triebe auszuleben. Daher wird mit dem Thema auch ein kurzer Einblick in die Anthropologie verbunden.

Die Thematik muß angesichts der allgemeinen Unsicherheit offen enden. So steht am Ende ein Überblick zu mehreren Zukunftsentwürfen im Hinblick auf die Entwicklung einer sinnvollen Sexualmoral.

4 Irenäus Eibl-Eibesfeldt: Liebe und Haß, München (Piper) 1978, S. 186.

II. Die Betrachtung der abendländischen Sexualität aus fremdländischer Sicht – Einführung in das Problem

Die meisten Menschen bei uns sind wahrscheinlich sehr stolz auf den in unserer Kultur erreichten Stand sexueller Freiheit. Unter Freiheit wird hierbei sexuelle Selbstbestimmung verstanden: Jeder kann im großen und ganzen auf diesem Gebiete leben, wie er will und mit wem er will. Zugleich scheint diese Freizügigkeit aber in eine demographische Krise zu führen, denn überall in den liberalen Gesellschaften geht die Anzahl der Kinder dramatisch zurück, so daß mittlerweile die Überalterung nicht nur droht, sondern eine schon vollzogene Entwicklung für die nächsten Jahrzehnte ist.

Das bestätigt auch der Blick auf die Familie. In der Bundesrepublik wächst mittlerweile ein Drittel der Kinder nicht mehr in vollständigen Familien auf. Der feste Wille, keine Ehe einzugehen, ist bei jungen Leuten unterschiedlich ausgeprägt, aber deutlich verbreitet. Der beherrschende Glaubenssatz der Sexualmoral, daß Sexualität außerhalb der Ehe nicht erlaubt sei, kann als abgetan gelten, wenn auch die katholische Kirche gegenüber dieser Entwicklung noch heftigen Widerstand leistet. Die Formen des Zusammenlebens außerhalb der Ehe nehmen vielgestaltige Formen an. Die „normale" Zweigenerationenfamilie droht in die Minderheit zu geraten.

In anderen Bereichen zeigt sich Unsicherheit:

– Selbstbefriedigung gilt mittlerweile im großen und ganzen als normal, bleibt aber eher tabuisiert.

– Prostitution wird geduldet, Prostituierte können ihre Interessen wahrnehmen oder gar im Fernsehen auftreten; trotzdem kann es Männer noch ihre Karriere kosten, wenn Bordellbesuche allzu bekannt werden.

– Homosexualität wird zur Zeit (trotz Aids) eher enttabuisiert.

– Pornographie ist umstritten, gilt aber weitgehend als harmlos und daher hinnehmbar; allerdings muß ein Kampf gegen Vermarktung von Kinderpornos geführt werden.

– Sextourismus gilt als Übel, ist aber ein normal vermarktbares Produkt. Entsprechende Reisen können ohne weiteres gebucht werden.

Im Rahmen der allgemeinen Unsicherheit über das Erlaubte und Unerlaubte scheint es darum zu gehen, unerwünschte Extrempunkte zu markieren, sie, so gut es eben geht, zu bekämpfen, aber endgültige Lösungen sind auch bei anerkannten Übeln anscheinend oder scheinbar nicht durchsetzbar.

Beobachter aus fremden Kulturkreisen stehen zum großen Teil fassungslos vor dieser unübersichtlichen Vielfalt.

Islamische Beobachter bemerken, daß unsere Sexualkultur ständig gegen die Würde der Frau verstoße. Frauen seien einer Art ständiger Schönheitskonkurrenz ausgesetzt. Kurze Röcke und offene Blusen seien kein Zeichen von Freiheit, sondern ein Anzeichen für das Zunehmen der Vermarktungszwänge mit einem unbarmherzigen Konkurrenzprinzip. Beides gehe dabei eindeutig zu Lasten der Frau und treibe – dieser Auffassung zufolge – die Frauen in Würdelosigkeit und Unterlegenheit dem Mann gegenüber .

Buddhistische Beobachter stellen fest, daß die Menschen von einer sexuellen Gier besessen sind, der sie nachjagen. Sie suchen in immer neuen Beziehungen ein Glück, das sie auf diese Weise grundsätzlich nicht finden könnten. Seelische Verödung und wachsende Einsamkeit sind die Folgen. Die zwingende Verbindung von Sexualität mit Jugend und Schönheit führt im Laufe des Lebens in eine Sackgasse, die die Menschen mit dem Alter nicht zurechtkommen läßt.

Man wird diese Stimmen schwerlich als Echo einer überwundenen Vergangenheit abtun können. Möglicherweise befinden wir uns mit der Entwicklung der Sexualität tatsächlich in einer Sackgasse. Im Zentrum muß die Überlegung stehen, ob die Verbindung zwischen dem Stand der Sexualmoral und gelebter Freiheit tatsächlich stimmt und ob wir mit dieser Art von Sexualität nicht die Liebe verfehlen.

Das Erstaunen der Angehörigen fremder Kulturkreise über die Ausprägung des Sexuallebens bei uns reduziert sich bei näherem Zusehen nicht auf die Freizügigkeit oder offene Darstellung von Sexualität, auch nicht auf Sexualpraktiken. Hier sind andere Kulturen weiter oder sogar großzügiger. So wurde die sogenannte „Missionarsstellung" – der Mann über der Frau – von den zu missionierenden Völkern immer als ein Stereotyp für die Fremdlinge aus den christlichen Ländern empfunden. Sie waren anderes und Abwechslungsreicheres gewohnt.

Das Verwundern und auch die Ablehnung beziehen sich auf Sexualität außerhalb der Familie. Vor allem die Hochkulturen und ihre Religionen binden die Sexualität strikt an die Familie. Die Auflösungserscheinungen im Hinblick auf die Familie sind im christlichen Abendland unübersehbar und werden auch überwiegend als Zeichen von Freiheit begriffen. Hier liegt der eigentliche Stein des Anstoßes. Das Problem wird allerdings dadurch verkompliziert, daß sich mit dem Wandel der Familie die Befreiung der Frau von der ausschließlichen Mutterrolle verbindet. Damit ist aber das Verhältnis von Frau und Mann in allen Bereichen berührt.

III. Liebe und Sexualität aus christlicher Sicht, die Stellung der Frau und die patriarchalische Tradition

1. Überblick – traditioneller Stand der Sexualmoral

Das Christentum hat die abendländische Sexualität geprägt. – Dieser Satz ist leicht gesagt, allzu leicht! Denn bei näherem Zusehen erweist er sich zwar nicht als falsch, aber als zu einfach. Aus historischer Sicht dürfen nicht das schriftliche Zeugnis und das tatsächliche Verhalten der Menschen verwechselt werden. Das Christentum war immer vor allem eine Buchreligion. Erst mit dem 16. Jahrhundert begannen in Europa Versuche, das Lesen und Schreiben in der Bevölkerung zu verbreiten, und dies zunächst auch nur in den Städten. Die Morallehren erreichten die Oberschichten und die städtische Bevölkerung viel stärker, während sich in weiten Landstrichen vorchristliches Brauchtum erhielt. Insgesamt fehlte ein leistungsfähiges Kommunikationssystem, das für eine lückenlose und nachhaltige Verbreitung der christlichen Moral gesorgt hätte.

Zu diesen äußerlichen Gründen für eine mangelnde Wirksamkeit kommen Gründe, die in der christlichen Lehre selber liegen. In seinen Anfängen stand das Christentum allzu stark unter dem Eindruck der baldigen „Endzeit", dh. der Erwartung des baldigen Endes der Menschheit. So richteten sich die gedanklichen Anstrengungen viel stärker auf das dann anbrechende Reich Gottes als auf die Ordnung der Verhältnisse in einer Gesellschaft, die ohnehin bald untergehen würde. Dazu kam, daß die biblischen Aussagen sehr verschiedenartige Schlüsse zuließen: Das Spektrum reichte von völliger Freigabe der Sexualität bis zum völligen Verzicht darauf.[5] Als mit dem vierten Jahrhundert klar wurde, daß nicht mit einem Weltuntergang zu rechnen war, und als das Christentum obendrein Staatsreligion wurde, meinten die sogenannten Kirchenväter, diesen wichtigen Daseinsbereich ordnen zu müssen. Bestimmend wurde der Kirchenvater *Augustin.* Er brachte in die Kirchenlehre eine starke Abwertung der Sexualität.

Diese Haltung hatte bei Augustin im übrigen eine deutliche lebensgeschichtliche Komponente: Er fühlte sich oftmals derart zu Frauen hingezogen, daß ihm kein anderer Gedanke möglich war. Das empfand er als „Versuchung", die ihn davon abbringen sollte, sich auf das eigentlich Wichtige zu besinnen und sein Leben ganz in den Dienst Gottes zu stellen. Indirekt bezeugt Augustin freilich mit seiner Sexualfeindschaft, wie bestimmend die Sexualität alle Daseinsbereiche durchdringt.

So setzten sich – allerdings mit oben genannter Einschränkung – folgende Grundzüge durch, die heute noch von der katholischen Kirche aufrechterhalten werden:[6]

---

5 Barbara Quint: Die Ehe im frühen Christentum, in: Jochen Martin und Barbara Quint (Hg.): Christentum und antike Gesellschaft = Wege der Forschung 649, Darmstadt (Wissenschaftliche Buchgesellschaft) 1990, S. 169-208.

6 Vgl. Erklärung der Kongregation für die Glaubenslehre zu einigen Fragen der Sexualethik, hg. v. Sekretariat der deutschen Bischofskonferenz, Bonn 1975.

• Sexualität an sich ist bedeutungslos; wichtiger ist dabei der Zeugungsakt. – Später verengte sich dies zu der Auffassung, daß Sexualität nur zum Zwecke der Vermehrung dienen sollte. Noch 1968 erneuerte die katholische Kirche das Verbot von Verhütungsmitteln.

• Sexualität soll in der Ehe stattfinden. Außereheliche Sexualität hat es nicht zu geben. – Das traf vor allem junge Leute und Unverheiratete. Da aber Heirat in der Regel an den Besitz einer ökonomischen Vollstelle, also zum Beispiel einen Bauernhof oder eine Werkstatt, geknüpft war, fiel hierunter ein erheblicher Teil der Bevölkerung. Jüngere Geschwister konnten so zum Beispiel nicht heiraten, falls die Erstgeborenen den elterlichen Betrieb erbten. Damit wurde gleichzeitig die Unterbewertung der Frau festgeschrieben, denn eine Vollstelle wurde vorwiegend an den Mann vergeben.

• Im 16. Jahrhundert erklärte die katholische Kirche die Ehe dann zum Sakrament. Damit wurde sie, von wenigen Ausnahmen abgesehen, unauflöslich.

Allerdings sei eine Widersprüchlichkeit angemerkt: Trotz der ‚Heiligung' des Ehestandes hält die katholische Kirche bis heute an der Ehelosigkeit der Geistlichen fest (sog. Zölibat).

Als wesentliche Stütze für ihre Aussagen führen Vertreter der katholischen Sexualmoral oft an, daß der Zusammenhang von Sexualität und Vermehrung sich in der gesamten Natur zeige. Dem widersprechen zwar die Verhaltensforscher auf der Grundlage der biologischen Befunde,[7] doch scheint trotzdem der Gesichtspunkt der „Natürlichkeit" eine wichtige Grundlage des heutigen Denkens über Sexualität und zur Bewertung der jeweiligen Sexualmoral zu sein. So kehrt der Sexualwissenschaftler *Martin Dannecker* (vgl. Abschnitt 7) die Natürlichkeit geradezu gegen die katholische Sexualmoral:

„(Sie) ist archaisch und roh. Durch die von ihr aufrecht erhaltene Reduktion der Sexualität auf die Fortpflanzung, die durch ihre Abwertung der sexuellen Lust zustande kommt, hat sie sich vom Wesen der menschlichen Sexualität so weit entfernt, daß es den Menschen nicht mehr möglich ist, sich nach den Gesetzen der katholischen Sexualmoral zu verhalten. Eine moralische Vorschrift, die auch mit bestem Willen nicht eingehalten werden kann, ist aber selber unsittlich."[8]

7 Vgl. Eibl-Eibesfeldt, Liebe, a.a.O., 177f.

2. Biblische Tradition und religiöses Denken – Sexualität in heutiger Sicht

Man wird nicht behaupten können, die jüdisch-christliche Religion sei überhaupt sexualfeindlich. Das ist schon deswegen wenig wahrscheinlich, weil hinter dieser Religion eine mehr als tausendjährige Entwicklung steht, die verschiedenartige Tendenzen hervorbrachte. – Es ist sozusagen „normal", daß mit dieser langen und zurückliegenden Geschichte widersprüchliche Entwicklungen zum Zuge kamen. Allerdings gibt es einen vorherrschenden Zug: das patriarchalische Weltbild.

Immerhin finden sich in der Hebräischen Bibel (Altes Testament) Elemente, die über den patriarchalischen Grundzug hinausweisen. So wird deutlich, daß erst die Erschaffung der Frau den Menschen zum Mann macht, weil sein Gegenüber ihm sein Selbstverständnis klarmacht. Die enge Zusammengehörigkeit kann auch die bisherigen Abhängigkeiten – etwa die vom Elternhaus – durchbrechen, so daß beide sich weiterentwickeln, indem sie sich in einmaliger Weise ergänzen. In der Zweisamkeit und der gemeinsamen Entwicklung wird ein Teil der Schöpfung wieder deutlich, denn es entsteht eine Art neues Leben. Befreiung und Selbstfindung von Mann und Frau sind letztlich in dieser Sicht nicht zu trennen.

Die Sexualität und die Liebe sind besonders im *Hohelied* tragend. Die dort zusammengetragenen Liebeslieder werden zwar vorzugsweise allegorisch gedeutet, indem die dort geschilderte Liebe als Sinnbild der Liebe Gottes für die Menschen gilt. Das dürfte aber eine spätere Deutung sein. Es handelt sich um eine Sammlung profaner Liebeslieder, die tatsächlich gesungen wurden. Für das Selbstverständnis der jungen Frauen sind die Lieder von Bedeutung, denn sie haben eine aktive Rolle, und das Verlangen nach Sexualität wird positiv eingeordnet. Mit den Worten des Mädchens an den

8 Martin Dannecker: Das Drama der Sexualität, Frankfurt am Main (Athenäum) 1987, S. 39f.

Stichwort: Patriarchat[9]

Der Begriff „Patriarchat" bezeichnet das gesellschaftliche und juristische System des Vaterrechts, der Herrschaft des Mannes über Frau und Kind.

Die Orientierung auf den Mann steht im Gegensatz zur übrigen Tierwelt, in der der weibliche Teil derjenige ist, der den Fortbestand sichert und die Nachkommenschaft in eine feste Ordnung einfügt. Von wenigen Ausnahmen abgesehen, treten die Männchen in der Tierwelt nur vereinzelt auf und verbünden sich nicht zum Erhalt einer dauerhaften Herrschaft.

Ernest Bornemann führt das Patriarchat auf einen „rechtlichen Urakt" zurück: Der Vater legte fest, welches sein Kind sei, obwohl er dies gar nicht genau wissen konnte. Damit war gegenüber der natürlichen Vorgabe ein rechtlich-politischer Artefakt geschaffen, der nun durch allerlei soziale Werte und Normen immer mehr verfestigt wurde. Das Patriarchat ist also eine Herrschaftsform, die auf künstliche Zwangsmittel angewiesen ist, weil sie keine natürliche Grundlage hat. Diese Zwangsmittel haben sich in der Folge verselbständigt und auf immer mehr Gebiete ausgebreitet. Das Erzwingen durch kodifizierte Maßnahmen ist daher die kennzeichnende Struktur des Patriarchats. Um diese künstliche Herrschaft durchzusetzen, bedurfte es auch der physischen Gewalt. Das Zufügen von Schmerzen gilt daher auch als Stärke, nicht hingegen das Ertragen von Schmerzen.

Ökonomisch gesehen beruht das Patriarchat auf der Teilung in eine männliche und weibliche Ökonomie. Der weibliche Teil der Arbeit gilt als Ergänzung zur männlichen. Diese Struktur hat sich über alle ökonomischen Revolutionen hinweg erhalten.

Die männliche Herrschaft verbindet sich nicht nur mit Zwang, sondern auch mit Aggression, weil sie sich von der Vorstellung ableitet, der Mann sei größer und stärker als die Frau. – Die rechtliche Stellung der Frau wird besser, je weiter man in der Geschichte zurückgeht. So war sie auch im Judentum besser als im Christentum.

Geliebten setzt das Buch ein und damit endet es. Dem Hohelied zufolge ist die Sexualität unbefangen und Teil einer ganzheitlichen herrschaftsfreien Liebe. Dieses Bild von der Liebe steht auch im Gegensatz zur Gesetzgebung des Deuteroniums (5. Buch Mose) und deutet darauf hin, daß voreheliche Beziehungen nicht nur negativ bewertet worden sind. – Im Laufe der Entwicklung der Religion ist hier offensichtlich eine Traditionslinie verschüttet worden.[9]

Für den historischen Betrachter ist es auch nicht überraschend, daß die homosexuelle Liebe in der Bibel nicht durchgängig verworfen worden ist. Sie kann als Zuneigung von zwei Menschen offenbar akzeptiert werden.[11]

Vor diesem Hintergrund soll im folgenden beispielhaft eine moderne christliche Argumentation zum Verhältnis von Liebe und Sexualität aufgezeigt werden. Sie stammt von dem katholischen Theologen Charles Curran[12]; ihm wurde freilich 1986 die Lehrerlaubnis entzogen.

Curran geht davon aus, daß der Mensch „wissen" kann, was „das Menschliche" ist. Folglich muß er in seinem Leben darum ringen, das Menschliche in der Sexualität zu entdecken und in seine Lebensführung aufzunehmen. Dieser Ausgangspunkt steht in einem gewissen Gegensatz zur sogenannten Natürlichkeit; der Mensch lebt in der Sexualität nicht eine ihm vorgegebene Natur aus, sondern sie dient ihm zur Entwicklung der Kultur in und an sich, durchaus eine Art Veredlung der rohen Natur. Sexuelle Bindungen sind *Curran* zufolge gutzuheißen,

- wenn es sich um eine nach Dauerhaftigkeit strebende Bindung handelt;
- wenn die Menschen nach ihren subjektiven Gefühlen (ihrer psychischen Struktur) leben;

9 Vgl. Friedrich Johannsen und Christine Reents: Alttestamentliches Arbeitsbuch für Religionspädagogen, Stuttgart (Kohlhammer) 1987, S. 190ff.

10 Ernest Bornemann: Lexikon der Liebe, Wien (Hannibal) 1984.

11 Luise und Willy Schottroff: Die Macht der Auferstehung. Sozialgeschichtliche Bibelauslegungen, München (Kaiser) 1988, S. 126ff.; unter Bezug auf 2.Samuel 1,26.

12 Charles Curran: Sexualität und Ethik, Frankfurt am Main (Athenäum) 1988.

- wenn sie nicht auf sozialem oder gar politischem Zwang beruhen, sondern von den Partnern freiwillig bejaht werden.

Im Rahmen dieser Bedingungen ist es hinzunehmen, wenn Menschen nicht völlig die geltenden Normen erfüllen, wie sie etwa von der Kirche verkündet werden. Allerdings bedeutet dies im Umkehrschluß,

- daß Menschen einander nicht als bloße Lustobjekte betrachten dürfen,
- daß sie das Gefühlsleben des anderen ebenso einbeziehen müssen wie ihr eigenes und daß
- Liebe und Sexualität als befreiender Akt, nicht aber als Streben nach konventioneller Bindung umzusetzen ist.

Bei näherer Betrachtung handelt es sich um eine prinzipienorientierte Sexualmoral, die auf fest normierte Vorschriften verzichtet. – Dies kann man sich an der Haltung gegenüber der Homosexualität verdeutlichen: Homosexuelle Beziehungen gelten *Curran* als „unvollkommen“, denn die wahre Liebe könne sich nur zwischen Mann und Frau erfüllen. Homosexuelle seien aber subjektiv nicht daran schuld, daß ihnen die Natur die volle Erlebnisfähigkeit von Liebe versagt habe. Folglich seien homosexuelle Beziehungen zu dulden, sofern sie die oben genannten Merkmale aufweisen. – Es wird zwar eine Diskriminierung deutlich, aber diese Auffassung ist eine Absage an die offizielle Kirchenlinie: Diese verlangt völligen Verzicht der Homosexuellen auf Sexualität, weil Gott offenbar nicht gewollt habe, daß diese Menschen „richtige“ Sexualität erleben sollten, denn ihre Sexualität sei ja zwecklos. Vielleicht wird an der Gegenüberstellung der offiziellen kirchlichen und einer liberalen theologischen Position deutlich, welche Probleme es im Rahmen des Christentums gibt, alle Formen von Sexualität vorbehaltlos zu bejahen.

3. Sexualität und Leiblichkeit – Wiederentdeckung verschütteter Tradition

Schon im Rahmen des vorigen Abschnittes war darauf hinzuweisen, daß die ursprüngliche Vielfalt von Ansätzen im Laufe der abendländischen Entwicklung eingeengt wurde und verarmte. Ein Kernpunkt dieser Verarmung ist die Trennung von Leib und Seele (Physis und Psyche). Im vorliegenden Falle geht es um die gängige Überzeugung, daß Liebe in erster Linie ein psychischer Vorgang sei und die Sexualität gewissermaßen nur ihre Begleiterscheinung, auf die man zur Not auch verzichten könne. Sexualität ohne Liebe gilt hingegen als in diesem Sinne unnatürlicher Vorgang.

Diese Auffassung geht vor allem auf den attischen Philosophen *Platon* (427–347) zurück. Er hatte generell Materie und das immaterielle Reich der Ideen unterschieden. In einer Art mythologischen Erzählung[13] geht Platon davon aus, daß die Menschheit ursprünglich aus einem einheitlichen Wesen bestanden habe. Doch dann seien die einheitlichen Wesen getrennt worden, so daß nun jeder Teil den ihm zugehörigen suche. Wenn er ihn gefunden habe, dann erkenne er dies am Aufflammen der Liebe. Die beiden getrennten Teile finden dann auf ewig wieder zusammen. Daher kann es auch nur die „eine“ perfekte Liebe geben, die „ewig“ dauert, und die Suche nach dem/der Richtigen ist eine vorrangige Lebensaufgabe. Diese Auffassung hat sich mit dem 19. Jahrhundert mit der Vorstellung von der Liebesehe als bei uns gültige Auffassung durchgesetzt. Mann und Frau müssen solange suchen, bis sie den Richtigen oder die Richtige gefunden haben. Wenn es Schwierigkeiten in der Beziehung gibt, dann war es doch nicht der perfekte Partner, und die Suche muß weitergehen. Treue ist die Norm, weil es keinen Grund gibt, eine andere als die „wahre“ Liebe zu suchen. So blieb die Auffassung, daß Liebe und Sexualität, leibliches Verlangen und seelische Übereinstimmung, zusammengehörten, bis heute leitend.

Gegen diese Denktradition hat schon die antike Philosophenschule der Stoa protestiert, die sich gegen eine Trennung von Leib und Seele wandte, vielmehr ein Wechselverhältnis sah. – Unter den moderneren Philosophen hat vor allem *Friedrich Nietzsche* (1844–1900) den Protest gegen diese Zweiteilung des Menschen aufgenommen. Friedrich Nietzsche zur Ehe:

---

13 Symposion 14 – 16; zit. nach Sämtliche Werke. Rowohlts Klassiker. Übers. Fr. Schleiermacher, Symposion Bd. II. Hamburg 1958. – Vgl. Annegret Stopczyk: Was Philosophen über Frauen denken, München (Matthes & Seitz) 1980, S. 16-18.

„Du bist jung und wünschest dir Kind und Ehe. Aber ich frage dich: bist du ein Mensch, der ein Kind sich wünschen darf?

Bist du der Siegreiche, der Selbstbezwinger, der Gebieter der Sinne, der Herr deiner Tugenden?

Oder redet aus deinem Wunsche das Tier und die Notdurft? Oder Vereinsamung? Oder Unfriede mit dir?

Ich will, daß dein Sieg und deine Freiheit sich nach einem Kinde sehne. Lebendige Denkmale sollst du bauen deinem Siege und deiner Befreiung. ...

Ehe: so heiße ich den Willen zu zweien, das eine zu schaffen, das mehr ist als die es schufen. Ehrfurcht voreinander nenne ich Ehe als vor dem Wollenden eines solchen Willens.

Dies sei der Sinn und die Wahrheit deiner Ehe. Aber das, was die Viel-zu-Vielen Ehe nennen, diese Überflüssigen – ach, wie nenne ich das?

Ach, diese Armut der Seele zu zweien! Ach dieser Schmutz der Seele zu zweien! Ach, diese erbärmliche Behaglichkeit zu zweien.

Ehe nennen sie dies alles; und sie sagen, ihre Ehen seien im Himmel geschlossen.

Nun, ich mag ihn nicht, diesen Himmel der Überflüssigen! Nein, ich mag sie nicht, diese im himmlischen Netz verschlungenen Tiere. ...

Lacht mir nicht über solche Ehen! Welches Kind hätte nicht Grund, über seine Eltern zu weinen?"[14]

Solche Ansätze vertragen sich durchaus mit der jüdisch-christlichen Tradition, allerdings besser mit der Hebräischen Bibel, soweit sie nicht vom platonischen Denken beeinflußt ist. Sie kann sich gründen auf Genesis 2,7: Der Leib ist hier zugleich lebende Seele und die Geburt kein klinischer Akt, sondern ein Lebensereignis, in dem ein neuer Mensch geschaffen wird. Immer ist der ganze Mensch betroffen: Der Leib gehört zu ihm wie alles andere auch. So läßt sich in der Liebe auch nicht leibliches und seelisches Geschehen trennen, sondern beide dienen der Vervollkommnung von beidem, die ohne den Partner nicht erreichbar wäre. Daher läßt sich auch nicht trennen, ob man das Aussehen des anderen oder sein Wesen liebt: es wird beides zusammengesehen.

Es handelt sich um eine Vorstellung, die wir so gut wie nicht mehr nachvollziehen können. Besondere Methoden der Psychoanalyse oder des Yoga versuchen sie wieder zugänglich zu machen, doch stellt unsere Sprache kaum geeignete Ausdrucksmittel zur Verfügung, da sie den Leib immer nur als Objekt begreifen kann. Trotzdem ist es wichtig, diese neuere Tradition zu betonen, weil in traditioneller christlicher Vorstellung der Leib der Sitz der Begierden und des Bösen ist und die Sexualität dementsprechend mit Mißtrauen betrachtet wird. Es kommt noch eines hinzu: Ungewollt führt die Trennung von Leib und Seele zur Sicht vom Menschen als bloßem Sexualobjekt. Die gedankliche Verarbeitung von Liebe und Sexualität, die Trennung beider ist offenbar ein Mangel in unserer Kultur.

IV. Sexualität in sozialwissenschaftlicher Sicht – die vergebliche Suche nach dem Normalen oder der verbindlichen Norm

Einige Überzeugungen können als grundlegend für die abendländisch-christliche Tradition gelten. Sie begegnen uns allerdings auch in anderen Hochkulturen wieder[15]:

- Sexualität ist zweckgebunden an das Kinderzeugen; Liebe ist mehr als Sexualität und stellt ein umfassendes Lebensverhältnis dar.
- Sexualität und Liebe müssen sich nicht zwingend miteinander verbinden. Liebe kann auch wachsen in Lebensgemeinschaften, die nicht durch die sexuelle Anziehung verbunden sind (z.B. sogenannte Vernunftsehen).
- Liebe und Sexualität werden an die Familie gebunden; die Treue als Beschränkung auf einen dauerhaften Sexualpartner ist eine wesentliche normative Grundlage.
- Außereheliche Sexualität oder gar andere

14 Hier zitiert nach Friedrich Nietzsche: Also sprach Zarathustra, Stuttgart (Reclam) 1985, S. 62f.

15 Vgl. oben Kapitel 3 und 4.

Lebendgeborene auf je 1000 Einwohner in ausgewählten europäischen Ländern

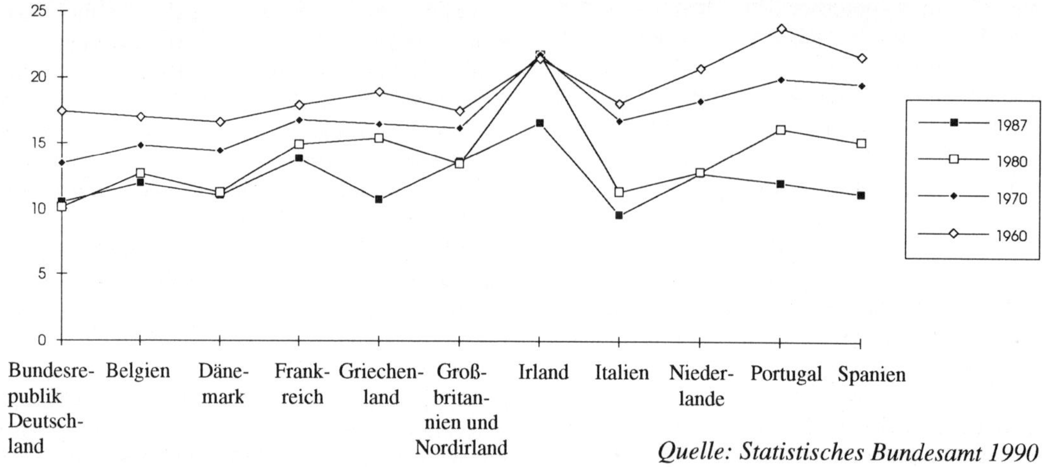

Quelle: Statistisches Bundesamt 1990

Entwicklung des Anteils der Altersgruppen an der deutschen Bevölkerung i. Tsd.

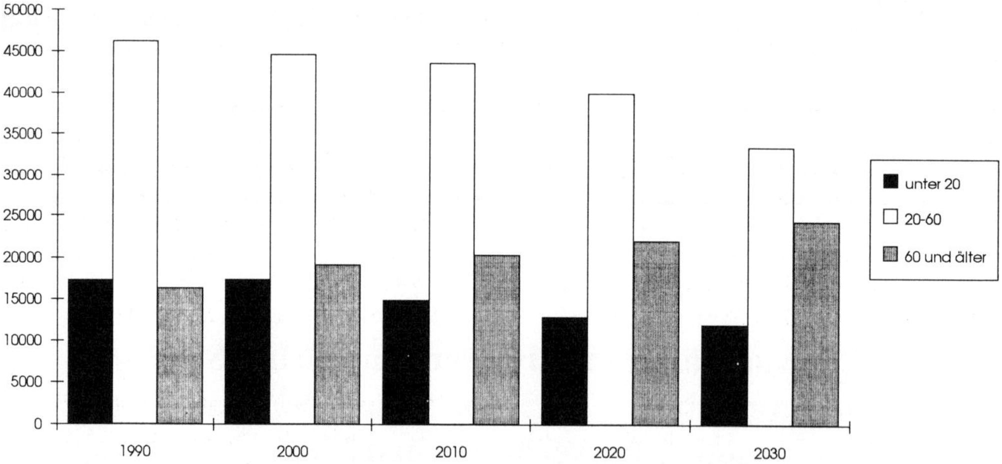

Formen der Sexualität muß der Mensch an sich unterdrücken.

Es ist offenbar, daß die angeführten überkommenen Grundsätze in wesentlichen Punkten nicht mehr gelebt und wohl auch immer weniger geglaubt werden. Wenn vor wenigen Jahrzehnten Empfängnisverhütung, Abtreibung oder Partnerwechsel noch Schuldgefühle auslösten und verheimlicht wurden, so sind sie heute offener Gesprächsstoff unter Partnern; allerdings sind sie nach wie vor mit heftigen psychischen Konflikten begleitet. – Diejenigen, die zurück zur überkommenen Sexualmoral wollen, thematisieren die Folgen des Verfalls immer wieder an der Geburtenentwicklung (siehe oben). Allerdings sollte die Grafik nicht so gelesen werden, daß immer weniger Menschen immer weniger Kinder bekommen. Das ist zwar auch richtig, aber es ist dabei zu berücksichtigen, daß die Bevölkerung insgesamt immer älter wird. Schon aus diesem Grunde muß die Kinderzahl zurückgehen. Im Augenblick addieren sich freilich beide Entwicklungen, die der mangelnden Neigung zum Kind und das wachsende Alter der Bevölkerung. Aus welcher Sicht man es auch betrachtet, die Geburtenziffern sinken im langfristigen Trend. Für Deutschland ist in Frage gestellt, ob es überhaupt hinreichend Nachwuchs zur Sicherung der Zukunft geben wird. Aus solchen Beobachtungen ziehen die konservativen Vertreter die Gewißheit, daß sich unsere gesamte Gesellschaft in Sachen Sexualmoral auf einem falschen Weg befinde. Eine ,natürliche' Sexualität sei auf das Zeugen von Kindern ausgerichtet.

In diesem Zusamenhang stellt sich die Frage, was eine ,natürliche' Sexualität sein könnte. Zur Klärung dieser Frage ist ein Exkurs zum Wesen des Menschen notwendig.

Exkurs: Der Mensch aus anthropologischer Sicht

Die Anthropologie versucht, das Wesen des Menschen zu erfassen. Sie hat sich oftmals als der Feind der traditionellen Moral oder auch Ethik erwiesen, weil sie darauf beharren muß, daß es kein festgelegtes Bild des Menschen gibt, sondern die „Offenheit" im Mittelpunkt steht. Daher besteht die Anthropologie darauf, daß der Mensch ein Wesen ist, das fast unendlich veränderbar erscheint. Religion, Moral und Ethik gehen hingegen allzu leicht von der Annahme aus, daß es „den" Menschen gäbe, der diese und keine anderen Merkmale habe, so daß sie historische Erscheinungsformen als überzeitlich festschreiben. – Eine zweite Schwierigkeit ergibt sich dadurch, daß sie ein Bild vom Menschen malen, wie er sein soll. Auch hier liegt die Anthropologie quer: Sie wird immer sagen, daß es zur Eigenheit des Menschen gehört, daß er jedes festgefügte Bild von sich zerstört, indem er völlig neue Verhaltensmerkmale ausbildet. – Für die ihr eigene grundsätzliche Annahme einer nahezu unbegrenzten Veränderbarkeit des Menschen kann sich die Anthropologie immer auf die Ethnologie und vergleichende Kulturwissenschaft stützen, vielleicht eines Tages auch auf die Gentechnologie.

Gegenüber der Feststellung von Veränderbarkeit und fast grenzenloser Formbarkeit gilt das Interesse auch den Grenzen: Was ist so eigentümlich menschlich, daß es als die Eigenart des Menschen bewahrt werden muß? Die Antwort aus der Sicht der Anthropologie ist gegenüber religiösen oder philosophischen Ansätzen ernüchternd: So gut wie nichts! Diese Antwort ist folgendermaßen gemeint: Die Ausprägungen menschlicher Lebensart sind so vielfältig, daß jeder Versuch, den Menschen auf ein bestimmtes Merkmal oder gar mehrere festzulegen, jederzeit durch die Beobachtung der Realität widerlegt werden kann.

Ein klassisches Beispiel ist das Konstrukt des „homo oeconomicus". Es behauptet, der Mensch sei ein Wesen, das von Selbstinteresse[16] getrieben sei und als oberstes Ziel des Handelns die Mehrung des eigenen Nutzens habe. Jedermann weiß aber auch, daß das eigentlich Menschliche genau im Gegenteil besteht: Wenn jemand etwas unternimmt, was sich eigentlich nicht „rechnet", dann werden plötzlich die unendlichen Möglichkeiten des Menschen bewußt. – Trotz dieser Einsicht gibt es neuerdings Modelle, die versuchen, Liebe und Partnerschaft im Rahmen des Marktmodells als eine Tauschbeziehung zu begreifen, in der jeder seine Interessen verfolgt und mit denen des anderen maximal zum Ausgleich bringt. Ein Kind, so die Annahme, stört unter den heutigen Bedingungen nachhaltig diesen Interessenausgleich, so daß die Rahmenbedingungen neu und anders gesetzt werden müßten. Auch in dieser Auffassung gibt es nichts Natürliches, sondern nur von Menschen geschaffene kulturelle Bahnen, in denen sich die Sexualität äußert.

Gerade die Thematisierung der Sexualität in der Dichtung und Literatur zeigt, daß im Sexualtrieb eine Kraft liegt, die das ökonomische Menschenbild als durch und durch „unnatürlich" erscheinen läßt. Das vom ökonomischen Menschenbild überbetonte Motiv der Sicherheit muß freilich als genauso „natürlich" erscheinen wie die von der Dichtung und Literatur hervorgehobene Kraft der Liebe oder Sexualität, die

---

16 Vgl. hierzu Horst Claus Recktenwald: Erkenntnisgegenstand, Ordnungsidee, Irrwege und Methodenvielfalt, in: ders, (Hg.): Ethik, Wirtschaft und Staat. Adam Smiths politische Ökonomie heute = Wege der Forschung 617, Darmstadt (Wissenschaftliche Buchgesellschaft) 1985, S. 110-122.

alle sozialen Sicherheiten vergessen läßt. Alle Menschenbilder, die wenige Merkmale als konstant und typisch menschlich setzen, sind mangelhaft. Das bedeutet aber nicht, daß Aussagen zum Wesen des Menschen nicht möglich seien.

Im folgenden sei repräsentativ ein Menschenbild der Anthropologie dargestellt. Es stammt von *Arnold Gehlen*[17]. Auch Gehlen legt Wert darauf, daß ein Menschenbild nach heutigen Maßstäben frei sein muß von Spekulationen, wie der Mensch zu sein habe, sondern sich stützen müsse auf empirische Wissenschaften.

Gehlen setzt sich zunächst ab von der herkömmlichen Anthropologie. Die Tradition der Anthropologie, von *Max Scheler* (1874–1928) begründet, geht von der Frage aus, welches der Unterschied zwischen Mensch und Tier sein könnte. Die klassische Antwort, daß das Tier nicht „denken" könne, wird als unzureichend erkannt. Intelligenz, Phantasie, Gedächtnis, Wortfähigkeit, Werkzeuggebrauch, das alles findet sich – gradweise abgeschwächt – bei Tieren auch. Das Besondere des Menschen ist vielmehr seine Ablösung von der instinktmäßigen Steuerung. Bis zum Extremfall gedacht: Der Mensch hat die bedachte Möglichkeit, Nein zum Leben zu sagen. Für Gehlen ist der Mensch ein ‚instinktentbundenes' Wesen.

Daher ist der Mensch in erster Linie ein handelndes und gestaltendes Wesen. Mithin sind es auch die Handlungen und Produkte, die den Menschen ausmachen, nicht aber der Geist, in dem sich die Denkprozesse vollziehen. Der Mensch ist ein Mängelwesen, das durch seine Handlungen ausgleicht, was ihm alles fehlt. Die Anpassung an eine im Grunde feindliche Umwelt ist daher die spezifische Leistung des Menschen:

„... zur Mitte des Menschen wurde ... die Handlung als das Vermögen, unter allen Umständen und Konstellationen die Außenwelt in intelligentem und lernfähigem Zugriff so zu verändern, daß er sich halten kann."[18]

Grundlegend für diese Befähigung wurde die Instinktreduktion: Die Festlegung des Handelns

> Biologisch an der Grenze der Natürlichkeit angelangt, war für (den Menschen) die Instinktreduktion unter dem Einfluß der Intelligenzentwicklung offenbar sinnvoll, aber auch gefährlich.
> *Arnold Gehlen*

wurde abgebaut; die Instinktregungen setzen sich unweigerlich in Gefühle um, aber daraus erwachsen nicht mehr automatisch bestimmte Handlungen; es kann sogar sein, daß der Mensch den Antrieb zum Handeln unterdrückt.[19]

Es kommt hinzu, daß der Mensch ein Wesen ist, das einen Triebüberschuß bewältigen muß. Er vermag mehr, als seine Instinkte ihm anraten. Auf der anderen Seite steht aber die nach wie vor nicht überwundene Bindung des Handlungsvermögens an die unmittelbare Wahrnehmung. So hängt das gesamte Wahrnehmungsvermögen vom Auge ab; aber auch moralische Antriebe setzen nur dann zuverlässig ein, wenn sie sich mit der unmittelbaren Anschauung verbinden. Sie verlangen Kontakt und Bekanntschaft. Ist dies nicht vorhanden, dann setzen die ethischen Regulationen aus, und der Mensch ist zu allem und jedem fähig.

Als besonders fruchtbar und verhängnisvoll zugleich erweist sich die Phantasie. Aus ihr, besser aus der Befähigung zum Träumen, erwuchsen die großen Kulturleistungen, die aber immer einen Überschuß gegenüber der Realität aufwiesen. Daher kann der Mensch sich in Ge-

17 Arnold Gehlen: Philosophische Anthropologie und Handlungslehre. = ders, Gesamtausgabe, Bd. 4, Frankfurt am Main (Klostermann) 1983.

18 Arnold Gehlen: Das Menschenbild in der modernen Anthropologie. In: ders., a.a.O., S. 165 – 174, hier S. 167.

19 Das Werk *Gehlens* hat sich im Laufe eines langen Lebens entwickelt. Vor allem während der Zeit des Nationalsozialismus hat er den Gedanken der Zucht und des Zwanges stark betont. Ohne willensmäßige Beschränkung des Triebüberschusses sei der Mensch nicht überlebensfähig. Daher gehöre zum Menschen ein „Wesen der Zucht: Selbstzucht, Erziehung, Züchtung als In-Form-Kommen und In-Form-Bleiben" gehört zu den Existenzbedingungen eines nicht festgestellten Wesens. (A. Gehlen: Der Mensch, [10]1974, S. 32; erste Auflage 1941). Diese Aufgabe könne der Mensch nicht bewältigen. Daher brauche er die gesellschaftlichen Institutionen, die ihm wesentliche Entscheidungen abnähmen oder ihn daran hinderten, seinen Willen ungebrochen durchzusetzen. Ohne Selbst- und Fremdzwang sei der Mensch nicht der Mensch. – Diese Auffassungen *Gehlens* sind in der oben gegebenen Darstellung nicht berücksichtigt.

dankengebäude verlieren, die in krassen Gegensatz zur Lebenserfahrung treten. Das gilt vor allem für die sogenannte Sinnsuche, wenn also reale Beobachtungen nach ihrem Zusammenhang und ihrer Funktion befragt werden.

Im Hinblick auf das Thema der Sexualität führen die Beobachtungen Gehlens zu mehreren Schlußfolgerungen:

- Zum einen haben wir ein Gebiet vor uns, in dem das unmittelbare Naherleben noch prägend ist. Daher gibt es eine heftige Abwehr gegenüber erfahrungsfernen Sinnkonstruktionen. So haben Priester und heute Theologen ihr Tun, die Sexualität in ihrem Sinne zu regeln. Die Menschen leben einfach anders und wohl richtiger.
- Zum zweiten können wir nicht darauf vertrauen, daß die unmittelbare Erfahrung den Menschen schon das Richtige zeigen wird. Zur unmittelbaren Sinneswahrnehmung tritt unweigerlich die Sinnproduktion, die in die Irre führen kann. Daher kann die Verheißung von völliger Freiheit bei der Gestaltung der sexuellen Beziehungen so weit von der natürlichen Grundlage wegführen, daß sie die Menschen unglücklich macht und nicht glücklicher.
- Es gibt keine festliegenden Formen der Sexualität. Auch sexuelle Verhältnisse sind frei gestaltbar und hängen vom jeweiligen sozialen und kulturellen Einsichtsvermögen ab. Daher erübrigt sich die Diskussion um eine „natürliche“ Sexualität, sondern es geht um die Entwicklung einer Kultur der Sexualität.

In einer etwas anders orientierten Sicht läßt sich die Einsicht Gehlens auch so ausdrücken: Der Mensch schwankt stets zwischen Ordnung und Chaos; die Ordnung gibt ihm die notwendige Sicherheit, das Chaos die notwendige Freiheit. Wird die Ordnung zu stark, lehnt der Mensch sich gegen sie auf, und er zerstört sie. Wird das Chaos zu stark, rebellieren die Menschen und suchen nach Ordnung. Dieses Schwanken läßt sich in gesamtgesellschaftlichen Zusammenhängen beobachten, aber auch im Leben des einzelnen.[20] – In diesen Zusammenhang gehört die Feststellung, daß der Tabubruch in der Sexualität lustbesetzt ist und daher für die meisten eine Versuchung darstellt. So kommt es, wie schon *de Sade*[21] feststellte, zu immer neuen Formen des Auslebens von Sexualität, die rein lustbetont, aber keineswegs zweckorientiert ist.[22] Diese Freude an der reinen sexuellen Lust paßt aber nicht zum Prinzip der Liebe, die eher auf Beständigkeit und Dauer abzielt. Daher ist die behauptete Einheit von Sexualität und Liebe aus anthropologischer Sicht fragwürdig; es ist eher ein spannungsvolles Schwanken und eine Widersprüchlichkeit im Leben des Menschen zu erwarten.[23]

Die ethnologischen und historischen Befunde ergeben ein verwirrendes Bild:

- Biologisches und soziales Geschlecht können in einigen Kulturen voneinander abweichen; das soziale Geschlecht ist aber immer das wichtigere. – So gibt es weiblich geprägte Männer.
- In etlichen Kulturen haben bestimmte Frauen das Recht, verbotene Sexualformen zuzulassen. Sie gelten dann meistens als Hexen.
- Viele Religionen gehen von einem zweigeschlechtlichen Urwesen aus, das unentwegt Nachkommen hervorbringt.
- In einigen Kulturen gilt heimliche Sexualität als obszön; sie wird öffentlich vor dem gesamten Dorf „aufgeführt“.[24]

Diese willkürliche Zusammenstellung soll darauf hinweisen, daß es so gut wie keine Norm gibt, die nicht ihre Gegennorm fände. Der Begriff des „Normalen“ stellt sich als eine kulturelle Zufälligkeit heraus.

Auch das historische Material bietet kein anderes Bild. Es gibt kein weltweites Entwicklungsmuster in Richtung auf eine bestimmte

---

20 Vgl. Carl Friedrich von Weizsäcker: Der Garten des Menschlichen. Beiträge zur geschichtlichen Anthropologie, München (Hanser) 1977, S. 372 – unter Berufung auf Hegel.

21 In den Einleitungen zu seinen Erzählungen behauptet *de Sade* immer wieder, daß die von ihm beschriebenen sexuellen Abenteuer seiner Heldinnen von ihm nur zur Warnung aufgeschrieben seien, nicht aber aus Lust am Pornographischen. Seine Heldinnen stolpern immer wieder in die wüstesten Orgien hinein und begreifen spät bis gar nicht, wie ihnen geschieht. – Wie sich aber zeigt, hat de Sade durchaus in seinen Werken sexuelle Phantasien ausgelebt; er tat es übrigens auch in der Wirklichkeit. – Vgl. Marquis de Sade: Ausgewählte Werke, Hamburg 1965.

22 Anton-Andreas Guha: Die ungeliebte Lust. Streitschrift für eine Kultur der Sexualität, Frankfurt am Main und New York (Campus) 1990, S. 200.

23 Dannecker, Das Drama, a.a.O., bes. 26 ff.

24 Vgl. Reinhard Streck: Wörterbuch der Ethnologie, Köln (DuMont) 1987, S. 196 – unter Berufung auf Malinowski.

Sexualität. Einige Grundzüge freilich gelten weltweit. So scheint das Erleben der Sexualität überall mit Ängsten verbunden zu sein, und das Patriarchat ist in den Hochkulturen die vorherrschende Struktur; es scheint aber zu einem historischen Übergang zu gehören. – Zur Konkretisierung des historischen Materials seien zwei Beispiele angefügt:

Sexualität war im europäischen Mittelalter stark verbunden mit Gewalt. Jeder zweite Mann hatte irgendwann einmal eine Frau vergewaltigt; die Vergewaltigung ging immer in Gruppen vor sich.[25] – Angesichts fehlender Empfängnisverhütung war Analverkehr überaus verbreitet. Diese Praxis findet sich noch heute in der Dritten Welt und steigert hier die Aids-Anfälligkeit, weil die Analschleimhäute empfindlicher sind.

Auch hier sieht man: Es gibt keine kulturellen Standards, die als normal gelten können. Die Beispiele können allerdings nahelegen, daß sich möglicherweise doch Standards für sexuellen Fortschritt definieren lassen. Sie laufen aber nicht in Richtung auf westliche konservative Auffassungen, sondern eher auf ein Nebeneinander größerer Vielfalt, also einen Verzicht auf verbindliche Normierung, hinaus.

V. Die Entwicklung der Familie – das Verhältnis von Mann und Frau

In der Spannung zwischen Familie und ungebundeneren Lebensformen scheint die Familie gegenwärtig den Kürzeren zu ziehen. Es läßt sich allerdings nicht entscheiden, ob die Familie in der Krise ist oder ob sie unter dem unbewältigten Verhältnis von Mann und Frau leidet. Wenn es in den vorhergehenden Abschnitten stärker um die Normierung der Sexualität ging, soll es jetzt mehr um die Entwicklung der Liebe gehen.

Die Anzahl der sogenannten unvollständigen Familien nimmt schnell zu. Dabei wiederum wird die Gruppe der Geschiedenen immer bedeutender. Unter den Alleinerziehenden gibt es wiederum fünfmal soviel Frauen wie Männer. Frauen müssen also wissen, daß sie die Risiken

Eheschließungen je 1.000 Einwohner in ausgewählten Ländern 1980 und 1987

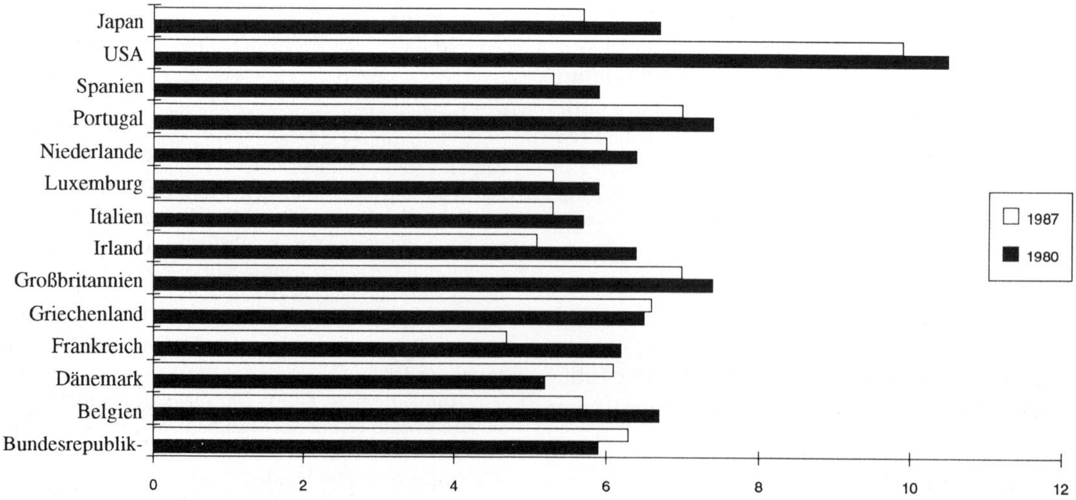

25 Guha, Die ungeliebte Lust, a.a.O., S. 191.

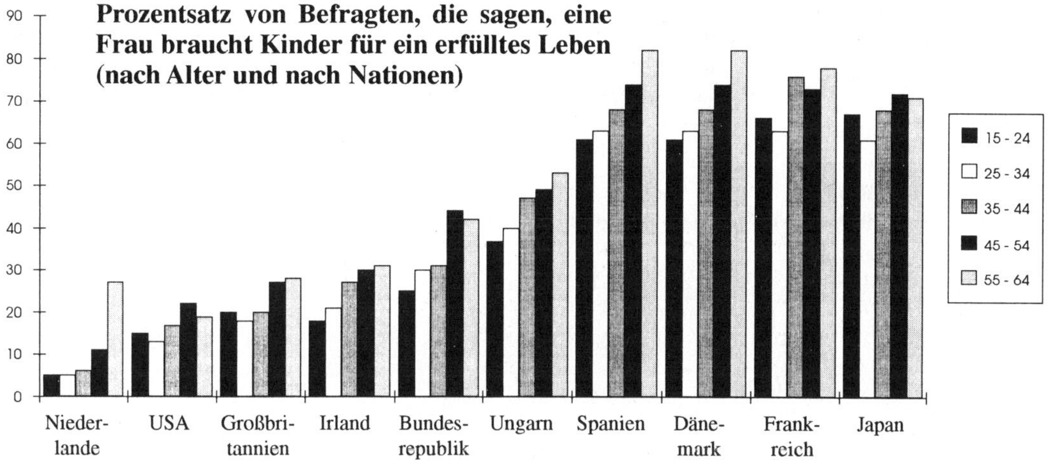

gescheiterter Beziehungen weitaus stärker zu tragen haben als Männer. Trotz dieses Risikos ist der Wunsch nach einem Kind bei Frauen stark. In einigen Untersuchungen wird vermutet, daß das Kind für die Frau leisten soll, was sie vom Mann nicht mehr erwartet. In gewisser Hinsicht soll das Kind das eigene Leben stabilisieren und ihm einen Halt geben. Daher gibt es auch zunehmend Frauen, die sich von vornherein vornehmen, ihr Kind allein großzuziehen. Diese „moderne" Tendenz wird durch eine Art sozialen Druck begleitet, daß Frauen Kinder haben sollten, so daß der Verzicht auf ein Kind auch eine Art befreienden Akt darstellen kann.[26]

Auch die Eheschließungen folgen keinem feststehenden Muster, wie der internationale Vergleich lehrt. Man kann nicht behaupten, daß mit der Modernität des Landes die Zahl der Eheschließungen abnimmt. Ihre Anzahl ist in den USA und Großbritannien im Vergleich recht hoch; dasselbe gilt aber auch für die Scheidungsraten. Dies führt zu der These, daß in der Ehe oftmals ein Mittel gegen die Vereinsamung des Individuums gesehen wird, daß aber andererseits die Ehe mit derart starken Hoffnungen überfrachtet wird, daß sie dann doch scheitert. Insgesamt geht aber die Neigung zur Schließung von Ehen zurück.

In so gut wie allen Industrieländern sinken zudem die Geburtenraten (vgl. S. 204). Allerdings könnte man hier noch am ehesten einen Einfluß der katholischen Kirche vermuten, liegen sie doch in ausgesprochen katholischen Ländern vergleichsweise hoch. Allerdings stechen in diesen Ländern die außerordentlich scharfen Rückgänge hervor, die sich mit dem Übergang zur Konsumgesellschaft einstellen. Eine völlig analoge Tendenz könnte man bei der Zunahme der Scheidungsraten feststellen. Diese Beobachtungen führen zu der Vermutung, daß die katholische Kirche mit der Modernisierung an Einfluß verliert. Vor allem bei den Frauen zeigen sich dramatische Veränderungen in der Lebensplanung. Der Wunsch nach Kindern tritt in den Konflikt mit anderen neuen Zielvorstellungen für das Leben. Schon in den älteren und reicheren Industrieländern ist es eine weit zurückreichende Beobachtung, daß Kinder relativ spät in der Lebensplanung auftauchen. Zunächst sind Auto, eigene Wohnung und deren Ausstattung wichtiger.[27] Sie sind sozusagen Voraussetzungen für den Kinderwunsch. Vor allem in den gehobeneren Berufen muß die Frau zwischen Mutterrolle und Berufskarriere entscheiden, beides ist nicht durchzuhalten, wenn auch z.B. Studentinnen in Umfragen vom Gegenteil überzeugt sind.[28] Ein dritter Gesichtspunkt muß – gerade bei Bessergestellten – hinzugefügt werden: Kinder sind hinderlich für

26 Die Anzahl der Darstellungen nimmt ständig zu. Zusammenfassend Elisabeth Beck-Gernsheim: Arbeitsteilung, Selbstbild und Lebensentwurf. Neue Konfliktlagen in der Familie, in: Kölner Zeitschrift für Soziologie und Sozialpsychologie XLIV (1992), S. 273-291.

27 Deutsche Shell Aktiengesellschaft: Aktuelle Wirtschaftsanalysen Nr. 11 (1979), S. 8 – hier werden Chancen zum Absatz von Autos untersucht.

28 Beck-Gernsheim, Arbeitsteilung, a.a.O., S. 284.

Schwangerschaftsabbrüche in der BRD 1984 nach dem Alter und der Begründung des Abbruchs

	unter 20	20-25	25-30	30-35	35-40	40-45	über 45
Allgem. med. Indikation	7,2	7,8	10,3	13,6	17,1	22,8	29,3
psychiatr. Indikation	1,2	1,1	1,4	1,7	1,8	1,9	1,3
eugenische Indikation	0,7	1,3	1,6	2	2,5	3,8	6,7
ethische (kriminologische)	0,2	0,1	0,1	0,1	0,1	0,1	0,1
sonst. schwere Notlage	89,5	88,5	85,5	81,4	77,3	70,3	61,7
unbekannt	1,2	1,2	1,2	1,3	1,3	1,1	0,8
Anzahl	9508	21708	19261	16724	11347	5808	1043

Quelle: Statistisches Bundesamt

den Lebensstil, der bei uns als erstrebenswert hingestellt wird. Alle Freizeitkontakte, die oftmals auch Karrierekontakte sind, müssen überprüft werden, sobald Kinder da sind. Alle diese Rahmenbedingungen drängen in Richtung auf eine „folgenlose" Sexualität: Die Folgenlosigkeit wiederum verändert die Maßstäbe für sexuelles Verhalten.

In diesem Zusammenhang ist die Entwicklung der Abtreibungen besonders aufschlußreich.[29] Es soll an dieser Stelle nicht die Problematik der Abtreibung diskutiert werden; sie wird hier als eine gesellschaftliche Tatsache hingenommen. Mit steigendem Alter der Frauen nehmen bei der Abtreibung die „allgemeinen medizinischen Indikationen" zu, die „sonstigen schweren Notlagen" ab, wiewohl sie die Hauptgruppe bleiben. Nun kann man „sonstige schwere Notlagen" getrost damit übersetzen, daß ein Kind nicht in die Lebensplanung der Frau paßt. Es kommt hinzu, daß die sexuellen Beziehungen oftmals nicht so lange halten, wie das Kind ausgetragen wird. Anders gesagt: Die schwangere Frau steht vor einem Mann, den sie nicht mehr lieben mag, wobei das zu erwartende Kind die bis dahin verborgenen Konflikte oftmals an den Tag bringt.

Wie die nebenstehende Statistik zeigt, entschließen sich sehr viele Frauen trotzdem dazu, das Kind zu bekommen. Es ist aber in der Regel ein gewagter Akt, weil die Mutter ihre Zukunft aufs Spiel setzt und auch dem Kind keine sichere Zukunft bieten kann. In ethischer Hinsicht bleibt sicherlich bedenkenswert, daß vor allem die Frauen nach Ausweis der Statistik diese Konflikte durchstehen müssen, die Männer hingegen potentiell weitaus weniger.

Die Sprache der Zahlen ist nüchtern. Die Familie im herkömmlichen Sinne „paßt im Augenblick nicht in die Landschaft". Das hat zum einen weitreichende soziale Folgen, wie die Entwicklung der Kinderzahlen erweist. Aber auch die Vorstellungen über Liebe und die Art, wie sie ausgelebt wird, müssen sich folgerichtig ändern. Das statistische Material verweist auf eine besondere Belastung der Frauen, die die Konflikte in ihren konkreten Formen weitaus häufiger bewältigen müssen. Der Schlüssel zu einer Verbesserung scheint darin zu liegen, die Rolle der Frau mit ihren besonderen Belastungen und Doppeldeutigkeiten zu überdenken.

Familien mit Kindern im April 1988

Familientyp	Anzahl in Tsd.	in %
Ehepaare mit Kindern	8592	x
Alleinstehende mit Kindern	1865	x
Männer	301	100
ledig	29	9,6
verheiratet, getrennt lebend	43	14,3
geschieden	103	34,2
verwitwet	126	41,9
Frauen	1565	100
ledig	236	15,1
verheiratet, getrennt lebend	158	10,1
geschieden	559	35,7
verwitwet	611	39

Quelle: Statistisches Bundesamt

29 Berichtet nach Institut für Entwicklungsplanung und Strukturforschung GmbH: Bevölkerungsentwicklung und Strukturwandel in Niedersachsen, Hannover 1986, S. 20ff. – Quellen: Statistisches Bundesamt.

Exkurs: Die veränderte Lebensplanung der Frau und die Auswirkung auf den Mann[30]

Bei Frauen finden sich in den letzten Jahrzehnten erhebliche Änderungen in der Normalbiographie. Hierfür waren bestimmend:

- Änderungen in Bildung, Beruf, Familienzyklus und Rechtssystem. Diese Änderungen verweisen – in durchaus widersprüchlicher Form – die Frauen auf Selbständigkeit und Selbstversorgung.
- Die in den sechziger Jahren einsetzende Propagierung der Gleichheit in Bildung, Medien, Politik. Hier werden Gedanken und Phantasien für neue Lebensentwürfe bereitgestellt.

Die neuen Leitbilder werden verinnerlicht und gehen in Selbstbild und Lebensentwurf ein. Die Familie spielt eine wichtige Rolle, zugleich aber werden Werte wie Selbständigkeit, Unabhängigkeit und persönlicher Freiraum betont.

„Für diese Gleichheitserwartungen seitens der jüngeren Frauen gibt es aber in der gesellschaftlichen Realität wenig Unterstützung. Anders gesagt: Der Rhetorik der Gleichheit sind in der Umgestaltung der Praxis wenig Taten gefolgt."[31]

Für die männliche Normalbiographie sind die Veränderungen weitaus weniger ausgeprägt. Die Männer folgen der Rhetorik der Gleichheit, versuchen sie aber zugleich ins Ferne und Politische zu verschieben. Im Durchschnitt wollen sie ein stärker traditionelles Lebenskonzept für Frauen als für sich und als die Betroffenen für sich selber.

Im Beruflichen und im Privaten machen die Frauen die Erfahrung, daß ihren Lebensentwürfen Hindernisse entgegenstehen. Für junge Frauen in den achtziger und neunziger Jahren ist der Konflikt daher vorprogrammiert: Die Vorstellungen in der Arbeitswelt lassen sich nicht mit der Familienrolle in Einklang bringen.

Diese Entwicklung verweist auf tieferliegende gesellschaftliche Sachverhalte oder Strukturen:

- *die unfertige Revolution*: die Emanzipationsversprechungen, wie sie seit der Französischen Revolution in Europa verkündet und im 19. Jahrhundert auch für Frauen ausformuliert werden, sind bis heute nur teilweise eingelöst;
- *die Modernisierungsfalle*: die Kluft zwischen Mythos und Realität der Moderne; viele Versprechungen der Moderne stellen sich nur als Umettikettierung heraus. So hat die Freiheit der Berufswahl die Anpassung an oftmals unsinnige Arbeitsstrukturen zur Kehrseite. Modernisierung der Frauenrolle heißt daher nicht unbedingt Befreiung vom Patriarchat.[32]

Beides sind durchaus grundlegende Strukturen, werden aber in der Familie und Ehe sehr anschaulich und zugleich in verworrener Gefühlslage erlebt.

> Es bedeutet (aus der Sicht der Frauen) ... auch die alltägliche Erfahrung von innerfamilialer Ungleichheit, einen Verstoß gegen Erwartungen und Ansprüche, die zu ihrem Lebensentwurf gehören, damit mehr noch: eine Mißachtung ihrer Person, ihrer existentiellen Wünsche und Rechte."
>
> *E. Beck-Gernsheim*

Die enttäuschten Erwartungen führen auch zum Groll gegen Liebe und Ehe. – Bei den Männern hingegen verstoßen die Erwartungen der Frauen gegen Elemente des männlichen Selbstbildes und Selbstbewußtseins. Daher haben die Männer subjektiv das Gefühl, sie hätten etwas zu verlieren.

Die Tiefe der Konflikte ergibt sich aus der Identitätsproblematik: Es geht jeweils die Frage ein: Wer bin ich? Wie will ich sein? Was ist ein richtiger Mann? Was ist eine moderne Frau? Diese Suche nach dem eigenen Ich scheint allgegenwärtig geworden zu sein. *Anthony Giddens* führt dazu aus:

„What to wear, what to eat ... all such choices (as well as larger and consequential ones) are decisions not only about how to act but who to be."[33]

Identität in der Moderne ist immer weniger zugewiesenes Schicksal, sondern wird entscheidungsabhängig und riskant; sie muß reflexiven Prozessen geöffnet werden. So ist es auch nicht

30 Gesichtspunkte nach Beck-Gernsheim, Arbeitsteilung, a.a.O.

31 Beck-Gernsheim, a.a.O., S. 275.

32 Vgl. oben in diesem Kapitel, S. 199ff.!

33 Antony Giddens: Modernity and Self-Identity, Cambridge 1991; Zitate S. 81 bzw. S. 217.

mehr selbstverständlich, worin die Geschlechtsrolle besteht. Hierzu wieder *Giddens:*

„What gender identity is, and how it should be expressed, has become itself a matter of multiple options."

Paarbeziehungen müssen gesehen werden im Zusammenhang mit dem Individualisierungsschub in unserer Gesellschaft. Sie sind heute geprägt durch die Mangelerfahrungen in der individualisierten Gesellschaft; sie sollen folgende Wünsche erfüllen: Geborgenheit, innere Stabilisierung, Liebe als irdische Religion.[34]

Die oben angeführten Befunde und Statistiken weisen auf eine erhebliche Krise der Ehe und der Familie hin. Sie verweisen darauf, daß Männer und Frauen die Familie und Ehe sehr verschieden erleben. Hierfür ist ein Untersuchungsergebnis[35] aufschlußreich, wenn es sich auch nur um eine Detailbeobachtung handelt: Männer fassen es als unwiderlegbaren Beweis von Liebe auf, wenn die Frauen mit ihnen schlafen, daher hat die Sexualität für sie oberste Priorität. Frauen hingegen schätzen mehr Akte der Zuwendung, die in konkreten Leistungen bestehen, etwa Essenkochen für die Frau. Dies nimmt der Mann hingegen eher als unwichtige Dienstleistung wahr und wundert sich über die gefühlsmäßige Besetzung bei der Frau. – Frauen gehen mehr von einer Ganzheitlichkeit des Familienlebens aus, das stark von Fürsorglichkeit und Eintreten für alle geprägt ist. Männer denken eher in Interessenausgleich und auch Abgrenzung von Selbstdurchsetzung. Das Familienleben und die damit verbundenen Liebeswünsche sind also unterschiedlich normiert; dieser Konflikt wird durch die gesellschaftlich vorgegebenen Belastungen der Familie verstärkt. Es ist daher zu vermuten, daß das Konfliktpotential wächst.

Zur Normalität des Alltags im Zusammenleben von Mann und Frau müßte daher eigentlich das gekonnte Aushandeln von Konflikten gehören. Dem stehen aber zwei wesentliche Hindernisse gegenüber:

1. Alle gängigen Vorstellungen von Liebe verweisen auf Harmonie und fassen „Streit" nicht als Chance auf, sondern als Zeichen, daß „etwas nicht stimmt". Die Partner fühlen sich daher auch nicht in Ordnung, wenn Streit um Alltäglichkeiten des Familienlebens ausbricht. So können sie sogar Zweifel an ihrer Liebesfähigkeit bekommen.
2. Für grundlegende Konflikte gibt es auch keine befriedigenden Lösungen. Kinder sind und bleiben ein Hindernis für die berufliche Entfaltung, gleichgültig wie die Lasten in der Familie verteilt werden.

Auch hier wiederholt sich die Einsicht, daß die Normierung von Partnerschaft, Familie und Ehe auf der Ebene des guten Willens von zwei Partnern heute nicht mehr befriedigend zu lösen ist, sondern daß es einer gesamtgesellschaftlichen, also auch politischen Anstrengung bedarf. Die Personalisierung der Konflikte und das Aushandeln in den vier Wänden führen am Ende zum Eindruck des persönlichen Versagens und zu Schuldgefühlen. Diese werden allerdings durch die völlig überholte vorherrschende Normierung nur noch verstärkt.

Die möglichen Ansätze für eine solche Politik sind allerdings höchst unterschiedlich, wie das nebenstehende Schema zeigt.

---

34 Dieser Ausdruck stammt von dem Soziologen *Ulrich Beck*. Hiermit ist gemeint, daß seit dem 19. Jahrhundert das Konzept der sogenannten Liebesehe verspricht, was früher die Religion allein versprochen hat: Ewige Dauer der Beziehung, Unerschütterlichkeit der Treue, Grenzenlosigkeit der Liebe, Wille zur Aufopferung, Sicherheit trotz aller Gefahren usf.

35 Zitiert nach einer amerikanischen Untersuchung bei Beck-Gernsheim, a.a.O, S. 278.

Politische Lösungsansätze

Wege	Ausgangspunkt	Maßnahmen	Begründung
Assimilation (Gleichheit)	Ungleichbehandlung	Aufbau frauenspezifischer Sonderregelungen	Gleichheit um der Angleichung willen
Separation (Differenz)	Diskriminierung weiblicher Leistungen, Qualitäten, Tugenden	Beibehaltung und Ausbau frauenspezifischer Regelungen zum Schutz der Verschiedenheit	Gleich- und Ungleichbehandlung um der Unterschiedlichkeit willen
Partizipation (Partnerschaft)	no-win-Situation für Frauen: Gesellschaft als widersprüchliche Einheit: Kritik an individualisierenden Auflösungsformen	Ausbau wie auch Abbau von Sonderregelungen	Gleich- oder Ungleichbehandlung um der Teilhabe willen

Nach: M. Opielka, I. Ostner (Hg.): Umbau des Sozialstaats, Essen 1987, S. 19

Verarbeitungsformen

	Präventiv-Strategien vor Zusammenleben und Familiengründung	Akut-Strategien während des Zusammenlebens und Elternschaft
– Vermeiden – objektive Konfliktreduzierung	– Partnerwahl – Alternativen zum traditionellen Familienmodell (nichteheliche Lebensgemeinschaft, kinderlose Ehen)	– Reduzierung der Berufsarbeit des Mannes – Reduzierung der Familienarbeit (z.B. Delegation nach außen oder Verzicht auf weitere Kinder)
– Verhandeln – intersubjektive Konfliktreduzierung – Verdrängen	– vorherige Absprache (z.B. Ehevertrag) – unrealistische „doppelte" Lebenspläne von Frauen	– „psychologische Kriegsführung" (z.B. selektiver Vergleichsmaßstab, vorgeschobene Argumente) – Selbsttäuschung und Familienmythen

Nach: Beck-Gernsheim, KfZSS '92, S. 280

Ungeachtet dessen, ob solche politischen Lösungen sich durchsetzen lassen, die häuslichen und privaten Auseinandersetzungen um die Gestaltung des Zusammenlebens werden bleiben. Die Art und Weise, wie sie „ausgekämpft" werden, folgen sehr verschiedenen Mustern und unterscheiden sich erheblich im Grade der Bewußtheit. Sie hängen stark vom Bildungsgrad der Betroffenen ab und sind daher im Rahmen der Gesellschaft unterschiedlich verbreitet und unterschiedlich ausgeprägt.

Im Rahmen der verschiedenen Typen von Strategien (vgl. S. 213) ergeben sich mehr oder minder typische Alltagskonstellationen:

- Junge Frauen glauben stärker als Männer an die Kraft der Kommunikation;
- der mangelnde Konsens der Paare nach der Geburt des Kindes wird nicht endgültig ausgefochten;
- Nichtwahrhabenwollen der eigenen Partnerkonflikte ist eine wichtige Strategie der Konfliktbewältigung;
- die Vorstellungen der jungen Frau laufen auf Leugnung der zukünftigen Konflikte hinaus;
- der Kompromiß besteht in der Regel in der Minderung der „Familienarbeit", also vor allem im Verzicht auf Kinder;
- in der Generalisierung der Normen einer männlichen Lebensführung, weil sie auf eine Mißachtung des Haushalts hinausläuft.

Die Präventiv-Strategien gewinnen immer mehr an Bedeutung, weil die Diskussion um die Schwierigkeit von Ehe und Partnerschaft schon im Vorfeld Mann und Frau zur Vorsicht rät.[36]

Aber auch andere Indikatoren verweisen auf die Zunahme der Präventivstrategien:

- Tendenz zum ‚living apart together'
- Anstieg des Heiratsalters
- Aufschieben des Kinderwunsches

Um nicht in die Fallen des traditionalen Familienmodells zu gehen, werden die Entscheidungen zunächst aufgeschoben.

Als eine typische Reaktion auf die gestellte Problematik sei die Ehe auf Probe genannt, eine Form moderner Partnerschaft. Sie stellt eine Antwort auf die geschilderten Probleme dar. Der französische Soziologe *André Béjin* geht in seinen Äußerungen zu modernen Formen der Paarbeziehung[37] davon aus, daß es schon immer einen Widerspruch zwischen der lebenslänglich dauernden Ehe und der spontanen Liebesbeziehung gegeben habe. Dieser Gegensatz sei seit dem 18. Jahrhundert geradezu das Hauptthema der abendländischen Sexualmoral, nicht allerdings der Sexualethik. Für die Partnerbeziehung gibt es seiner Meinung nach drei Typen:

1. die eheliche Liebe, die sich nach der Dauer und Fruchtbarkeit der Verbindung bemißt;
2. die auf Leidenschaft und Intensität gegründete außereheliche Liebe, „die sich vor Fruchtbarkeit hütet";
3. das jugendliche Zusammenleben (*cohabitation juvénile),* das die Widersprüche vereinen will.

Herausgegriffen sei der dritte Typus: Die moderne Partnerschaft ist ein vorläufiges Ritual, das den wirklichen sozialen Übergang zur Ehe bereits ankündigt, seinen Sinn auch erst in der Besiegelung dieser Ehe erhält, zugleich aber in die Tendenz einzuordnen ist, jugendliche Lebensformen über die Grenze der eigentlichen Jugend hinaus zu verlängern.

Die moderne Partnerschaft gründet genau wie einstmals die Ehe auf dem Wunsch nach Sicherheit; allerdings ist dieser Begriff nicht mehr materiell zu verstehen. Es geht um Schutz vor den „Unglücklichkeitserfahrungen der Moderne": der Einsamkeit, der Langeweile. Aber auch ein fieberhaftes Streben nach Lust ist kennzeichnend: oftmals ist das sexuelle Verständnis hinreichend für eine solche Partnerschaft.

Es gibt in der modernen Partnerschaft keine absolute Norm für Treue. Die Partner sind für Treue, weil sie meinen, daß dies in ihrem Interesse liegt; bei Untreue kann der Partner zu Druckmitteln greifen und damit die auf Gleichheit gerichtete Grundlage der Beziehung zerstö-

36 Einen Teileinblick gewähren Heirats- oder Bekanntschaftsanzeigen. Besonders offenbar werden die Verhältnisse, wenn Männer Frauen in der dienenden Rolle suchen: Frauen mit niedrigem Bildungsstatus, Ausländerinnen (bevorzugt Fernost), auch Frauen aus den neuen Bundesländern. Die Frauen selber haben dieses Schema verinnerlicht und preisen sich entsprechend an.

37 André Béjin: Ehen ohne Trauschein heute, in: Philippe Ariès u.a., Die Masken des Begehrens und die Metamorphosen der Sinnlichkeit. Zur Geschichte der Sexualität im Abendland, Frankfurt am Main (Fischer) 1984, S. 197ff.

ren; das wollen sie nicht riskieren. – Allerdings greifen sie dabei auf Verhaltensweisen zurück, die der alten Doppelmoral nicht unähnlich sind: Untreue wird hingenommen, wenn keine Liebe, sondern „nur“ Sexualität im Spiele war.

Die Liebe wird als eine Leidenschaft dargestellt, das aber gemäßigt. Nach außen gilt die Selbstdarstellung des heftigen Verliebtseins, intern will man sich nicht allzu tief in die Beziehung verstricken lassen. Die Partner sind füreinander zugleich Geliebter, Gatte, Freund, Vater oder Mutter, Bruder oder Schwester, Vertrauter und Beichtvater.

Mit dem Entschluß, zusammenzuleben, verlieren beide Partner nicht völlig ihre Autonomie („unser Körper gehört uns“). Andererseits beanspruchen sie eine Art Naturrecht auf sexuelle Entfaltung, eines Rechts auf Lust, die aus allen möglichen physischen und psychischen Akten entsteht, die als gleichwertig gelten. Allerdings ist unter solchen Bedingungen ein Einklang der sexuellen Interessen auf Dauer nicht zu erwarten, so daß sich die Partner dann doch wie in der Ehe wechselseitig Pflichten auferlegen. Das kann zu einem Schwanken zwischen egoistischem Laxismus und unnachgiebigem Moralismus führen.

Die gefühlsmäßigen Bindungen sind meist nicht auf die Zweierbeziehung beschränkt; die Eltern gehören dazu, indem sie das Paar unterstützen; aber auch Freunde oder sogar Haustiere werden eingeschlossen. – Im übrigen zeigt sich, daß es zum Paar keine konkurrierende Sozialform gibt, so daß das Paar meist unbefragt die Idealvorstellung bleibt.

„Die jugendliche Lebensgemeinschaft ist also eine Synthese aus traditionell gegensätzlichen Komponenten der ehelichen und der außerehelichen Beziehung. Sie beweist heute eine beträchtliche Anziehungskraft. Auch junge Ehepaare verhalten sich zunehmend nach diesem Modell. Sie zögern die Empfängnis hinaus, sie gewähren einander Freiheiten; sie dulden eine vorübergehende Untreue oder erproben jene bereits stark ritualisierten Formen von Untreue in der Treue wie den Partnertausch. ... Es ist, als wollten diese in verlängerter Jugend lebenden jungen Leute, die sich eine ‚gleichberechtigte‘ Beziehung ... wünschen, den anderen finden und zugleich sich selbst wiederfinden. Als Gleiche spiegeln sie sich in ihrem jeweiligen alter ego und erfahren sich darin auf magische Weise mit jenem kleinen Unterschied ausgestattet, der ihnen fehlt zum vollkommenen, autarken, stabilen und vom Bedürfnis der Fortpflanzung befreiten Bild des Androgynen.“[38]

Man kann darüber streiten, ob es sich hier um eine geglückte Sozialform handelt. Die Skepsis bei *Béjin* ist nicht zu übersehen. Sie ist wohl in der Beobachtung begründet, daß wesentliche Probleme nicht gelöst, sondern nur aufgeschoben werden.

Im Rückblick auf die angeführten Befunde bleibt das Gefühl des Niedergedrücktseins: Die Prognosen, daß Partnerbeziehungen und Liebe im Rahmen der vorgezeichneten Bahnen gelingen, sind nicht gut. Natürlich gibt es Leute zuhauf, die behaupten, ihnen gelinge das selbstverständlich. Aber es scheint sich um Lebenslügen zu handeln, die teuer erkauft sind. Diejenigen, denen es gelingt, haben sich ihren Weg mühselig errungen. Das Glück fällt also nicht in den Schoß, sondern ist die Frucht bitterer Kämpfe. Daher bleibt es eine Forderung, daß wir die immer wieder geschürten Illusionen über Liebe und Glück entzaubern und uns der Sprache der Gegebenheiten stellen.

Ja, renn nur nach dem Glück
Doch renne nicht zu sehr!
Denn alle rennen nach dem Glück
Das Glück rennt hinterher.
Denn für dieses Leben
Ist der Mensch nicht anspruchslos genug.
Drum ist all sein Streben
Nur ein Selbstbetrug.
Bertolt Brecht, Dreigroschenoper

38 Béjin, Ehen, a.a.O., S. 207f.

VI. Die Liebe und die Familie, die Sexualität und die Lust

Der heute allenthalben spürbaren Krise im Geschlechterverhältnis und damit in der Liebe und Ehe ist entgegenzusetzen, daß diese Erscheinungen nicht neu sind. Im Mittelalter waren Ehen Wirtschaftsgemeinschaften, und der Adel hatte seine Kebsweiber. (Diese Einrichtung deutet im übrigen darauf hin, daß die „Vielweiberei" nicht nur eine Angelegenheit fremder Kulturen ist.) Im 19. Jahrhundert herrschte die Vernunftehe vor, die – im besten Falle beiden – Vorteile brachte. Der Traum von der Liebe wider alle Vernunft und außerhalb der Ehe verschwand freilich nie: Im Mittelalter waren es Tristan und Isolde, im 19. Jahrhundert war es Madame Bovary, die sich das Recht auf selbstbestimmte Sexualität und Liebe herausnahmen und daran zugrundegingen. Zwischen diesen beiden historischen Eckpunkten hat es Zeiten größerer Freizügigkeit und geringerer Enge gegeben; offenbar gingen Liebe und Ehe, Sexualität und Liebe schon immer schwer zusammen.

Eine für uns zeitlich ferne Stimme, der französische Landedelmann *Michel de Montaigne* (1533–1592), hat heute immer noch Wichtiges und Grundlegendes zu diesem Thema zu sagen.[39] Er war offensichtlich davon beeindruckt, wie sich das Leben immer wieder zwischen Chaos und Ordnung abspielt.[40] In Dingen des normalen Gefühlslebens war er für die Ehe, weil sie Ordnung ins psychische Erleben bringt und beiden Partnern Sicherheit gibt. In Dingen der Liebe war er für freie Verhältnisse, weil Frau und Mann die Liebe nur erfahren, wenn sie sich ihrer unsicher sind und sie jeweils neu erringen. Mann und Frau müssen, nach Erfahrung des französischen Edelmanns, ständig unsicher sein, ob sie sich wirklich lieben. Dann werden sie alles versuchen, die Zuneigung herzustellen und ständig zu bekräftigen. Ist hingegen der wechselseitige sexuelle Besitz garantiert, dann stirbt mit der Zeit die Liebe.

> Das Wechselspiel von Chaos und Ordnung ist dem Menschen eingeboren.

Das Widerspiel von Chaos und Ordnung ist dieser Auffassung zufolge dem Menschen eingeboren. Empfindet er ein Zuviel an Ordnung, dann versucht er, sie zu zerstören. Daher bricht er aus festgefahrenen sexuellen Beziehungen aus. Zugleich hat er den Wunsch, die besondere Liebesbeziehung möge ewig dauern. Aber diesen Wunsch widerlegt er nach einiger Zeit selber, indem das ursprünglich heftige Gefühl verflacht und alltäglich wird.

> Ganz aufrichtig gesprochen aber, ist der Mensch nicht ein armseliges Tier? Kaum steht es , in seinem natürlichen Zustand, in seiner Macht, ein einziges Vergnügen ganz und rein zu genießen!
> *Montaigne, Essays*

In diesem Zusammenhang ist der allgemeine weltanschauliche Hintergrund bei *Montaigne* wichtig: Wenn der Mensch sein Glück finden will, dann muß er verzichten und „loslassen" können. Wenn er sich an die Dinge klammert und sie unbedingt sichern will, dann verliert er sie oder sich gerade dadurch und wird eines Tages unglücklich, denn alles ist vergänglich. Die Grundhaltung ist also eine Art Gleichgültigkeit, die allzu enge Bindungen vermeidet. Das gilt auch und vor allem für die Liebe. – So kommt *Montaigne* dazu, das Prinzip der Ordnung und der Verläßlichkeit in den menschlichen Beziehungen in der Ehe abgesichert zu sehen, während die heftige Liebe geradezu aus der Ehe herausgehalten werden muß, wenn sie nicht zerstört werden soll.

Die Liebe entspricht dem Prinzip des Chaos, in dem die bestehende Ordnung aufgelöst wird und völlig neue Erlebnisse möglich werden, auch völlig neue Gefühle einem anderen gegenüber. Zu dieser Lust am Chaos gehört auch der Tabubruch, also etwas zu tun, was „normalerweise" mißbilligt wird. Daher wird es nie gelingen, die Vielfalt der Sexualpraktiken, Sex zu mehreren, Pornographie usf. völlig zu verban-

---

39 Michel de Montaigne: Essays, herausgegeben von Rudolf Noack, Leipzig (Reclam) 1983. – Zu Liebe und Ehe bes. 126-129 (Von der Mäßigung) und S. 157ff. (Über Lob, Preis und Ruhm).

40 Vgl. Abschnitt 4 dieses Kapitels und Fußnote 20 (v. Weizsäcker).

nen. Im Gegenteil: Je schärfer sie abgelehnt werden, desto mehr werden sie mit dem Reiz des Tabubruchs versehen. – Montaigne sagt dies zwar nicht direkt, aber die Beispiele in seinen *Essays* zeigen, daß er es dachte. An dieser Stelle wird die Brücke zur Anthropologie *Gehlens*[41] am deutlichsten: Der Triebüberschuß führt zum Experimentieren und zur Auflösung von Ordnung als Suche nach neuen Erlebnissen.

Es muß angefügt werden, daß *Montaigne* seine Ansichten nicht voraussetzungslos entfaltet. Er greift vielmehr in seinen Schriften zurück auf die antike *Stoa*. Hier wurde sehr frühzeitig thematisiert, inwiefern der Mensch frei sei und über seine einzelnen Lebensumstände selber entscheiden müsse. Die Denker der Stoa kamen zu dem Ergebnis, daß ein Mensch nur dann frei sei, wenn er sich willentlich im Verzicht übe. Allerdings kommt ihm nach Auffassung der Stoiker die Weltordnung bei dieser Aufgabe entgegen: Diese Ordnung besteht aus Gegensätzen und Gegenteilen: Jedem Prinzip entspricht ein Gegenprinzip. Zugleich ist aber alles Prinzipielle von Übel. Daher müsse der Mensch gleichermaßen auf Abstand halten, wenn er frei bleiben wolle. Für die Sicht der Stoiker spricht vor allem die sogenannte Lebenserfahrung.

Die nüchterne und erfahrungsorientierte Sicht dieser Denkschule wurde immer überlagert durch denkerische Konstruktionen, die „Menschenbilder" entwarfen und versuchten, den Menschen in dieses oder jenes Schema zu bringen. Die *Stoa* beharrte darauf, daß es keine festen Lebensformen gebe, sondern daß von Fall zu Fall zu entscheiden sei, was das Richtige sein könnte, denn in entscheidenden Punkten ständen dem Menschen immer zwei Wege offen. Dieser Gedanke eines Zwanges zur Freiheit kann als der ureigentliche Beitrag des Griechentums zur abendländischen Zivilisation gelten.

Der Preis der Freiheit ist freilich der Verlust an Sicherheit; gelebte Freiheit kann den Menschen überfordern. Montaigne hält die Ehe im Zusammenhang mit der Nachkommenschaft und für die soziale Ordnung für unentbehrlich. Er war aber der Meinung, daß man sie nicht auf die „andere" Sexualität ausdehnen sollte. Lieben und Sich-Binden seien zwei grundverschiedene Dinge.

Die Ausführungen *Montaignes* könnte man als eine Stimme unter vielen nehmen. Andere sind anderer Auffassung. In der Begründung hat er sich aber einer erfahrungsorientierten Anthropologie bedient. Das macht die unbedingte Stärke seiner Auffassung aus. An diesem Maßstab müssen sich auch die christlich fundierten Aussagen messen lassen: Sie beruhen mit Sicherheit auf einem anderen Bild vom Menschen. Können sie aber ebenfalls beanspruchen, ein realistisches, weil erfahrungsorientiertes Menschenbild zugrunde gelegt zu haben? Die Erfahrungsorientierung ist deswegen ein wichtiger ethischer Maßstab, weil sie die Voraussetzung für die Lebbarkeit einer Moral bildet. Offenbar entscheiden sich aber in jedem Falle Aussagen zur Sexualmoral mit dem Menschenbild. Hiernach müssen sich auch heute gängige Auffassungen fragen lassen.

VII. An den Grenzen von Sexualmoral – Paradiese

Die gedankliche Verarbeitung der Sexualität, weniger die der Liebe, hat immer wieder vor Probleme gestellt. Es zeigte sich, daß das Verhalten der Menschen derart naturwüchsig ist, daß es sich „Klügeleien" (Kant) wenig zugänglich zeigt. Es gibt, was es gibt, und nichts paßt völlig in die jeweiligen gedanklichen Ordnungen. Dieser Aspekt, daß unsere gedanklichen Ordnungen hinter den möglichen Vorstellungen von Freiheit und dem lebenswerten Leben zurückbleiben, hat immer wieder den Mythos vom Reich der völligen Freiheit belebt. Im Zusammenhang mit der Sexualität ist daher immer wieder der Mythos aufgetaucht, daß eine freie Sexualität den Menschen auch von allen übrigen erdrückenden Zwängen befreie. Der gedankliche Zusammenhang ist leicht nachzuvollziehen: Die Sexualität unterliegt der persönlichen Gestaltung mehr als alle anderen Bereiche. Wenn der Mensch sich hier von den ihm auferlegten

41 Vgl. oben Abschnitt 4.

Zwängen freimachen kann, dann wird er auch den Mut fassen, andere Ketten abzuschütteln. Dahinter steht die Überzeugung, daß das Ausleben der Sexualität den Menschen in seinem Kernbereich prägt. Sexualität ist in dieser Sicht nicht nur eine Körperfunktion, sondern allerfundamentalster Ausdruck der Persönlichkeit. Vor allem in den Paradies-Mythen als Ausdruck der Sehnsucht nach Freiheit finden sich daher sexuelle Phantasien wieder.[42]

Normalerweise würde man derartige Phantasien auffassen als Reaktion gegen die einengenden und persönlichkeitsbeschränkenden Bedingungen der Industriegesellschaft. Wie allerdings aus den Thesen *Gehlens* zum Wesen des Menschen hervorgeht,[43] erwächst das Handeln des Menschen nicht nur aus der Reaktion auf vorgefundene Zwänge, sondern es gibt den Triebüberschuß, der immer wieder zum Probieren und zum Entdecken von völlig Neuem einlädt, jenseits der „harten Facts" des Alltags.[44]

Die Betrachtung soll mit einer Gegenwelt beginnen. Im vierten Jahrhundert wurde das Christentum Staatsreligion, und es setzte eine heftige Diskussion ein, welche Sexualität die „richtige" sei. Bis dahin stand diese Frage nicht unbedingt im Mittelpunkt. Die „Kirchenväter" verwendeten viel geistige Energie auf die Frage, ob Adam und Eva im Paradiese miteinander geschlafen hätten; falls ja: mit Lust oder mehr im Pflichtbewußtsein, Nachkommen zu erzeugen. Der Kirchenvater *Augustin* (354–430) kommentiert in diesem Zusammenhang das Beispiel des *Diogenes von Sinope* (ca. 412–323 v. Chr.): Dieser gehörte zur der Stoa verwandten philosophischen Schule der Kyniker und steht Pate für den Begriff Zynismus; jener Diogenes war ohnehin ein Original. Er lebte in einer Tonne, weil er Bedürfnislosigkeit demonstrieren wollte. Als der König Alexander, nachmalig der Große, zur Besichtigung des Originals kam, soll Diogenes lediglich gesagt haben, dero Majestät stehe ihm in der Sonne. Mittags suchte er mit einer Laterne auf dem Marktplatz von Athen nach „Menschen". Eine der Demonstrationen des Diogenes soll es auch gewesen sein – davon ist immer etwas weniger die Rede –, daß er in der Öffentlichkeit mit Frauen und Männern schlief. Der Kirchenvater *Augustin* schreibt dazu:

> „Ich möchte daher auch eher glauben, *Diogenes* und andere, von denen man solches erzählt, werden nur die entsprechenden Bewegungen den Leuten zu sehen gegeben haben, die ja nicht wußten, was unter der Decke vorging" (Gottesstaat XIV, 20).

Ob der Kirchenvater recht hat oder nicht, wissen wir nicht; jedenfalls war ihm der Gedanke derartiger sexueller Zügellosigkeit unerträglich.

In einem deutlichen Gegensatz dazu steht die Bewegung der Adamiten im Mittelalter.[45] Allerdings muß man dazu sagen, daß es derartige Sekten immer über die Geschichte hinweg seit altersher gegeben hat. Die Adamiten liefen nackt herum, weil sie behaupteten, daß die Furcht vor der Nacktheit ein Zeichen für die Sündhaftigkeit des Menschen sei: Wer Nacktheit für eine Verfehlung halte, sei offenbar noch nicht in der Lage, sein Triebleben zu kontrollieren. Nacktsein war daher der Nachweis, daß die irdischen Begierden – sprich die Sexualität – überwunden waren. Die Schilderungen belegen, daß nicht allen Angehörigen dieser Sekten eine derartige Demonstration leicht fiel und daß sie deutliche Hemmungen zu überwinden hatten, vor allem die Männer. Das Nacktsein oder zumindest die Entblößung konnten sich auch verbinden mit asketischen Idealen: Die Flagellanten (das sind Gruppen, die sich selber auspeitschen, um ihre Verworfenheit zu demonstrieren) taten es auch; dabei hatten die Frauen erhebliche Probleme, weil sie ihre nackten Brüste zeigen mußten.

Die offizielle Kirche verteufelte die Adami-

---

42 *Goethe* empfand Zeit seines Lebens alles Moralische als „Subordination". Immerhin nahm er sich seine Freiheit: In Weimar konnte der Geheime Hofrat in wilder Ehe leben. Seine sexuellen Phantasien äußerten sich offen in seinen Dichtungen: „Indeß, was hab ich mit den Flegeln, sie mögen fressen, doch ich will vögeln." (Hanswursts Hochzeit); „Für Euch sind zwei Dinge/ von köstlichem Glanz:/ das köstliche Gold/ und ein glänzender Schwanz" (Mephisto zum Mädchen). Unter der Werkpflege der Philologen verschwanden diese Verse in vielen Ausgaben.

43 Vgl. oben Abschnitt 4.

44 Die Psychoanalyse hat auf diesem Felde wichtige Erkenntnisse gewonnen: Sie geht davon aus, daß der Mensch in seinem Leben nur einen Teil seiner Möglichkeiten verwirklicht; der Rest wird unterdrückt. Daher drücken die Träume – seien sie bewußte Phantasien oder heimliche Schlafträume – das ungelebte Leben aus.

45 Dieses und die folgenden Beispiele sind entnommen aus Hans Peter Duerr: Nacktheit und Scham. Der Mythos vom Zivilisationsprozeß, Frankfurt am Main (Suhrkamp) 1988.

ten. Daher ist auch zweifelhaft, wieweit der den Adamiten unterstellte Geschlechtsverkehr in der Öffentlichkeit stimmt. Immerhin könnte es so sein, daß es unter ihnen Gruppen gab, die die freie sexuelle Vereinigung als Befreiung des Menschen darstellten, weil auf diese Weise die Menschen zu Brüdern und Schwestern wurden. Alle Berichte weisen aber darauf hin, daß die Sektenanhänger ganz erhebliche Schamschwellen überwinden mußten. Die freie Sexualität sollte die Menschen zu einem bewußten und ethisch regulierten Triebleben bringen, in dem sie sich frei wußten von Geilheit und Benutzung des anderen. Dieses Ideal der Triebbeherrschung ist erreichbar im Sinne der Anthropologie , aber es überfordert wohl die meisten Menschen. – Die mitgeteilten Erfahrungen zeigen, daß das Paradies nicht erzwingbar ist; es scheint anstrengend zu sein. Die damit verbundene Erfahrung der Freiheit scheint nicht aushaltbar, zumindest löst sie große Ängste aus.[46]

Zum Umgang mit sexuellen Verboten und zur Freude am Tabubruch bemerkt der Sexualwissenschaftler *M. Dannecker*:

„Das Verbot verleiht dem betroffenen Gegenstand einen Wert, den er ursprünglich nicht besaß. ... Ist das Verbot groß und mächtig, wird auch unser Erleben ähnliche Qualitätswerte aufweisen, wenn wir erfolgreich gegen ein derartiges Verbot verstoßen haben. ... Die Steigerung von Lust hängt mit der Bewältigung des Konfliktes, der sich im Kampf zwischen Wunsch und Verbot aufgebaut hat, zusammen. Dieser Bewältigung folgen Gefühle von Stolz und Triumph."[47]

Das folgende Beispiel soll unsere eigenen Wahrnehmungsgrenzen verdeutlichen:

„Wenn die Adamiten des späten Mittelalters meinten, der Geschlechtsverkehr sei ebenso natürlich wie Essen und Trinken und könne deshalb ohne Scham vor aller Augen stattfinden, fügte dem in unserer Zeit der adamitische Guru Ludwig Christian Haeusser, der 1927 starb, die Lehre von der ‚Gleichberechtigung aller Organe' hinzu. Um zu demonstrieren, daß es z.B. keinen Unterschied ‚zwischen den Lippen und den sog. Schamlippen' gebe, führte er mit besonderer Hingabe an seinen Jüngerinnen den Cunnilingus aus, was diese offenbar in solche Begeisterung versetzte, daß eine seiner Anhängerinnen, die Oberlehrerin an einer Mädchenschule war, mit dem Versprechen warb, daß in der Welt, die der Meister erstrebe, der Geschlechtsverkehr nur noch oral stattfinden werde."[48]

Der Zusammenhang von Paradiesvorstellungen und Sexualität ist überall und zu allen Zeiten nachweisbar. Es fängt in der literarischen Überlieferung schon mit Odysseus an. Immerhin überwiegt hier der bedrohliche Aspekt, der oft mit der Frau verbunden wird. Auch das Judentum vermutete die Existenz eines Paradieses; die Bewohner waren nackt. Insgesamt richteten sich die Vermutungen darauf, daß es dieses Paradies jenseits der bekannten Welt tatsächlich geben könnte. – Diese Phantasien über das Paradies, das von Nackten bevölkert sei, hielten sich über die Jahrhunderte. Sie bekamen einen enormen Schub, als die Neue Welt entdeckt wurde. Die ganz oder weitgehend nackten Indianer weckten Phantasien oder Begehrlichkeiten. Im 18. Jahrhundert wurden sie stärker und bestimmten die vorherrschende intellektuelle Strömung in ganz Europa: Es bildete sich die Überzeugung heraus, daß freie Sexualität und Natürlichkeit zusammengehörten. Freiheit der Sexualität wurde durch Nacktheit symbolisiert.

Phantasie und Realität klafften von Anfang an auseinander; nicht aber, weil dies überhaupt so ist, sondern weil die Europäer sich als eine Art zerstörerisches Tier erwiesen. Von der möglichen historischen Erklärung abgesehen, zeigte sich aber, wie wenig Menschen der Freiheit gewachsen sein können: In Südamerika führten diese Phantasien zu einem großen Unverständnis der sexuellen Kultur: Indianische Frauen wurden Freiwild. Es ist in diesem Zusammenhang aufschlußreich, daß die Phantasien über die freie Sexualität in Südamerika umschlugen in ein Bild der ständigen Bedrohung: Daher werden in den Aussagen der frühen Entdecker die Berichte über Menschenfresserei der Indios immer wieder neu aufgelegt. In den bildlichen Darstellungen sind es überwiegend Frauen, die sich an den Verzehr der Männer machen.[49]

---

46 Es geht hier um die sogenannten Trennungsängste: Die Angst vor dem Verlust des geliebten Partners.

47 Dannecker, a.a.O., S. 28-30.

48 Duerr, a.a.O., S. 313.

49 Bernadette Bucher: Die Phantasien der Eroberer. Zur graphischen Repräsentation des Kannibalismus in de Brys America, in: Karl-Heinz Kohl (Hg.), Mythen der

Hier wird nun eine Grenze der sexuellen Phantasien deutlich, die zugleich auf eine wichtige Realitätsverleugnung hinweist. Die Gründe sollten im Patriarchat[50] gesucht werden: Frauen können oftmals und in kurzer Wiederholung hintereinander Orgasmen haben. Beim Mann ist das anders. Nach einem Höhepunkt muß er sich erholen und ist für eine gewisse Zeit sogar sexuell aktionsunfähig. Alle Phantasien des Mannes laufen aber darauf hinaus, daß er das Heft in der Hand hat und bestimmt, wann und wie. Die Realität bleibt hinter diesen Phantasien zurück. Dieser Illusion einer sexuellen Überlegenheit über Frauen kann man als Abwehr den Glauben an die Verworfenheit und sexuelle Gefährlichkeit der Frau zuordnen; sie muß man daher zügeln und kontrollieren.

Es bleibt nachzutragen, daß die Paradiesvorstellungen sich nach der Ernüchterung über die Neue Welt vor allem auf die Südsee und Polynesien richteten. So ist es ein wenig bis heute geblieben. Eine sicherlich abstoßende Variante dieser Phantasien äußert sich im Sextourismus, besonders in der Kinderprostitution, wie sie auf den Philippinen auch Deutschen zur Gewohnheit geworden ist. Die Ethnologie verweist in allen ihren Befunden darauf, daß bei den „Naturvölkern" oder „Wilden" eher streng eingrenzende Vorstellungen von Sexualität herrschen, weil die sozio-ökonomischen Voraussetzungen für größere Freiheiten fehlen. Als umso zerstörerischer muß der Sextourismus eingestuft werden.

Auch das Nacktbaden und die FKK-Bewegung werden von mancherlei Phantasien begleitet. Allerdings sind hier die Befunde unter den Soziologen umstritten. Mit Sicherheit war die Bewegung in ihrer Anfangszeit eher prüde und auf die Vermeidung jeglichen sexuellen Anscheins bedacht. Das ist heute nicht mehr der Fall: Das Sexuelle ist selbstverständlicher geworden, ohne daß es aber zu einem besonderen Ausleben von Sexualität an den Nacktbadestränden käme. Der Umgang mit der Sexualität ist wohl tatsächlich kultivierter geworden. Das heißt nicht, daß er freier geworden ist. Man kann davon ausgehen, daß die Menschen sich beherrschen und ihr Verhalten steuern , auch in unklaren Situationen. Da die automatische Triebregulierung besser funktioniert, bedarf es keiner besonderen Sexualmoral mehr. In diesem Falle wäre das Staunen und die Ablehnung der Betrachter aus anderen Kulturkreisen nichts anderes als das Zeugnis eines zurückgebliebenen Sozialcharakters: Sie vermuten in der offen zur Schau gestellten Nacktheit und Sexualität sehr viel mehr Aufreizendes, als sie wirklich enthält.

„Nur in einer Gesellschaft, in der ein hohes Maß an Zurückhaltung zur Selbstverständlichkeit geworden ist und in der Frauen wie Männer absolut sicher sind, daß starke Selbstzwänge und strikte Umgangsetikette jeden einzelnen im Zaume halten, können sich Bade- und Sportgebräuche von solcher Art – und gemessen an vorhergehenden Phasen – solcher Freiheit entfalten."[51]

Diese Annahme trifft sich auch mit einer These *Sigmund Freuds* (1856–1939), dem Begründer der Psychoanalyse. Er war der Meinung, daß die Kulturentwicklung auf die Dauer den Sexualtrieb schwäche. Für ihn gab es einen unaufhebbaren Gegensatz zwischen Sexualtrieb und Kultur. Der Sexualtrieb war für ihn die Lebensquelle, aus der heraus der Mensch den Antrieb schöpfte, sich zunächst um andere, dann aber auch um anderes, etwa selbstgestellte Aufgaben, zu kümmern. Die Aufgabe der Kultur und der aus ihr entwickelten Moral war es, diese Lebensenergie auf kulturell wertvolle Aufgaben zu lenken. Würde hingegen der Mensch, so Freud, sich nur den sexuellen Antrieben hingeben, würde es auch keine Kultur geben, weil der Antrieb zur Hinwendung zu anderen Aufgaben fehlen würde. Jede Kultur besteht daher im Kern aus Triebunterdrückung und Umlenkung des unterdrückten Potentials in die ihr wichtigen Felder. Mit der Verfeinerung und dem Ausbau der Kultur wurde der „Unterdrückungsapparat" stärker; die Sexualität äußerte sich demgemäß auch immer gezähmter, „kraftloser", wie

---

neuen Welt. Zur Entdeckungsgeschichte Lateinamerikas, Berlin (Frölich & Kaufmann) o.J. (1982), S. 75-91. – Hier findet sich auch eine Darstellung der Verbindung zwischen Mythologie und Kosmologie der Indianer. Sie findet sich in ihren Grundzügen auch bei Claude Lévi-Strauss: Der Weg der Masken, Frankfurt am Main (Insel) 1977.

50 Vgl oben, Abschnitt 3.

51 Norbert Elias: Über den Prozeß der Zivilisation, Bern 1969, S. 257. – Erneut erschienen bei Suhrkamp (stw).

Freud meinte.[52] Dies würde die oben angedeuteten Beobachtungen am Beispiel des Nudismus erklären, kann aber auch eine Phantasie des Gelehrten sein.

Eines hat sich bei den Theorien *Freuds* als richtig erwiesen: Die Triebunterdrückung und das Verhalten im Sinne fundamentaler Normen lernt der Mensch wohl tatsächlich beim Umgang mit dem Sexualtrieb, vor allem mit der frühkindlichen Sexualität. Die hier erworbenen Basisnormen prägen im Laufe der individuellen Entwicklung die gesamte Persönlichkeit.[53]

Ein Teil der Schüler Freuds hat sich hingegen von ihm deutlich entfernt hinsichtlich der Einschätzung des Verhältnisses von Kultur und Sexualität. Vor allem für *Wilhelm Reich* war der sexuelle und liebende Antrieb überhaupt der Motor für kulturelle Leistungen. Einen Zwang zur Triebunterdrückung vermochte er nicht zu sehen, sondern die Freilegung der Antriebe würde den Menschen erst veredeln. Die Kultivierung des Orgasmus stand für Reich daher im Mittelpunkt. Damit hat sich der Kreis wieder geschlossen, und wir sind wieder im Bann jener alten Paradiesvorstellungen, in denen sich Freiheit des Menschen und Freiheit der Sexualität miteinander verbanden. – Es handelt sich hier offenbar um eine Kulturströmung, die die Menschheit von Anfang an begleitet, die sich aber nie durchsetzen kann. So ist auch *Reich* heute nach einem kurzen Zwischenspiel in den sechziger Jahren wieder weithin unbekannt.

Paradiesvorstellungen greifen natürlich viel weiter als auf das Ausleben von Sexualität. Alles spricht dafür, daß es sich bei diesem Punkt um männliche Vorstellungen handelt. Es ist ein Manko unserer Kultur, daß bisher in diesem wichtigen Bereich nur die Männer die Vorstellungen prägen konnten.

VIII. Ein erneuertes Verständnis von Sexualität?

Im folgenden sollen einige Auffassungen zur zukünftigen Gestaltung der Sexualität vorgestellt werden. Sie alle sind eher pessimistisch eingestimmt und halten die heutige Entwicklung der Sexualität für defizitär. Im Rahmen dieser Feststellung ist zu bedenken, daß Liebe und Sexualität zusammengesehen werden müssen. Sie sind – so lehren es die Einsichten *Freuds*[54] – die beiden Seiten ein- und derselben Medaille. Mit der Fehlentwicklung der Sexualität leidet auch die Liebesfähigkeit. Die Skepsis gegenüber der bei uns eingetretenen Entwicklung steht im Gegensatz zu der von den in Illustrierten und anderen ähnlichen Medien vertretenen Grundhaltung, die sich vielleicht auf das einfache Prinzip bringen läßt: „Tue es, wenn es dir Spaß macht!" Vielmehr trifft sie sich mit den Kritikern außerhalb unserer Kultur: Der vorandringende Konsumismus ist ein Fehlweg.

1. Minimalprogramm: Aufklärung – Sexualpädagogik

Der Pädagoge *Heinrich Roth* gehörte zu den Reformpädagogen und war vom Widerstand gegen das nationalsozialistische Regime geprägt. So treibt ihn die Frage um, wie man einer derartigen Freisetzung von Zerstörerischem begegnen kann.

Im Rahmen seiner allgemeinen pädagogischen Vorstellungen[55] geht er davon aus, daß es bei der Sexualerziehung auf folgende Grundsätze ankomme, wenn eine hinreichende Liebesfähigkeit aufgebaut werden soll:

52 „Das Sexualleben des Kulturmenschen ist doch schwer geschädigt, es macht mitunter den Eindruck einer in Rückbildung befindlichen Funktion, wie unser Gebiß und unsere Kopfhaare als Organ zu sein scheinen. Man hat wahrscheinlich ein Recht anzunehmen, daß seine Bedeutung als Quelle von Glücksempfindungen, also in der Erfüllung unseres Lebenszweckes, erheblich nachgelassen hat." – Sigmund Freud: Das Unbehagen in der Kultur, in: ders., Kulturtheoretische Schriften, Frankfurt am Main (Fischer) 1986, S. 236.

53 Zum Zusammenhang von Triebentwicklung und Ausprägung der Persönlichkeit Erik H. Erikson: Identität und Lebenszyklus, Frankfurt am Main (stw) 1977 u.ö.

54 Besonders deutlich Freud, Unbehagen, a.a.O.

55 Heinrich Roth: Pädagogische Anthropologie, 2 Bde, Hannover (Schroedel) 1966. – Bes. Band II, S. 301ff.

Alle Lösungen bleiben konfliktreich, und der Mensch muß sich daran gewöhnen, daß die Gefahr von falschen Lösungen der Sexualität im Leben sehr hoch ist. Mithin gibt es auch keine „richtige" Lösung für die Probleme, die im Zusammenhang mit der Sexualität empfunden werden. Daher muß jeder Mensch in seinem Leben darum ringen, wie er seine Liebesfähigkeit weiterentwickelt.

Allerdings gibt es durch wissenschaftliche Forschung erhärtete Grundsätze. Diese sind:

- Sexualität und Liebe dürfen nicht getrennt werden; die Festigung einer liebesorientierten Sexualität hat unbedingten Vorrang.
- Zärtlichkeitsbedürfnisse von Kindern müssen vor allem im jungen Alter unbedingt erfüllt werden, weil sich sonst die Verbindung von Liebe und Sexualität nicht herstellt. Das Vermögen, Zärtlichkeit ohne Ängste zu äußern, muß konsequent gestärkt werden.
- Askese und Libertinage bringen den Menschen gleichermaßen in zwanghaftes und damit belastendes Verhalten, so daß die Sexualität als Pein empfunden wird. Beiden ist daher entgegenzuarbeiten.
- Die Erfahrung von Liebe muß ständig vermittelt werden.

Roth trifft damit den heute gültigen Konsens. Das kann aber nicht darüber hinwegtäuschen, daß seine Forderungen weit von der beobachtbaren Realität entfernt sind und sich eher ein Klima der Lieblosigkeit ausbreitet.

2. Sexualität, Liebe und allgemeine Lebensführung

Als zweites soll die Stimme *Erich Fromms*, eines Psychoanalytikers aus der Nachfolge *Freuds* gehört werden. Auch *Fromm* ist von der Auseinandersetzung mit dem Nationalsozialismus und Faschismus geprägt. So ist ihm die Hauptsorge der Rückfall in die Barbarei.

Erich Fromm[56] beharrt darauf, daß die Liebesfähigkeit – im Gegensatz zur geläufigen Auffassung – überhaupt nichts Privates ist. Sie setzt eine als befriedigend empfundene Sexualität voraus und ist eingebettet in die Gesamtpersönlichkeit. Sie drückt sich darin aus, daß Menschen sich interessiert und lustvoll Dingen zuwenden können, die ihr privates Dasein überschreiten. Die Befähigung, sich um Außerpersönliches und sogar Fernliegendes mit Gefühl kümmern zu können, setzt wiederum eine befriedigend erlebte Sexualität voraus.

Zum besseren Verständnis möge folgendes Beispiel dienen: Menschen sollen sich über die Ungerechtigkeit in der Welt empören und sich heftig und – wenn es sein muß – aggressiv gegen diejenigen wenden, die den gerechten Ausgleich mit der Dritten Welt verhindern. Die Aggression darf aber nicht feindlich sein oder gar sich mit dem Wunsch verbinden, bestimmte Menschen zu vernichten, sondern sie soll sich nähren aus dem Spaß, den es macht, Neues zu wollen und Altes in Frage zu stellen. Hierzu, so Fromm, ist die Liebe eine unbedingte Voraussetzung. Hinter den Auffassungen *Fromms* erkennt man deutlich die altbiblische Auffassung, daß Liebe vor allem ein Schöpfungsakt ist.[57]

Sexualität als „Freiheit" oder Liebe als „privates Glück" führen in die Irre: Sie führen in das Besitzstreben oder instrumentalisieren andere Menschen als Eigentum oder Gegenstand. Etwas besser ist die moderne Auffassung vom Partner als „Geschäftspartner", wobei der Gedanke des fairen Austauschs und der Nutzenoptimierung zu zweit vorherrscht. Daher wendet sich Fromm gegen die heute vorherrschende Partnerideologie, die ein „faires" Geben und Nehmen zur Grundlage macht. Sexualität ist bedingungslose und lustvolle Hinwendung, die aber nicht zum Sklaven des Lustempfindens wird. Diese Art des Erlebens erscheint aber dem heutigen Geist als „unvernünftig".

Fromms Konzeption setzt eine Politisierung und einen allgemeinen Sinnhorizont der Menschen voraus. Liebe und Sexualität sind hier in ein allgemeines Konzept von Humanität eingebettet.

3. Überwindung von Angst

Anton-Andreas Guha gehört zur Generation nach *Roth* und *Fromm;* er ist unter den Bedingungen der Bundesrepublik (West) großgeworden. Dazu gehört die Auseinandersetzung mit den Sozialwissenschaften und ihren Erkenntnissen. *Guha*

56 Erich Fromm: Die Kunst des Liebens, Frankfurt am Main und Berlin (Ullstein) 1956 u.ö.

57 Vgl. dieses Kapitel Abschnitt 3 und Fußnote 10.

sieht eine generelle Krise in der Entwicklung der Menschheit; im Nah- und Intimerleben des einzelnen wird das spürbar im Umgang mit der Sexualität, aber vor allem im Verhältnis von Mann und Frau. Beide bedürfen einer umfassenden Revision.

A.-A. Guha[58] tritt ein für eine aufgeklärte Sexualität. Es handelt sich dabei um ein Wissen über Sexualität, das von Ängsten befreit ist und damit dem einzelnen die Möglichkeit eröffnet, sich frei zu verhalten und seiner Einsicht zu folgen. Angst wird in diesem Falle begriffen als ein Hindernis, Probleme ins Auge zu fassen und nach bestem Wissen und Gewissen anzugehen, also als verinnerlichtes Denkverbot.

Die „alte" Angst vor der Sexualität ist Guha zufolge überwindbar bei entsprechenden sozialen und politischen Vorkehrungen: Angst vor ungewollter Schwangerschaft, Angst vor der Gesundheitsgefährdung von Selbstbefriedigung, Angst vor Geschlechtskrankheiten: Alles das ist für den Wissenden und für die aufgeklärte Gesellschaft beherrschbar. Die Befreiung von Ängsten ist aber der erste Schritt in die Aufklärung und in die vom Menschen gestaltbare Zukunft.

Die im Bereich des Sexuellen beobachtbare Verbrauchsmentalität sei ein Alarmzeichen: Wenn es problematisch wird und nicht mehr „gebraucht" werden kann, wird es ausgetauscht, oder es handelt sich von vornherein für Frau oder Mann nur um eine Nacht, was sämtliche Mühsal erspart zum Durchhalten einer Beziehung. *Guha* spricht daher von einer Infantilisierung der Sexualität: Sie ist wie ein Spielzeug. – Zugleich wirkt dies wie eine Befreiung von den Ängsten vor der Sexualität: Sie wird genutzt wie jedes andere Gut auch.

Aber die alten Ängste bestehen fort und haben sich sogar verstärkt. Sexualität ist heute gekoppelt an Jugendlichkeit. Je näher das Alter rückt, desto größer werden die Ängste, sexuell nicht mehr „fit" zu sein. Auf dieser Angst beruht eine ganze Industrie, wobei die Industrialisierung der sexuellen Bedürfnisse bei den Frauen weiter vorangeschritten ist als beim Mann. Aber auch hier gibt es deutliche Anzeichen der voranschreitenden Durchindustrialisierung, etwa in der Kreation von Männerparfüms.

Ein wichtiges Indiz für den pathologischen Zustand der Lebensführung ist die Trennung von Arbeit und Freizeit. In der Arbeitswelt werden Routine und Alltäglichkeit aufrechterhalten, während im Freizeitbereich das „Abenteuer" gesucht wird. Dieser Weg schlägt beobachtbar fehl. Hier ist die Einsicht *Fromms* bestätigt, daß die Liebe in den gesamten Lebenskontext eingeordnet werden muß und nicht als Anhängsel an das sonstige Leben zu betrachten ist.

Die Angst vor dem Altwerden und dem Verfall der sexuellen Attraktivität hat eine Schlüsselstellung: Es ist ein unausweichlicher, also schicksalhafter Prozeß. Das vermittelt im frühen Jugendalter genau diese Grunderfahrung: Es gibt Dinge, die man nicht beeinflussen kann, sondern die einen „überkommen". Damit aber erscheint den Menschen einsichtig, daß es auch in dieser Gesellschaft Prozesse gibt, die sich schicksalhaft einstellen: Das Ozonloch, die Vergiftung des Grundwassers oder sonstiges. – Hier ist die auch bei Fromm zum Ausdruck kommende Einsicht der Psychoanalyse verarbeitet, daß sich persönliches Geschehen und politische Verläufe nicht trennen lassen. Der Abbau von Fehlhaltungen und falschem Denken in der Sexualität hat daher eine Schlüsselstellung. Deshalb tritt Guha für eine Verbreitung des Wissens aus den Humanwissenschaften ein.

Zur praktisch-politischen Lösung der Probleme entwickelt Guha folgende Perspektive: Jegliche Wissensproduktion und auch Sexualmoral ist gegründet auf der männlichen Perspektive. Andererseits werden sie geglaubt als objektive Wissenschaft. Es kommt daher ganz wesentlich darauf an, daß die Frauen das Sagen bekommen mit ihren Sichtweisen: Dies würde auch die Männer befreien.

Die von *Guha* entwickelte Perspektive leuchtet ein, wenn man davon ausgeht, daß es sich insgesamt „um den Ausgang aus selbstverschuldeter Unmündigkeit" (Kant) handelt. Sexualität und Liebe sind hier Teil der gesamten Lebensführung; werden aber die Probleme auf dieser Ebene nicht gelöst, dann wird sich die Vernunft auf anderen Gebieten auch nur schwerlich Bahn brechen.

58 A.a.O. (Fußnote 22).

4. Abweichlertum – institutionalisierte Freiheit

Die Position der Freiheit wird von dem Sexualforscher *Martin Dannecker* vertreten. Sie ist sicherlich die „anstößigste", aber damit im Wortsinne auch diejenige, die das Denken in Bewegung bringt. Dannecker ist durch die mittlere Phase der Bundesrepublik (West) geprägt und hat das Anliegen der Emanzipation in den Mittelpunkt gestellt. Für ihn ist der Mensch Gefangener einer defizitären Kultur, aus der er sich befreien möchte, um seinen eigenen Weg zu suchen. Es bleibt bei ihm offen, ob dieses Ziel erreichbar ist.

Seine Position ist die moderne Version derjenigen *Montaignes*[59]. Sie geht davon aus, daß der Mensch ständig in eine konfliktreiche Entscheidung zwischen sich ausschließenden Gegensätzen gestellt sei und daher auch keine dauerhaften und zufriedenstellenden Entscheidungen für den gesamten Gang seines Lebens treffen könne.

Für Dannecker[60] steht die Sexualität unter dem Druck der Vergänglichkeit und unter dem Reiz des Bruches von Verboten. Für die Sexualität und die Liebe gibt es daher im Leben lange Phasen der Alltäglichkeit und kurze Momente der Leidenschaft, dann nämlich, wenn der Mensch mit seinen bestehenden Lebensverhältnissen bricht und etwas Verbotenes oder in den Augen seiner Umwelt Anstößiges tut.

Das bessere Element der Sexualität liegt im Verbotenen, aber auch dies wird durch die Wiederholung banal. Viel schlimmer ist, daß sich Menschen einem Wiederholungszwang aussetzen und ständig wieder gegen die für sie und in ihrer Umgebung bestehende Sexualmoral verstoßen: Sie machen sich dadurch zum Gefangenen des Verbotes und versuchen ständig, eine Situation zu wiederholen, die zur leidenschaftlichen Liebe hinführt. Aber genau dieser Versuch der ständigen Wiederholung von Freiheit führt in den Zwang. – Es bleibt daher nur der überlegte und auf Endlichkeit angelegte Moment des Genießens von Leidenschaft.

Die Überlegungen Danneckers lassen sich aus vielen Künstlerbiographien belegen, in denen immer wieder die geglückte und das Leben erneuernde Beziehung auftaucht, oftmals neben der andauernden Beziehung zu einem lebenslangen Partner. Alle diese Beziehungen sind aber in das gesamte Leben eingebettet und nicht nur platter Partnerwechsel. Insofern findet sich der Gesichtspunkt *Fromms* bestätigt. Sie lassen sich negativ belegen durch den in den amerikanischen TV-Serien thematisierten unablässigen Partnerwechsel, wobei jeder Partner endlich das Neue und Unerhörte bringen soll und doch wieder das Alte ist. Hier werden Menschen zum Mittel der Selbstbestätigung, die eine Art Bannkreis darstellt: Er kann nicht verlassen werden, und das ist der Keim für den Fehlschlag auch dieser Beziehung. So findet sich nicht zuletzt der Gesichtspunkt Guhas bestätigt, daß Frauen nur Dekor im Leben des Mannes sind, das aber nach dessen Gesetzen und eigentlich auch an diesem vorbei verläuft.

5. Ein Vorschlag zur heutigen Sexualethik und zum Verhältnis von Liebe und Ehe

Wie sich gezeigt hat, hängt die Sexualethik und die daraus hervorgehende Sexualmoral entscheidend von den allgemeinen gesellschaftlichen Erfahrungen ab und schließlich vom prägenden Weltbild. Sie ist insofern nicht beliebig. Der Überblick zu den bisher dargestellten vier Positionen zeigt das heute vorfindliche Spektrum. Abschließend sei zusammenfassend der Vorschlag des Religionspädagogen *Wolfgang Bartholomäus*[61] dargestellt. Er kann möglicherweise beanspruchen, die Diskussionsansätze in sich zu vereinen, ohne sich eindeutig einer Position zu verschreiben.

Seine Auffassung läßt sich in folgenden Thesen darstellen:

1. Sexualität hat einen vierfachen Sinn: Sie stärkt die jeweilige sexuelle Identität; sie vermittelt Nähe und Geborgenheit; sie schafft das Erleben von Lust; sie sichert das Weiterleben in der Nachkommenschaft. – In einer „guten" Sexualität spielen alle vier Komponenten eine Rolle.

---

59 Vgl. Abschnitt 7 und Fußnote 39.

60 A.a.O. (Fußnote 8).

61 Wolfgang Bartholomäus: Liebe, Ehe, Treue, Lust und Scham – Stichworte einer modernen Sexualethik, in: Universitas XLVII (1992), S. 105 – 121.

2. Die Auffassung von einer „natürlichen“ Sexualität ist eher verwirrend oder schädlich. Es gibt keine solche Sexualität, die befreit oder gerettet werden soll. Die Art, wie Sexualität ausgelebt wird, ist sozusagen ein Kulturprodukt; dieses muß gepflegt und ständig gehegt werden. Es kann daher nur einen ständigen offenen Dialog geben, wie es eine Gesellschaft mit der Sexualität halten will.

3. Der Katholizismus und seine Haltung zur Pille stellen ein besonderes Problem dar. „Wer nicht an einer Kultur der Empfängnisverhütung mitarbeitet, der hat zur Abtreibung zu schweigen. Die Rückseite einer solchen Kultur ist die entfaltete Bereitschaft zu Kindern, wenn sie verantwortet werden können.“[62]

4. Der Vorrang der Liebe gilt auch für die Ehe. Nicht die Ehe, sondern die Liebe läßt sexuelle Erfahrungen glücken.

5. Die Liebesehe hat sich allgemein als Leitbild durchgesetzt. Doch mit seinem Sieg ist dieses Leitbild bereits wieder erschüttert: Heute steht der Versuch an, die Liebe vor der sie zerstörenden Ehe zu schützen.

6. Eine Ehe ist mehr als eine sexuelle Beziehung. Ehe bedeutet, daß zwei Menschen sich Zeit ihres Lebens bemühen, miteinander und füreinander zu leben. Womöglich besteht die größte Herausforderung für die Phantasie und Kreativität der Liebenden darin, die Bedingungen ihrer Partnerschaft auszuhandeln und herzustellen. Das mag ihnen ermöglichen – unter Wahrung ihrer eigenen Identität, – unter fast jeder Bedingung aneinander festzuhalten.

7. Eine Ehe besteht unter den heutigen Bedingungen aus zwei Ehen: einer Ehe der Frau und einer des Mannes.

8. Die Partner gehen eine verläßliche Beziehung ein. Dieser Wert von Treue muß heute wieder neu entdeckt werden. Treue darf nicht Aufrechterhaltung des Scheins bedeuten. Tritt dies ein, dann ist die Scheidung besser. Sie sollte von Hilfen zur Trauer- und Versöhnungsarbeit begleitet sein. Der Versuch, die Gefahren von Aids zur Stärkung der Treue zu benutzen, kann eher das Gegenteil bewirken. Er ist sowieso überflüssig, weil das Ideal der Treue unangefochten gilt. Es kann aber nicht als Sicherung von sexuellem Besitz verstanden werden.

62 Bartholomäus, a.a.O., S. 120.

6. Modernisierung und Universalisierung der Sexualmoral

Was eingangs als Wirrnis und wachsende Verworrenheit in Sachen Sexualmoral erschien, kann allerdings auch als eine Übergangserscheinung in Richtung auf eine modernere Sexualmoral aufgefaßt werden. Solche Übergänge sind immer durch Abbau des Gewohnten und Fehlgriffe im noch nicht Konventionalisierten gekennzeichnet. Insgesamt könnte aber das Ziel des Entwicklungsprozesses mittlerweile deutlich sein.[63]

Bis weit in die sechziger Jahre wurde Sexualmoral mit Moral schlechthin gleichgesetzt. Als unmoralisch galt sexuelles Verhalten außerhalb der Ehe: Selbstbefriedigung, vorehelicher Geschlechtsverkehr, Homosexualität. In den Jahren darauf wurden Teile der Sexualmoral entmoralisiert, während bei anderen neue Standards auftauchten oder sogar völlig neue ‚moralische Vergehen‘ entstanden. So werden sexuelle Übergriffe auf Kinder oder Vergewaltigung in der Ehe immer mehr thematisiert.

Die neuen Themen der Sexualmoral folgen einem Leitmotiv: Es werden solche Verhältnisse thematisiert, in denen Frauen und Kinder als männliche Besitzobjekte behandelt werden; das wird als unmoralisch empfunden. Hingegen werden Verhaltensweisen zwischen Erwachsenen, die sich freiwillig auf sie einlassen, nicht mehr mit einem negativen Urteil belegt, sondern als möglich bis sinnvoll hingenommen. Hinter diesem Wandlungsprozeß steht ein Übergang zu universell gültigen Normen, da diese Maßstäbe im Prinzip überall Geltung erlangen könnten. „Gesellschaftliche Tabuisierung und Kontrolle wird somit zunehmend eingeschränkt auf universelle moralische Normen.“ [64]

Wir erleben also einen Übergang, in dem weniger in konkreten Regeln als in allgemein anwendbaren Prinzipien gedacht wird. Dieser Auffassung zufolge gibt es also einen universa-

63 Gertrud Nunner-Winkler: Zur moralischen Sozialisation, in: Kölner Zeitschrift für Soziologie und Sozialpsychologie XLIV (1992), S. 252-272 – Der theoretische Ansatz geht auf *Max Weber* zurück und ist in etlichen Schriften von Jürgen Habermas vertreten worden. In der Moralforschung kann er sich vor allem auf *Lawrence Kohlberg* berufen.

64 Nunner-Winkler, a.a.O., S. 270.

len Entwicklungspfad, der sich nur weltweit unterschiedlich bis heute durchgesetzt hat. Folgt man dieser Ansicht, dann erscheinen die oben aufgeführten Einsichten der Anthropologie eher als unnötige Komplikation und Verwirrung. *Gehlen* hatte schließlich behauptet, daß der Mensch ein „riskiertes" Wesen sei. Das bedeutet, daß er seine Kulturleistungen ständig selber gefährdet und nach einer neuen Balance suchen muß; er muß das Widerspiel von Ordnung und Chaos ständig wiederholen, um auf einen weiteren Gedanken zurückzugreifen. Mit der Auffassung von *Nunner-Winkler* treffen wir auf eine ganz andere Konzeption, die sich allerdings schon in dem Zitat von *Norbert Elias* in Abschnitt 5 andeutete. Es gibt eine Linie des Fortschritts, die auf immer stärkere Prinzipienorientierung bei gleichzeitiger Freiheit von starren Moralregeln hinweist. Wenn die Ergebnisse und Untersuchungen dieser Denkrichtung stimmen, dann bleibt allerdings zu fragen, was unter diesen Voraussetzungen aus dem sexuellen Empfinden und – damit verbunden – der Liebe wird. Ihnen droht die Ursprünglichkeit und Spontaneität verloren zu gehen; so waren ja auch schon die oben anzuführenden Beobachtungen Freuds. Der Mensch ist dann kein riskiertes, sondern ein entstörtes Wesen. So kann zum Beispiel im Laufe dieser Entwicklung die Partnerschaft ein wechselseitig und einseitig kündbares Verhältnis werden, von dem auch alle wissen, daß es eines auf Zeit ist. Das setzt eine große Stärke in der Beherrschung der eigenen Gefühlswelt oder aber eine Verflachung in der Tiefe der Empfindung voraus. Insofern ist die Entwicklung und damit auch die Bewertung dieses Prozesses offen.

Der Überblick zu verschiedenartigen Positionen zeigt eine intensive Problematik und ein unentschiedenes Ringen, die man auch nicht durch ein versöhnendes Schlußwort aufheben kann. Es wird eigentlich nur ein einziger ethischer Ansatzpunkt sichtbar: Der Mensch soll die ihm gegebenen Möglichkeiten der Freiheit ausleben. Dabei gibt es aber zwei Klippen:

- Viele Formen der Freiheit sind nur Zwänge und Unterwerfung unter die Konsumgesellschaft.
- Die Freiheit kann die Möglichkeiten der bewußten Verarbeitung überfordern und damit ins Unglück führen.

Vor allem wird aber bei den Positionen sichtbar, daß herkömmliche Moralentwürfe ein viel zu einfaches Bild malen, so daß sehr viele Menschen jenseits der herkömmlichen Moral leben müssen. Diese Beobachtung könnte nicht nur für die Sexualität gelten.

KAPITEL 12

Grunddaseinsproblem Altern

I. Grunddaseinsprobleme

Zu allen Zeiten und in allen Kulturen stehen Menschen vor gleichen Herausforderungen, denen sie begegnen müssen: Menschen werden geboren und erzogen, werden erwachsen, lösen sich von ihren Eltern; die Geschlechter finden zueinander und zeugen wiederum Kinder; Menschen altern und sterben; Menschen müssen zu ihrem Lebensunterhalt Güter konsumieren, gesammelte und produzierte, und ihre Verteilung regeln.

Die gesellschaftlichen Bedingungen, die Normen und Werte, unter denen diese Grunddaseinsprobleme geregelt werden, sind sehr verschieden; immer und überall muß aber eine Lösung gefunden werden.

Dabei stehen die Menschen des ausgehenden 20. Jahrhunderts in einem Umbruch: dem Übergang von der ‚Industriegesellschaft' zur ‚Risikogesellschaft'[1].

Die Industriegesellschaft hatte ihrerseits bis zum Ende des 19. Jahrhunderts die ständisch erstarrte Agrargesellschaft abgelöst. Sie wurde hervorgerufen durch einen Prozeß wissenschaftlicher und technischer Entdeckungen und den von ihnen angestoßenen Modernisierungen der Produktion. Sie bildete neue soziale Institutionen wie die Kleinfamilie, ein entsprechendes Bildungswesen, eigene, den neuen Berufskarrieren entsprechende, biographische Muster, ein System relativer sozialer Sicherheit und Mechanismen der politischen Partizipation und Entscheidungsfindung heraus. Sie war mit der Produktion gesellschaftlichen Reichtums und an den Verteilungskämpfen um diesen Reichtum entstanden.

Der Prozeß der Modernisierung, der einmal die Industriegesellschaft hervorgebracht hat, geht weiter und beginnt nun diese selbst zu verändern.

Die durch die technische Entwicklung mitproduzierten *Risiken* werden bedeutender als der produzierte Reichtum. Natur, Gesundheit und Ernährung sind zunehmend gefährdet. Diese Risiken sind global, denn sie betreffen grenzübergreifend alle Staaten, unabhängig von ihrer Verfassung – der saure Regen macht vor Grenzen nicht Halt. Und sie relativieren die sozialen Unterschiede und Gegensätze; Reichtum verschafft ihnen gegenüber kein Privileg mehr: „Not ist hierarchisch, Smog ist demokratisch."[2] Angst, Unsicherheit und Depression verdrängen die zukunftsorientierten, sicher auch aggressiven Grundstimmungen, die die Kämpfe gegen materielle Verelendung und Not begleiteten.

Der *medizinische Fortschritt* schafft neue, bisher nicht gekannte ethische Herausforderungen: von der künstlichen Befruchtung über die verlängerte Lebenszeit bis zur Sterbehilfe. Sie verändern die Wertvorstellungen, verlangen neue Regelungen und haben Auswirkungen bis in das Zusammenleben in der Familie.

Aber auch uneingeschränkt wünschenswerte und auf den ersten Blick unproblematische Modernisierungen wie die *Fortschritte im Bildungswesen* haben Auswirkungen, die in ihren Folgen noch nicht verarbeitet sind und traditionelle Verhaltensmuster verunsichern. So haben Frau-

1 Ulrich Beck: Risikogesellschaft. Auf dem Weg in eine andere Moderne, Frankfurt am Main (Suhrkamp) 1986.

2 Beck, Risikogesellschaft, a.a.O., S. 48.

en inzwischen den gleichen Bildungs- und Ausbildungsstand wie Männer und stoßen sich an den – daran gemessen – überholten Rollenzuweisungen von Mann und Frau und den nach wie vor blockierten Zugängen zu gesellschaftlichem Einfluß. Umgekehrt reagieren die Männer und die traditionellen Institutionen verunsichert oder abwehrend.

In der industriellen Warenproduktion für einen anonymen Markt wird der Wert der Produkte allein nach ihrem verrechenbaren Tauschwert bemessen. Dieser Warenwert überdeckt nun auch menschliche Beziehungen und gesellschaftliche Vorgänge; er verfälscht oder verdrängt allmählich alle anderen Werte, bis das gesamte menschliche Leben am Maßstab des Verwertbaren gemessen wird. *Konsumismus* herrscht.[3]

Was am Markt nichts wert ist, ist auch sonst nichts wert. ‚Hast du was, so bist du was!' lautet die Parole – treffender in der umgekehrten Formulierung: Hast du nichts anzubieten oder zu konsumieren, bist du nichts!

Diese Modernisierungsprozesse haben einerseits das Zusammenleben der Menschen bereits tiefgehend verändert, ohne andererseits schon neue, tragfähige Lösungen der Grunddaseinsprobleme hervorgebracht zu haben. Die einzelnen und die Gesellschaft als Ganze stehen vor Phänomenen, die zunächst Unsicherheit, Orientierungslosigkeit und das Zerbrechen überkommener sozialer Regeln zur Folge haben. Solche Phänomene sind die Erwerbstätigkeit beider Geschlechter, die Zunahme von Single-Haushalten, die Zunahme von alleinerziehenden Elternteilen, die Zunahme der Zahl alter Menschen, das Zerbrechen der traditionellen Berufsmuster und der mit ihnen verbundenen Lebensentwürfe. Sie werden begleitet von vorher nicht gekannten Einstellungen, wie dem Streben der Individuen nach größerer Autonomie und den dadurch hervorgerufenen Spannungen zu gemeinschaftlichen Bindungen, die sich nicht nur am Zerfall der bürgerlichen Kleinfamilie, sondern auch an der abnehmenden Bereitschaft, sich handlungsorientierten und sinngebenden Organisationen, wie Parteien, Gewerkschaften oder Kirchen auf Dauer anzuschließen, ablesen lassen.

In dieser Phase beklagen die einen, rückwärtsgewandt, das Zerbrechen alter Institutionen, die anderen können (noch) nicht sagen, wie neue Regelungen und Formen sozialen Lebens aussehen sollen, um die Grunddaseinsprobleme in unserer Zeit zu lösen.

Das *Alter* ist zum ersten Mal in der Geschichte der Menschheit zu einer langen, eigenständigen Phase des Lebens geworden. Darum soll das Altern beispielhaft für die Lösung der Grunddaseinsprobleme in unserer Gesellschaft betrachtet werden. Auf den ersten Blick scheint die größere Zahl alter Menschen nichts weiter als eine Frage der Statistik mit einigen Konsequenzen für Sozialpolitik oder Rentenversicherung zu sein. Tatsächlich aber bündeln sich im Problem des Alterns sehr viele Herausforderungen auch aus anderen Lebensbereichen.

- Die längere Lebenserwartung und damit die größere Zahl alter Menschen verdanken wir den Fortschritten in der Medizin und einer verbesserten sozialen Vorsorge. Die medizinische Forschung geht aber weiter und ist nicht frei von gesellschaftlichen Leitbildern, wie der Betonung der Jugendlichkeit oder der Verdrängung des Todes.
- Der alte Mensch bekam immer einen Platz im Gefüge der Generationen und Familien zugewiesen. Heute blicken wir auf einen Funktionswandel der Familie von der agrarischen Großfamilie zur Kleinfamilie der Industriegesellschaft, ja bereits auf deren Zerfall zurück: neue Formen der Integration alter Menschen in das soziale Leben, damit des sozialen Lebens überhaupt, sind notwendig.
- Begreift man Altern als lebenslangen Prozeß, stellt sich die Frage nach der erfahrbaren Einheit der menschlichen Biographie im Lebenslauf.
- Schließlich stellen sich mit dem Alter Fragen nach dem Wert von Lebensphasen, die nicht Teil des Erwerbslebens sind, und nach dem Ziel menschlichen Lebens.

Am Beispiel des Alterns als einem Grunddaseinsproblem wird das Zusammenwirken unterschiedlicher Fragestellungen der Ethik deutlich; an einem Ausschnitt menschlicher Erfahrung können sie exemplarisch diskutiert und ihre Einsichten überprüft werden.

---

3 Zum Begriff ‚Konsumismus' vgl. vor allem die Aufsätze von Pier Paolo Pasolini; u.a. in: ‚Freibeuterschriften'. Die Zerstörung der Kultur des einzelnen durch die Konsumgesellschaft, Berlin (Wagenbach) 1978, Neuauflage 1988 .

II. Altern

,Wieder ein Jahr älter...'

– die Fortsetzung steht auf der Innenseite der Glückwunschkarte:

,...ich sag's auch nicht weiter. Dennoch herzlichen Glückwunsch!'

Solche Witze auf Geburtstagsgrüßen verraten Unsicherheit: Ist Älterwerden ein Grund zum Feiern oder zum Bedauern?

1. Fakten

Der Altersaufbau der Bevölkerung in den Industriegesellschaften hat sich in den vergangenen 100 Jahren qualitativ verändert. Die Zahl alter Menschen hat erheblich zugenommen. Diese Veränderung spiegelt die gestiegene durchschnittliche Lebenserwartung wider: von etwa 35 Jahren im 19. Jahrhundert auf gegenwärtig 76 Jahren für die Männer und 80 Jahren für die Frauen. Für die alten Bundesländer wurden zuletzt 11,4 Mio Menschen im Rentenalter angegeben, das sind ca 20% der Bevölkerung. Zwar hat es immer schon 80- oder 100-jährige Menschen gegeben; neu ist ihre große Zahl im Verhältnis zur Gesamtbevölkerung und vor allem die hohe Zahl sehr alter Menschen von über 85 Jahren. Ihre Zahl wird in den nächsten Jahren vermutlich weiter ansteigen. Man rechnet damit, daß im Jahr 2030 etwa ein Drittel der Bevölkerung im Rentenalter sein wird. Auf 1000 Deutsche im erwerbsfähigen Alter (20 – 59 Jahre) werden dann 737 Personen im Rentenalter kommen.

Die gestiegene Zahl alter und sehr alter Menschen hat erhebliche Auswirkungen auf den individuellen Lebenslauf, auf die Familienstruktur und auf die soziale Sicherheit im Alter.

- Über drei Viertel aller Menschen über 85 sind in der Lage, sich vollständig allein zu waschen; über 95% können allein zur Toilette gehen.
- Telefon und Fernsehen erlauben es alten Menschen, selbst bei körperlicher Gebrechlichkeit in ganz anderer Weise als früher am täglichen Geschehen teilzunehmen.
- 95% der Menschen über 65 leben in ihrer eigenen Wohnung; der prozentuale Anteil der Heimbewohner hat seit der Jahrhundertwende nicht zugenommen (4,4%).[4]

Altersaufbau der Bevölkerung

	1880	1980
über 60 Jahre	5%	20%
20 – 60 Jahre	45%	50%
unter 20 Jahre	50%	30%

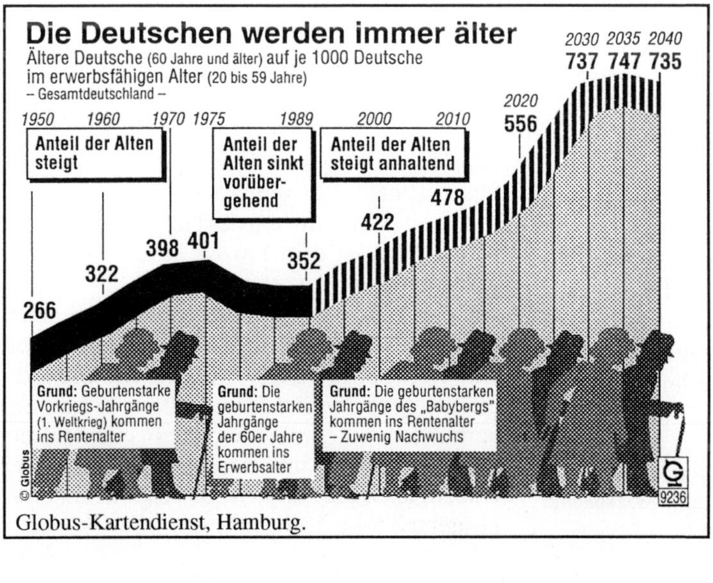

Globus-Kartendienst, Hamburg.

- Es gibt zunehmend zwei Generationen im Ruhestandsalter; Frauen und Männer in den Sechzigern oder Siebzigern sorgen für ihre noch lebenden Eltern.
- Scheidungen und Wiederverheiratungen verändern die Familienstruktur und haben Auswirkungen auf die Versorgung im Alter.

4 Hans Peter Bleuel u.a.: Lebensaufgabe: Alter, Stuttgart 1976, S. 29. Zum gleichen Ergebnis kommt: Ageing. A Report from the Board for Social Responsibility. Church of England. Church House Publishing, London 1990, S. 22.

Altersaufbau der Bevölkerung Deutschlands am 1.1.1991[5]

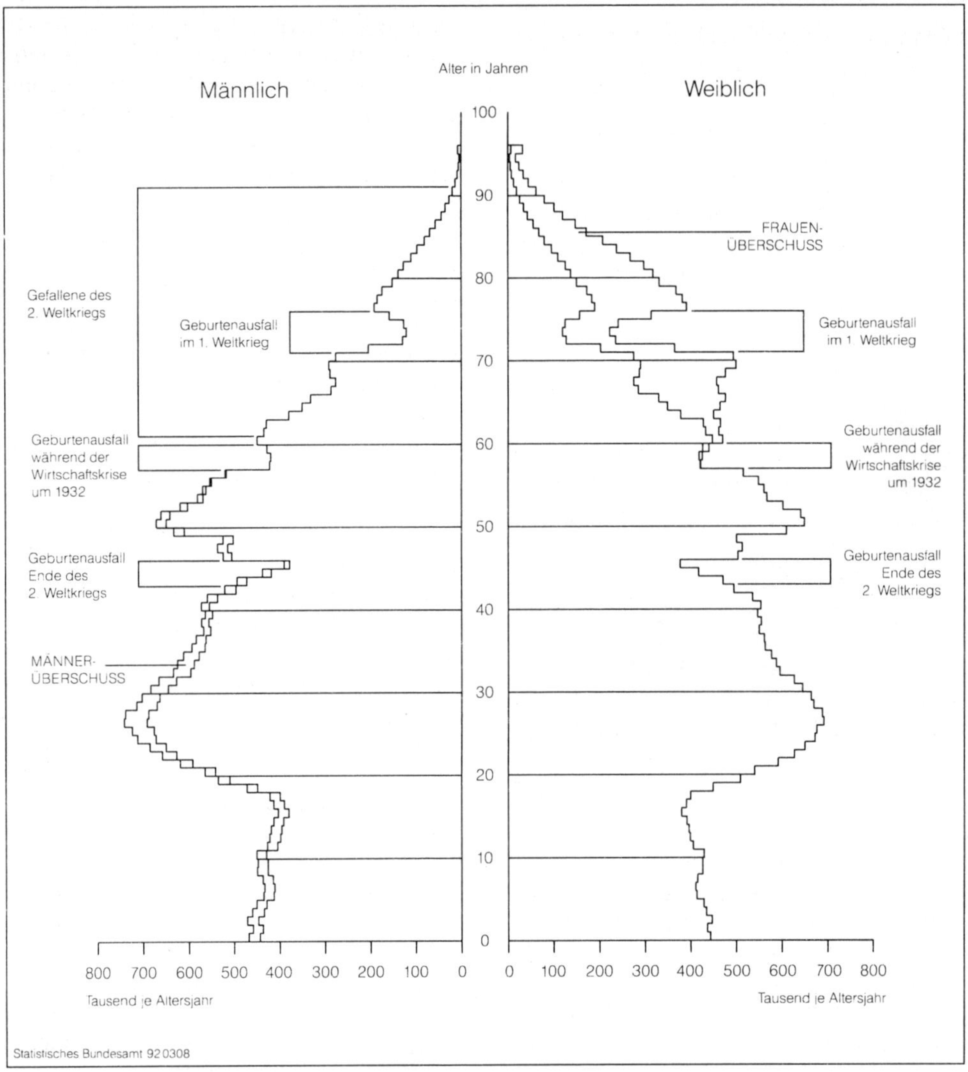

2. Altern als lebenslanger Prozeß

Um den Herausforderungen, die diese veränderte Situation für die einzelnen und die Gesellschaft bedeuten, begegnen zu können, ist Altern als lebenslanger Prozeß zu begreifen. Chronologische Definitionen, die Alter allein durch die Pensionierungsgrenze bestimmen, werden den Phänomenen nicht gerecht.

Leben ist Altern. Von der Geburt bis zum Tod ist der Mensch dem Prozeß des Älterwerdens und Alterns unterworfen. Dieser Gedanke mag auf den ersten Blick melancholisch stimmen. Als eine Tatsache des Lebens ist Altern aber eine Herausforderung sowohl für das Individuum als auch für die Gesellschaft. Sie ist eng verbunden mit den Werten, die in einer Gesellschaft herrschen, und bedeutet für den einzelnen zugleich die Aufgabe, das eigene Leben zu gestalten.

5 Statistisches Jahrbuch 1992 für die Bundesrepublik Deutschland, Statistisches Bundesamt, Wiesbaden, S. 65.

Altern als lebenslangen Prozeß zu begreifen, hat mehrere Vorteile:

- Es hilft zu verstehen, daß die Erfahrungen eines Kindes, eines Erwachsenen oder eines alten Menschen sich von Generation zu Generation ändern. So hat ein Mensch, der heute in den Achtzigern ist, zwei Weltkriege erlebt und eine erhebliche Steigerung des Lebensstandards (wenn auch nicht notwendig des eigenen) gesehen. Wer im Jahre 2040 achtzig Jahre alt sein wird, wird mit Computern, Fernsehen und einem allgemein höherem Standard der Gesundheitsfürsorge aufgewachsen sein.
- Es unterstreicht, daß Menschen mehrere Lebensaltersstufen durchlaufen, und verbindet so die Generationen miteinander. Dadurch wird der Anschein vermieden, als seien die verschiedenen Stufen – zumal das Alter – voneinander abgegrenzt und hätten miteinander nichts zu tun.
- Die unterschiedlichen Perspektiven, unter denen ein Individuum zu betrachten ist, wie Familie, persönliche Entwicklung, Beruf, Erziehung und Gesundheit, fallen nicht auseinander, sondern können in ihrer Entwicklung zusammen gesehen werden. Selbst- und Außenwahrnehmung werden miteinander verbunden.

Nun kennen wir durchaus starre *chronologische Definitionen* von Kindheit, Erwachsensein und Alter. Sie sind kulturabhängig und in der Geschichte ein relativ neues Phänomen.

In den Industriestaaten zählen wir in der Regel zu den alten Menschen, wer das Rentenalter von 60 oder 65 Jahren erreicht hat. Diese starre Grenze hat Auswirkungen auf das Selbstverständnis alter Menschen und für den Wert, der ihnen in der Gesellschaft zugemessen wird. Sie ist nicht ohne Ambivalenz, denn die *Definition des Alters durch den Eintritt in den Ruhestand* ist am Wert des Menschen für den Arbeitsmarkt orientiert. Das begünstigt die Auffassung, das Alter sei eine vom übrigen Leben abgetrennte Zeit. So trägt beispielsweise die Einführung der Alters- und Invalidenrente, in Deutschland 1889, für das Selbstwertgefühl alter Menschen durchaus ambivalente Züge. Sie half einerseits, materielles Elend im Alter zu beseitigen und behält darin ihre große Bedeutung. Zugleich aber definierte sie das Alter als einen Status, in dem der Mensch nichts Wichtiges mehr zur ‚wirklichen Welt' (und das ist der Arbeitsmarkt!) beizutragen hat. So nahm die gesellschaftliche Bedeutung der alten Menschen seit dem 19. Jahrhundert generell ab. Zwar haben ältere Angehörige der Mittelschicht an politischer Macht gewonnen – vor allem Männer in Partei- und Verbandspolitik –, aufs Ganze gesehen blieben alte Menschen im öffentlichen Leben ohne Einfluß.

Ein vergleichbares Phänomen finden wir bei der Definition der Heranwachsenden. Auch bei ihnen ist der in agrarischen Gesellschaften gleitende Übergang von der Kindheit zum Erwerbsleben verloren gegangen. Mit Einführung der allgemeinen Schulpflicht und standardisierten Berufsausbildungen wurden auch sie durch ihre (länger werdende) Ausbildung und damit ebenfalls durch ihren Wert für die Erwerbsarbeit definiert.

Die starre Altersgrenze ist nicht in der Lage, die möglichen Veränderungen in der Zeit des Alters zu begreifen. Wir nennen Menschen von 65 bis 85 ‚alte Menschen'. Doch während wir in der Spanne zwischen 20 und 40 große Veränderungen an Erfahrung und in Einstellungen erwarten, erwarten wir in der gleich langen Spanne im Alter nichts mehr und gehen unbewußt von einer Stagnation aus. Dadurch sind Bemühungen um ein ‚Lernen im Alter',[6] das andere Kulturen, wie der hinduistische Kulturkreis, durchaus kennen, blockiert.

Der Zusammenhang von Erwerbsarbeit und der Definition des Wertes alter Menschen darf also nicht unterschätzt werden. Hierher gehört auch die Information, daß 25% der Menschen im Rentenalter angeben, unfreiwillig und zu früh ihren Arbeitsplatz verloren zu haben.[7] In diesem Alter arbeiten bei den Männern noch

---

6 Ansätze sind in den sog. ‚Altenuniversitäten', Volkshochschulen, in Fernstudiengängen oder in Altenclubs zu finden. Das Konzept der Altenuniversität stammt aus Frankreich; inzwischen gibt es etwa 160 solcher Einrichtungen in Europa, teilweise (so in Frankreich) sind sie den herkömmlichen Universitäten angegliedert, teilweise (so vor allem in Großbritannien) verfolgen sie konsequent das Prinzip, daß die Teilnehmerinnen und Teilnehmer selber sowohl Lehrende als auch Lernende sind.

7 Rolf Stadié: Altsein zwischen Integration und Isolation. Empirische Ergebnisse zur Lebenssituation und Befindlichkeit alter Menschen. Forschungsbericht 60, hg. im Auftrag der Konrad-Adenauer-Stiftung, Melle/St. Augustin, 1987, S. 31f.

13%, bei den Frauen 5,1%. Es sind in der Regel Selbständige in Gewerbe und Handel, auch in der Landwirtschaft, einige in leitenden Positionen und in der Politik, viele vor allem in akademischen Berufen. Die Stellung im Produktionsprozeß und eine qualifizierte Bildung sind also in gleicher Weise folgenreich für die soziale Rolle alter Menschen.

Mit den veränderten Produktionsbedingungen in den industriellen und nachindustriellen Gesellschaften hat sich zugleich die Großfamilie als wirtschaftliche Einheit, die gemeinsam produziert und ihre Angehörigen versorgt, aufgelöst. Um so mehr ist ein alter Mensch auf den von ihm erworbenen Berufsstatus und die erworbene Bildung zurückgeworfen.

Eine Möglichkeit, auch nach dem Ausscheiden am ‚wirklichen' Leben teilzunehmen, bleibt alten Menschen allerdings: der Konsum. Das Fachblatt ‚Absatzwirtschaft' schreibt – realistisch oder zynisch? – ‚Der Ausweis dafür, am Leben teilzunehmen, ist in der konsumorientierten Gesellschaft nur die Möglichkeit zu konsumieren: Konsum ist praktisch das einzige Mittel, sich selbst und der Umwelt zu zeigen, daß Sie noch dazugehören.' Die Werbung hat die 80 Mrd DM, über die alte Menschen allein aus dem Rentenaufkommen verfügen, als Chance entdeckt![8]

3. Altern als soziales Schicksal

Altern, im Unterschied zum Älterwerden, ist in der Regel mit negativen Werturteilen behaftet.

Ausschnitt aus einem Wörterbuch

„**alt.** 1. bejahrt, betagt, ältlich, nicht mehr jung, angegraut, ergraut, grau, weiß, bei Jahren, hoch an Jahren, greis, hochbetagt, vergreist, greisenhaft, senil, 2. abgelebt, abgeblüht, welk, verblüht, unfrisch, abgestorben, absterbend, verknöchert, verkalkt, eingerostet, wackelig, bemoost, überaltert, überlebt, abständig; knittrig, faltig, runzlig, zerknittert, gekerbt, gefurcht, zerklüftet, 3. abgenutzt, abgebraucht, abgegriffen, verbraucht, verschlissen, abgeschabt, ausgefahren, morsch, krumplig, fadenscheinig, schäbig, abgerissen, 4. nicht mehr neu, gebraucht, antiquarisch, aus zweiter Hand, 5. altertümlich, altväterlich, ehrwürdig, antik, klassisch, 6. altgedient, ausgedient, abgedankt, verabschiedet, invalid, invalidiert, pensioniert, emeritiert, im Ruhestand.

Alter. 1. Jahre, Lebensalter, Bejahrtheit, hohe Jahre, Greisentum, Greisenhaftigkeit, Senilität, Lebensabend, 2. Greis, alter Mann, Großvater, Nestor, Senior, Altgedienter, Ausgedienter, Veteran, Invalide, Pensionär, Rentner, 3. Ruhestand, Pension, Altenteil, Ausgedinge, Altersheim, Stift, Spital, Spittel, Armenhaus. 4. Rückständigkeit, Überalterung, Überlebtheit, Vergreisung, Verkalkung."[9]

Positiv empfunden werden nur die Beiwörter von Sachen: altertümlich, ehrwürdig, klassisch. Die Sprache ist verräterisch. Alte Menschen gelten nach dem Klischee als leistungsschwach, gebrechlich, krank, pflegebedürftig – auch wenn das für die eigenen Verwandten bezeichnenderweise nicht zutrifft. Alte und Invalide werden gleichgesetzt. In der Sozialpolitik hören wir diskriminierende Wendungen wie ‚Soziallast' oder ‚Altenlast'.

Sprache, vor allem auch Umgangssprache, gibt die in einer Gesellschaft gängigen Werte wieder. So ist *die Sprache ein Indiz dafür, daß Altsein nicht nur als Ergebnis eines biologischen Prozesses, sondern auch als soziales Schicksal zu begreifen ist.* Denn nicht das Erreichen eines bestimmten kalendarischen Alters oder Merkmale der äußeren Erscheinung oder des Verhaltens machen eine Person ‚alt', sondern erst die Vorstellungen, die in einer Gesellschaft an diese Eigenschaften geknüpft werden. Objektive Gegebenheiten, wie biologische Merkmale (Falten, weißes Haar) werden zu Auslösern dafür, daß Eigenschaften zugeschrieben werden, die als ‚typisch' für alte Menschen gelten. Vor dem Hintergrund des jeweils herrschenden Schönheitsideals werden sie zum ‚Stigma', denn sie können von der Realität des biologischen Alterns durchaus weit entfernt sein; dem Individuum werden sie in der Regel nicht gerecht. Solche Zuschreibungen sind aber – das zeigen der interkulturelle und der historische Vergleich – sehr variabel.

8 S.o. Anm. 3, S. 226.

9 A. M. Textor (d.i. Annemarie Weber), Sag es treffender, Reinbek bei Hamburg (Rowohlt) [9]1974, S. 13f..

Eng verbunden damit ist eine Tendenz zur Verallgemeinerung. So bleibt die Zuschreibung ‚alt' nicht auf den Ausschnitt der Person beschränkt, der wahrgenommen wird, etwa auf den langsamen Gang, sondern wird auf die gesamte Person ausgeweitet und etwa langsames Denken unterstellt.

Diese gesellschaftliche Wertzuschreibung deckt sich durchaus nicht immer mit dem subjektiven Empfinden. ‚Ich bin siebzig, fühle mich aber durchaus noch wie fünfzig!' Ein solcher Satz gibt gleichzeitig und in gleicher Weise den gesellschaftlichen Maßstab der beruflichen Leistung und den individuellen Protest gegen diesen Maßstab wieder.

Um die Diskriminierung alter Menschen zu bezeichnen, ist im angelsächsischen Sprachraum ein neues Wort geprägt worden: ageism. Dabei ist die Diskriminierung aufgrund des Alters nicht ohne Ironie. Während ein weißer Rassist niemals farbig und ein männlicher Chauvinist niemals weiblich wird, werden alle, die alte Menschen diskriminieren, eines Tages selber alt sein.

Die Diskriminierung alter Menschen verstärkt den *Sexismus* gegenüber Frauen; nicht nur, weil es erheblich mehr alte Frauen als Männer gibt, sondern auch weil die Geschlechter unterschiedlich behandelt werden. Während bei einem Mann graue Haare und Falten als Zeichen von ‚Reife' dargestellt und durchaus mit Sympathie beschrieben werden können, werden Frauen häufiger nach ihrer körperlichen Schönheit, gemessen am Ideal der Jugend, bewertet. So kann die Werbung für Kosmetikartikel den Wunsch nach jugendlichem Aussehen in die Phantasie kleiden, eine Mutter sähe ihrer Tochter zum Verwechseln ähnlich. Welcher Mann möchte mit seinem Sohn verwechselt werden? Hinzu kommt das soziale Stereotyp, das Frauen als Sorgende, in ihrer Sexualität, in ihrer Rolle als Ehefrauen und Mütter beschreibt und das alte Frauen, wenn sie diesem Stereotyp nicht mehr genügen können, abschreibt.

Von den in Deutschland lebenden *Ausländern* sind inzwischen mehrere hunderttausend älter als 55; 1961 waren erst 64000 in diesem Alter. Ihre Zahl wird weiter zunehmen. Diese Menschen sehen sich vor zusätzliche Probleme gestellt.

Mit dem Ende der Erwerbstätigkeit stellt sich für viele die Frage der Rückkehr in die alte Heimat; sie war ein nie aufgegebener Wunsch, doch jetzt, wo er erfüllt werden könnte, zeigt sich seine Ambivalenz. Die Furcht, nun in der alten Heimat erneut fremd zu sein; die gewachsenen Bindungen in Deutschland und die jüngeren Familienmitglieder, die in Deutschland bleiben wollen – das alles macht die Entscheidung schwer. Sie werden erleichtert, wenn dem ausländischen Rentner bei einem Umzug in das Heimatland das Recht zur Rückkehr nach Deutschland erhalten bleibt. So behält er die Möglichkeit, auch längerfristig bei seinen Verwandten und Bekannten in Deutschland zu leben.

Alte ausländische Menschen sind aufgrund ihrer oft schweren körperlichen Arbeit in einer schlechteren gesundheitlichen Verfassung.

Ihre in dieser Generation noch vorhandenen Sprachschwierigkeiten erschweren soziale Kontakte außerhalb des Berufslebens.

Sie haben geringere Zugangsmöglichkeiten zu allgemeinen Informationen und Hilfen für alte Menschen, wie ‚Essen auf Rädern' oder offene Altenclubs; kulturspezifische Angebote fehlen fast ganz.

Die Entfremdung innerhalb der Familie nimmt zu, da sich die Familienstrukturen an die des industriellen Einwanderungslandes angleichen und die Hilfsmöglichkeiten im traditionellen Familienverband abnehmen.

4. Altern: Die Erfahrung von Verlusten und Gewinnen

Der Prozeß des Alterns ist mit Verlusten verbunden.

Zunächst trifft alle Berufstätigen der Verlust ihres Arbeitsplatzes mit seinen sozialen Kontakten und mit dem Verlust des aus der Arbeit bezogenen Ansehens.

Die nicht berufstätige Ehefrau steht vor der Herausforderung, den mit der Pensionierung in seinem Status möglicherweise gekränkten Ehemann den Tag über zu Hause zu sehen; beide müssen ihre Beziehung neu definieren.

Hinzu kommen die im Alter zunehmenden Erfahrungen von Sterben und von Todesfällen. Von besonderer Bedeutung ist dieser Verlust nach wie vor für die Frauen, die ihren Ehemann verlieren. Hier spiegelt sich die traditionelle Rollenzuschreibung von Männern und Frauen wider. Aber auch der Verlust von Freunden,

Geschwistern oder überhaupt gleichaltrigen Menschen nimmt im Alter zu. Solche Verluste sind aber nicht auf das Alter beschränkt und müssen in jedem Lebensalter verarbeitet werden.

Der alte Mensch beobachtet an sich körperliche und geistige Veränderungen bis hin zur Behinderung. Doch auch diese Erfahrung von abnehmender Kraft setzt bereits in früheren Altersstufen ein und muß auch früher schon verarbeitet werden. Der Wille, gegen Rückschläge und Schwierigkeiten anzugehen, mag – muß aber nicht – nachlassen. Aber gerade dieses Beispiel zeigt: Wer früher in seinem Leben gelernt hat, Widrigkeiten, Enttäuschungen und Verluste zu verarbeiten, behält diese Fähigkeit auch im Alter.

Erik H. Erikson spricht von der *Integrität* des erwachsenen Menschen.

Dieser seelische Zustand „bedeutet die Annahme seines einen und einzigen Lebenszyklus und der Menschen, die in ihm notwendig da sein mußten und durch keine anderen ersetzt werden können. Er bedeutet eine neue, andere Liebe zu den Eltern, frei von dem Wunsch, sie möchten anders gewesen sein, als sie waren, und die Bejahung der Tatsache, daß man für sein eigenes Leben verantwortlich ist. Er enthält ein Gefühl von Kameradschaft zu den Männern und Frauen ferner Zeiten und Lebensformen, die Ordnungen und Dinge und Lebensformen schufen, welche die menschliche Würde und Liebe vermehrt haben. Obwohl ein Mensch, der Integrität besitzt, sich der Relativität der unterschiedlichen Lebensweisen bewußt ist, die dem menschlichen Leben Sinn verliehen haben, ist er bereit, die Würde seiner eigenen Lebensform gegen alle physischen und wirtschaftlichen Bedrohungen zu verteidigen. Denn er weiß, daß sein individuelles Leben die zufällige Koinzidenz (Zusammenfallen) nur eines Lebenskreises mit nur einem Segment der Geschichte ist; und daß für ihn alle menschliche Integrität mit dem einen Integritäts-Stil steht und fällt, an dem er selbst teilhat."

Der Mangel oder der Verlust dieser Integrität drückt sich in Verzweiflung und einer oft unbewußten Todesfurcht aus:

„Der eine und einzige Lebenszyklus wird nicht als das Leben schlechthin bejaht; in der Verzweiflung drückt sich das Gefühl aus, daß die Zeit kurz, zu kurz für den Versuch ist, ein neues Leben zu beginnen... Eine solche Verzweiflung versteckt sich oft hinter einer Kulisse von Ekel, Lebensüberdruß..."[10]

Unter dem Blickwinkel des Alterns als Prozeß ist offensichtlich ein Zeitpunkt im Lebensablauf von besonderer Bedeutung: der Zeitpunkt, an dem ich realisiere, daß bestimmte Ziele, Wünsche und Träume für mein Leben endgültig aufzugeben sind. Das mag für ein Ehepaar die Einsicht sein, daß ihr Kinderwunsch sich endgültig nicht erfüllen wird. Das kann im Berufsleben der Zeitpunkt sein, an dem ein Ziel, das ich nicht erreicht habe – und von dem ich zunächst hoffte, ich könnte es später noch erreichen – nun endgültig aufzugeben ist. Solche *‚Endgültigkeitserfahrungen'* durchziehen das ganze Leben, bedeuten Altern längst vor der Altersgrenze; ihre Verarbeitung macht wesentlich den Prozeß menschlichen Reifens aus und läßt die Kräfte wachsen, die notwendig sind, um weitere im Alter auftretende Verlusterfahrungen in die eigene Person integrieren zu können.

Neben den Verlusten stehen *‚Gewinne'*, die das Alter bringt. Die gewachsene Lebenserfahrung ermöglicht es, Wichtiges von Unwichtigem, Wesentliches von Unwesentlichem zu unterscheiden, und dadurch die eigenen Kräfte gezielter und konzentrierter einzusetzen. Kräfte lassen zwar nach, aber Zusammenhänge zum Beispiel können aufgrund der Lebenserfahrung intuitiv schneller erfaßt werden. Die Leistungsfähigkeit im Alter muß also nicht abnehmen, sie kann sogar wachsen, wie die Beispiele von Politikern oder Akademikern zeigen.

Zu den Gewinnen kann die Erleichterung darüber gehören, daß nun ein bestimmter Lebensabschnitt mit seiner Verantwortung und seinen Aufgaben vorüber ist, etwa die Erziehung und Begleitung der Kinder bis zu deren eigener Familiengründung, oder das Erreichen eines Status im Beruf, der ein gutes materielles Auskommen sichert.

Zu ihnen gehört die Erfahrung, vom Urteil anderer weniger abhängig zu sein und größere individuelle Stärke und Selbstwertgefühl zu besitzen. Das Alter kann Freiheit geben, in der Erinnerung das eigene Leben neu zu schauen; bewußter die eigene Vergangenheit – auch in

---

10 Erik H. Erikson: Identität und Lebenszyklus. Frankfurt/M (Suhrkamp) ^{4}1977, S. 118f.

ihren schmerzhaften Teilen – wahrzunehmen und daraufhin die Zukunft zu planen. Das kann das Gefühl für den Verlauf des Lebens und seine Ganzheit stärken. Das Bewußtsein davon, schwierige Zeiten in der Vergangenheit durchstanden zu haben, beeinflußt die Selbsteinschätzung und hilft, schmerzhafte Erfahrungen und Verluste in der Gegenwart mit größerer Stärke anzugehen.

Viele Menschen haben Angst davor, im Alter ihre ‚Unabhängigkeit' zu verlieren. *Abhängigkeit und Unabhängigkeit* sind Wertbegriffe, die mit großem Gewicht versehen werden – Abhängigkeit gilt als Übel, Unabhängigkeit als Tugend. Wir alle aber durchlaufen in unserem Leben Phasen von Abhängigkeit und Unabhängigkeit: Die Hilflosigkeit des Kleinkindes wird durch die zunehmende Autonomie des heranwachsenden Kindes abgelöst; es wird Schulkind, wird erwachsen, nimmt in der Regel eine bezahlte abhängige Beschäftigung an; bindet sich in der Regel als junger Erwachsener für lange Zeit an einen anderen Erwachsenen, sorgt seinerseits für Kinder oder betreut ältere gebrechliche Angehörige.

Unabhängigkeit meint also sehr Unterschiedliches. Der Begriff hat sein Recht darin – Menschen sollten Verantwortung für ihre eigenen Lebensumstände, ihre Gesundheit, ihr Wohnen und ihren Lebensstil übernehmen können. Er wird mißbraucht, wenn er zu einer generellen Verachtung von Verletzbarkeit und Schwäche führt. Menschen mit einer schweren Behinderung, in dieser Hinsicht abhängige Menschen also, können in anderer Hinsicht eine bemerkenswerte Unabhängigkeit und Stärke zeigen: Es gibt Rollstuhlfahrer, die an Marathonrennen teilnehmen. Noch das schwächste Lebewesen hat Einfluß auf eine Beziehung, trägt seinerseits zu ihr bei und verändert die Menschen, die ihm begegnen. Oft ist es schwierig zu unterscheiden, wer in einer Beziehung abhängig und wer unabhängig ist – wer Geber, wer Empfänger.

5. Das Alter im Lebenslauf

Während in den ersten beiden Lebensjahrzehnten das Gefühl des Wachsens und nicht des Alterns vorherrscht – und auch gestärkt werden muß, tritt vom dritten Lebensjahrzehnt an in der Selbstbeobachtung die Erfahrung des Alterns hinzu. Damit sind Gedanken über die Vergangenheit, die Gegenwart und die Zukunft verbunden. Die Erinnerung an die Vergangenheit trägt oft ein Gefühl von Trauer darüber, daß sie nun vergangen ist. Enttäuschung tritt ein, wenn festgestellt wird, daß die Vergangenheit nicht neu zu leben und zurückzuholen ist. Die Auseinandersetzung mit eigenem Versagen und mit Schuld: Was habe ich getan? Was habe ich unterlassen? wird wichtig und stärkt die Einsicht in die Verantwortung für den eigenen Lebenslauf. Die Fragen: Wo ist die Zeit geblieben? Was habe ich in ihr getan? Warum habe ich mir eigentlich Wichtiges nicht stärker verfolgt? prägen den Rückblick.

Der Blick in die Gegenwart ist von der Realisierung des eigenen Lebensalters bestimmt. Wer bin ich jetzt? Zu wem gehöre ich? Wie sehen mich die anderen? Gehöre ich wirklich zu den Menschen, die über 30, 40, 50 oder 60 Jahre alt sind?

Der Blick in die Zukunft kann von Furcht bestimmt sein, die bis zur Panik gehen kann: Wie wenig Zeit doch übrig bleibt! Oder der Unwille, dem eigenen Alter und Sterbenmüssen ins Auge zu sehen, kann zur Flucht führen. Ist es die Angst vor dem Näherrücken des Todes oder die Angst vor den Begleiterscheinungen des Sterbens wie Schmerzen und soziale Desintegration? Ein besonderer Aspekt dabei ist die Beobachtung des Alterns an einem geliebten Menschen.

Deutet sich in der Flucht auch eine tiefer liegende Furcht vor dem endgültigen Urteil über das eigene Leben und seinen Wert, religiös gesprochen: vor dem Gericht, an?

Andererseits: Werden Furcht und der Wille zur Flucht überwunden, kann es zu neuen Prioritätensetzungen für das eigene Leben kommen.

Bis in unser Jahrhundert war die Darstellung der *Lebensalter* im Bildtypus der *Stufenbrücke* beliebt; sie hat ihrerseits die Vorstellungen über das Alter nachhaltig beeinflußt. Auf den Stufen einer Bogenbrücke stehen Menschen in zehn Lebensaltern; sie steigen auf bis zur Höhe des Lebens im 50. Jahr, danach fallen sie ab bis zum Grab. Den einzelnen Altersstufen sind symbolische Tierdarstellungen und Sinnsprüche beigegeben. Unter dem Brückenbogen erscheint das Jüngste Gericht. Dieses Grundschema taucht zum ersten Mal in der Druckgraphik des 16. Jahrhunderts auf.[11] Mit der Stufenbrücke war eine Metapher für eine ikonographische Anordnung des Lebenskreises gefunden, in der jede Stufe einen Schritt auf einer Lebensbühne darstellte, auf der bestimmte Rollen zu spielen waren.

Die Darstellung des unbekannten Meisters aus der Mitte des 17. Jahrhunderts, ‚Auff und Niedergang Deß Mänlichen Alters' stellt gemäß der traditionellen Einteilung in zehn Dekaden die zehn Lebensalter vom Säugling bis zum sterbenden Hundertjährigen dar. Die Figuren, die die modisch-elegante Kleidung eines vornehmen Standes tragen, stehen jeweils auf einer Stufe des Treppenbaus, den links neben dem Kind ein belaubter und rechts neben dem Greis ein verdorrter Baum symbolisch flankieren. Auf der fünften und höchsten Stufe, mitten im Bild der ‚wie ein Fuchs der Schalkheit volle' Fünfzigjährige, der den höchsten Punkt und zugleich die Schwelle des Lebens markiert und dem die Lebensalter auf den absteigenden Stufen folgen: Der Mann von sechzig ‚...voller Wolffs begier', der von siebzig, der ‚wie ein Hund das Haus bewacht', der mit einem Pelzmantel bekleidete und sich auf den Stock stützende Achtzigjährige, ‚...ein Leopard im Haus', und der sich auf zwei Krücken hinschleppende Neunzigjährige, einem Esel gleich faul und grau. Unter ihm der auf dem Sterbebett unter einem Tuch nackt liegende Hundertjährige, dem ein Engel beisteht: ‚Mann hundert jahr, so Gnad im Gott,/Singst wie ein Schwan wird Staub und koth'.

Mitten im Stufenbau ein Rundbogen mit der traditionellen Szene des Jüngsten Gerichts – ‚Wer wolgethan im Himmel steht. Wer böß gethan ins Feuer geht.' – , und links und rechts davon zwei kleine Rundbogen, in denen links eine Wochenstube als Sinnbild des Lebensanfangs – ‚Mit Angst begrüßen wir die Welt' – und rechts eine Begräbnisszene als Symbol des Lebensendes – ‚Mit Angst gesegnen wir diß Zelt' – zu sehen sind. Davor im Bildvordergrund, links ein auf einem Kissen sitzendes Kind mit Spruchschild auf der Schulter und mit Spielzeug, Schulsachen, Stundenglas und brennender Öllampe zu Füßen und rechts das verhüllte Gerippe des Todes, ebenfalls mit Spruchschild auf der Schulter und mit einem Pfeil in der erhobenen Hand in einem offenen Sarg sitzend, neben dem Grabschaufel, Rechen, Krücken und eine erlöschende Öllampe liegen. Zwischen ihnen, vor dem zentralen Bild des Gerichts, der von Lorbeer und zwei Posaunen gekrönte Satz: ‚Drumb wachet, den ihr wisset weder Tag noch Stunde Math. 25.V.13. / Denn wer den Tot für Augen hat, denckt an denselben früh und spat. Dringt freudig durch diß Lebens Leid, hier Himmels Freud, hier Seligkeit.' In den oberen Bildecken sind Vierzeiler zu lesen, links auf die Freuden der Jugend und rechts auf das Altern und auf die Nichtigkeit des Geldes und des Ehrgeizes bezogen.

Das Leben eines Mannes von der Wiege bis zum Grab verläuft in einer Werthierarchie, die dadurch bestimmt ist, daß die mittleren Lebensalter über die Verwendung der wirtschaftlichen Mittel entscheiden. In dieser Hierarchie spiegelt sich die in Nordwesteuropa gültige Ehe- und Familienordnung, die den Besitz zum Zeitpunkt der Heirat auf die jüngere Generation übertrug und das gemeinsame Wirtschaften von Eltern und verheirateten Kindern zu unterbinden suchte.[12]

Das Bild der Stufenbrücke beschreibt das Ideal eines langen, gesicherten und geordneten Lebens, läßt es auf ein Ziel zugehen und bietet so ein Modell für korrektes Verhalten. Dabei ist jedoch zu sehen, daß in einer Gesellschaft, in der der plötzliche Tod eher erwartet wurde als ein langes Leben, die Vorstellung von der ‚Lebenszeit' eine eher geringe Rolle spielt.

Frauen wurden erst später mit wachsender Bedeutung der bürgerlichen Häuslichkeit in diese Darstellung einbezogen. Die parallele Darstellung ‚Auff und Nidergang Deß Weiblichen Alters' ist eines der frühesten Beispiele. Bei im übrigen gleicher Komposition ist die Gerichtsszene durch das Bild einer Kirche mit einem

11 Zum Bildtypus der Stufenbrücke vgl.: Suse Barth: Lebensalter-Darstellungen im 19. und 20. Jahrhundert – Ikonographische Studien. Inaugural-Dissertation der Philosophischen Fakultät der Ludwig-Maximilians-Universität München, 1971, S. 145-152. Die älteste Darstellung einer Stufenbrücke ist ein Holzschnitt von Jörg Breu, Germanisches Nationalmuseum Nürnberg.

12 Thomas R. Cole/Mary G. Winkler, in: Alter und Alltag, hg. v. Gerd Göckenjan u. Hans-Joachim v. Kondratowitz, Frankfurt/M. (Suhrkamp) 1988, S. 41f., 46.

Auff und Nidergang Deß Mänlichen Alters[13]

Auff und Nidergang Deß Weiblichen Alters[14]

13 Unbekannter Meister (Deutschland). Kupferstich, um 1650. Verlag Paulus Fürst, Nürnberg.

14 Unbekannter Meister (Deutschland). Kupferstich, um 1650. Verlag Gerhard Altzenbach, Köln.

Gräberfeld ersetzt; darüber steht der Spruch: ‚Der Mensch gebohren geht auff und ab. Ist Elendts voll biß zu dem Grab.‘

Bis in das 17. Jahrhundert hinein trugen diese Darstellungen den Charakter eines ‚memento mori!‘ (Gedenke des Todes!): der Mensch sollte sich auf Tod und Gericht vorbereiten. Die chronologische Zeit, die vergehenden Tage auf dieser Welt, erschien als Schatten der Ewigkeit. Mit der Aufklärung verändert sich diese Sehweise. Die Szene des Gerichts wird etwa durch eine Darstellung des griechischen Gottes der Zeit, ‚Chronos‘, abgelöst. Mit dem Verzicht auf die Gerichtsdarstellung geht zugleich die Vorstellung verloren, daß das Leben auf ein Ziel zuläuft; eine allgemeine Betrachtung der Vergänglichkeit des menschlichen Lebens tritt an ihre Stelle. Die Stufenbrücke dient nun der didaktischen Unterweisung in bürgerliche Tugenden und legitimiert den bürgerlichen Individualismus. Sich die eigene Lebenszeit als eine Folge altersverbundener Rollen vorzustellen, bildete einen wichtigen Rahmen zur Entwicklung individueller Tugenden wie Selbstkontrolle, Sparsamkeit und langfristige Planung.[15] Solch ein Rahmen entschärfte auch das Bewußtsein von den gesellschaftlichen Ungleichheiten, die auf Wohlstand, Geschlecht oder politischer Macht beruhten.

Von der bürgerlichen Suche nach dem idealen Ablauf des Lebens war der Schritt nur kurz, das Leben als eine *Karriere* zu betrachten, als eine Folge zu erwartender Positionen in Familie und Arbeit. Der *Lebenslauf* wird zu einer wichtigen Einrichtung des modernen Lebens.

6. Altern und die Bilder vom gelungenen Leben

Der Prozeß der individuellen Erfahrungen mit dem Alter ist also immer auch durch die in der Gesellschaft vorherrschenden Bilder und Muster bestimmt.

Leben wir insgeheim mit einem heute besonders durch Werbung oder Filme vermittelten Modell eines Lebensabschnittes, den wir für den glücklichsten halten? Und prägt dieses Modell unsere individuelle Verarbeitung? Solche Bilder können etwa das ‚Model‘ und der ‚Athlet‘ sein; das Bild perfekter menschlicher Beziehungen kann das junge verliebte Paar – ohne Kinder – sein. Werden solche Bilder bestimmend, dann bleiben für die individuelle Interpretation nur die Konsequenzen: Das Ideal habe ich nicht erreicht! Und: Von nun ab geht es bergab! – Sechzig Jahre negative Erfahrungen mit dem Älterwerden!

Es sind aber Gegenbilder ausdenkbar wie das Modell des ‚Handwerkers‘ oder ‚Künstlers‘, die ihre Fähigkeit und ihr Werk über viele Jahre hin vervollkommnet haben. Oder die ‚Weise‘, eine Frau, die über viele Jahre hin Verantwortung ausübt, dabei Geduld und Würde gewonnen hat, indem sie Widrigkeiten überwunden hat.

Solche in der Gesellschaft vorherrschenden Ideale zeigen, wie kulturabhängig die Interpretationsmuster für ein vollkommenes Leben sind. So scheint in unserer Kultur der Respekt vor der Macht größer zu sein als der vor der Weisheit. In anderen Kulturen ist das anders. In unserem System des Wirtschaftens werden Fähigkeiten, die auf kurze Fristen ausgerichtet sind, wie die Fähigkeit zur Innovation, Flexibilität, Bereitschaft zur Veränderung, Anpassungsfähigkeit, hoch geschätzt, weil sie für das Überleben in einer sich schnell wandelnden Welt notwendig erscheinen. Wie aber ist in diesem Wechsel die eigene Identität zu behaupten? Wie und wo werden die Fähigkeiten, die lange und langsam wachsen müssen, anerkannt?

> ‚Altsein ist etwas herrliches, wenn man nicht verlernt hat, was anfangen heißt.‘

Dieser Satz stammt von dem jüdischen Religionsphilosophen Martin Buber. Die letzte der von ihm herausgegebenen ‚Erzählungen der Chassidim‘[16] ist deshalb auch eine Geschichte über das Altern:

Ein alter Spielmann spielte Rabbi Chanoch vor. Der sagte: „Auch Melodien, die altern, verlieren an Geschmack. Diese hat uns vormals, als sie bei Rabbi Bunam gespielt wurde, das Herz erhoben. Jetzt ist ihr Geschmack verloren gegangen. So ist es in Wahrheit. Man muß sich auf das

15 A.a.O., S. 49.

16 Martin Buber: Die Erzählungen der Chassidim, Zürich (Manesse) 1949, S. 842.

Alter sehr rüsten und bereiten. Wir beten: ‚Wirf uns nicht weg zur Zeit des Alters!‘ Denn dann geht der Geschmack verloren. Aber zuweilen ist gerade dies das Gute. Denn sehe ich, daß ich nach allem, was ich getan habe, gar nichts bin, so muß ich eben von neuem zu arbeiten beginnen. Und es heißt von Gott im Gebet: ‚Der an jedem Tag das Werk der Schöpfung erneut.‘“

Namenregister

Sachregister

Die **fett** gedruckten Zahlen geben Fundstellen der „Stichwörter“ an.